1688年的全球史

A GLOBAL HISTORY

[美]卫思韩 著
邢红梅 译

JOHN E. WILLS JR.

上海教育出版社
SHANGHAI EDUCATIONAL
PUBLISHING HOUSE

图书在版编目（CIP）数据

1688年的全球史 / (美) 卫思韩著；邢红梅译. --
上海：上海教育出版社，2020.9

ISBN 978-7-5720-0229-8

Ⅰ. ①1… Ⅱ. ①卫… ②邢… Ⅲ. ①世界史－普及读物
Ⅳ. ①K109

中国版本图书馆CIP数据核字(2020)第146063号

上海市版权局著作权合同登记字号
图字：09-2019-840号

责任编辑　林凡凡
封面设计　人马艺术设计・储平

1688年的全球史
1688 Nian de Quanqiu Shi
［美］卫思韩 著　邢红梅 译

出版发行　上海教育出版社有限公司
官　　网　www.seph.com.cn
地　　址　上海永福路123号
邮　　编　200031
印　　刷　上海盛通时代印刷有限公司
开　　本　890×1240　1/32　印张13　插页4
字　　数　302千字
版　　次　2020年10月第1版
印　　次　2020年10月第1次印刷
书　　号　ISBN 978-7-5720-0229-8/ K・0004
定　　价　78.00元

如发现质量问题，读者可向本社调换　电话：021-64377165

巴洛克序幕：1688 年 1 月 3 日

随着地球缓缓转动，阳光掠过太平洋瓦蓝色的海水，洒满日本、吕宋（Luzon）* 沿海的森林和田野。江户 † 的大街上熙熙攘攘，这里是日本世袭幕府的都城，这份井然有序可谓来之不易。居民区厚重的木门哑然开启，依稀可以听见远处佛寺的钟声梵唱，店家掀开门板，将来自全国各地的精美器物一一摆好。烟花柳巷里走出几个醉汉，见到策马而来的武士，又拖着疲惫的身躯猫进巷子，只留下武士的佩剑叮咚作响。

在吕宋岛的马尼拉市（Manila），帕西格河（Pasing River）沼泽地南岸市中心宏伟的大教堂里也敲响了晨钟，与对岸郊区华人礼拜堂的钟声遥相呼应。从中国来的船陆续抵达，有传言说今年来的船可能没有去年多，华人和其他民族的关系越发紧张了。马尼拉当局频频来信抱怨华人暴动和叛乱，远在天边的马德里（Madrid）、墨西哥城官方该做何回应？西班牙号称天主教国度、白银帝国，然而这片边远的殖民地上会再次迎来华人海盗吗？

---

* 菲律宾面积最大、人口最多、经济最发达的岛屿。吕宋岛盛产稻米、椰子，吕宋雪茄闻名于世。吕宋同时也是菲律宾三大政区（吕宋、维萨亚、棉兰老）之一。中国古籍称吕宋岛为“小吕宋”。（本书脚注非特别标注均为译者注）

† 1868 年之前江户是日本的都城。

阳光一路向南，澳大利亚西北部崎岖不平的海滩上，威廉·丹皮尔（William Dampier）已经起床忙活开了，这个天生的博物学家也给海盗理理发、看看病。他一边仔细估算着海浪的潮汐变化，一边留意着山顶、警惕地盯着当地的原住民。在他看来，这些人原始得可怜，没什么好怕的，但自己若是能留得性命返回家乡，那将是伟大故事的绝好谈资。海浪叠起，裹挟着一群小鱼映入他的眼帘。

等到阳光爬上北京紫禁城的红墙琉璃瓦，一列纵队正穿过高大的城门向南走去。在这凛冽的冬日里，旗手、卫队盛装列阵，皇帝徒步而行，前往天坛祷告，祈求上苍以自己的阳寿换他病危的皇祖母多留些时日。

阳光也照进北京城西边牛街的清真寺，棉兰老岛（Mindanao）*、安汶岛（Ambon）† 等南部热带岛屿的清真寺同样阳光普照，寺里的宣礼员正召唤虔诚的教徒开始晨祷。几个小时后，宣礼员的呼唤传遍了南印度的海得拉巴（Hyderabad）以及莫卧儿（Mughal）王朝‡ 皇帝奥朗则布（Aurangzeb）§ 统率的军营。奥朗则布麾下有几位信奉印度教的将领，但他和他的大部分将领都是穆斯林，这会儿正匍匐在地，朝向麦加虔诚祷告，随后他们就要着手准备下一次战役了。现在，北到伊斯法罕（Isfahan）、撒马尔罕（Samarkand）¶、麦加、开

---

* 位于菲律宾，仅次于吕宋岛的第二大岛，是世界第十四大岛屿。

† 也叫“安波那”，印度尼西亚马鲁古群岛南部小岛。

‡ 成吉思汗和帖木儿的后裔巴卑尔，自乌兹别克南下入侵印度建立的印度伊斯兰教封建王朝。“莫卧儿”意即“蒙古”。在帝国的全盛时期，领土几乎囊括整个印度次大陆以及中亚的阿富汗等地。

§ 印度莫卧儿王朝极盛时期的皇帝（1618—1707）。在激烈的皇位继承战争中击败了 3 个兄弟，并囚禁了父亲，终于成为帝国君主，一度将帝国版图扩大到除最南端外的整个南亚次大陆和阿富汗。

¶ 中亚最古老的城市之一，丝绸之路上重要的枢纽城市。连接着波斯帝国、印度和中国。

罗、伊斯坦布尔、战火连天的贝尔格莱德、阿尔及尔和廷巴克图（Timbuktu）*，宣礼员的呼唤响彻黎明。

基督徒的晨钟已敲响。在汉堡，格里克尔·巴斯·犹大·莱布（Glikl bas Judah Leib，意为犹大·莱布之女格里克尔）深知这钟声不是召唤她和她的族人做礼拜，通常晨钟响起时她已经忙活开了。威尼斯的圣方济修道院里，文森佐·科罗内利（Vincenzo Coronelli）神父早已起床做了早课，现在正忙着计划这一天如何制作世界地图、处理各方来信。剑桥大大小小的教堂也此起彼伏地敲响晨钟，艾萨克·牛顿（Isaac Newton）听到这钟声也放低了姿态，避免进一步激化和国王的冲突，静静等待世人来评论他的鸿篇巨制——《自然哲学的数学原理》。一旦太阳冲破云层，牛顿将注意到，冬至过后正午时分太阳的影子稍稍短了一些。

晨光穿越大洋，来到彼岸的美洲大陆，很多人熬过了欧洲人及其带来的疾病的肆虐，正力图重建原有的生活方式。在这个新世界里，一些欧洲人怀揣新的梦想，这梦想无关财富，不为享乐。偏远的索诺拉沙漠（Sonora Desert）里，欧塞比奥·弗朗西斯科·基诺（Eusebio Francisco Kino）神父看到新皈依的皮马人（Pima）前来听他布道，默默祈祷，希望北边的大片乌云能够化作雨水，好解救苍生。从这里，阳光再次奔向浩瀚的大海。

* 又译为“通布图”（Tombouctou），位于沙漠中心一个叫作“尼日尔河之岸”（“Boucle du Niger”）的地方，距尼日尔河7公里，坐落在尼日尔河河道和萨赫勒地区陆地通道的交汇处。在英文中，常常用来指代遥远、未知、难以到达的地方。

* * *

对 1688 年的这一天的描绘有几分虚构的成分。起点选在太平洋，这里是我们现代世界每一天开始的地方。之所以选在太平洋，完全因为它是当时世界上（现在也是）人口居住和活动的密度差异最大的地方。在接下来的章节中，我们将对这里的人、地方风貌有更多了解，对 1688 年这一年的世界有更多描绘。但即使只关注这一年，也是任意选择的结果，而活在 1688 年的人比我们更难接受这一选择。那一年，很多人还不会称它为“1688”。对穆斯林而言，这一年是 1099 年，之后是 1100 年。对中国人而言，则是康熙二十六年，接着是康熙二十七年。对一年中世界的理解本就是主观的、人为的，20 世纪末的人如此，17 世纪末的人更甚。现在，世界上发生的重大事件只消几秒或几分钟就可以传遍全球，通过全球计算机和电信网络，我们几乎可以访问世界的任何一个地方。而在 1688 年，横跨大洲的通信完全靠船只载着人和信件漂洋过海，在某些特定季节还要考虑风向的问题，船只才能出海远航。从世界的一头到另一头的通信，比如，荷兰东印度公司驻日本贸易站的某位荷兰人写封信给住在哈得孙河谷的表亲，往往需要一年多的时间对方才能收到。

在今天，虽然有种种便利可供人们环游世界，可以和亲朋好友保持实时通信，但对能够清楚理解这个世界的整体性和世界几个重要地区之间的联系的人的数量，恐怕我们还是高估了。1688 年，能够全面看到世界各地区和民族的多样性，能够感知他们之间的差别和联系的人，只不过是以下几类欧洲人：戈特弗里德·威廉·冯·莱布尼茨（Gottfried Wilhelm von Leibniz）这样的哲学家，英国的威廉·丹皮尔（William Dampier）这样的旅行家，传教士，以及少数受过教育的欧洲市民，因为他们阅读了当时日渐增多的游记和世界各地见闻录。中国的康熙皇帝和他的大臣们对离他们的“天下”最遥远的地方有欧洲人存在有所耳闻，但对非洲和美洲几乎一无所知。伊斯兰世界以北京和棉兰老岛为起点，一路向西延伸至多瑙河和尼日尔。此外，只有当一些不幸的非洲穆斯林在被贩卖途中侥幸活了下来，且他或她在美洲沦为奴隶之后，伊斯兰世界的范围才能把“新世界”包含进去。在任何一种文化中，不识字的农民的世界往往就只是他生活的村庄和附近的集市那么大。例如，西澳大利亚的巴迪人的世界，人口最多只有一千人，几乎没有工具，倒是有一大堆的“精灵”和“梦”。因此，1688 年的地理世界虽说只有一个，但从中却可以发现很多人类经历的世界。

旅行和通信的速度并不是我们和 300 年前的世界唯一的根本区别。1688 年的世界，没有现在这么多的人口，没有这么拥挤，现代世界的很多农场和大城市当时绵延着大片的森林和草原。凡尔赛宫（Versailles）的廷臣们可以随便在任何一个早晨骑马出门，猎几条狼回来。那时的世界比现在安静多了，没有扩音器和内燃机。当然，人的寿命比现在短，因为没有人知道如何预防传染病传播，如何降低分娩的危险。

也许现代世界和 1688 年世界最根本的差别是，17 世纪末，没有人经历过或想到，在他的一生中，技术革新会有多快，也想不到政治秩序或一个人的生活方式在更长的时间跨度内会发生根本变化。那时，几乎所有人都对先祖们的信仰和生活方式深信不疑，也愿意将其传承下去。他们哪里会去寻求变化，就算会，变化也倾向于打着回归旧有生活方式、净化传统的旗号进行。我们现在期盼变革，感知到人类生活得到根本改善的可能性，可以漠视权威和传统，而在当时，只有少数欧洲知识分子刚刚萌生出类似的思想。

这几位知识分子预先感知到世界可能会发生根本性变革，后来的事实证明他们是对的。回顾过去，我们可以看到 1688 年的世界有着将要发生重大改变的迹象，正是这些重大变革造就了我们现在和过去截然不同的世界。科学兴起，城市和商业发展兴盛，政府政策促进了经济增长。各类作品和出版物五花八门：有些书籍以广大城市读者为对象；有些对主要宗教重新进行解读；有些声讨奴隶制和妇女的从属地位。所有这些新变化在接下来的章节中将陆续出现，有些出现不止一次。许多读者会惊讶地发现在许多不同的国家竟然会发生相似的变化：日本的商业和经济增长类似于欧洲；井原西鹤（Saikaku）和阿芙拉·贝恩（Aphra Behn）的作品中都出现了经济活跃的市场；王夫之和威廉·佩恩（William Penn）都对历史悠久的传统提出了个人看法。

我在搜寻有关特定年份的史料的过程中，受很多因素的影响，有时证据不足，有时又证据过多。有的民族没有自己的文字，这些资料只能出现在其他民族的文献记录里。统治者多于被统治者，商人多于农夫。冒险家（其中大部分是欧洲人）把自己的经历讲出来，大大有助于现代的我们了解欧洲之外的世界。我阅读史料时，努力做到摆脱原作者观点的影响。四十多年以前，从我开始阅读荷兰人记录的关于中国沿海的文献时，就努力做到这一点。但对我来说最重要的是，我希望通过这些文字，让我的读者感受到我听到这些声音时心里的震撼。这些叙述中，有的就是采用英语，例如丹皮尔讲述的他对澳大利亚原住民的敏锐观察；约翰·洛克（John Locke）激励我们理性、认真思考，对那些关于现实、知识和政治权利等最深奥的谜题的思索也是如此。有些以其他欧洲文字记录的资料语言通俗易懂，如：皮埃尔·培尔（Pierre Bayle）充满激情地把自由意志和真诚信仰联系起来；安东尼奥·维埃拉（Antonio Vieira）在圣灵降临节（基督教节日，犹太人叫五旬节）以流畅的方言发出自己的声音。然而阿芙拉·贝恩的情况又如何呢？她的语言出自一个虚构人物之口，以戏剧化的方式表达了反叛奴隶的壮志，并部分表达了贝恩的观点。我们又是否真的理解了胡安娜·伊内斯·德·拉·克鲁斯（Juana Inés de la Cruz）修女复杂的意境和深邃的思想？一直以来，对康熙皇帝那威仪万分、具有讽刺意味的言语，我自认为能领会一二，但我也清楚后世流传的康熙皇帝说过的话都是经过加工整理的。我现在都不清楚他到底是讲汉语还是满语。这本书中引用的一个印度苏菲派教徒说的“暴君必死”的话，似乎可以跨越人们心里和翻译的差异，引起共鸣。我们现在能够听到井原西鹤那超然的、讥讽的声音，只是因为一些才华横溢、博学多识的译者孜孜不倦，把这些世界上最深奥难解的引经据典的韵文呈献给读者。

当然，我们并不是真的听到了生活在1688年的人讲的话。我们只是在阅读。而那时人们讲过的话会流传到现在，全得益于它们被文字记录了下来。当我们阅读时，仿佛听到书中人物说话的声音，即使在现代文明世界，这仍然是一种常见却又不失神秘感的现象。有时，如果我们认识作者或曾听到作者说话，就会发现这个作者在写作中会设法用文字捕捉自己的声音。从有关1688年的文献资料中传出的这神秘的声音，尤其清晰强烈。商人、从政者、参军者和知识分子经常出门在外。他们和家人朋友保持联系的唯一方式就是写信。千百年来，中国文人离开亲朋时会作诗道别，而身在他乡时，更是经常寄回书信。写就的诗歌配上乐曲吟唱，仿佛诗人就在身旁。17 世纪后期，简单、轻松的会话风格在法文和英文散文中达到鼎盛，这很大程度上要归功于写信。约翰·洛克把他用来谈论农事、金钱以及面对女士时那害羞而富有魅力的风格，运用到他最深邃的哲学思考中。很多小说的创作也投射出书信的光芒。很多书籍都在前言中写着“致读者”。

来自 1688 年世界的声音不见得都是专属于个人的，至少当事人是这样认为的。黎明时分伊斯兰清真寺里祷告报时的阿訇，塞内加尔（Senegal）河畔伊斯兰学校里的学生，多瑙河岸被基督教海盗抓获的土耳其年轻人，无一不重复着真主的天使传给先知的话。耶稣会传教士维埃拉（Vieira）告诉世人，他所说的话是《圣经》借他之口讲的话。但很显然，声音也无法同个体的人和他们的生活分开。这些人名字中的一部分出现在某些章节的标题中：丹皮尔、井原西鹤、洛克、莱布尼茨和阿芙拉·贝恩。他们中没有一个人的声音仅仅是他或她自己的声音，但无论如何，如果能对造就这声音的生活背景多些了解，我们就能更清楚地听到这声音。

有时候，我们只能听到集体的声音。我们知道，运送奴隶的船上的痛苦呻吟，偶尔夹杂着怎样愤怒和绝望的怒吼。我们能想象得出，在“旧礼仪派”信徒点火自焚之前，古老的俄罗斯赞美诗吟唱出怎样不可思议的和谐之声。还有一些声音，似乎淹没在从安第斯山脉（Andes）咆哮而来，席卷巴洛克式的波托西（Potosí）* 广场角

---

* 波托西银都，位于玻利维亚西南部的波托西省，曾经是世界上最著名的银矿，鼎盛时期其白银产量占全世界白银产量的一半。1987 年联合国教科文组织将波托西银都作为文化遗产列入《世界遗产名录》。

落的风中；淹没在外海风暴中，风暴之大，会使任何一个目光敏锐的冒险者随时葬身大海；淹没在风急浪高的大河漫过大陆中心朝大海奔涌而去的轰鸣声中。来到非洲和美洲沿海地区的欧洲人，听见的是大河向他们诉说源头的神秘，承诺上游的宝藏。甚至一个富有远见的欧洲人会认为亚马孙河（Amazon）是通往人间天堂之路。当时，欧洲人即使对长江、密西西比河（Mississippi）的了解程度也要胜过对塞内加尔河、冈比亚河（Gambia）、尼日尔河（Niger）和刚果河（Congo）的了解。非洲的地形，非洲个体发出的声音（但那些永远离开的悲惨奴隶除外），仍然是我们最难懂的。

星移斗转，光阴荏苒。主题和声音来来去去，经常让我始料未及，更别提控制了，错综复杂的巴洛克风格让人目眩神迷。1688年，来自世界上不同地区的很多人对人类理性有了新的思考和理解，因此可以直面人性的复杂和矛盾，再以优雅的词汇描述太阳、月亮和星星的运行轨道，甚至彗星那可怕的不规则轨道。“巴洛克”因而可以代表很多东西，不仅仅指神秘的声音和谐地交织在一起。井原西鹤层叠的讽刺和典故，让人情不自禁地称之为巴洛克风格。我们以胡安娜巴洛克式的奇思妙语开始。接近尾声时以《所罗门之歌》（*Song of Solomon*，《圣经》中称为《雅歌》）充满激情的声音为神圣的线索，在其引领下追寻美丽的图景，我们还将倾听赞颂和祈祷的和谐诗篇。最后，我们以亨利·普赛尔（Henry Purcell）为斯图亚特王朝的覆灭所作的圣歌结束，表达人类从王国到尚未出生的婴儿怀有的希冀，描绘他们经历的苦难。但这一切还远没结束。

目录

第一篇

木船时代

Part I

A World of Wooden Ships

1688年，威尼斯共和国的宇宙地理学家、方济各会（Friars Minor）* 成员文森佐·科罗内利神父给用户寄出了一些地图贴片。这些贴片可以装到一个直径超过一米的地球仪上，组成有史以来最大的地球仪，这是17世纪制图艺术和科学的最高境界。在这个地球仪上，各大洲的海岸线绘制得极其精准，令人惊叹，唯有澳大利亚东海岸、日本和加利福尼亚以北的太平洋沿岸、美洲部分地区、西伯利亚位于北极的部分以及南极洲稍显逊色。这些地方有的直接留白，有的则额外标注，说明绘制该区域时靠的是水手不甚准确的汇报，又或者还只是猜测。地图上各大洲的内陆情况较为详细，耶稣会信徒遍及长江峡谷、圣劳伦斯河（St.Lawrence）† 和巴拉圭（Paraguay）等地，绘制这些地方的地图很是便利，不久前欧洲探险家还深入塞内加尔、赞比西河和密西西比河，带来大量信息。事实上，科罗内利的地球仪代表了当时欧洲最高的知识水平——仅有两处除外，即西伯利亚和中亚。要说对这两地的了解，阿姆斯特丹人尼古拉斯·维特森（Nicolaas Witsen）略胜一筹，这一点得益于荷兰和俄国长达一百多年的贸易往来，但他并没有把自己

---

* 又译作“法兰西斯派”“小兄弟会”，因其会士穿灰色会服，故又称灰衣修士。1209年，意大利阿西西城富家子弟方济各得教皇英诺森三世的批准成立该会。方济各会提倡过清贫生活，衣麻跣足，托钵行乞，会士间互称“小兄弟”。他们效忠教皇，反对异端。

† 北美洲中东部的大水系，连接美国明尼苏达州圣路易河的源头和加拿大东端通往大西洋的卡伯特海峡，流经北美内陆约4000公里。

的学问公之于世。

地球仪上有些空白海域，科罗内利在这些地方添上了一张张精致的小插图，图上画的正是欧洲的木质帆船——1688年连接世界的纽带。在木质帆船世界里，有一种来自西班牙的大型帆船，满载白银穿梭于大西洋和太平洋，贩卖奴隶、黄金、布匹和枪支等，同时连接西非和欧美大陆。欧洲人跨越大洋，在“新世界”和亚非沿岸建立起一片片小型殖民地，他们做梦也没想到会遇到这么多不同的人种：拥有灿烂文化的亚洲人，从事农耕的北美印第安人，还有澳大利亚西北部的原住民，那里虽然物质水平有限，但精神世界很不一般。

再来看看科罗内利本人，他自信、虔诚，是个经验主义者。科罗内利是威尼斯人的骄傲，他供职于政府，同时还是方济各会的重要成员，代表了中世纪学术界和精神界的巨大荣耀。这时的威尼斯在地中海依然举足轻重，但欧洲政治、经济和文化的领导地位逐渐偏离意大利，转向法国、荷兰，再到英国。科罗内利曾长居法国，在那里，他为路易十四打造了有史以来最大的地球仪，直径超过4米，而他本人也在法国学到了不少地理知识。他为赞助人和威尼斯统治者服务，用地图描画他们在地中海东部的一次次胜利。

早在1684年，科罗内利神父就组织了世界上第一个地理协会——阿尔戈英雄宇宙地理学院（Cosmographic Academy of the Argonauts）。当时威尼斯总督、从土耳其人手里拯救了维也纳的波兰国王扬三世·索别基斯（Jan Ⅲ Sobieski）是该学院的赞助人之一。学院在米兰和巴黎都设有分院。订阅会员则囊括全欧洲的有识之士，就连远在北京的天文学家南怀仁，大概听了某个游历欧洲的耶稣会同仁的建议，也成了会员。会员们每月花上 3 里拉*，就能收到 6 块图板，科罗内利使用这样的方式，一点一点地打造一份宏大的地图册。谁要是再花上 504 里拉，还可以买到三角形的地球仪贴片。

科罗内利神父不知疲倦地忙碌着，既要维持和欧洲各君主的关系，掌握最先进的地理新知识，又要不断改良威尼斯方济各会修道院的制图印刷作坊。有一幅有趣的画像，画的是科罗内利从他 1688 年制作的地球仪的一角探出头来，展望世界。他双目炯炯有神，面部稍显圆润，身穿棕色僧袍，腰间系一条绳子作为腰带，脚踩方济各会的便鞋。他是方济各会虔诚的神父，但这并不妨碍他制作、推广地图。很多个日子里，科罗内利划着贡多拉，从旁支水道进入繁忙的大运河（Grand Canal），前往天鹅绒帐幔掩映的总督府道奇宫（Palace of the Doges），与威尼斯当局商讨事宜。当年威尼斯共和国行事周密而勤勉，时至今日，道奇宫依然可以嗅到当时的气息。有时候他会再走远一些，到阿森纳造船厂，看各地的零件在这里组装成大船。科罗内利在这个权力至上的世界里可谓游刃有余。事实上，要不是权贵人士资助，他的工作可没法顺利进行。而他那记录欧洲各国探险家活动的地图，也象征着一个国家对当地的先导权，而此地最终也将由这个国家控制。科罗内利既是方济各会的精神传人，又是 19、20 世纪诸多地理协会的先驱，他对上帝和人的力量深信不疑，同时又能敞开心扉接受人类在上帝的地球上发现的一切，他和他的地图从各个方面为我们打开了 1688 年的世界——包括那些已知和未知的海域、探险家勘察过的海岸，以及更多暂时还未被人们发

* 里拉，意大利和土耳其货币单位。

现的地方。

1688年，欧、美、非三大洲之间贸易往来频繁，大西洋上航船如织，航线密布。两百多年前，西班牙、葡萄牙的天主教军队向西进攻伊斯兰世界。谁能想到这些微不足道的小小开端，竟会导致大量移民背井离乡，奔赴新世界，使财富逐渐东流，在北美洲建立新的都城，构筑贸易、权力和掠夺混杂的新世界。移民身后，掠夺者也紧跟而来。他们早就知道，穿过巴拿马地峡或绕过南美洲后，就会到达太平洋的广袤海域，甚至有人已经跨越了太平洋。对他们来说，这些海岸新鲜不已，到处都是奇奇怪怪的人：有些地方的生活方式因为欧洲人的到来发生了巨大的变化，比如大量波托西的采矿人，而另一些地方的人们则保留着自己的生活方式，如今天得克萨斯州的卡多人（Caddo）* 以及澳大利亚的巴迪人。

---

* 旧时住在美国路易斯安那、阿肯色和得克萨斯等地的印第安人。

第一章

白银帝国

1688 年 4 月 28 日，一行人马出了墨西哥城。他们沿着附近湖泊的堤岸，经过高原上的小镇和村落，穿越两山之间的关隘，仰望两边屹立着高约 4877 米的伊斯塔西瓦脱山（Iztaccihuatl）* 和波波卡特佩特火山（Popocatepetl）†，最终来到位于热带的韦拉克鲁斯港（Vera Cruz）‡。那瓦特（Nahuatl）§ 村民们对这样的阵仗已经不以为意，但这一次还是停下手头的工作和农活，用当地的语言呼唤同伴驻足观看。这可不是一般的队伍：一列骑兵雄赳赳气昂昂，为一辆硕大的马车护行，紧跟着的是运送行李的马车，后面还跟着许多装饰精美的马车。1680 至 1686 年，拉古纳（Laguna）侯爵担任新西班牙总督一职。侯爵和他的妻子在马德里有众多权贵朋友，加上二人品位高雅且热衷艺术，他任职的几年里总督府变得富丽堂皇，即便无法与马德里媲美，也绝不比欧洲的一些小宫殿逊色。侯爵和夫人要起程回西班牙，他们西班牙的富人朋友正乘着自家的马车给他们送行，

---

* 墨西哥中部的休眠火山。

† 位于墨西哥首都墨西哥城附近。

‡ 墨西哥港口城市。

§ 那瓦特人，墨西哥南部和中美洲印第安各族。

有的甚至送到了瓜达卢佩镇（Villa de Guadalupe）*。

奴隶的孩子来到世间，
依照我们的法律，
这孩子该属于
生他的母亲所属的主人。

田地得以丰产，
把最好的果子
送给庄园的领主，
感谢他的悉心看管。

而我可怜的诗行，亲爱的利西斯（Lysis）神父，
我灵魂的骨肉，心灵的稚子，
当然要属于你；
莫要因他们身存缺憾就将之摈弃，
因为那就是你的一部分，
只因我已把灵魂交付于你。

上面这首诗大概写于1688年后期，它从墨西哥出发，迢递万里才送到身在西班牙的拉古纳侯爵夫人的手中。诗人借助比喻隐约传达了自己的感情：随着侯爵夫人的离开，她可能失去了唯一接近

* 西班牙西部城市，在瓜达卢佩山东南坡，卡塞雷斯市之东。12世纪因建宗教寺院而发展起来，1337年起成为朝圣中心。精巧丝绣、银制器皿和铁器等手工艺品发达。

真爱的情感对象，而随着侯爵夫人消失的还有能够保护诗人的思想和生活方式不受他人诟病的后盾。困扰诗人的倒不是她是同性恋这一事实——尽管诗人对男女之情的态度比较复杂，她的感情甚至有些叛逆，但她绝不可能对任何女性产生情欲，与女性发生肉体关系。但她身为圣哲罗姆隐修会（Hieronymite）修女，却饱读世俗书籍，常和他人促膝长谈，她创作了各种宗教和世俗风格的作品，笔下又流露出异端的赫密斯教派（Hermetic）和新柏拉图主义（Neoplatonic）观点。我们知道她的教名——胡安娜·伊内斯·德·拉·克鲁斯修女，现如今被认为是西班牙文学史上最伟大的诗人之一。

17 世纪 80 年代的墨西哥社会到处充满了矛盾。富裕的总督府和教会在风格和思想上向欧洲看齐，而大多数人则想方设法保留当地的语言、信仰和生活方式，要知道那才是西班牙人登上这片土地之前他们生活的主心骨。墨西哥人信奉瓜达卢佩圣母（Virgin of Guadalupe），多半和一位阿兹特克（Aztec）女神的神殿相关，圣母最初就是在她的神殿里向一个墨西哥农民显圣。位于“半岛”精英和“印第安人”之间的是掌握西班牙语和文化的克里奥尔人（Creoles），他们掌握着大片牧场，不断发掘新的银矿矿脉，又开发新技术，扩大旧矿开采。克里奥尔人既不是西班牙人，也不是印第安人，墨西哥社会文化中涌动的矛盾在他们身上得到了最大的体现。

胡安娜修女所处的文学世界就在这种相互碰撞的社会文化，也就是巴洛克文化中走向辉煌。“巴洛克”一词来源于葡萄牙语，指的是形状怪异的珍珠的美，巴洛克文化摈弃了文艺复兴时期所追求的平衡之美、和谐之美，取而代之的是在形式上反对称、追求自由散漫，他们带着戏谑逗弄的态度，用典晦涩，人们似乎只能瞥见其中饱含的炙热感情和赤裸的现实，同时又感受到那半遮半掩中绽放的光芒。巴洛克风格的核心就是冲突再加上半开玩笑的妥协。这在文学上表现为一个典故指向另一个典故，一个意义叠加于另一个意义。还有什么比喻比胡安娜修女本人更巴洛克呢？她的教会和国家笃信男性至上，狭隘之至，但身为修女的她偏偏在粗粝的边远国度蜚声文坛。看看我们刚才引用的那首诗吧：贞洁的修女把诗歌比喻成自己的孩子和土地的丰收。她借此诗再次向远方的侯爵夫人表达了心之所属。

胡安娜修女出生在波波卡特佩特火山谷肩的一座农场，她本人就是墨西哥克里奥尔人社会的产物。她的母亲并不识字，很可能并未和她父亲结婚。但她大多数的家人住在城里，读书并拥有良好的社会关系。胡安娜在她祖父的书房里发现了书的魅力，从此迷上了那种孤独，也迷上了阅读。她在文学和才识上表现出来的天赋并未被埋没。1664 年，15 岁的胡安娜被送到新任总督的府邸，总督夫人对她宠爱有加，胡安娜时刻陪伴总督夫人左右。身居豪宅，聪慧如她，难免受人关注得人赞赏，那时的她一定享受这样的生活。毫无疑问，她一定也参与了当时年轻男女之间极度程式化的社交。然而，她没有嫁妆。孤独才是她栖息繁衍的家。要是她成了别人的妻子，做了母亲，哪里还有机会去阅读，去写作，和自己相处？1668 年，她宣誓加入圣哲罗姆隐修会，这个修会的教规就是要求信徒独处、多思。

加入隐修会的确是个重要决定，但也没有我们想象的那么严重。胡安娜当然是信奉天主教。她虽然身为修女，但不需要没完没了地祈祷，也不至于丧失自我。胡安娜没有离开朋友，也没有舍弃她原有的世俗学问，这些对她来说太重要了。修女们每天要做一次集体祷告，但规矩也没有那么严格，她的教友们给了她大量的自由时间，方便她读书写字。每个修女都有一个还算舒适的住所，配有厨房、浴室，甚至还专门留了地方给仆人和家属睡觉。通常情况下，胡安娜的房间里就住着一个仆人，还有一两个侄女和一些孩子。修女们互相串门，胡安娜就埋怨她们打搅了自己的清净，让她没法专心阅读和创作。但是外面的人要想和修女们谈话，就必须在修道院专门设置的会客厅里进行。她刚刚成为修女时，总督夫妇和一些时髦人士常来看她，修道院的会客厅似乎成了一个汇聚高雅人士的沙龙，人们在那里高谈阔论，即兴创作，当然也少不了闲言碎语，常常持续好几个小时。

胡安娜修女有一个极为忠实的好友，名叫卡洛斯·德·西根萨–贡戈拉（Carlos de Siguenza y Gongora），是墨西哥大学声名远扬的数学教授，和胡安娜一样，这位教授也是克里奥尔人，学识渊博但有点儿特殊。他在耶稣会接受教育，曾经梦想成为其中一员，但耶稣会学校开除了他。尽管没有大学文凭，但西根萨凭借超高的专业知识获得了教授的资格。他名字里的“贡戈拉”三个字是他自己加上去的，贡戈拉是西班牙最著名的巴洛克诗人之一，是他母亲的一位远亲。面对一群在欧洲生长的教授、教士和高官，西根萨有点儿缺乏安全感。他本人也是个作家，作品大部分都是讲述墨西哥历史的。要比文采，西根萨绝不是胡安娜的对手，但胡安娜零零星星的现代科学和哲学知识，恐怕则是受教于他。

圣哲罗姆隐修会要求信徒恪守贫穷，但很多人都无视这条规矩。胡安娜修女收到过很多礼物，足够让这个当初拿不出嫁妆的女子按照自己的喜好进行投资。靠着朋友的赠予加上自己的投资，胡安娜建起一座约有 4 万本藏书的图书馆，馆里还收藏了一些科学器械，估计都是西根萨送的。她阅读广泛但缺乏体系，所以虽然她在诗歌创作中用典无数，却没有意识到欧洲学术界气氛日渐紧张，一场变革正在酝酿。她著述颇丰，形式复杂多样但力求精准。有时候，或是应人要求，又或是她主动表示，她也会为朋友和赞助人写各种各样的诗。有庆祝活动时，可能需要她写一首颂词——一种短小的赞扬贵人的戏剧序言。胡安娜就用这种体裁创作过，例如在她的一首颂词中，“身披日光盔甲”的角色说道：

> 彤彤的太阳啊，
> 我就是它的镜像，
> 耀眼的光芒，
> 聚齐它的后裔：
> 它把万丈光芒
> 洒上反射的镜子，
> 在那上面映出
> 自己的画像。

1680 年，拉古纳侯爵夫妇来到墨西哥，胡安娜修女的社会地位提升到新的高度。二人初到墨西哥时，教堂临时建了一座凯旋门欢迎他们的到来，胡安娜用浓郁的巴洛克风格赞颂这座凯旋门，这也是她最好的作品之一。该诗写的是希腊神话中的海神尼普顿（Neptune），胡安娜用海神的事迹比喻侯爵的功绩，内容亦真亦幻。

诗里就侯爵的头衔大做文章，“拉古纳”的意思是“湖”，既呼应尼普顿对海的统治，也象征了墨西哥城始于大湖中央的阿兹特克古都。这首诗的比喻显得有些牵强，但它既体现了对统治者的谄媚，又代表了克里奥尔人对墨西哥身份的探索。诗里有些章节把埃及女神伊西斯当作尼普顿的祖先。胡安娜这一时期的很多作品都透露了她对古埃及的浓厚兴趣，因为当时人们认为伶俐之神赫尔墨斯·特利斯墨吉斯忒斯（Hermes Trismegistus）代表着最古老、最纯粹的智慧，预示着摩西和基督的降临。除此之外，胡安娜还持有半柏拉图式的灵肉分离的想法，她借这些想法暗示了女人或者说雌雄同体的人比男人更接近神的智慧，因此最终被推向了异端的边缘。晚年时她遭人利用，该想法成为反对她的有力依据。

很快，胡安娜修女和拉古纳侯爵夫人就亲昵起来。胡安娜寄给侯爵夫人的诗里佳作频出，并且毫无疑问是情诗，有些还附上了诗人的画像，有几幅流传了下来。画里的胡安娜十分俊俏，双目毫无畏惧地望向观众，她平素喜欢穿黑白两色，越发彰显她的力量与优雅。

要是你因为
（画中的）我缺乏灵魂，
请从你的身上，
找到我的灵魂：
我的灵魂为你效劳，
我的身体为你服务，
虽然画里的我

无知无觉十分冷漠，
然而你就是那身躯的灵魂，
又是这身躯的魂魄。

拉古纳侯爵1686年时就已经卸任总督一职，但1688年才离开墨西哥。这一年里，胡安娜忙碌不已。侯爵夫人准备把她的诗歌带回墨西哥，随后要在那里出版她的诗集。其中还有一部喜剧名叫《神圣的那西沙斯》(*The Divine Narcissus*)*。这部剧把那西沙斯的故事和基督的一生交织起来，很有可能于1689年或1690年在墨西哥上演。这一年里，她的侄女也加入了隐修会。再后来，侯爵夫妇返回西班牙后，胡安娜不仅写了前文引用的诗，还写了一部浪漫喜剧《爱是迷宫》(*Love Is the Greater Labyrinth*)，翌年初墨西哥城把它搬上了舞台。

1689年，胡安娜的大部分诗在墨西哥出版。第二年，胡安娜在墨西哥发表了一封公开信，重拾著名葡萄牙传教士安东尼奥·维埃拉(Antonio Vieira)数十年前的布道，内容艰涩难懂。胡安娜对待教规漫不经心，时常涉及异端邪说，她的很多世俗作品表现出对爱情赤裸裸的洞见，与其修女身份极不相称，因此她四处树敌，但有侯爵夫妇的保护，敌人对她无可奈何。现在，他们开始行动了。1694年，她被迫公开放弃所有写作和人文研究，包括她的图书馆及收藏的科学器械。1695年，墨西哥暴发了一场流行病，胡安娜尽心尽力地照顾生病的修女，不幸染病，不久便病发身亡。

---

* 古希腊神话中的人物，长得像春天的百花一样俊美，因爱上泉水里自己的影子，如醉如痴，不思饮食，最终因体力不支告别人世。narcissus在英文中是“水仙花”的意思。

* * *

墨西哥城是西班牙在美洲设立的总督府所在地之一，另一个城市是利马（Lima）。总督通常出身西班牙贵族，总督府大都富丽堂皇，简直就是“王宫”。此外各省还设有督士，负责向总督汇报。制定决策的每一步都由接受过大学教育的律师把关，每一个决定都经过全面考虑才做出，但进展相当缓慢。这样一方面可以很好地掌控关键贸易链条和赋税，另一方面又可以防止殖民地的官员拥有过多的自主权。罗马天主教会实行中央统治，各个教会使组织的力量更加复杂化。通过向西班牙国王申请市民的合法权利，组建欧式地方议会，这些殖民地得以持续运转，力量得到凝聚。

1688 年的美洲，说西班牙语的人群里还有很多地位更谦卑的人，如胡安娜修女的乡下亲戚。这些人有的是农民，有的是商人，有的是矿主。他们生活算不上富裕，但都极尽所能雇用别人来干重活，被雇佣的通常是处在西班牙语世界边缘的原住民。西班牙王室时常宣称自己在美洲做的一切都是为了解救当地人的灵魂，也的确给予传教活动大力支持，但在榨取美洲财富为己服务这事上从未松懈，尤其是美洲的白银。

17 世纪的欧洲，贵金属在贸易和政治上的地位不容小觑。各国商人和统治者结算贸易，支付包括雇佣兵报酬在内的军队开支，贿赂国王和官员时，只要存在信用问题，或属于秘密交易，纸币就无法使用。人们对白银的热衷已经到了狂热的地步。17 世纪的欧洲人一想到黄金白银，头脑就不再清醒。恰如其名，这些“贵金属”氧化速度极慢，不易发生化学反应，代表了对腐朽的抵抗，甚至象征着永恒。1688 年时，许多最先进的科学家都无法抗拒炼金术的魅力——尽管他们宣称这种迷恋源于对哲学的追求，绝非只因贪恋黄金。

毫无意外，听闻有人在波托西（今玻利维亚）发现了“银山”，整个欧洲都为之神魂颠倒。正是新世界源源不断的白银供给成就了西班牙国王举世无双的财富和权力。通常情况下，17、18 世纪波托西的白银产量比墨西哥两大白银产区的总产量还要多。美洲银矿出产的银比索*在整个欧洲流通，很多亚洲的港口和沿海地区也接受这种货币。阿姆斯特丹的港口区里，不少水手纵情声色，吹嘘自己在全世界各个港口经历的传奇故事。这些故事多半都是胡编乱造的，但有一件事是真实的，那就是 1628 年皮尔特·海恩（Piert Heyn）袭击西班牙无敌舰队，抢劫他们的白银，这是荷兰西印度公司对西班牙和葡萄牙美洲统治鲜有的成功挑战。这些水手烂醉如泥，左拥右抱，还不忘时时高唱：“皮尔特！皮尔特！多荣耀的名字！……白银舰队也栽在他的手里！”

* * *

18 世纪初，出生于波托西的巴特洛梅·阿萨斯·德·奥苏阿－维拉（Bartolomé Arzáns de Orsúa y Vela）为他的故乡撰写了一部宏伟的历史。这本书既包含了波托西政府和社会的实际经验，也纳入了很多传奇故事，这些故事涉及情感、暴力、天谴、奇迹和巫术，有些是当地作家杜撰的故事，有些则是世代相传的民间传说。而在

* 比索，墨西哥货币单位。

1688年这一年里，他用笔记录了自己身边一位出身良好的女士的奇遇。说不定他爱着她呢：

> 那脸庞像大理石一样白皙，发色美得恰到好处，既不像黑夜那么暗淡，也不似太阳过于耀眼；碧油油的眼睛上面，睫毛纤长仿佛华盖，浓密犹如树篱，又像是乌木画框装饰着她的面庞；她生着浓浓的眉毛，仿佛两根眉毛就要连在一起了；那鼻子简直无可挑剔，增一分则太大，少一分则太小；精致的卷发顺着她的两颊和眉尖滑落，雪白的脸颊上窈窈露出一丝粉红；樱桃小口，齿如编贝；双手细嫩，胸部挺拔，腰部纤纤，看起来极其优雅；步态翩翩，举手投足尽显妩媚；倘若她轻启朱唇，就能听见她温柔甜美但不孱弱的嗓音；头脑清晰，思维敏捷，做起事来十分谨慎。

这位佳人叫作唐娜·特蕾莎（Doña Teresa），这一年，她15岁。

作者问道，这么一个尤物，叫人怎能不情愫暗生？她的一众追求者里，有两位成功引得了她的注意。其中一位虽已娶妻，靠着炼汞厂的生意家底丰厚；而另一个是外乡人，自称奥尔莫斯（Olmos）伯爵，显然是个假头衔。但是唐娜·特蕾莎的父母却把她看得更严了，比像她这样的小姐可严格多了。“有时候，到了礼拜日和庆典日，他们甚至都不带她去听弥撒。”就这样，她连最后一点儿自由都被剥夺了，“听弥撒可不算什么有损贞操的事，……要知道，自由是上帝赐给人类最珍贵的礼物；深藏地底的宝藏、沉落海底的珠宝怎能与之媲美；自由和名誉一样重要，人们宁愿牺牲生命也要追求自由，所以说啊，这世上最大的苦难莫过于被监禁起来。”

拥有炼汞厂的商人巧舌如簧，唐娜·特蕾莎的父母最终答应让女儿陪他妻子参加庆典，但他的阴谋并未得逞，两人从没单独待过，何谈引诱？而那个“奥尔莫斯伯爵”则搬到了她家对面，每日偷偷看着她进进出出；后来她听说了此人，就约定在夜晚时分，他靠着他的阳台，她倚着她的窗户，就着窄窄的街道闲话一番。似乎有那么一两次，对面的青年还进了她的闺房，两人惬意相谈，情愫渐生，但仅此而已。最后，她禁不住劝说，答应顺着窗台上系着的床单爬下，好到对面他的房子里去，却摔了下来。好在她及时跑回自己的房间，这才没被父母发现。

商人这时候才知道，原来自己还有一个竞争对手，于是就到唐娜·特蕾莎母亲那里告状。她母亲把家里的印第安仆人一顿毒打，最后仆人不堪拷打说出了一切。这时候，母亲将怒火转向了特蕾莎，打得这姑娘鲜血直流，又把她关进鸡笼，丢在废弃的马厩里，从 5 月到 7 月，一年里最冷的时候特蕾莎都是在鸡笼里度过的。作者评论说：“因为特蕾莎让一个男子进了自己的闺房，她的母亲对她实施了严厉的惩罚，但要是这位母亲已经确信自己的女儿还是女儿身，又何必把她逼入绝境呢？”言下之意就是说女子如果引男子进了闺房理应被打，而且要是女子已经“使家族蒙羞”，把她关起来也没什么不合适的。

特蕾莎的父亲在外经商，母亲对她说：“我已经写信把你侮辱家族的事情告知他了，现在他给我回信了，信里说他马上就回来，来喝你的血。所以你听好了，你从这里离开的时候，就是人家把你抬进坟墓的日子。”

最终，“奥尔莫斯伯爵”从特蕾莎的弟弟那里得知她的艰难处境，家里派他每周打扫两次关着特蕾莎的鸡笼。这孩子成了两人的信使，最后，他给特蕾莎带来一个锉刀，好让她割开鸡笼的门锁。两人约定，特蕾莎先爬上一个低矮的房顶，然后在那里绑上一根结实的绳子，而绳子的另一端系着伯爵家的阳台。就这样，在离她父亲回家还有 4 天的时候，两人系紧了各自那端的绳子。然而就在特蕾莎将要顺着绳子爬上阳台的时候，她害怕了，伯爵派了一个仆人顺着绳子爬下去帮她。

> 两人顺着绳子攀爬的时候，发生了两件事情，幸好特蕾莎没从那么高的地方摔下去，不然一定伤得不轻。头一件事，就是两人刚刚离开屋顶时，阳台的边缘突然裂开一条大缝（那阳台是木头做的，难免生了蛀虫），多亏伯爵双手紧握住绳子，两人才没掉下去。第二件事发生时，两人已经爬到了绳子的一半，下面就是街道，仆人发现特蕾莎完全没了力气，就一手抓紧绳子，一手赶紧抓住了特蕾莎的头发和衣服。两人在那里一动不动地简直挂了一个世纪，但特蕾莎终于恢复了体力，成功爬上了阳台，伯爵欣喜若狂地迎她下来。随后，他们解开麻绳的一头，又把另一端拽了回来，匆匆忙忙收起了绳子，这样别人就不会发现美丽的特蕾莎逃到这里来了。这余下的一夜，两个相爱之人相互依偎，伯爵也不像过去几次那样一再克制自己的冲动，更何况今晚的特蕾莎也比较主动。

唐娜·特蕾莎在伯爵家里躲了两个月，故事里并没有交代两人为何没有结婚。在那之后，她带着他的弟弟悄悄去了住在另一个城市的姑妈那里，两年多的时间里再也没踏上波托西的土地。这两年里，她的母亲因为失去一双儿女而后悔不已，最终忧伤过度离开了人世。唐娜·特蕾莎遇到了“一个向她求婚的贵族青年，……最后，特蕾莎带着她的丈夫回到波托西，安安静静地度过了十多年的时光，直到离开人世。她一共生了 4 个儿子和一个女儿，小女儿就取名特蕾莎，和她逝去的母亲一样美丽动人。这个小女孩现在依然健康地活着，而且随着她长大，人也出落得越发美丽了”。

这个故事关乎美貌、恋人的絮语和千钧一发的逃离，很有可能是作者从老塞维利亚（Seville，西班牙南部城市）城里听来的，那里回荡着吉他的旋律，庭院里溅着喷泉，还有在暗处变戏法的吉卜赛人。不过故事的背景倒是和塞维利亚大不相同。

有了波托西和墨西哥源源不断的白银，西班牙称霸世界长达数十年，并保证了世界贸易网的不断发展——北欧、地中海、去往麦加的朝圣之路、印度以及抵达中国的两条线路都在其中。1688 年的世界里少不了白银的流通，而波托西本身既规划有方又颇为混乱，充满激情但又引人忏悔，人们贪得无厌但又心怀同情，宗教、法律和白银同样重要，西班牙人和印第安人杂居而处。波托西位于海拔 3962 米的山谷中，四周环绕的高山全都是不毛之地，城里的食物、木材等必需品都是从低海拔的地方运过来的，可以说要不是有人在 1545 年发现了这座当时世界上最大的银矿，并在 16 世纪 80 年代开始开采，波托西这座城根本不会存在。17 世纪初，波托西的人口已经超过 10 万，它的中心是一座精致的西班牙小城，城里有精心设计的广场，一座座教堂坐落其中，那里大宅林立，大片大片的土地被划作精炼厂，人们有意把这里的街道设计得又窄又弯，好抵御山谷里呼啸的风。你可以在这里买到全世界的奢侈品——中国的丝绸、意大利的油画、波斯的地毯和法国的海狸皮帽子，但西班牙妇女们早就知道，要生孩子一定得到山下去，因为山上空气稀薄，刚生下来的婴儿很容易因缺氧而夭折。1688年的世界，夜里也就只有日本的街道是安全的，但要论野蛮，恐怕没有哪个城市能跟波托西相比。巴斯克人（Basques）、卡斯蒂利亚人（Castilians）、土生土长的克里奥尔人（American-born Creoles），还有异国的客人，带着他们的贪婪、激情、挑战和宿仇，编写着一出出伏击、决斗和混战的闹剧。这一切都被阿萨斯饶有趣味地一一记录下来。要是有个家伙幡然醒悟，遁入修道会还在此终老，可就给了波托西这些讲故事的人最好的机会，因为这样的故事既包含了刺激的犯罪，又兼具教导的意义。黑人奴隶和印第安仆人的生活有点儿单调，但需要的时候他们就得替主人扭下敌人的脑袋，也算是给生活带来些变化。若是白银还不够招来所有的恶魔，再加上西班牙和印第安的巫术呢？据说有些女巫尤其擅用古柯叶，安第斯山脉的人早就对这种摄人魂魄的叶子习以为常了。

波托西和它源源不断的白银实际上建立在一套暴力体系上，即对印第安人实行抽丁制。从16世纪70年代起，西班牙政府就要求秘鲁总督管辖下的每一个印第安村庄，每年必须抽调1/7的男性人口。他们被送往波托西各大矿场，有时候是去万卡韦利卡（Huancavelica，今属秘鲁）的汞矿，又或者是一些市政工程。他们拿到的工资远低于市价，工作条件十分艰苦，而且还暴露于各种危险当中（最糟的要数万卡韦利卡，因为汞矿有毒），这里疾病丛生，再加上糟糕的饮食，劳工的死亡率居高不下。抽丁派来的印第安人只占所有工人的1/10，但他们干的都是最粗重最危险的活儿，比方说扛上装满矿石的大桶，踩着摇摇晃晃的梯子爬出矿坑，要不是被强迫，又有谁会愿意做这些呢？为了不被抽调，印第安人纷纷逃离自己登记户籍的地方，因此抽丁制也在很大程度上影响着其他地区的经济。

到了 1650 年，波托西的抽调劳工在整体劳工中的比重比世纪初降低了 40%，导致银矿产量不断下降，西班牙王室的收入也随之减少。磨坊主和矿场老板纷纷要求恢复全额劳工配给，此事正中王室下怀，他们正希望通过这种方式恢复产量。改革项目几度流产，但经过冗长的讨论，总督拉帕拉塔（La Palata）公爵终于在 1683 年下令重新进行人口普查，好为全面实施抽丁制做好准备。很多地方官员一再询问新制度的细节，有些希望可以根据各地的情况变更登记类别，还有的官员直接一拖再拖，与此同时，大批印第安人为避免入册趁机逃离市政中心。结果，这次上秘鲁（Upper Peru）* 人口普查的数字连上世纪的一半都不到。到了 1688 年，人口普查的结果终于汇总，新抽丁制的配额有所下调，但这项制度还是开始实施了。18 世纪时，西班牙人勉强把波托西的矿产量维持在略高于 17 世纪末的水平，但恢复抽丁制的努力从未停止，不过随着配额下调且实际劳工人数不断减少，这些做法收效甚微。

* * *

初次来到索诺拉沙漠的人都会觉得这地方就是世界上最“沙

* 玻利维亚旧称。

漠”的地方：这里就是一片废土，连片的土地跟松软二字毫不沾边，除了偶尔有几株讨人嫌的仙人掌冲破土表，剩下的就是奄奄一息的灌木丛。尤其是到了夏天，热浪直逼而来，天上连一丝云彩都看不到，太阳一出来，饱尝太阳毒辣的旅客急忙寻找阴凉的地方躲避。但要是他们愿意在这里多花些工夫到处走走，就会惊觉原来这里并非一成不变。四周高山耸立，足足 1981 米的海拔上满是松树。四处都是巨型仙人掌，有的叫萨瓜罗，有的像风琴管，还有的长得像仙人掌的烛台木，等等，这些巨型仙人掌丛聚而生，构成了世上罕见的花园，有的甚至长成了成片的仙人掌林。

到了 8 月，大片的云彩裹挟着雨水，乘着东风，一路从墨西哥湾抵临索诺拉。闪电照亮整个天空，伴随着隆隆的雷声，墨色的乌云裹挟暴雨倾盆而下，灌进干涸的河道。冬天就没有那么热了，运气好的时候，北太平洋的暴风雨也会来到内陆，带来第二次降水，索诺拉沙漠就又有了生的机会。这就是索诺拉沙漠的独特之处。无论你往东或西走，别处的沙漠一年只有一季雨水，但索诺拉沙漠的两季雨水赋予了它绝无仅有的丰富植被。

1688 年，住在索诺拉沙漠的人自称“霍霍坎”（Hohokam）——也就是“人”。而从南边过来的西班牙人则管他们叫“皮玛”，管他们住的地方叫“皮玛利亚”（Pimería）。皮玛人大多以采集和狩猎为生，靠采集沙漠上的草茎、种子或猎杀小动物为食。有些地方水源还算充裕，人们就在附近种上玉米和豆类。他们还懂得挖沟引渠灌溉农田，有些地方还能看到灌溉工程的遗迹，那大概是他们祖先的杰作，不过他们自己倒不觉得和这些先人有什么血缘关系。

1688 年夏，这是耶稣会传教士欧塞比奥 · 弗朗西斯科 · 基诺

（Eusebio Francisco Kino）神父在索诺拉沙漠的第二年。后来他再也没有离开这个地方，1711 年基诺神父在此过世，享年 66 岁。他的尸骨，就埋在今天墨西哥索诺拉州马格达莱纳基诺市（Magdalena de Kino）。在 1688 年这一年里，基诺神父最常待的地方就是他建造的那座慈悲圣母院，离他的坟墓不远。教堂就建在海角上，圣米格尔河（San Miguel River）从海角下面流过，在一整年里为冲积平原带来充足的灌溉水源，使这片土地充满了希望。这里从 1687 年 3 月开建，到了 1689 年，除了令人引以为傲的大片沃土，还有一座教堂和一幢房屋。1688 年里，基诺神父大概哪儿都没去——尽管这有点儿不像他了——他就待在多洛雷斯（Dolores）专心照料农事，监督工程进度，帮助那些到附近定居的皮玛人。

1645 年，欧塞比奥·基诺（又作基尼）生于意大利瓦尔迪诺谷（Val di Non）的塞格诺（Segno），离特伦托（Trent）不远，是著名制图师、地理学家和中国历史学家卫匡国（原名 Martino Martini）的亲戚。基诺在家乡附近的德语区包括英戈尔施塔特（Ingolstadt）* 的教会学校接受教育。晚年的基诺曾写道，他也不清楚自己到底是意大利人还是德意志人。有一次，基诺生了一场大病，他在病中祈祷，许愿如果自己 得以痊愈，一定加入耶稣会从事传教工作。从 1670 年起，基诺就再三向上级请愿要求前往中国传教，甚至还申请住在朝东的房间，这样他就可以日日凝望心心念念的东方。尽管东方才是他的心之所属，但作为一名传教士，上帝和修道院需要他去哪里，他也愿意满心虔诚地服从指示。所以，修道院派他和另一位同事去

* 今天德国南部巴伐利亚州的一个小城市，距离首府慕尼黑 60 公里，毗邻多瑙河。

塞维利亚接受任务的时候，两人用抽签的方式，让上帝决定到底谁去墨西哥，谁去菲律宾。基诺抽到了墨西哥。

他们在塞维利亚待命时，天上那颗异常明亮的彗星想必在许多夜晚引起了他们的注意。这颗彗星在 1680 年 11 月到 12 月间出现。彗星的存在是那么神秘莫测，很多地方都把它视为神的愤怒，象征灾难即将降临。彗星的存在与当时经院哲学的宇宙体系格格不入，尽管先进的科学家已经开始怀疑这一体系，但在基督教会看来地球依然是宇宙的中心。1680 年的这颗彗星，在马萨诸塞的清教徒和法国加尔文派（即胡格诺派）信徒之中引发了世界末日的恐慌。但在备受压迫的加尔文教徒之中，这倒激起了法国作家皮埃尔·培尔（Pierre Bayle）反对宣扬“预兆”末日论的活动，本书在后面的章节对此将有详述。这颗彗星也吸引了当时顶尖科学家的注意，其中就有身在伦敦的埃德蒙·哈雷（Edmond Halley）*。两年后，另一颗彗星再次出现在天空的时候，哈雷准确精密地记录下他的观察。

1681 年基诺刚到墨西哥时，仍然盼望着突然有一天教会会派他去中国，然而这事并没有发生。基诺在墨西哥稍做停留，和胡安娜修女有过短暂会晤，还因为彗星的事和西根萨纠缠起来。西根萨已经就彗星问题发表了一篇短评，谨慎地批判了彗星不详的论调，还就彗星的性质和轨道提出了一些现代理论。这本书在当时遭到了很多保守作家的攻击。基诺显然想证实自己的天文学知识，他出版了

---

* 英国天文学家、地理学家、数学家、气象学家和物理学家，第二任格林尼治天文台台长。他把牛顿定律应用到彗星运动上，并正确预言了那颗现被称为哈雷的彗星做回归运动的事实。

一本薄薄的册子，主张每个人都应严肃看待彗星带来的凶兆，“除非有人大脑迟钝”。基诺不太可能直指西根萨，但身为克里奥尔人的西根萨浑身带刺，又缺乏安全感，听闻此事后他奋笔还击，但文章到1690年才得以发表。那个时候的基诺神父已经在教区安顿下来，可能一直都不知道自己无意间得罪了别人。

基诺神父的第一个使命就是在地势陡峭的下加利福尼亚（Baja California）海岸建立教区，但这项计划最终以失败告终。随后，基诺神父在1686或1687年重新起程，奉命前往西班牙属地的西北边境——索诺拉沙漠。基诺的名字，在意大利语里的拼法是Chino，意大利语念出来是基诺（Kino），但在西班牙语里却和China的念法相似，意思是中国，这个词在墨西哥带着种族歧视的味道，而且总让人联想起未能成行的中国之旅，叫人时时想起梦碎之痛。所以，基诺开始把自己名字的拼写改为Kino。

在皮玛利亚的日子里，基诺神父不止一次骑着马或驴子穿越沙漠，只为开拓新的教区，或向印第安人传教。他一天里通常要赶48公里路，几乎从来没有士兵护送。有时候，要是受到某个印第安酋长或部落的欢迎，大概是因为他们觉得有了西班牙的支持，有助于抵抗其他部落。不过更多时候，人们欢迎他是因为这位身穿黑袍的传教士带着一小群牲畜还有印第安帮手，可以给他们看病，帮他们抵御饥饿。在这片索诺拉沙漠上，有时粮食歉收、食物匮乏，有时牧豆丰收，人们又因食用了过多的牧豆而生起病来。教区里有自己的农田和谷仓，粮食供应比较稳定，所以基诺会在路上带上一些粮食。在皮玛人看来，基诺还是个医生，他们看到他给人治病、替人祈祷，那人的病要是好了起来，就有很多人跟着他行礼，就像他们族里的巫医萨满。渐渐地，开始有人断断续续地来到多洛雷斯，要来瞻望这位奇怪的医生，基诺都以礼物相送，这些人会在阴凉的教堂里休息，有时甚至待上一阵子，帮忙挖几条沟，种些粮食，也规律地吃上几顿饭。他们都是自愿过来的。这么偏远的地方，没有几位西班牙士兵，绝不会有人强迫他们来。

到了晚年，基诺不知疲倦地设立传教站，每个站点都配备牧场和灌溉农田。除了当地的玉米和豆类，基诺还大力推广小麦、洋葱、大蒜，以及大量产自欧洲的水果蔬菜，其中就有葡萄。有了它，神父们就可以自己酿酒供应圣餐，偶尔有贵客来访，也好拿来招待一番。基诺是第一个在沙漠上放牧的人，因此是他为这片水源还算充足的沙漠丘陵开拓了许多新的食物来源。尽管基诺一直试图游说墨西哥和欧洲的教会多派些传教士来，但这里始终人手不够。有时候，皮玛人听说有重要的人要来多洛雷斯了，还会主动长途跋涉，请求多派些神父，好为他们再次带来农作物、药品和祈祷。

直到 1711 年去世，基诺神父一直把多洛雷斯当作自己的传教基地。他把自己传教帝国的边疆推到了多洛雷斯往北约 209 公里的哈维尔·德尔巴克（San Xavier del Bac），在亚利桑那州图森市（Tucson）的教区，至今还屹立着一座古老而精美的教堂。基诺一生不仅传播了基督教，还积累了丰富的地理知识。现在被我们叫作“下加利福尼亚”的半岛，当时人们以为是座岛屿，而加利福尼亚湾则被认为一路向北延伸，连接太平洋。这里地势陡峭，海岸曲折，当初基诺尝试在这里建立教区但失败了，后来的传教士从陆路前往下加利福尼亚，很大程度上降低了在那里建立教区的难度，但也只能勉强维持。有时候，基诺不顾危险，穿越今天亚利桑那索诺拉南边的火山熔岩沙漠，来到这个海湾。据他观察，加利福尼亚湾不太可能一路向北。1706 年，61 岁的基诺神父带领一小队人骑着驴子，攀上位于熔岩沙漠中心的皮纳卡特山。到了那里，只见下面的海岸线向南绵延不断，弯入西南边的下加利福尼亚海岸。现在他们都相信了，加利福尼亚的确不是岛屿。

* * *

如果当初遂了欧塞比奥 · 基诺的心意，他会在阿卡普尔科（Acapulco）登上另一艘西班牙大船，西渡太平洋，来到马尼拉。他或许会参与菲律宾的传教活动，尽管面前横亘着葡萄牙管辖权的问题，最后来到他一心向往的中国传教也说不定。无论是菲律宾还是中国，都将与索诺拉沙漠截然不同。

1688 年 5 月，马尼拉街头流传着一条消息，说中国面包师把玻璃磨碎以后加进面包里，已经卖了好几个月了。当地地方法官的报告似乎认同这些说法，但马尼拉总督却认为此事蹊跷，所以只是处以罚款，而没有太多的惩罚。当地法官害怕冲突升级，躲到耶稣会寻求庇护。事实很有可能是中国师傅的确往面包里加了什么，但不至于害死人，当地法官恐怕是对中国人又恨又怕，所以就轻信了谣言。但在马尼拉，这就是人们生活的常态。

1688 年的马尼拉建城不过百年，这座小小的西班牙城堡坐落在与海平面齐平的湿地平原上，平原的一侧是内湖，另一侧是天然良港马尼拉湾，城市周围还散落着几处拥挤的聚居地。马尼拉总督号称大大小小的菲律宾岛屿都归西班牙管辖，但除了马尼拉也就拥有几处不大的要塞，除此之外还有少量居民区和贸易场所。马尼拉以外的西班牙势力主要体现在几大教会上，即耶稣会、方济各会、多明我会（Dominican）* 和奥古斯丁会（Augustinian）†。这几个教会早就在这里立足，最终，菲律宾成了亚洲唯一一个基督教徒占多数的国家。从政治上来说，菲律宾的西班牙政权从属于远在天边的新西班牙总督，其首府是墨西哥。但在经济上，马尼拉无意中成了 17 世纪两大现象的交汇场所：一是西班牙统治下的美洲生产的白银在这里流通，二是勤勉的中国商人和他们精巧的作坊。每年都会有一两艘来自阿卡普尔科的西班牙大船停靠在马尼拉，装载着新世界的白银，用来购买中国丝绸、中国和印度的棉花，以及其他在新世界广受欢迎的精美商品。据说，就连利马大户人家的仆人都穿着中国丝绸。这些商品除了少数是从印度或爪哇岛舶来的，大部分还是来自中国南部的厦门等福建港口城市。西班牙海关 1685 年的记录显示这一年有 17 艘中国船只到访，1686 年有 27 艘中国船只抵港，1687 年的数字是 15 艘，到了 1688 年，仅有 7 艘记录在案。1685 年以来，来这里的中国船只可能的确在减少，但卡洛斯二世（Carlos Ⅱ）统治下的西班牙帝国处处腐朽衰败，海关官员大肆徇私舞弊可能也是导致这一数字不断下降的原因之一。

马尼拉对中国的依赖不仅仅体现在贸易上。早在 1571 年西班牙占领这里之前，中国人就已经在这里经商甚至定居了。西班牙刚刚在马尼拉建立殖民地的时候，这里差点儿被一伙中国海盗夷

---

* 拉丁名 Ordo Dominicanorum，又译为道明会，亦称“布道兄弟会”。会士均披黑色斗篷，因此称为“黑衣修士”，以区别于方济各会的“灰衣修士”及加尔默罗会的“白衣修士”。系天主教托钵修会的主要派别之一。

† 天主教托钵修会之一，又译奥古斯丁派。原指遵从奥古斯丁所倡守则的天主教隐修士。

为平地。但从那以后，数以千计的中国人在马尼拉定居下来，几乎承担了整座城市的手工业生产，他们打铁、制作皮革、当裁缝，当然还开面包店，要知道中国南部可是以大米为主食的。定居下来的中国人就成了中国船只的中间人。他们和西班牙政府签订合同，包办了多个行业的零售业务，还替西班牙官方向菲律宾商人征收税费。其中有些人就在这时皈依了天主教，至于诚心与否、是何用心，情况倒是不尽相同。他们当中大部分人都处事低调，谨言慎行，但出海的人里总混杂着一些海盗和帮派分子。菲律宾人中并不是没有暴力分子，西班牙人也是一言不合就剑拔弩张的，再加上美洲政府常把最难搞的麻烦人物流放到这里，马尼拉的局势也就可见一斑。17 世纪后期，一位著名的多明我修会修道士就曾说："新世界的各种污秽都倒给了马尼拉。"

马尼拉诞生于和中国海盗的冲突中，到了 17 世纪 60 年代又受到割据中国台湾的郑成功的威胁。西班牙人梦想在这里建立一个纯粹的基督教国度，但没想到即使在这天涯海角的地方，他们居然也无药可救地依赖中国人。西班牙人和菲律宾人的仇恨和恐惧终于转化为 1603、1639 和 1662 年的大屠杀。1683 年，郑成功的台湾政权岌岌可危，人们都怕他袭击马尼拉以求自保，这大概导致了当地对中国人的新一轮恐慌，然而新的敕令需要绕过大半个世界，因此迟迟未能送达。据说，1686 年 9 月西班牙马德里政府颁布了一条皇家敕令，勒令所有不信奉基督的中国人离开马尼拉。在这条命令穿过大西洋，跨越太平洋的过程中，麻烦正在酝酿。1686 年，大批中国船只抵达马尼拉，带来了更多的中国移民，有鉴于此，西班牙人开始考虑把中国人限制在涧内（Parian）*，也就是菲律宾的唐人街。听闻此事，一小拨中国人于 1686 年 5 月暗杀了向中国人征收人头税的西班牙官吏，而且就在他的家中，此外当晚还有 3 名西班牙官员身受重伤。中国人往面包里加碎玻璃的谣言就起于这个时候。接连几天里都有零星暴力事件发生，很多中国人害怕西班牙和菲律宾人报复而逃回中国。这次暗杀行动的 7 名嫌犯被送审判，马尼拉渐渐恢复了秩序。

1686 年 10 月，西班牙马德里政府的敕令终于抵达马尼拉。因为上述那些事情，再加上关于中国面包师的谣言，马尼拉的西班牙政府准备开始驱赶中国人当中的非基督徒。说到拖延和玩弄文件，中国人可不比西班牙人差。官方宣布驱逐令时，一些中国人说希望加入基督教，想在受洗之前接受指导。还有一些人请求延缓撤离，因为很多西班牙人欠他们的债，要等到阿卡普尔科的西班牙大船回来，收了自己和墨西哥交易的分红才能还清。西班牙政府觉得这种请求十分合理，于是命他们列出所有债权人和债务人的名单，等名单递上来以后才发现所有被驱逐的中国人都是西班牙王室的债权人，因为西班牙曾经跟每个中国人借钱用来支付西班牙驻军费用，尽管他们当时很有可能是被迫的。尽管如此，还是有一千余人登上了 1690 年的大船返回中国。由于缺乏船只，更多的中国人留了下来，西班牙政府依赖中国人的事实没有改变，尽管他们并不乐意，但还是要忍受身边的非基督徒。直到今天，马尼拉富商阶层中依然有很多华人，只不过有时候和菲律宾上层社会及政府的关系并不融洽。

---

* 译为巴里安，华侨称之“涧内”（意为“溪涧之内”），为 1581—1860 年菲律宾马尼拉华人居住区兼商业区。——编者注

在马尼拉市外的华人墓园，中央祠堂里基督和佛祖并排而立，向世界昭示了宗教融合的美好景象，然而在17世纪，这里更多的是顽固和褊狭。

第二章

四分五裂的非洲

1688年2月22日，非洲的一位地方统治者在刚果河下游的伦巴镇（Lemba）里，给嘉布遣会（Capuchin）的一位意大利神父寄去了一封信，这封信是用葡萄牙文写的："感谢最神圣的上帝，……愿基督保佑您。收到您的来信我万分惊喜，……您在精神上是我的父亲，您的吩咐我一定照办，过去如此，现在依然不变。您的（精神上的）女儿也就是我的母亲多娜·波顿西娜（Dona Potenciana）也是如此，……不知道什么时候，才能得上帝保佑让我见上神父大人一面，您是否也有可能光临鄙舍，来拯救我儿子们的灵魂呢？"这封信的署名是"多姆·若昂·马诺埃尔·格里略（Dom João Manoel Grilho），在母亲腹中脚踩雄狮者"。信里还写道，自己委派了一个可靠的仆人把这封信带到神父手中，仆人身上带了礼物，还有要事要和他商议。

身为刚果王公，却用葡萄牙文写信（即便是请懂葡萄牙文的官吏写的），这种现象源于200多年里刚果的葡萄牙和基督教化。1485年，第一批葡萄牙人乘船来到刚果河口，他们惊讶地发现，短短几十年里，当地的国王和他的随从都愿意归顺基督教，学习葡萄牙语，他们还致信教皇和葡萄牙国王，向欧洲派遣外交使节。刚果正式皈依基督教，刚果国王使用葡萄牙名字，直到1665年刚果和葡萄牙之间爆发战争，刚果旧王朝几乎覆灭。

现在，我们从当地文化和宗教的角度来解读两国之间的渊源，就更能体会双方关系的复杂之处。刚果人认为，生和死的世界由一条大河隔开，这条大河河面宽阔且深不可测。人死后灵魂涉水而过，换上一副白色的躯干，然后待在宁静的死亡世界中。留在生的世界里的人则定期祭奠死者，设法和彼岸的人交流。所以当白皮肤的葡萄牙人涉水而来，刚果人大概以为他们来自死亡世界，于是十分欢迎。后来，刚果使节乘葡萄牙人的大船来到欧洲，见识了不少奇迹，并在回国后转述给国人，这就让他们更加确信这些外来人势必拥有某种强大的神力。再后来，某位皈依了基督教，以武力夺得王位，成为刚果历史上第一位信奉基督的国王，充分挖掘了这些力量。刚果上层社会大都改信基督教，两国之间贸易如织，葡萄牙在此势力大增。不过，刚果人很快发现只能通过出口奴隶换得欧洲的货物，两国关系渐渐被奴隶贸易主导。刚果国王也的确在设法维持国内的奴隶供应，有时通过战争俘获，有时是将罪犯贬为奴隶，有时候则强迫富人和贵族进贡奴隶。

刚果大城市的精英阶层靠着基督教和与葡萄牙人相处时得来的外埠商品，获得了展示权贵、使用“超能力”的新方法，但刚果文化和政治领域并没有发生重大变化。传教士带着他们的祈祷和仪式到外围的村子里传教，有时还竖起十字架或者将十字架赠送给村里，他们和当地的传统术士相比稍显高贵，可也没有那么不同。南部海岸新兴的葡萄牙城市罗安达（Luanda）或许正图谋不轨，对这里造成了威胁。但对17世纪的刚果王国来说，最大的不安定因素来自几十位嘉布遣会的传教士。这些教士是梵蒂冈（Vatican）罗马教廷派来传播福音的，不受葡萄牙控制。和之前的葡萄牙传教士比起来，嘉布遣会的传教士更加唐突，对待刚果传统更不愿意妥协。嘉布遣会教士一方面从多个方面抨击刚果的传统文化，另一方面纠集刚果民众对抗欧洲。1665年，刚果和葡萄牙之间爆发战争，刚果国王被杀，首都被毁，刚果王国就此分崩离析。

到了17世纪中期，罗安达的葡萄牙将领运用彪悍的非洲武装力量，把抢夺奴隶的行径扩张到内陆地区。1656年，一支猎奴部落的女酋长和葡萄牙人签订协议，同意葡萄牙商人和传教士进入她的辖地，同时为她在战争中掠来的俘虏找到了稳定的外销门路。这位女酋长带领部队潜入刚果王国南部边境，加速了这个国家的分崩离析。葡萄牙人没经过深入调查就以为这女酋长的部落都是食人族，而被掳来的奴隶跌跌撞撞地走向罗安达的海滩，看到船上做饭的大锅时，还以为船上的白人要吃了他们。

沿海岸线北上，就会看到刚果河口，这里是非洲和葡萄牙的交易枢纽，几乎独立于刚果王国之外，和北部以及内陆有着独立的关系体系。开头那位“多姆·若昂·马诺埃尔·格里略，在母亲腹中脚踩雄狮者”统治下的伦巴镇，就建在河边一个关键的十字路口，也是一个重要贸易中心。

但我们从这简短且晦涩的信里能读出什么呢？是否能听见多姆·若昂·马诺埃尔·格里略的声音？我们能从这封信的内容中获取的信息是有限的。但信里提到他的母亲多娜·波顿西娜，这一点在族系和头衔都以母系为本的社会里很重要。他希望神父可以“拯救我儿子们的灵魂”，大概是因为他们还没有受洗。但他本人可能并不认为基督教洗礼与当地类似的寻求先人和当地神灵庇护的仪式大不相同，日后他们也不大可能因为受洗而与当地神灵断绝关系。尽管有点儿困难，但如果仔细看看他自己署名的方式，我们会听到更真实的来自非洲的声音——“多姆·若昂·马诺埃尔·格里略，在母亲腹中脚踩雄狮者”。直到现在，刚果文化中名字后面坠着的赞誉之词仍是权力的来源，只有经过冗长且严格的仪式才能得到。但我们在这些名字甚至在整个文化中都找不到像西方文化那样明显体现财富、政治权利或神力特性的称呼。如果有人像“多姆·若昂·马诺埃尔·格里略，在母亲腹中脚踩雄狮者”一样积累些财富，他们就可以雇人举行仪式，巩固自己在当地的政治影响力，并获得神力。从某种意义上来说，他成了神，是多种物体的有力结合，欧洲人称之为偶像。现代社会记录了这样的仪式，通过它可以让某位伟人成为权力的化身。这种仪式起源于一个传说，曾经一位母亲生下了人、豹子、蛇和白垩土。之后，豹皮、蛇皮和白垩土就成了代表权力的魔物。信里的狮子应该是个笔误，或者在广义上指的就是豹子，豹子在森林里受动物敬畏，和狮子在草原上的地位一样。身着豹皮或者坐在豹皮之上，就有了豹的力量。但如果是脚踩豹皮，按照此类仪式和刚果人的解释，就是对其力量的侵犯、亵渎和占有。这样说来，多姆·若昂·马诺埃尔的意思是宣称他在母亲腹中消灭了豹子，并夺取了它的权力么？在母亲腹中就如此渴望权力，很难有故事与之抗衡，而且这个故事的寓意和欧洲基督教的教义也是大相径庭。

他的孩子们最终接受洗礼了吗？他倚着豹皮座椅，一边和罗马教廷保持着不甚纯粹的联系，一边注视着来往穿梭的船只，码头上的搬运工不计其数。多姆·若昂·马诺埃尔到底活了多久呢？还有那条时而唤作刚果河、时而唤作扎伊尔（Zaire）的大河是什么？像伦巴这样的城市，显然是河上交通的转运中心，勒索商人的事想必也时常发生。湍急的河流在不远的上游发出怒吼，绵延几英里，几乎无法通航。

* * *

非洲说书人凭借超强的记忆，记下了一代又一代的王朝更迭和诸多重大事件，但他们的故事很难精确地对应到1688年里去。伊斯兰国家已经颇具势力，使我们可以从阿拉伯故事里找到些时间线索，但很大程度上，我们仍然过度依赖欧洲人在非洲海岸的探索。他们的经历、他们的困惑、他们的沮丧和鲜有的胜利，都令我们着迷。但读他们的故事时，我们需要格外谨慎，借助包括非洲人在内的现代史学家的引导，才能比17世纪的欧洲人更接近真实的非洲。我们能了解刚果的故事要感谢丰富的史料，这一方面是因为刚果和葡萄牙建立了长期关系，另一方面是嘉布遣会传教士留下了大量记录。这些记录不仅让非洲该地区的历史有迹可循，而且对当时从罗安达大量进口奴隶的巴西也有重大意义。欧洲人在黄金海岸（Gold Coast，今天加纳一带）建立了众多贸易站点，但我们对那里的了解并不多。此外，欧洲人很少离开沿海的据点深入内陆，因而对内陆认识有限。

黄金海岸的东边有一段位于加纳和尼日利亚之间的海岸，大致相当于今天的贝宁共和国（Republic of Benin）和多哥共和国（Republic of Togo）的沿海地带。在 17 世纪 80 年代的欧洲人眼中，这里既是前景可观的宝地，又让他们极其费解。1688 年，法属几内亚公司委派一位代理人来到这里的维达（Whydah）王国，这人名叫让－巴普蒂斯特·迪卡斯（Jean-Baptiste Ducasse），在当地颇有声望，他享有这片海域法国贸易的专属经营权，但地位不怎么牢固。他此次拜访该国，是希望和该地区的统治者建立良好关系，好让法国可以定期从这里输出奴隶。维达国王主要拜祀巨蟒“丹贝”（Dangbe），离首都约 3 公里的地方有一棵参天大树，丹贝的神庙就设在这树下。1688 年的某一天，维达国王阿格班格拉（Agbangla）像往常一样前往丹贝的神庙，举行一年一度的祭祀仪式。行进的队伍当中就有迪卡斯，只见他身上穿着豹皮，“还有其他乱七八糟的东西”。很多看到他这副模样的欧洲人，都表示极其反感。

他们这样说未免有点儿装腔作势。这里的欧洲人都是获得国王的批准才能留在此地，在当地官员的监督下从事贸易。任何一个欧洲国家和公司的定居点都有供奉当地神灵的神庙。这一时期，欧洲人对身边的非洲社会文化感兴趣，但在情感上无法予以认同，哪怕有人只是提了提丹贝神庙边“那株壮美的大树”，都被认为背叛了内心的真实感受。

这一带的海岸甚是开阔，零星点缀着的大树非常气派，和东西两边沿海繁茂的森林截然不同。沿东西方向绵延的森林在达荷美（Dahomey）* 断开，这里比枝繁叶茂的森林更适合货物流通和人员流

* 西非埃维族的一支阿贾人于 17 世纪建立的封建国家，全名为 " 达恩 · 荷美 · 胡埃贝格 "，意思是 " 建在达恩肚子上的国家 "，简称 " 达荷美 "。1899 年为法国所灭。

动，内陆交易自然到这里集散。维达人信奉的蛇神不仅象征着蟒蛇的可怕力量，还代表了雄性的力量。据一位欧洲人观察，作物生长的时候，当地人害怕巨蟒会在夜里掠走年轻姑娘，把她们逼疯，就在这个时候把她们关在特设的圣殿里。当然，女性的力量和生育力也占据着一席之地。王公贵族炫耀财富的方式，就是往家里塞满妻妾和女奴，少则几十，多则几百。能服侍国王或者与之同寝的仅有少数几位，大多数人则在田里劳动。据说，有时王后醋意大发，便强迫国王把自己喜欢的女奴卖给欧洲人。在和欧洲人的生意中，女性的力量可不止于此。非洲进口最多的是一种叫作玛瑙贝的贝壳，多半来自印度洋，尤其是印度以南的马尔代夫群岛。除了西非，中国也曾把它当作流通货币。这些玛瑙贝的贝壳外形一致且耐磨损，外观呈卵形，中间有一道裂缝，很像女性的外生殖器。

欧洲人把玛瑙贝贝壳、金属、布匹和酒销往非洲，心里自然乐意，枪支和火药的市场也越来越大。他们再从这里买入象牙运回欧洲市场，同时倒卖非洲其他港口需要的货物。但他们之所以甘愿忍受海边蒸腾的热气，冒着被蚊虫叮咬染上疾病甚至客死他乡的危险，不顾当地动荡的政治局势铤而走险，甚至偶尔还要穿一穿豹皮，主要还是因为美洲市镇、矿区和庄园对奴隶的需求不断上涨。

欧洲人对非洲的探索，仅停留在距离海岸线数英里的地方，他们对维达王国的了解也是如此。就算有人想过自己去抓非洲奴隶，去掉成本中支付给非洲中间商的部分，他们根本没有利润。维达王国里平均每 20 个奴隶中，大约就有一个遭受当地权贵人士奴役的当地人，有的是触犯了法律被贬为奴，或者是大户人家富余的奴隶（或因正妻嫉妒排挤），有的则是以身抵债；而剩下的 19 个奴隶都是商人从内陆其他国王或酋长的领地弄来的。这些奴隶都是被暴力掳来的，有的是战俘，有的遭邻邦洗劫，还有的可能在种田或去市场的路上中了埋伏。美洲的欧洲人对奴隶的需求鼓励了这些暴力行径，助长了可怕的奴隶贸易。

那些把同胞抓到海岸去卖的非洲人，没有几个真正了解自己正把这些奴隶推向怎样的深渊：他们即将登上臭气熏天、拥挤不堪的大船，在海上颠簸数月后，被卖到甘蔗种植园里忍受非人的禁锢，同时还要拼死劳作。那里的法律制度和政府不把奴隶当人看，认为奴隶是动产的一种。尽管非洲的社会和文化多元，但每个人都隶属于等级制度的一部分，通常表现在一个大家族的尊卑上。我们称之为奴隶的这个阶层，尽管地位低下，但并未丧失人的身份，保有正常的人际关系。要是他们努力些，很有可能沿着等级的台阶向上爬，有的则因怀上贵人的孩子摆脱奴隶的身份，他们还可以和地位稍高的人结婚，获得更高的地位。青壮年男性奴隶比较危险，也更容易和抓捕他们的中间人串通一气。他们通常都被卖给奴隶贩子，再转卖到外地。这恰好契合了海岸贸易的需求，年轻力壮的男性在这里通常能卖上好价钱。但不管是寄居在某个大户人家还是辗转于市场之间，这些奴隶都还是“人”。

这并不是说，维达国王阿格班格拉及当地的商人和官员不知道，把奴隶卖给欧洲人可不同于卖给其他非洲部落。非洲人从没见过在大浪里颠簸的情形，很多人以为欧洲人之所以要买这些奴隶，是要把他们带走然后吃掉。但非洲历史悠久的奴隶制度和贸易传统正悄然发生转变。国王和酋长对欧洲货物的欲望与日俱增，而且到了现在，如果不多进口些枪支弹药，他们如何能保卫自己不受敌人侵犯呢?

所有奴隶到维达以后，都被关进坚实无比的围栏里，由国王任命的官员实施监管。欧洲人想要参与进来，就必须通过国王任命的中间人。他们按照事先谈好的价钱，向国王交付一笔费用后才能获准参与交易。交易开始前，国王有权先出售自己的部分奴隶，这些奴隶通常体弱多病但价格奇高。随后，贸易向其他卖家开放，买家通常不给这些男男女女留任何尊严，他们挨个细细检查，发现有缺陷的就立刻剔除。一旦挑好奴隶、谈妥价钱，欧洲商人就把自己的商标烙在他们身上，防止日后被人换成“次品”。据说，烙印的时候他们格外小心，不能烙过火，尤其是那些女奴们，“皮肉比男的更嫩”。打上烙印的奴隶随后被送回围栏，直到上船那天才交到买主手里。

1688 年，维达王国和周边的港口可能输出了六七千名奴隶。年初时出口量较大，如果一整年都维持这样的水准，这个数字恐怕还要翻倍。不过后来内陆的奴役供应迅速下跌，一些人贩子被迫出高价买人，也有的不再嫌弃买来的奴隶里女人太多。据迪卡斯（Ducasse）记载，这时出现的混乱“是因为内陆地区的丰族（Fon）国王对此不满，阻断了通路”。

欧洲人记录非洲政治时，大都像这条一样含混不清，对于他们没亲眼见过的地方尤其如此。丰族是达荷美王国早期的称号，17 世纪初逐渐崛起，后来成为独立的王国。到了 17 世纪 80 年代，丰族王国俨然成了沿海地区奴隶贸易的主要输出国，他们越来越好战，一会儿四下抢夺奴隶，一会儿又把自己的士兵租给别的国王。18 世纪 20 年代，丰族进击沿海地区，维达王国和周边港口被迫臣服。那些不得不前往丰族都城的欧洲人，向其他人讲述了一幕幕触目惊心的场景：丰族士兵个个训练有素，他们精通火器，宫殿里还挂着战争中杀死的敌人的头骨。17 世纪 80 年代的维达宫殿里，也像这样挂着几颗头骨。不过随着美洲对奴隶的需求日渐强烈，达荷美连年战火不断，越来越多的战俘被运往沿海地区，打上烙印后装上在海边等候的大船，而达荷美自身也在这无休止的战争中发生彻底改变。

* * *

1688 年的欧洲人对非洲内陆并不十分了解，但对这块大陆最西端凸起的部分还算清楚。这里流淌着塞内加尔河和冈比亚河。这两条大河汩汩穿过大陆，最终汇入大海，两河的下游被当代学者称为塞内冈比亚（Senegambia）。截至 1688 年，欧洲人在此处的贸易活动已经有两百多年的历史了。他们推想，位于内陆的上游地区一定土肥水美，便一直设法到那里去。可惜他们最终也只是在河口建了一两座堡垒——法国人的堡垒建在塞内加尔河河口，英国人的则在冈比亚河河口。偶尔才有一小队人马沿河而上，做些买卖。这一区域政治诡谲变幻，经济生活繁杂，这些欧洲人完全处在变化的边缘。

生活在塞内冈比亚的非洲人拥有共同的语言和社会特征。庄稼的收成全靠雨水，但降雨量极不稳定。上游地区如果暴雨连连，就会引发洪水，卷走庄稼的同时留下一层肥沃的泥沙，以供来年种植，不过谁也说不好洪水什么时候会来。塞内加尔以北的地区雨水少得可怜，庄稼根本无法存活，但这里却盛产树胶，这种从野生胶树上割下来的阿拉伯树胶就成了该地区重要的商业资源。塞内加尔河东临沙漠，不同的文化在此交锋。沙漠来的人骑着大马或骆驼，肤色较浅，说的是阿拉伯语或柏柏尔语（Berber），在社会文化上更趋近于伊斯兰世界。

历史上，穆斯林曾多次骚扰塞内加尔边境。17世纪60年代，摩洛哥人开始不断侵袭撒哈拉以南地区，到18世纪初已对该地区构成了严重威胁。但是，真正把伊斯兰先知穆罕默德的教义带到这里的却是和平的贸易活动。这一点和世界上其他地方没什么两样。可能阿拉伯和柏柏尔商人改变了塞内加尔同行的信仰，又或者他们在这里定居下来，娶了当地妇女，然后把孩子培养成穆斯林。穆斯林识文断字，当地统治者可能雇他们做事，也就难免在信仰上受他们影响。尽管在乡村地区人们还供奉着传统的祖先和神灵，但城里已经有很多人开始慢慢地改信安拉了。一位曾在学校或圣城麦加接受了正统伊斯兰教义的教师或市民，可以在整个学校或市镇里掀起一场穆斯林净化运动。1688年以前，人们将这类活动推向高潮，随后又逐渐退潮。当然还有更缓和的转变方式。例如，穆斯林教师和其随从可能在某个小镇或者行政区里享有相当大的自由。17世纪80年代，一群渊源各异的居民跟着一位老师沿河而上，来到人员稀少的塞内加尔河和冈比亚河上游，开始建立属于他们自己的国家，对后来该地区的政治生活产生了重要的影响。穆斯林做礼拜时的主持伊玛目，成了该地的长期统治者。而在其他地方，从事长途贸易的朱拉人（Juula）自成一体，相比之下他们更加虔诚，经常在市镇里群聚而居。

每个人都在自己的社会圈子中拥有一席之地，但没有谁的地位是固定不变的。血缘关系决定了谁可以独据一方，谁可以成为朝臣。

人们认为城市里的铁匠冒着危险，熔化金属，制造武器，一定拥有特别的神力，所以铁匠一般都远离群众，相互通婚。城里还有大量的奴隶，但只有从别处买来的奴隶才被准许交易，他们中很多都是主人家中固定的一员，尽管身份较低，但地位稳固。还有些为王室工作，如果有幸参军或参政，则很有可能权势大增。

无论是来自沙漠的阿拉伯或柏柏尔商人，还是海岸上的欧洲人，都会在塞内加尔买进奴隶，但这里的奴隶供应并不稳定。16世纪晚期，塞内加尔爆发大规模的内战，也只有在这时候才有大量奴隶漂洋过海前往美洲。17世纪80年代，欧洲人从此地出口的货物当中，奴隶占总交易额的一半之多。欧洲和北非穆斯林在此进口的其他货物，则是当地商品经济多样化的结果。当地生产铁器，且不乏上乘之作。这里还种植棉花，棉织品供当地人使用，也在当地市场内流通。除此之外，还有一些当地流通的东西吸引了外人的眼光，其中包括前文提到的阿拉伯树胶，还有牛皮、蜂蜡、象牙和黄金。黄金的产量较小，往往挖出来的大量砂砾里只能簸出极少的黄金。做这份工作的都是农闲时的村民，赚点儿额外的收入，但这钱少得可怜，可能都不够干活时的饭钱。

只要贸易中出现了金子，不管产量多少，都能让欧洲人为之疯狂。塞内加尔河和冈比亚河的河口闷热难忍，刚到这里的人有60%都活不过第一年，于是他们制订了一个又一个计划，企图沿河而上，在那里开通直接贸易，贩卖奴隶和其他商品，找到那汩汩流出黄金的源头。1688年7月，一位名叫尚博诺（Chambonneau）的法国人来到巴黎，向皇家塞内加尔公司（Royal Company of Senegal）当局报告了自己1686到1687年间在塞内加尔河的奇妙探险。这一时期，法国政府连续在非洲开设了多家公司，想要扩大非洲海岸的贸易以夺取垄断权，但大都没什么效果，皇家塞内加尔公司就是其中之一。1687年，这位尚博诺先生带着随从乘两艘三桅帆船，成功驶近塞内加尔航道的源头，也就是费卢瀑布（Felu Falls）附近，这里距离塞内加尔河口有800多公里。他们受到了当地酋长的热烈欢迎，并被告知此地距内陆贸易大城廷巴克图不远，冈比亚上游的一条支流也在附近。这些法国探险家认为，过了费卢瀑布，塞内加尔河就又能通航了，但结果事与愿违。当地酋长说，要是他们愿意在这里多待一段时间，8天后他就可以奉上一笔黄金，可惜他们只能停留一天，“因为只有小米可吃，6、7、8月里闷热异常，再加上连日阴雨，船上的所有人都生了病”。

面对这些困难，尚博诺提出了比较极端的解决方案：法国应该派1200名男女远征塞内加尔河，其中包括400名士兵，夺取塞内加尔河下游肥沃的土地，建立真正意义上的欧洲殖民地。最初几个月里可能会遭到当地人的反抗，但他们最终会默许，因为他们的社会里没有私有土地的概念，况且有大片的荒地等人去开拓。这样法国人就有了自己的耕地，再找一些奴隶来帮忙，或者不用奴隶也行，地里种上小麦，这样那边的法国人就能吃上面包，再也不用没完没了地吃小米了，在他们看来小米不健康。也可以种植烟草，烟草在那边长得尤其好，还有甘蔗、染料作物和棉花，甚至可以养蚕取丝。殖民地里的定居者，不但不会和皇家塞内加尔公司争抢奴隶和其他货物，反而会为贸易站点提供新鲜的食物，农场里的烟草等经济作物还可以为他们提供新的货源。欧洲人曾试图在西印度群岛上这么做，但这些想法不顾当地的气候、疾病等障碍，也低估了当地居民保家卫国的实力，最终都失败了。现在尚博诺又提出这些想法，显然是不切实际的。事实表明，法国政府可能也没有认真对待这一提案。

法国人这边积极开拓塞内加尔河，冈比亚河流域的英国人都看在眼里。他们也沿河而上，试图把贸易潜能最大化，但他们没幻想在大河边纺布养蚕。有一位叫科尼利厄斯·霍奇斯（Cornelius Hodges）的探险家，在1689到1690年间考察了冈比亚河，他的报告向我们展示了欧洲人在这里四处遇阻，而上游地带的经济收益又并不明朗。冈比亚河的下游已经不易通行，一旦下起雨来，整条大河“就倾泻而下”，有时候他们只能顺着洪水往下游航行。沿河两岸，当地居民似乎拥有不少象牙，很愿意卖给他们。还有一个地方，从1683年起掀起了一阵淘金热，因为有位老妇在块状根茎下面发现了金粒，不过近来连年干旱，饥荒遍野，生产也一度中断。探险队伍跨过塞内加尔河，挺进沙漠边缘，听说摩洛哥人就在不远处突击抢劫。

到了18世纪，欧洲人在塞内加尔和冈比亚的贸易不断扩大，其中以贩奴贸易为主。（即便如此，相较于18世纪被运往美洲的奴隶总量来说，这里的交易量只是九牛一毛。）塞内冈比亚不断受到摩洛哥人的骚扰，并与伊斯兰世界保持着跨撒哈拉沙漠的联系，这些都影响着这一区域的发展。1800年以后，欧洲逐渐停止了奴隶贸易。此后这里的阿拉伯树胶贸易大幅增长，法兰西帝国势力入侵，但尚博诺先生设想的法国种植园从未出现。

* * *

1688年之前的数几百年，西非的主要贸易通道始于森林带的北部边缘，穿越大草原而后来到篷车商队的起点，商队将从这里跨越撒哈拉沙漠。这里也通常靠近王权建筑中心。到了1800年，贸易中心逐渐转向沿海，这时建立的国家尽管远离海岸，但都在争夺对海岸地区的控制权，达荷美王国就是如此。我们对非洲历史的了解主要依赖欧洲人的记录，并且相对其他方面，我们更熟悉这里的沿海港口和海上贸易，这让我们容易以为那些转变源于海上贸易的大幅增长。海岸的确很重要，但内陆地区的变化同样不容忽视。

直到18世纪后期，欧洲人才把探险的脚步伸向费卢瀑布上游。对于往东的路线非洲人很熟悉，沿塞内加尔河的支流逆流而上，再走上一段陆路，就来到了非洲另一条大河的上游，欧洲人称之为尼日尔河。沿尼日尔河往东，大概走上塞内加尔河口到费卢瀑布那么远的距离，就到了廷巴克图。英国人心中的廷巴克图象征着难以企及的远方，可在非洲人看来，这座城市是远近闻名的交通和文化中心。沿尼日尔河再往下走上大约320公里，就到了另一座交通大城——加奥（Gao）。加奥往东，还要走上1900多公里才能来到一大片森林和红树林沼泽，至此尼日尔河才汇入大西洋。

1688年的廷巴克图和加奥早已没有了往日的光辉。几百年来，尼日尔河沿岸才是西非的贸易和权力中心，商人从这里出发，穿越撒哈拉沙漠，抵达地中海沿岸。穆斯林沿着这条贸易线路来到这里，在此扎根。廷巴克图有很多清真寺和学校，不少学者用阿拉伯文记下了非洲历史，讨论穆斯林的相关话题。16世纪以后，穿越撒哈拉的贸易线路逐渐中断，这里的城市也不再繁荣。导致这一结果的原因很多。比如，奥斯曼帝国（Ottoman Empire）沿地中海南岸不断推进，贸易线路被短暂割断。再比如，葡萄牙人入侵摩洛哥，这场侵略毫无意义但旷日持久，给当地造成很大的破坏，扰乱了当地秩序。但也因为这场战争，摩洛哥人在1591年跨过沙漠，洗劫了廷巴克图，还在尼日尔河盘桓数十年之久。沙漠里的游牧民族也加入了侵略的队伍，并于1688年占领加奥，廷巴克图岌岌可危。此外，廷巴克图上游还有一个部落势力逐渐壮大，不过又在1680年前后因为领袖的去世而逐渐瓦解。最后，正如我们所知，在塞内冈比亚边境地区，摩洛哥人又开始了新一轮的烧杀劫掠。1688年，森林地区的贸易变化和建国运动才刚刚开始，但在远离欧洲人的地方，尼日尔河上的廷巴克图等古老的城市却逐步走向衰败，而海岸地区的崛起只会加剧这一过程，逝去的辉煌再也无法重现。

第三章

奴隶、大船、拓荒

1688 年，让 · 拉舍维克（Jean l’Archevêque）和雅克 · 格罗莱（Jacques Groslet）这两个法国青年大部分时间都是在印第安人卡多人那里，也就是今天得克萨斯州的东部度过的。快到年末的时候，两人从欧洲带来的东西已经所剩无几，但他们还是拿出一卷上面画着大船的羊皮纸，各写下一条信息，然后用一根精致的蕾丝绑起来，这样任何一个欧洲人看到了都知道写信的是自己人。之后，他们把信托付给一个和善的印第安人。我们现在可以看到其中一条信息的全文：

> 阁下：
>
> 我不知道您是谁。我们是法国人，正身陷蛮族之中。身为基督徒，我们非常渴望回到基督徒身边。我们很清楚，您一定是西班牙人，但并不知道您是否会攻击我们。在这里，这群野兽不但不信上帝，而且什么都不信。倘若阁下愿意带我们离开，您只需要寄一封信来就行。我们在这里也没什么要做的事情，收到您的来信一定火速起程，与阁下会合。
>
> 您卑微且忠实的仆人，
>
> 来自法国巴约讷（Bayonne）的让 · 拉舍维克

这张羊皮卷上还有雅克·格罗莱的笔迹，但大都无法辨认，大概意思是说两人年纪都不大，以及他们将委托他人把信送到西班牙人手里。

1689 年 5 月，两人终于见到了西班牙人，当时他们身上只穿着鹿皮，全身画得像印第安人一样。两年来，他们在得克萨斯的印第安人部落里无依无靠。西班牙人把他们送到墨西哥城，两人赶在 1689 年年底之前抵达西班牙。

这二人就是拉萨尔爵士罗贝尔·卡弗利耶（Robert Cavelier, sieur de La Salle）远征队最后的幸存者。当年，为扩大法国势力，拓展贸易，拉萨尔率众从北美洲中部出发，企图在墨西哥沿岸建立军事据点。拉萨尔本人精通战略地理，有着敏锐的贸易嗅觉，颇具将相之才。他发现如果以法国人在圣劳伦斯河上的基地为据点，利用五大湖上的贸易站和密西西比河水系扩大已有的皮毛贸易，就可以赶在西班牙人和英国人之前，在北美洲正中央抢先建立一个真正的帝国。拉萨尔雄才大略，眼界不止于此。1684 年，他获得法国王室批准，率领约 300 人前往今天得克萨斯州科珀斯克里斯蒂（Corpus Christi）附近的马塔戈达湾（Matagorda Bay）建立前哨站。拉萨尔看上的是墨西哥北部的银矿，以为通过今天的格兰德河（Rio Grande）水路可以与那里贯通。为此，他派了几拨队伍沿河而上，并和沿岸的印第安人建立良好关系。

不过，拉萨尔选的第一个地址就大错特错。那里地势低且多沼泽，只有为数不多的印第安人散居其间。殖民地很快就因营养不良、疾病丛生而不断缩小。仅存的两只船也不幸在沿岸的沙洲间搁浅了。现在必须向东北开拓道路，向密西西比河谷的法国殖民地寻求帮助。于是，1687 年 1 月，拉萨尔率领一小队人马朝东北方向行进。当时河水泛滥，得克萨斯平原几乎无法通行，队伍里开始有人叛变，还有的直接当了逃兵。最后，3 月 19 日，拉萨尔被自己的部下射死。让 · 拉舍维克虽然不是杀死拉萨尔的凶手，但显然也是叛变者之一；而雅克 · 格罗莱早就有过叛逃的先例，只不过在印第安人部落里生活不习惯，最终又当回了士兵。到了 5 月，部队决定再次朝东北方向的密西西比河进发，这两位青年却掉转方向往回走了。

尽管两人十分渴望回归基督徒的生活，但他们在卡多人地盘的日子要比那些落入卡兰卡瓦人（Karankawa）手里的同伴们好多了。卡兰卡瓦人就住在拉萨尔的海边殖民地周围，法国人一旦落到他们手中全都惨遭横死。他们自己的日子也过得十分惨淡，靠捡食沙滩上的垃圾为食。卡多人的日子就好得多了，族人们一起耕地一起建房，部落管理比较成熟，族内秩序井然，无人犯罪，就连 1688 年的法国也没有几个城镇可以与之媲美。东得克萨斯土地肥沃，气候温和，卡多人在地里播下玉米、大豆和南瓜的种子，再移植些浆果和水果，还会捕鱼、猎鹿、猎熊，日子过得比法国很多地方的农民还要富裕。他们也有自己的神，神庙里的圣火常年不灭，部落哪里要用火就到这里来取，族里有人离世还要举办丧礼。这里的节庆礼仪与农业纪年紧密相关，一年里散布着大大小小的节日。卡多人心灵手巧，编织的篮子和芦席全都十分精巧，缝制的皮衣也结实耐穿，这里制造的许多陶器可以说是北美原住民部落里最好的。到了 17 世纪 80 年代，卡多人和东边的法国人做交易，又从西边平原的部落里获得马匹——这些马最初都是西班牙人带来的。他们信心十足，欢迎法国人或西班牙人来访而不怕局势失控。后来，第一批到来的传教士尽管一心想要从根上改变他们的生活方式，却也禁不住对他们敬仰有加。

这两位法国青年大概无法接受卡多人房前挂着敌人的头骨，或者也有可能亲眼看见战俘被折磨致死，又或者他们反感卡多人头上、胸前满满的刺青，这在欧洲人看来太难看了。不过西班牙人发现他们的时候，两人脸上、胳膊上都是刺青，但也有可能是画上去的。

要回到法国是不可能了，因为 1690 到 1698 年西法两国正兵戈相向。他们先是被送到西班牙，然后又被送回墨西哥，加入了西班牙战队，从普韦布洛人（Pueblo）手里收复了 1680 年被夺走的格兰德河上游谷地。这期间，就连他们的名字也西班牙化了，分别改成了阿奇韦克（Archibeque）和古鲁莱（Gurule）。拉舍维克（或者该叫阿奇韦克）后来回到圣达菲（Santa Fe）*，成了一名出色的商人和译员，他在印第安事务上的意见得到众人的尊重。1720 年，他随一支探险队到东边的高原对抗波尼人（Pawnee）†。显然，这些波尼人也有一个法国顾问。不久，拉舍维克死于波尼人之手。如今在新墨西哥州和南加利福尼亚，很多姓阿奇韦克或古鲁莱的人都觉得自己的来历不凡。

---

* 圣达菲简称圣菲，今天美国新墨西哥州的州府，名字来自西班牙语，意即“神圣的信仰”。

† 北美大平原印第安人，居住在美国俄克拉荷马州北部。

* * *

1688 年，北美洲到处都是欧洲人的身影，他们遍布拉普拉塔河（Río de la Plata）和圣劳伦斯河之间的海岸、岛屿，内陆大河沿岸也不例外，有的甚至抵达遥远的内陆波托西。有时候，他们的处境和拉舍维克、格罗莱没什么不同，孤立无援而且还要看印第安人的脸色。不过也有人像西班牙人那样，征服并创建了和墨西哥城、波托西一样的属地。有一些人透过欧洲殖民地和殖民力量看到了人类的新起点，也有人大肆破坏后一走了之。但还有这样一群人，他们悉心耕耘，变他乡为故土，即使在牙买加这样的小地方也不言放弃。

1688 年，弗朗西斯·普赖斯（Francis Price）少校把家安在牙买加中部的尤伊达斯巴莱（Lluidas Vale），他和妻子及 3 个孩子住在一栋大木屋里，一楼、二楼各有 3 个房间，厨房、浴室和储藏室则在另一栋楼，还有专门停放马车的地方，这里是属于他自己的沃希庄园（Worthy Park）。群山环绕山谷，树木葱郁，气候比沿海地区更凉爽，谷地里土壤肥沃，雨水充足恰到好处，是全岛最适合农耕的地区，欧洲人在这里住得相当舒适。这里原本森林密布，但到 1688 年成了重要的牧牛场。1688 年，汉斯·斯隆（Hans Sloane）博士来到牙买加，指出当地盛产小牛肉，其品质鲜美所以价格也略高。一些偏僻的农场还养猪，宰杀熏制后和火鸡一起拿到西班牙镇（Spanish Town）上去卖。西班牙镇是当时沿海地区最大的城镇，就在今天金斯敦（Kingston）的西边。

普赖斯的“少校”称号是他在殖民地自卫队的头衔。此外，他还两次入选议会议员。1688 年，他和同伴频频出现在小岛的政治舞台上，其中有一位非同寻常的皇家总督阿尔比马尔（Albemarle）公爵，此外还有一位特殊代表，他是拓荒者，和那些爱好和平、勤勤恳恳的农民形成鲜明对比，本书后面将有提及。亨利·摩根（Henry Morgan）是这里的副总督，以前是个海盗，政府把他收编以后，利用其作战的才能和伎俩收服其他海盗，可他自己并未完全改邪归正。这些海盗以前都是逃兵和窜犯，在岛上自给自足。他们猎来大量野猪野牛，然后挂在大木架上用火熏烤，再卖到殖民地或往来的大船上去。岛上的统治者——尤其是伊斯帕尼奥拉岛（Hispaniola）* 上的西班牙人——想要驱逐他们，逼得他们不断抢劫过往船只和城镇。英国人、法国人和荷兰人都曾在不同时间雇用他们攻打西班牙或其他敌人。一年又一年，这些海盗把从西班牙大船上抢来的财宝运往牙买加的罗亚尔港（Port Royal），也就是今天的金斯敦附近，在那里花天酒地，持械斗殴，连那些在伦敦和阿姆斯特丹的码头见过世面的人都哑然失色。1670 年，亨利·摩根率部跨过巴拿马地峡，将巴拿马城洗劫一空。然而从这一年起，欧洲统治者一致渴望殖民地和平发展，大力推进贸易，西班牙的港口也不例外，于是开始镇压海盗。摩根在镇压海盗的战役中没少出力，尽管他自己也是海盗中的一员，他最后死于 1688 年 8 月，但清缴海盗的战役并未停止。1692 年，一场大地震爆发，罗亚尔港几乎全部沉入大海。当时，大家都以为这是上天对世人的惩罚，清教传教士就更不用说了。

1688 年的牙买加还迎来另一群拓荒者，那就是逃跑的黑奴。逃亡至此的黑奴大都聚集在牙买加中西部一个叫“斗鸡场”的区域，

---

* 又名海地岛，是加勒比海中第二大岛，仅次于古巴，面积为 76 480 平方公里，分属海地和多米尼加共和国。该岛位于古巴南边、波多黎各西边。

这里到处都是石灰岩峭壁和落水洞，落水洞洞口狭窄，只要一人持兵器把守，就可保卫洞内居民的安全。穿过狭窄的洞口，天地豁然开朗，四周峭壁环绕，几百人在这里耕田种地，过着平静自由的日子。这些逃亡的黑奴和普赖斯上校时代也有关联。西班牙的奴隶更自由些，有些就在内陆放牛，有些曾在尤伊达斯巴莱建造了自己的小农场，不过英国人来了以后，他们被迫撤到西部人迹罕至的深山老林里。1684 年和 1686 年都有奴隶逃跑的记录，1690 年规模更大。用不了多久，甘蔗种植园里逃出来的奴隶就会越来越多，以逃亡奴隶为中心的定居区域也就越来越大。

* * *

在加勒比海地区，像弗朗西斯·普赖斯这样的殖民者和商团之间一直存在着利益冲突，其中以英国皇家非洲公司为最——他们不肯只把奴隶卖给英国殖民者，因为通常情况下出价最高的都是西班牙人。这一时期，西班牙并不直接参与从非洲输出奴隶的活动，但 17 世纪晚期卖到新世界的黑奴里，大约有 1/5 最终流向西班牙在美洲的殖民地。西班牙人害怕他们的天主教世界受到清教徒的影响，同时要防止他国打破其在金银上的垄断，因而禁止西班牙殖民者和其他欧洲国家进行交易。西班牙殖民者要想购得奴隶，只能违反君令：他们一方面欢迎他国船只来港贸易，另一方面纷纷前往牙买加、库拉索（Curacao）* 等地，并利用“特许权”获取大量奴隶。所谓特

---

* 一座位于加勒比海南部靠近委内瑞拉海岸的岛。

许权，就是西班牙人和外国商人联合起来，预先向西班牙王室支付大笔关税和贡品，借此垄断西班牙美洲各港的奴隶输入。这项措施在 1688 年引发了错综复杂的“科伊曼斯特许权纠纷”。

巴洛克风格不仅影响了这一时期的文学和艺术创作，如胡安娜的诗歌、普赛尔和维瓦尔第（Vivaldi）的音乐，在政治和贸易领域也存在很多结构复杂、表里不一的事件，人们偶然得以窥见其涵盖的真实情况，就会立觉触目惊心。17 世纪 80 年代初，特许权一直由胡安·波西奥（Juan Porcio）为首的一个商行所有。很明显波西奥手里有不少奴隶都是从荷兰人那里买来的，卡塔赫纳（Cartagena）等西班牙本土港口的居民也十分愿意和到港的荷兰人、英国人做生意，才不管马德里那边怎么说。1684 年，波西奥称卡塔赫纳地方政府多番和自己作对，财务一度紧张，未能向西班牙王室支付特许权的费用。

1685 年，马德里当局开始和巴尔塔萨·科伊曼斯（Balthasar Coymans）交涉特许权事宜。科伊曼斯虽是荷兰人，但却住在西班牙加的斯（Cadiz）*，替约翰·科伊曼斯（Johan Coymans）的荷兰商行打工（这个商行真正的东家实际上是荷兰西印度公司），并为其在库拉索地区的奴隶贸易工作打掩护。科伊曼斯即刻把钱付给荷兰的西班牙在建海军，还预付了西班牙美洲殖民地的进口税。双方很快达成协议，原本属于波西奥的特许经营权，就这样转给了科伊曼斯。

波西奥想要的自然是西班牙王室再给他一些优惠和经济支持，没想到却被剥夺了特许权，于是他四处求援，准备反抗新协议。他

---

* 西班牙南部主要海港之一，临大西洋，在狭长半岛顶端，三面十余公里为海洋环绕，仅一面与陆地相连。

的想法得到教会的大力支持，因为教会怕进进出出的异国船只腐蚀天主教信仰，何况很多新皈依的教徒还不够虔诚。不过，西班牙王室讨论问题极其复杂，处理事情慢得出奇。在位的西班牙国王卡洛斯二世还算负责、虔诚，认为教会的反对意见挺有道理，遂在1686年末任命了一个委员会专门调查此事。1687年，荷兰政府和西印度公司表态，称西班牙和巴尔塔萨·科伊曼斯（1686年去世）的子孙签订的合同是获得西班牙王室认可的，新成立的委员会无权予以审查。1688年6月，委员会宣布愿意和荷兰政府交涉，但对方必须首先承认自己的合法权利。不过，无论有没有特许权，荷兰人一直都在往库拉索地区运送奴隶和货物，从未停止。这一年里，他们向库拉索输入了500多名奴隶，当地的西班牙政府自然也听之任之。1689年，西班牙王室撤销了科伊曼斯的经营权，将其交还给波西奥。此后，科伊曼斯的后人不断上诉，马德里政府倒也组织了调查委员会。不过，他们的反对显然被忽略了，西班牙人似乎也并没有偿还巴尔塔萨·科伊曼斯于1685年首付的款项。尽管如此，西班牙人在美洲依然离不开荷兰人的奴隶和货物，与英法两国的贸易也呈上涨趋势。

* * *

特许权的存在一如巴洛克艺术一样纷繁复杂，但在这光怪陆离的外表下，隐藏着的是奴隶贸易合法化与商业化，贩奴者看不到那些数字背后是成千上万的非洲人被迫背井离乡，忍受难以想象的恐惧和痛苦，他们被随意买卖，使美洲的奴隶制度得以继续。研究贩奴运动的著作一般会附上一张地图，打开它就能看到粗浅不一的黑线纠结缠绕，始于非洲各大港口，在大西洋中部交汇，然后重新分岔，延伸到加勒比海到拉普拉塔河之间的美洲各地。安哥拉（Angola）运来的奴隶大部分处于葡萄牙的势力圈内，多被卖到巴西。来自塞内加尔河、尼日尔河之间各港口、王国的奴隶，则多会穿过西印度群岛，有的就在那里停步，有些还要被卖到西班牙美洲殖民地的各个港口。

空气闷热而潮湿，黑色的运奴船在海浪里迎风颠簸，有时几乎消失不见。奴隶上岸后先是卖给欧洲买主，烙上烙印，再拖到运奴船自带的长船上。长船装满后才会起航，这时候很多人都已经在那里待了好几个星期，夜里就锁在甲板下面，白天放风吃饭时又被拖上甲板，隔上一段时间就被逼着跳舞、活动。很多人都以为等船远离海岸时，自己就要成为那些白人的腹中之物。有人时刻注意守卫的船员，趁船还没有离开太远逃上岸去；还有些人拒绝进食，因为他们相信要是自己饿死了，他们的灵魂还可以回到非洲的海岸。

当船升起大帆，将海岸线远远甩在身后，绝望的气氛浓重到了极点。这时候，船上的水手会站上船头船尾，手里拿着点燃了的导火索，一旦奴隶当中有暴乱的迹象，小型炮弹就会朝他们射去。要是运气好碰上顺风，还能很快抵岸，可要是走了霉运或过了季节，就得困在岸边，几天甚至几周才能成行。船长当然希望活下来的奴隶越多越好，死掉的奴隶就被扔进海里喂鲨鱼，对他来说也就意味着少了一份买卖。好的船长都知道给奴隶吃的东西要搭配好，主要是玉米糊，还要加上点胡椒，据说这样可以预防或减轻肠胃疾病。一艘管理良好的船主绝对不会允许塞太多奴隶进去，还会定期用醋和热水清理船舱，船上的奴隶每天都要起来活动一番。不过还是要看运气，除了风，还有疾病，就算预防措施做得再好，船上还是容易生传染病，半数或者全船的奴隶都会染病死掉，有时候就连船员也无一幸免。

现代史学家们大概无法认同17或20世纪时人们对黄金交易的重视，但比起当时的人，他们更能看清贩奴运动给大西洋两岸带来的巨大变化。1688年欧洲人刚刚兴起对贩奴运动的批判，100年后它成为欧洲政坛的重要辩题［这一年，第一批废奴文学作品之一阿芙拉·贝恩的《奥鲁诺克：或王奴，一段真实的历史》（*Oroonoko: or the Royal Slave, A True History*）得以出版，本书稍后将会详述］。如果有人从道德和政治的角度抨击别人的生计，一般那人都会奋起反击，然而1680年往后的10年里，参与了贩奴贸易的人写到这些时反而常常前后矛盾。前一页里还在宣称非洲人和他们除了肤色没什么不同，还把他们称作“可怜虫”，下一页又开始自怨自艾，说自己才是这骇人行当的真正“奴隶”。

借着现在仅有的数据，估计1688年仅英国就在非洲海岸购买了5000名奴隶。葡萄牙人从安哥拉运到巴西的更多，约计7000人。荷兰西印度公司在非洲沿岸设有众多良港，再加上在库拉索的奴隶站，又运走了3000人。丹麦、荷兰和法国共计运走2000人。也就是说，这一年输送的奴隶总数大约为17000人。英国在冈比亚河河口、黄金海岸、维达王国、贝宁和卡拉巴尔（Calabar）等地都有固定贸易站，在很多非洲统治下的沿海城镇也设有贸易点，英国皇家非洲公司1688年在这些地方的贸易都有记录。但该公司1/3的钱都投在向风海岸，大致相当于今天利比里亚（Liberia）到科特迪瓦

(Côte d'Ivoire) 之间的地方。那里既没有贸易站，也没有任何欧洲人定居。要做生意的大船就顺着海岸行驶，非洲人有奴隶或者其他货物要卖，就会放烟火发出信号。有人觉得这样做生意又慢又不稳定，但也有人就喜欢这样，既不需要固定的场所，又省去了建贸易站和殖民地的麻烦。到了 1690 年，向风海岸成了非洲和欧洲商船贸易的重要组成部分。后来欧洲国家爆发战事，向风海岸没法给他们提供安全的庇护，到了 18 世纪，这里也不能提供稳定的奴隶货源，无法满足当时激增的需求量。但对某些时刻的某些交易来说，这里仍然是重要的贸易场所。因为没有欧洲人在这里的海岸上持续观察记录，我们对这里贸易构成的认识比较少。向风海岸基本上不怎么反对贩卖别处的非洲人，而且尽管这里没有固定的港口，欧洲人也没有在这里建立贸易站，这里的效率也足够高，1688 年一年中从这里卖给皇家非洲公司和英国商人的奴隶不下 1000 人。

* * *

1688 年圣灵降临节 (Pentecost) 前夜*，耶稣会神父安东尼奥·维埃拉在巴西巴伊亚 (Bahia) 的耶稣会学校的教堂里布道。布道伊始，维埃拉神父讲述了巴别塔的故事，那一天令人恐惧，但场面又十分壮丽，信徒们看到头顶上出现着了火的舌头，然后人类的语言就混乱了，上帝以这种方式毁了巴别塔，"这是僭越，所以上帝惩罚了古人。但是今天，上帝将把公正变成怜悯，因为上帝想建一座自己

* 复活节后第 50 天。

的塔，他从惩罚中捡起了工具，……这塔就是天主教，……上帝用什么摧毁了巴别塔？就是把一个统一的语言拆开，分散成很多新的语言。为此，圣灵就以很多种语言的形式降临到信徒身边。”

维埃拉神父的布道是巴洛克式修辞中的杰作，其中的逆转手法十分巧妙：语言先是上帝惩罚人类的工具，然后成了天主教会的工具，最后又是圣灵的杰作。欧洲人漂洋过海，发现了形形色色的语言，激起了他们对语言的分散变异、对逝去的亚当语言的兴趣。但维埃拉神父这段精巧的修辞，除了在教堂里引人回顾圣灵治世的关键时刻之外，还有别的用意。他是在告诉巴西耶稣会教区的同事，他可不喜欢现在传教士学习或使用其他语言的趋势，无论老少。

维埃拉慷慨陈词，呼吁变革传道方式。维埃拉在耶稣会巴西教省的 3 年教职才刚刚开始，尽管当时他已是 80 岁高龄。维埃拉在巴伊亚长大，后来从家里逃到了他现在传教的基督教学校。他在内陆见习时，学会了图皮–瓜拉尼语（Tupi-Guarani）。他和巴西印第安人交流时主要使用这种语言。为了更好地传教，世界各地的耶稣会士都在认真学习各地的语言，也因此成为欧洲第一批语言大家，精通休伦语（Huron）、易洛魁语（Iroquois）、汉语、日语和印度南部的泰米尔语（Tamils）。据说，无论是巴西的耶稣会学校还是维埃拉年轻时待过的教区，图皮–瓜拉尼语的使用程度不亚于拉丁语。

当时，葡萄牙刚刚脱离西班牙独立，可能正是因为他能言善辩，1641 年维埃拉被选为巴西教省代表，向当时的葡萄牙国王若昂四世（João Ⅳ）宣示忠诚。若昂四世比较支持耶稣会，因此维埃拉在宫中也颇有影响力。维埃拉在访问阿姆斯特丹时，曾和犹太拉比玛拿西·本·以色列（Menasseh ben Israel）促膝长谈。这位犹太拉比当时正在撰写《以色列的希望》（*The Hope of Israel*）一书，这本书很有预见性。两人的谈话不时提及葡萄牙王室作为上帝的臂膀必将大胜天下，还有维埃拉本人对印第安人传教的深刻认同，这些都触动了维埃拉的内心。

1653 年，维埃拉以亚马孙流域耶稣会会长的身份重回巴西。对他和他的同事来说，这里才是最有待开发的地方。每次沿亚马孙河而上，都会发现一条新的支流，找到更多的印第安人，有的满身涂鸦服饰怪异，有的甚至一丝不挂，既新奇又可怕。有时，要小心他们吹出的枪里的毒镖，但多数情况下他们只是害怕，只要传教士表现出耐心和友好，他们也会予以回应。亚马孙河沿岸商人来来往往，通常情况下传教士们也能找到说图皮–瓜拉尼语的人，不过简短的初次交流后，需要应付的语言越来越多，那份学习语言的热诚也被消磨了。很多刚刚皈依的人并不十分了解基督教的教义，也不够虔诚，多是为了回报传教士的好意、礼物和医药，也有些想利用传教士身上体现的新的神力。不过，维埃拉在巴西的前两年里，数以万计的印第安人皈依了基督教，这引发了葡萄牙殖民者和耶稣会教士之间的冲突——传教士们想要保护这些印第安教徒不受殖民者奴役，不愿他们被殖民地的放荡生活所污染。维埃拉试图从中找到平衡，希望殖民者能够和他一样，看到亚马孙不同种族共同信仰基督教的荣耀。亚马孙流域没有印刷厂，而且很多殖民者都是文盲，反而更加凸显了维埃拉布道的精妙。可惜冲突从未停止。

1655 年，维埃拉返回里斯本（Lisbon），成功说服国王颁布了保护印第安基督徒的法令，还提出指派一名总督保障法令的实施。

四旬斋（Lenten）* 的时候，维埃拉开始在里斯本布道，他回顾了欧洲古人的罪恶，犹太人跟随火柱离开埃及，来到上帝许诺的迦南乐土之地†。葡萄牙人环绕世界而行，已经开辟了新的迦南乐土。现在，他们应该遵循上帝的旨意，走进他们的地界，尤其是到巴西去，到那里洗清旧世界的罪恶，那么历史的大门将为基督教在全球的胜利而敞开。不久后，维埃拉又回到了亚马孙。1659 年，他起程前往伊比亚帕巴山（Ibiapaba Mountains），虽经艰难跋涉，但让更多的印第安人选择了皈依基督教。此时，维埃拉开始把在亚马孙建立千年王国‡ 的梦想写进书中，书名为《葡萄牙的希望》（*The Hope of Portugal*）。书稿的大部分是在他的独木舟里完成的。与此同时，他继续调和殖民者与印第安人之间的矛盾，却徒劳无功。1661 年，殖民者掀起叛乱，把耶稣会传教士从亚马孙驱逐了出去。

这一次，维埃拉为耶稣会再次回到里斯本。他宣称，《圣经》中预言基督国度，尤其是《但以理书》中关于第五王国的预言，指的就是新世界。他说不是他在解读《圣经》，而是《圣经》在解读他及他的经历。这些预言还未实现，恰好表明它们即将实现。《但以理书》中神秘的“带着翅膀的钟”和“长着翅膀的船”，不正预示了印第安人的战船和他们船头的大鼓吗？

1656 年，若昂四世的去世为反耶稣会势力创造了有利环境。1663 年到 1668 年，维埃拉被宗教法庭软禁于家中，后被扔进监狱，被迫收回极端的言论。然而监狱的经历使他对自己的预言更加确信，

---

* 也叫大斋节，封斋期一般是从圣灰星期三（大斋节的第一天）到复活节的 40 天，基督徒视之为禁食和为复活节做准备而忏悔的季节。

† 上帝应许给亚伯拉罕的地方。

‡ 《圣经》中预言的基督复临治理世界的一千年。

他拒不承认宗教法庭的审判权，但服从王权，自我放逐，去了罗马。在那里他被禁止传教，但仰慕者无数。他于1681年返回巴西。此时他不再苦口婆心地说服殖民者，而是把传教工作转移到远离殖民地的偏远地区，并把设在马拉尼昂（Maranhão）的圣路易斯耶稣会修道院改成了神学院，供亚马孙流域的传教士使用。这样我们就来到了1688年，这位新上任的来访者在自己的后辈面前，指责他们学习美洲印第安人语言的精神日渐衰落，甚至认为作为传教士还应该掌握沿海地区非洲奴隶的语言。

这一年里稍晚些时候，维埃拉为一位王子的诞生而布道，庆祝葡萄牙王室后继有人。（同一年的伦敦也诞下了另一位天命之子，正是这位王子的出生决定了英国斯图亚特王朝的命运。）希望再次燃起，他盼望葡萄牙王室能够完成世界使命，成为预言中的第五王国。可他并不知道这位王子18天后就不幸夭折。1691年，维埃拉基本退出了公众视野，于1697年去世，享年89岁。

18世纪，亚马孙地区不少印第安人皈依基督教，传教士们不顾当地殖民者的激烈反对，努力保护皈依者，直到18世纪50年代被西班牙和葡萄牙两大帝国迫害并驱逐出境。1688年后不久，巴西开始了真正的变革。有消息传到沿海地区，说内陆的某个地方挖到了金矿，这就是不久后被称作米纳斯吉拉斯（Minas Gerais）* 的地方。从此，淘金热、钻石热不断，探险者（bandeirante）和其他殖民者之间相互斗争，政府在这里拼命征税，一个野蛮残暴的世界就此诞生。巴西和葡萄牙的教堂、王宫修得越来越富丽堂皇，但无法掩盖这样

* 位于巴西东南部的大矿区。

的事实——在这边境世界里，维埃拉神父梦想中充满人文关怀的新世界无法找到立足之地。

* * *

葡萄牙的美洲帝国激起了维埃拉神父的美好梦想，但其残忍污秽程度绝不亚于西印度群岛，而且在规模上要大得多。葡萄牙在美洲的基地基本都处在今天巴西的大西洋沿岸。殖民者和葡萄牙政府最早的收入来源是东北部16世纪30年代开始兴起的甘蔗种植园。到了1688年，西印度群岛的甘蔗产量后来居上，巴西种植园渐渐衰落。新世界的蔗糖生产离不开对非洲劳动力的剥削。拉普拉塔河边的萨克拉门托（Sacramento）位于美洲大陆的南端，葡萄牙人在这里建立了一个不大的殖民地，从西班牙美洲殖民地波托西银矿运来的私银，就从这里悄悄流出。圣保罗（Sao Paulo）则要大些，人们由此处进到内陆地区结构复杂的河流体系，并不断地开拓这里的河谷地带。拓荒活动是由巴西最出名的边疆开拓者即探险者完成的。探险者做的是奴役印第安人的生意。探险者中通常有一定比例的印第安人，相互之间用印第安语交流，他们极擅马术，作战技巧娴熟，四处寻找俘虏，因而也对今天巴西的大部分地区了如指掌，无人能及。西班牙传教士在巴拉圭建立了大量的印第安基督徒聚居地，探险者却从中发现了好处——每次袭击这些地方，都能一下抓获大量印第安人，比在深山老林里四处追击散居各处的印第安人安全多了，况且，聚居地里的印第安人已经懂得如何耕地养牛。17世纪中晚期，葡萄牙政府鼓励他们利用自己的地理知识和生存能力，在偏远地区探索金矿和其他矿藏。

在葡萄牙人的巴西殖民地上，印第安人天生谨慎，探险者四处劫掠，种植园主惨淡经营，此外还有叫作逃奴堡的逃亡奴隶社区点缀其间，最有名的逃奴堡在帕尔马里斯（Palmares）。1688年，逃亡到这里的奴隶已经在原地生活了100年。累西腓（Recife）* 西南有一处崎岖不平的地带，帕尔马里斯就掩映在丛丛棕榈树下。“帕尔马里斯”在葡萄牙语中就是“棕榈树”，这里的居民有时多达2万，他们自耕自食，周围围着4800多米的尖木栅栏，还有武装人员在各处把守。逃奴堡有自己的铁匠，还设法从沿海城镇买到不少新式工具和武器。常有奴隶逃亡到这里，还有些葡萄牙人付钱给逃奴堡的人，并和他们做交易，以寻求自家田地的安宁，这让他们的邻居极为愤慨。

从17世纪初开始，葡萄牙殖民者就开始一次又一次深入这些艰险腹地，企图捣毁包括帕尔马里斯在内的各地逃奴堡。1666—1687年，这样的行动总共进行了12次。帕尔马里斯的士兵也会稍做反抗，等到葡萄牙人开始放火烧了他们的尖木栅栏，他们就逃进森林深处，而一旦敌人撤走，他们又回到原地重整家园。1677年和1678年，葡萄牙人迎来了更优秀的将领，在他们的带领下大举进攻帕尔马里斯，但始终无法把它摧毁。于是，葡萄牙人与帕尔马里斯首领议和，允许他们在葡萄牙领地里享有一定的自治权，大部分首领都愿意接受这样的条件。以赞比（Zumbi）† 为首的少壮派更加激进，他们选择逃入森林里继续战斗，和谈告以失败。据说，赞比娶了一位

* 位于巴西东北部。

† 意为“不死之神”。

葡萄牙女人为妻，后来他作为军事领导者威名远扬，他为自由而战，其充满英雄主义悲歌的传奇故事一直流传至今，在巴西广受欢迎。

17 世纪 80 年代，美洲沿岸的葡萄牙人不断控诉帕尔马里斯人，称乡间地区连番遭到突袭。他们致信葡萄牙当局，希望政府当机立断，派正规军来彻底解决这一问题。在这份文件里，他们还哭诉民不聊生，各城各镇根本无法上缴赋税。后来，1687—1688 年，印第安人大举攻城，又赶上黄热病爆发。不过，1687 年，一场场关于结束冲突的谈判正在悄然进行。探险者已经开始抢夺印第安人的土地，在内陆定居下来。1687 年，城镇地区的葡萄牙人和探险者开始谈判，最终在 1691 年达成协议，探险者出兵帮助歼灭帕尔马里斯的逃奴堡起义，作为回报，事成之后帕尔马里斯人的土地将归他们所有。1692 年，探险者首次进攻失利。1694 年，他们卷土重来，双方都知道此番势必决一死战。受围 22 天后，帕尔马里斯战士最终战败，剩下的居民有的直接被杀死，有的则沦为奴隶。

前面我们提到巴西的很多奴隶都来自安哥拉，其中大多数人都是罗安达残暴的奴隶贸易的受害者，而贩奴贸易也极大地削弱了刚果王国。有些奴隶在抵达罗安达之前顺利逃脱，然后跟随军事首领前往深山老林，随地为家，这些地方被称作“基隆博”，即西班牙语中的“逃奴堡”。他们的故事和称号却从安哥拉漂洋过海，随着满载苦难和恐惧的运奴船，最终来到巴西。

第四章

丹皮尔与澳大利亚原住民

1688 年 1 月和 2 月的时候，两艘小型英国海盗船并未出海。这里是澳大利亚西北海岸，它们停靠的海湾岩石密布，岸上沙漠一望无际。他们在等北部热带海域的风暴季和逆风期过去。这边船员们清洗船底、修补风帆、忙里忙外，那边一位叫威廉·丹皮尔的长官倒是有大把的时间观察原住民。他们刚到这儿时，岸上的原住民还挥着木头做武器威胁过他们。“最后，船长命令大伙儿敲响大鼓，那鼓声来得响亮、突然，就是要吓吓这些可怜虫。他们一听到鼓声，立刻吓得拔腿就跑，一边没命似的狂奔，一边喉咙里还发出‘古里古里’的声响。”

后来，船员们看这些原住民渐渐适应了他们的存在，就想给他们些旧衣服，试图引诱他们帮忙往船上运水。

> 我们把衣服套在他们身上，心想这些衣服这么精致，他们肯定愿意替我们做事，……但是不管我们怎么做都没用，他们就像雕像一样杵在那里，一动不动，像一群讪笑的猴子，你看看我，我看看你。这帮可怜虫好像不习惯提重物，我觉得就连

船上十多岁的男孩也比他们扛得多。没办法，我们还是自己动手吧。他们倒很自然地把衣服脱了，放在地上，好像这些都是干活时穿的。一开始，他们对我们带来的东西似乎并不感兴趣，谁能看出他们原来还挺喜欢这些呢?

住在这里的人简直是世界上最苦命的人。莫诺莫塔帕（Monomatapa）的霍屯督人（Hottentot）讨厌得很，可和这些人一比，算是阔绰的绅士了。霍屯督人还有房子、皮衣、羊群、家禽、水果和鸵鸟蛋等，这里什么都没有。他们跟野人没什么两样，就是体格小点儿。这些人个子高、腰杆直，瘦削得很，四肢纤细，但头有点儿大，剃圆的额头上顶着两根粗大的眉毛，两只眼睛只睁一半，是怕苍蝇飞进去。这里的苍蝇可恶极了，凭你怎么扇都撵不走，直直地冲人脸上窜。要不是两只手一起撵着，一准能钻进你的鼻孔里。要是嘴巴没闭紧，也得一块儿遭殃。这些原住民，自打一出生就备受这些苍蝇骚扰，不像其他地方的人那样大睁着眼睛，所以也就看不远。要是他们想看远点儿，就得抬起头来，那样子就好像在往上面看一样。

他们的鼻子很高，嘴唇厚实，嘴巴都不小，而且无论男女老少，上面的两颗门牙都缺着，我也不清楚是不是他们自己拔掉的。脸上也见不到胡子。他们的脸生得太长，那副尊荣真不雅观，没有什么长得好看的地方。黑色的头发像黑人那样又短又卷，和印第安那种又长又直的黑发很不一样。至于他们的肤色，倒跟几内亚的黑人一样，浑身黢黑，脸上也不例外。

他们不穿衣服，只拿树皮一样的东西裹在腰间，下面坠着一把长长的杂草，或是三四根带叶子的树枝，随便遮掩一下。

这里也不盖房子，到了晚上大家就往旷野里一躺，也不要任何保护，以地为床，以天为盖。我不太清楚他们是一夫一妻还是相互杂交，但他们肯定都住在一起，算上男男女女还有孩子，一般有20~30人。他们唯一的食物是一种小鱼。他们在海湾或支流那里筑起石堰，每次涨潮时，海水裹挟着这种小鱼涌入石堰，潮水退去后，小鱼就留在了这片浅水中，他们把握时机经常到这里捕寻就是了。小鱼是他们“渔业”中的最主要种类。即使有大鱼，他们也没有可抓大鱼的工具，况且很少有大鱼能在海水退去后还留在这片浅水里。我们也不曾用钩子和鱼线钓到过鱼。这里还有一些浅水湾，他们在那里捞海扇、蚌类和海螺。贝类数量很少，因此他们主要依赖海水在石堰里剩下的食物，管它多少，他们都收集起来带回住的地方。在住处，年纪太大无法出门猎食的老人和尚在襁褓的婴儿正等他们归来。无论上帝给予他们什么，他们都烤了大家分着吃。有时他们抓的鱼足以让他们享受一次丰盛的宴会，有时他们的食物仅够每人尝一口。但无论多少，每个人都有一份，即使那些不能出海的年迈力衰的人和不能走路的婴儿，也跟年轻体壮的人一样有自己的那份。吃完了，他们就静等下一次退潮。海水退去后，全体登场，无论晚上还是白天，也不管暴雨倾盆还是烈日当头，他们必须加入到在石堰搜寻食物的活动中，否则他们就要没吃的了，因为这块地方没给他们提供任何食物。在这里，我们没看到有任何草、植物的根茎、谷物存在的迹象，而且，因为没有必要的工具，他们也抓不到任何鸟或兽。

我想他们不崇拜任何东西。如果有人妨碍了他们可怜的"渔业"的话，这些可怜的人有种像武器的东西可以保卫他们的石堰，或与敌人斗争。他们曾拿他们的武器吓唬过我们，因为我们挡住了他们去抓鱼的路。有些人手里拿着木质的剑，有些人手里是某种像矛的东西。木剑也不过是一根又长又直的木杆，一端削得锋利，并烧焦变硬。我从没看到铁和其他金属制成的"武器"……

后来，我们去了别的岛。在那些岛上，我们发现很多原住民。我想，其中一个岛上至少有40个男人、妇女和儿童。

丹皮尔他们在附近的另一座岛上发现了更多的原住民。当陌生人接近时，一些妇女和儿童马上逃开了；其余的人"一声不吭地站在火边，嘴里发出悲哀的声音，好像我们要吃掉他们似的，但当他们看出我们不打算伤害他们，便安静下来，那些逃离我们的人也返了回来"。

原住民似乎没有任何船只。有一次，英国人发现一些原住民正试图从一个岛游到另一个岛上，于是把他们中的四个人拉上了船，给了他们一些米饭和煮好的肉。"无论我们给这四个原住民什么，他们都大口吞吃下去，全然顾不得注意这艘船或船上的任何东西。当船靠岸后，他们立即一溜烟儿跑掉了"。

威廉·丹皮尔善于观察，文字风格自成一派。虽然他几乎没受过正规教育，但后来却成为伦敦文学界和英国皇家学会科学记者圈中很受欢迎的人物。他的远大抱负就是看遍地球遥远的角落。17世纪80年代，以哥伦布、麦哲伦（Magellan）*、巴伦支（Barents）† 和哈得孙（Hudson）‡ 等人为首的第一次海上探险早已成为过去，而布干维尔（Bougainville）§、库克（Cook）¶ 和我们自己所处时代的系统科学探索还是遥远的未来。因此，这一时期，在未知海域最常出现的欧洲人是海盗。丹皮尔并不认同身边人的做法，但在他的作品中既没掩饰同伴的掠夺行径，也没对此表示歉意。在他的作品中，我们经常能找到他观察的植物、动物、当地人，以及每天认真记下的笔记。从这些记录可以看出，很多时候他的善意被拒绝，在他们的争吵中，这些人日趋疯狂，比起黑手党来，更像一伙飙车党。

1688年，时年36岁的丹皮尔即将结束他的第一次世界航海之旅。这次旅程因为一系列的临时决定和不幸事件，共花了12年才完成。当丹皮尔和船长发现在南美洲和中美洲的太平洋海岸几乎掠夺不到什么东西，而等待每年从马尼拉到阿卡普尔科的载满货物的帆

---

* 斐迪南·麦哲伦（1480—1521），探险家、航海家、殖民者，为西班牙政府效力。1519—1521年率领船队完成环球航行，环球途中麦哲伦在菲律宾的部族冲突中被当地居民砍死。船上的水手在他死后继续向西航行，回到欧洲，完成了人类首次环球航行。

† 威廉·巴伦支（1550—1597），荷兰探险家、航海家。巴伦支生活在荷兰拥有海上霸权，被称为"海上马车夫"的时代。在阿姆斯特丹商会的支持下，巴伦支一生致力于开拓通过北冰洋的欧亚东北航道。

‡ 亨利·哈得孙（约1565—1611）是一位英国探险家与航海家，以搜寻西北航道而闻名，成功勘探了加拿大的部分地方，哈得孙湾、哈得孙郡、哈得孙海峡及哈得孙河即是以亨利·哈得孙来命名的。

§ 路易斯·安托万·德·布干维尔（1729—1811），法国海军军官，是法国第一位完成环球航行的探险家。

¶ 詹姆斯·库克（1728—1779），人称库克船长，海军上校，航海家、探险家和制图师。他曾经三度奉命出海前往太平洋，带领船员成为首批登陆澳洲东岸和夏威夷群岛的欧洲人，也创下首次有欧洲船只环绕新西兰航行的纪录。他为新西兰与夏威夷之间的太平洋岛屿绘制了大量地图，地图的精确度和规模皆为前人所不能及。

船也是徒劳时，两人都想放弃抢劫，实实在在地做些贸易，于是他们说服船员横渡太平洋。他们很幸运，在断粮之前，船到了关岛。后来船员告诉他们，如果食物耗尽，他们已决定先吃船长，然后是丹皮尔，接着是那些赞成这次冒险的人。面对未知和好战的人，欧洲人经常担心自己会被吃掉，那些被关在船上即将被卖为奴隶的非洲人也同样害怕。但在丹皮尔的经历中，那些潜在的食人族不是害羞腼腆的巴迪人，而是他的同胞英国人。

在菲律宾南部棉兰老岛进行了几笔交易，并在澳大利亚海岸稍事停留后，丹皮尔和另外几个人从大船下来，跳上一艘当地人的小船，到苏门答腊（Sumatra）北边的亚齐（Aceh）来了一次危险之旅。他航行到现在的越南北部，还在英国在苏门答腊岛西海岸的驻地明古鲁（Bengkulu）一处荒凉前哨，担任过一段时间的主炮手。经过在亚洲海域的这一番漫游之后，丹皮尔终于在 1691 年踏上了回家的路。在伦敦，他绘声绘色地讲述之前人们闻所未闻、见所未见的世界的故事，信息清楚，语言生动，因而备受大家喜爱。1693 年，在一次也许是英语文学史上最优秀的日记体风格大师碰面的盛会上，他得以与约翰·伊夫林（John Evelyn）* 和塞缪尔·佩皮斯（Samuel Pepys）† 共进晚餐。晚宴地点选在伊夫林的家中，那所房子在不久之后被沙皇彼得大帝和他的随从占据并弄得破烂不堪。1697 年，丹

* 英国作家，英国皇家学会的创始人之一。曾撰写过美术、林学和宗教等方面的著作三十余部。伊夫林是塞缪尔·佩皮斯的朋友，二人有许多关于当时时事的信件交流。

† 17 世纪英国作家和政治家，著名的《佩皮斯日记》的作者，其日记包括对伦敦大火和大瘟疫等事件的详细描述，成为 17 世纪最丰富的生活文献。曾任英国皇家海军部长，是英国现代海军的缔造者，他治下的皇家海军舰队为日后英帝国统治海洋打下了坚实的基础。曾任英国皇家学会会长，以会长的名义批准了牛顿巨著《自然哲学之数学原理》的初版印刷。

皮尔讲述其冒险经历的书出版后获得巨大成功。有些人甚至认为他对澳大利亚原住民的记述影响了斯威夫特（Swift）* 在《格列佛游记》（*Gulliver's Travels*）中对雅虎人（Yahoos）的描写。1699 年，丹皮尔再次起程，这次是作为皇家舰船的船长，做一次正式合法的探险。他率领船员在澳大利亚周边做了一些重要的探索，甚至回到了他曾在 1688 年就已涉足的那片荒无人烟的海岸。在这次旅行中，他的船只和船员遇到了不少难题。当这艘船沉没在南大西洋的阿森松岛（Ascension Island）附近时，船员们不得不祈祷有船只路过这里救他们回家。丹皮尔回家的旅程结束得着实不太体面。这以后，他还进行了多次航行，并出版了更多关于这些旅程的书，但是再没有一次探险能和他的第一次一样无忧无虑，充满对新见闻的喜悦。

在早年的旅行中，丹皮尔形成了仔细观察非欧洲民族的习惯。第一批观察对象就是航行中遇到的中美洲海岸的米斯基托人（Miskito）。这些有着绝佳捕鱼技能的原住民，经常受雇于需要该技能的海盗。丹皮尔对这些人使用的语言或他们之间的亲属关系等现代人类学家关心的主要问题不感兴趣。丹皮尔更加关注这些人的食物以及他们怎样获得食物，造船技能是否高超以及如何庆祝节日。但丹皮尔那样观察力如此之强的人在澳大利亚原住民身上却也只看到物质的匮乏，这并不奇怪。现代人类学家对这些遥远的民族即使了解点儿皮毛，也要付出艰辛的努力，发挥想象力及同情心。进入 20 世纪，人类学家发现巴迪人仍然延续着他们在丹皮尔半岛古老的生活方式，仍然用他们的石堰捕鱼。他们的语言优美动听，用 22 个

---

* 乔纳森·斯威夫特，1667 年 11 月 30 日出生于爱尔兰都柏林，英国作家、政论家和讽刺文学大师，以著名的《格列佛游记》和《一只桶的故事》等作品闻名于世。

不同的词缀表示动词的用法和意义。他们靠异族通婚组成一个小型的部落，有复杂的规则，规定涉及附近亲族中的哪些人可以通婚，哪些人不可以。他们的仪式很复杂，特别是男子的成年仪式，必须在特定地点进行，而这些地方平时是禁入的。他们认为每个孩子出生时，都有一个像孩子一样的精灵作为孩子的精神指导。这些小精灵住在特定的地方，小主人外出时陪伴在他们左右，遇到危险提醒小主人。但这些精灵只会在梦中显灵，但凡重要的事情一定是在梦中显示的。巴迪人的物质稀缺得可怜，能够建造的最复杂的东西也不过是石堰而已，但他们在筑造人类精神文明方面却是富有的，包括使用的语言、流传的故事、约定的习俗、彼此的亲属关系及梦想。现在，他们住在原来定居点的附近，如今的生活方式离过去的习俗越来越远。

丹皮尔以其独特的讽刺口吻讲述的在那片遥远海岸的经历，有些因为被人们口口相传，内容已与之前的不同，有些则被淡化和遗忘。他是一个谨慎的船长，对潮汐的观察细致入微。也许正是这些专长才促使他决定在外湾修理船只，因为在那里船只不会受到强劲潮流的冲击。他写道，这些原住民知道潮汐什么时候到来，态势如何，会在退潮时检查他们的石堰。他还记录下自己看到他们从一座岛游向另一座。但他丝毫没有对这样的行为表示赞赏，因为他实在不能理解在潮汐中游泳是否必要。除非游泳者知道如何在低潮或高潮中借助静水水流或如何顺着海流游，否则就要葬身海底了。

丹皮尔所乘坐的船极有可能是巴迪人有史以来第一次见到的船。当时，这些原住民几乎不建造任何建筑物，不同任何其他部族打交道，几乎不穿衣服。那他们会怎样描述木质的船，船上的桅杆和在风中鼓起的帆？那些穿衣服的皮肤白皙的人在他们眼中又是什么样呢？丹皮尔说他们跑掉了，边跑边大喊："古里、古里。"研究巴迪民族语言的现代学者说，巴迪人称陌生人 ngaarri，意指所有精灵中最令人害怕、最狡猾和最邪恶的，考虑到当时的情形，这种解释合情合理。

第二篇

大公司的世界

Part Ⅱ

Thc World of The Great Company

17 世纪，除了西班牙人开辟的美洲西海岸和通往马尼拉的越洋航线之外，荷兰人的木船几乎驶遍了所有欧洲人开辟的贸易航线。从好望角到日本，几乎所有荷兰木船上都悬挂着国家特许的“荷兰东印度公司”的旗帜，这家公司是中央集权、国家掌控的，然而荷兰却是当时欧洲各国中集权程度最低、国家掌控力度最小的国家。在荷兰，这家公司的最高权力掌握在被称为“十七绅士”（Gentlemen Seventeen）的管理委员会手中，其中阿姆斯特丹占有 8 个席位，泽兰（Zeeland）占有 4 个席位，其他较小的贸易城镇共同占据剩下的 5 个席位。除非受到其他所有成员的共同反对，阿姆斯特丹通常可以直接决断公司的各项事务。公司还在泽兰等城市设立了“办事处”，负责建造船只和投资外运，但巴达维亚（Batavia，今雅加达）才是这家集权帝国公司的总部所在地。总督和理事会成员在“巴达维亚堡”召开会议，任命负责管理公司从好望角到长崎所有运输航线和贸易站点的官员。巴达维亚接收各地官员定期发来的报告，然后向他们发出有关采购、销售，以及如何处理与当地政府关系等问题的具体指示。该公司在亚洲地区建立了庞大的贸易网络，任何居住在亚洲的荷兰人均不得在此与其竞争，哪怕是运货回国也不行。17 世纪时，无论欧洲还是亚洲的任何地方，出身和阶层基本上决定了个人的命运，但是这家公司却以开放的姿态广纳社会英才。许多人最初只是普通的士兵，还有的人甚至是负债累累背井离乡的亡命之徒，但最后却成了总督、理事或重要港口和岛屿的司令官。巴达维亚堡内，成排的年轻工作人员汗流浃背地整理着来自各港口和远征队的报告，有的甚至累得打瞌睡。他们要把这些报告全都誊抄一份，寄送给荷兰本土的“十七绅士”。17 世纪 80 年代，每年寄送回国的报告副件多达 15~20 卷。这些资料完好地保存在位于海牙的国家档案馆中，成就了许多如我一样的历史学家的职业生涯，并且它们仍然有许多待发掘的价值。正是因为有了这些资料和产生这些资料的关系网，这家伟大公司的世界成为 1688 年全球最丰富多彩、最易于理解的领域之一。

第五章

好望角

1688年1月14日，荷兰东印度公司驻好望角的司令官和理事会做出如下决议：

> 可敬的司令官大人已经注意到，有些自由民因为疏忽，使得自己的奴隶有机会拿到主人的枪支。他们把这些枪支收藏起来，以备实施罪恶的不轨行为之需。这种情况极易给本地带来不可挽回的灾难。因此，为立即采取措施消除这种威胁，保护公共财产安全和维护居民生活安宁，理事会经过深思熟虑，决定以传单形式发布以下决议：凡拥有奴隶的自由民，必须严密保管自己的枪支，不论是毛瑟枪、大口径短枪、卡宾枪，还是手枪；不论是挂在架上，还是放在别处，必须立即取下火石的上盖，并把枪支放在安全地方妥善保管。严重无视或违反上述规定的，将被处以25银币的罚款，罚款将用于奖励向官方检举揭发之人。

1月20日，要塞中的士兵获得许可，每周可外出狩猎两次，借此作为技能训练。9月27日，官方对这项决议进行了补充，士兵在步行和骑马状态下进行射击比赛须遵循一套规则，共有32条。

那时，荷兰人已经经历了一些他们担心发生并极力防范的事情。1688年3月10日，理事会收到了这样一份报告：一群奴隶（共计10人）在一名自由的非洲人和一名奴隶的带领下，携带武器逃到了内陆地区，这两人均来自非洲西海岸外的佛得角群岛（Cape Verde Islands）。人们担心这些奴隶会在夜间袭击孤立无援的农场，杀人或者焚烧房舍。为了把蔓延开的暴动“扼杀在摇篮中”，官方发布了如下通告：如果有人能够活捉那两位首领，可获得一笔赏金；如果其他奴隶拒捕，可射击其头部将其击毙，或者任由追捕人员处置。截至3月31日，已有6名奴隶被捕，令人担忧的奴隶暴动终究没有变成现实。

荷兰人担心会暴动的奴隶并非来自好望角的原住民——现代学者称之为“科伊科伊人”（Khoikhoi），而是可能比科伊科伊人更加高大强壮，并且能够熟练使用铁制武器进行战斗的奴隶。好望角地区的大部分奴隶是从马达加斯加（Madagascar）买来的，印度尼西亚人和非洲人之间有着诸多冲突，好望角地区战乱不断，奴隶买卖盛行。这里的奴隶不管来自何方，他们自己并不想居住在此，但又不能随意离去——毕竟他们只是财产和投资——只能日复一日地听从主人的命令。

* * *

但是，早在欧洲人来到好望角之前就定居在这里的人又是怎样的情况呢？他们并非如今占据着南非人口多数的非洲黑人的祖先，而是体形较小、皮肤较白的人种。他们在荷兰的文献记录和丹皮尔的著作中被称为“霍屯督人”，“科伊科伊人”是他们称呼自己的一种方式。他们世世代代以采集狩猎为生，直到两三百年前才开始饲养牛羊。截至 1688 年，与荷兰人有着密切关系并被他们称为“克拉斯”（Klaas）的科伊科伊人的酋长，已经对荷兰人保持了长达 15 年之久的忠诚，并曾多次拜访荷兰人位于好望角的要塞。克拉斯从其他的科伊科伊人那里收购了大量的牛羊，然后将它们转卖给荷兰人。他会归还那些逃跑的荷兰人的奴隶，为遭遇海难的荷兰人提供避难之所，并攻击那些对该公司怀有敌意的科伊科伊人。作为回报，荷兰东印度公司承认他作为自己代理的地位，让他负责采购牲畜。荷兰人把白兰地和烟草作为礼物赠送给他，还赠给他一套荷兰西装、一副假发，甚至可能还有 4 把枪——荷兰人信任原住民盟友的最高象征。

1688 年 2 月 16 日，克拉斯来到荷兰人的要塞，出现在理事会的面前，向他们抱怨另一个科伊科伊人酋长——荷兰人称之为“科普曼”（Koopman，意为“商人”）——率众袭击了自己和族人。克拉斯和科普曼之间向来不和。理事会送给克拉斯一些酒、烟草和其他商品，同意把科普曼宣来，以“最严厉的威胁”命令科普曼奉克拉斯为领主，并把抢掠而来的牛还给克拉斯。然而，1693 年，荷兰人突然转而支持科普曼，把克拉斯拘禁在距离海岸线大约 9.6 公里远的大西洋荒凉的罗本岛上。克拉斯最终被释放，在酗酒堕落中度过了人生最后的几年，最终在科普曼营地与人打架被杀。

克拉斯的衰亡，不过是他的族人在好望角地区漫长而悲哀的衰亡史的一段缩影。过去随着部落的发展，他的族人饲养了大量的牛羊，但是遇到干旱、战争、无能的领袖及其他不幸时，他们也可能会失去所有的牛羊，沦为其他科伊科伊人的用人，或者分散成更小的团体，依靠打猎、采集或偷盗牲畜为生。荷兰人对科伊科伊人的了解很少，但他们却使“霍屯督人”成为18世纪欧洲人描述凶残的低等野蛮人的代名词。丹皮尔在描述澳大利亚的原住民时，就曾使用过这个词。但是荷兰人并不惧怕他们，反而发现他们在牲畜交易方面大有用处，因此也没着手消灭他们。然而，这类贸易从整体上使科伊科伊人社会所拥有的牛羊数量逐渐减少。某个部落一旦遇到不幸，他们便再也无法回到以前那种狩猎采集的生活，只能被迫脱离科伊科伊人的社会组织，沦为荷兰人的劳工，或是在开普敦的街头以卖淫、乞讨为生。1713年，一场天花暴发，好望角上独立的科伊科伊社会的历史也走向终结。

* * *

阿非利卡人（Afrikaners）* 向来被称为南非白人。对他们来说，南非就是自己的家园。他们的语言只在自己的部族范围内部流通。犹如北欧血统的美国人的文化与英格兰文化存在差异，阿非利卡人的文化与荷兰的本土文化也大不相同。无论是阿非利卡人，还是美国人，都是由来自欧洲多个国家的移民融合而成的新民族，这导致了他们与本土文化的差异。

---

* 旧称“布尔人”，现已不使用该词。属欧罗巴人种，讲南非荷兰语，多信基督教新教，主要从事农牧业。主要分布在南非，少数分布在纳米比亚、津巴布韦、赞比亚和博茨瓦纳。

阿非利卡人中有许多古老的法国姓氏，如德维利耶、茹贝尔、迪图瓦、勒鲁、富歇、马兰或马雷等。其中许多可以追溯到早期为躲避法国国王路易十四的迫害而逃到此地的胡格诺派*移民和难民。他们是 1688 年首批抵达好望角的人。我们完全有理由把他们的抵达视为阿非利卡人崛起的里程碑。同时值得注意的是，我们在书中还会遇到其他的胡格诺派教徒，他们都在 1688 年过着放逐的生活，如鹿特丹的皮埃尔·培尔及伦敦的银行家伊莱休·耶鲁（Elihu Yale）等人。

荷兰人在好望角的基地由荷兰东印度公司于 1652 年建立。最初，它并非作为向北扩张深入非洲大陆腹地的据点，而是作为补给站，为公司在荷兰、印度和印度尼西亚之间进行长途航行的船只提供淡水、肉和食物。就公司建立补给站这个目的来说，该基地也可以设在某座岛上，只要那里有足够的土地，能够用来饲养牛、羊，种植水果蔬菜，为船只提供补给。公司有自己的牧群和园圃，由奴隶照料看管，还鼓励自由的市民——不在公司工作的荷兰人——自行开垦土地，并把产品卖给公司，用来补给过往的船只。但是公司给的价格并不高，所以比起种地，许多人宁愿去开酒馆。大部分离开故土的荷兰人，之所以会离开富饶的祖国，为的就是过上更轻松更刺激的生活，而不是成为放牛种地的农民。1688 年，大概只有 300 名公司雇员、400 名自由市民和 800 名奴隶生活在这块小小的殖民地上，其农场也刚刚越过好望角半岛狭长的边线。好望角殖民地

---

* 16 至 17 世纪法国新教徒形成的一个派别。该派反对国王专政，曾于 1562—1598 年间与法国天主教派发生胡格诺战争，后因南特敕令而得到合法地位。后又遭迫害，直到 1802 年才得到国家正式承认。

当局发现这里的气候非常适合种植葡萄，却无法找到懂得如何酿造葡萄酒和白兰地以及制醋的移民。

1687 年年末，公司的管委会决定，任何胡格诺派教徒，只要愿意宣誓效忠荷兰，移民到好望角，均可免费乘船来到此地，并将无偿获得足够大的土地，而且公司还会以借贷的形式向他们提供牛和工具。在这种情况下，已经有少数法国酿酒制醋的专家被派到此地。公司还聘请了一名胡格诺派的牧师，负责管理照料这些人。从 1687 年 12 月至 1688 年 7 月，有 180~190 名胡格诺派教徒响应了公司这种号召，漂洋过海来到好望角，他们之中包括一位富商、一位制帽匠、一位马车匠、一位葡萄酒商，还有大约 30 名妇女和 50 个孩子。他们中曾经有人在地中海或是沿大西洋的欧洲海岸坐过船，但是绝对没人经历过这样的远洋航行：乘坐不到 90 米长的木船，顺利的时候，航行两个月；不顺的时候，则需要航行 4~6 个月的时间才能抵达好望角。他们中的大多数人都是在北半球的冬季出发，穿过闷热的赤道无风带和令人提心吊胆的西非热带海域，最终在南半球的冬季，也就是 4~8 月抵达。按照当时的标准，途中因疾病和意外而死亡的人数并不算高。我估计到 1689 年 1 月末，大约有 150 名胡格诺派教徒活着抵达好望角。鉴于此前生活在好望角的自由民只有 400 人，现在不属于荷兰东印度公司管辖的人中，有 1/4 是法国胡格诺派教徒。胡格诺派教徒获得的土地位于景色壮丽的德拉肯斯坦山谷（Drakenstein Valley）地区，该山谷在好望角要塞和居民区以东大约 32 公里的地方。这里土壤肥沃，但是从未得到开垦。开垦这片土地需要耗费数年艰辛。尽管当时荷兰和法国正在交战，公司带着怀疑的态度审视这批来自法国的胡格诺派教徒，但还是向他们提供了大量援助。最终，这批胡格诺派教徒在这里定居下来繁衍生息，为公司的葡萄酒业做出了巨大贡献。与此同时，他们还把经过迫害淬炼而生的加尔文主义（Calvinism）以及对非洲家园的认同感带入了阿非利卡人的文化之中。

从18世纪开始，随着阿非利卡人的辛勤劳作以及他们对非洲原住民的不断征服，南非的面貌发生了翻天覆地的变化。但是恐惧依然在那里盘桓，即便今天也是如此。罗本岛，那个曾经关押克拉斯的地方，成了关押反对种族隔离政策人士的可怕监狱。纳尔逊·曼德拉（Nelson Mandela）就曾在那里关押了18年。随着众多研究团体的涌现，非洲领导人开始称该地为“曼德拉大学”（Mandela University）。1998年3月，美国总统比尔·克林顿陪着曼德拉重游了其当年被关在罗本岛时居住的牢房。那时的曼德拉虽然身体瘦弱，但是依然精神矍铄。

第六章

岛屿世界

一个凉爽的房间里，一位盲人正在一边回忆一边口述。他的助手必须竭尽全力，才能跟上他滔滔不绝的讲述，记下所有栩栩如生的细节。海面上可能有成群的水母，伞状的头部犹如片片船帆浮在海面，又好似颗颗水晶，闪烁着蓝紫色的光芒。随着船只慢慢靠近低洼的小岛，茂密的藤蔓、香甜的水果、葱郁的棕榈渐渐在地平线上出现，这些都依然清晰地浮现在盲人的脑海中。依着他的指示，助手已经快要完成一套新的画作，用来取代在去年的大火中被烧毁的那些。榴梿的插图画好了吗？是的，画好了！圆圆的果实，长长的棘刺，还有大大的叶子。盲人回想起自己第一次吃榴梿的场景，不自觉地露出了微笑。榴梿闻起来多么臭，吃起来却又那么香。家里有榴梿吗？于是，一个小男孩被派去市场买榴梿。凉爽的房间中充满了榴梿的臭味，盲人开始品尝那甜美多汁的果肉。

我们要感谢这么一位聪明而执着的德意志人，因为他的存在，我们才有机会了解到“香料群岛”（Spice Islands）在1688年时的真实面貌。这里不仅有令人压抑的人类野蛮暴力活动，还有令人惊艳的自然风光。无论岛上还是海上，都有着各种各样的动植物。

格奥尔格·埃弗拉德·伦普夫（后改名伦菲乌斯）（Georg Everard Rumpf/Rumphius）的两本巨著——《安汶植物志》（*Ambonese Herbal*）和《安汶珍稀动物志》（*Ambonese Curiosity Cabinet*）——用严肃细致的笔触，分门别类地记录了17世纪晚期的欧洲人与这片自然世界邂逅的每个场景。

伦普夫是在法兰克福附近的哈瑙（Hanau）长大的，他的父亲是位颇有成就的建筑师，同时还是建筑工程的监察官。伦普夫得到良好的教育，并且精通拉丁语。1648年，"三十年战争"（Thirty Years' War）* 结束之后，德意志遭遇重创，经济萧条，发展缓慢。许多躁动不安的德意志年轻人纷纷奔向鹿特丹，最终前往尼德兰在世界各地的要塞或贸易基地。1646年，18岁的伦普夫响应一位德意志亲王的号召，加入了地中海中一支悬挂着威尼斯旗帜的军队。这位亲王实际上是在为荷兰西印度公司在巴西的殖民活动招募兵力。该公司当时已经征服了巴西的大部分地区，只剩东北部区域还面临着葡萄牙人反攻的威胁。组建这支军队就是为了应对这个威胁。然而，伦普夫的船最终也未抵达巴西。或许是遭遇了海难，或许是在海上被捕，伦普夫在葡萄牙待了好几年。他可能在那里听说了关于亚洲热带地区，特别是位于如今被称为东印度群岛的"香料群岛"边缘地区的安汶的种种奇闻。随后，他返回哈瑙，短暂逗留之后再次来到阿姆斯特丹，并且签约成为荷兰东印度公司旗下的一名士兵。1653年年底，他经过巴达维亚，抵达安汶。从此之后，他再也没有离开过东方的这片群岛，直至49年后在安汶去世。

---

* 1618年至1648年，欧洲两大势力——哈布斯堡王朝势力及其反对势力——以德意志为主要战场发动的战争。

伦普夫到来时，荷兰已基本彻底镇压了当地的反抗势力，处于完全征服该地区的最后阶段，并且已经垄断了丁香的贸易。伦普夫展示出他在军事工程方面的天赋，然而他并不喜欢军旅生活。1657 年，他转成文官，负责管理安汶岛北部偏远地区的一处要塞。他需要维持该地的社会秩序，谨防当地人或者陌生人发起的任何反对荷兰统治的行动，禁止走私丁香，但这些事情其实只需要花费他很少的时间。和其他要塞的司令官一样，作为地方统治者，他也享有一些特权，每天都能收到各种各样的鱼、猎物和水果等物资。这里的气候是这片群岛中最适合欧洲人体质的了，他娶了当地的一位女子为妻，该女子祖上可能来自不同地区，融合了多种文化传承。他开始研究身边丰富多彩的植物世界，从椰子、槟榔和果树着手，继而发展到研究近海地区和空旷地带丛林中的各种树木和藤蔓。他还走出那小小的要塞，站在码头上观察浅水区中的游鱼和螃蟹。很快学会马来语和安汶语之后，他开始向当地人请教植物的药用价值，偶尔也会在该区域内出海航行几次。他后来回忆道，1662 年，他乘船从班达海（Banda）返航时，就曾用了一整天的时间在水母群中穿梭。

不久之后，伦普夫构思了一项伟大的计划：用拉丁文写一部介绍安汶植物世界的书。为了实现这个伟大的计划，并且希望最终能够获得欧洲学术圈的认可，他把自己的姓氏改成了符合拉丁文写法的“伦菲乌斯”。到了 1688 年，他已经深深陷入了这个伟大的计划之中。他向上级提出休假一年的请求，希望能够去巴达维亚专心致志地完成自己的这部作品，但是请求被驳回。接着，灾难又降临到他的身上，1670 年的时候，他几乎完全失明，只有一只眼睛还能看到一线光明，另一支眼睛则看不到一丁点儿光亮。如果外出，在热带地区刺目阳光的照射下，还会感到巨大的痛苦。青光眼或寄生虫感染最有可能是导致他失明的原因。

荷兰公司在知识普及方面的态度较为模糊，但伦菲乌斯是位颇有价值的官员，他的著作如果能够完成，很可能大有用处。他被接到安汶主城的城堡之中，并且被任命为总督理事会成员，以保持其尊贵地位。他对当地人的了解和当地语言的掌握在此发挥了巨大的作用，此外他还是专门负责处理婚姻事务的次级理事会的主席，该理事会实际上是个民事法庭。很快，他的儿子画出来的植物比伦菲乌斯当年更惟妙惟肖。公司给伦菲乌斯配置了一名文员，专门记录他的口述。他的妻子也被他的工作深深吸引，伦菲乌斯还用一种美丽的兰花的名字来称呼她。他的妻子身上可能有着部分中国人血统，1674 年 2 月，中国农历新年正月十五那天，她带着最小的女儿去中国区观赏彩灯和游行，结果发生了地震，她们被一堵倒塌的墙砸死。

眼睛失明与痛失所爱似乎促使伦普乌斯更专注于研究工作。因为用拉丁语口述自己的著作有难度，他打算用荷兰文写下来。他准备写一系列难度不太大的作品：一份有关地震的报告、一份关于安汶农业的报告，以及一些关于小岛地理和历史的书籍。对他所在公司的同事而言，这些都会即刻派上用场。荷兰东印度公司给他派来一名助手，接着又找到一个画家帮忙。1688 年，之前被公司外派的儿子也来到安汶帮助他。伦普乌斯甚至得到了欧洲学术界的部分认可，1680 年，在两个曾在荷兰公司当医生的德意志人的推荐下，他当选维也纳自然研究学会会员，其书信的一些摘录也发表在该学会的期刊上。

1687 年，他最重要的著作《安汶植物志》的大部分内容都已完成，最耗时的绘制插图的工作也进展顺利。然而这年的1月11日，一场火灾席卷安汶小镇。伦普乌斯的助手们只从大火中抢回了文字书稿，图纸则被烧毁。但他和荷兰东印度公司并未就此气馁，他预计插图可以在一年半或两年内重新画好。公司另指派了一位画师，并把他的儿子再次派到安汶。事实上，计划完成的12本书中的前6本的手稿和插图在1690年就被伦普乌斯送到了巴达维亚。他希望自己被葬在安汶，还为此挑选了墓地，所以我们完全有理由推断出他在1688年的工作场景：不断催促工作人员加速完成文字手稿和插图绘制，让他们把完成的文字读给他听，并找出是否有遗漏，哪些还需要补充。他在心里和大脑中勾勒出椰子树从海平面升起，一艘船停靠在低洼小岛的画面（这是《安汶植物志》卷首出现的文字和插画），似乎还能感受到那无与伦比的水果香气和味道，就连纹理都是那么生动；热带的安汶，日出日落，年复一年。1697年，《安汶植物志》的最后部分终于完成并送往巴达维亚。这时，他已开始着手《安汶珍稀动物志》一书的工作。书中描述了美丽的贝壳和海星，若干种螃蟹——包括安汶特有的能夹碎椰果的陆地蟹（这些文字特别出彩，对动物的结构和行为的描述极其准确），以及不可思议的热带海域的财富。

伦普乌斯年逾70，眼睛失明，身体虚弱，已经为荷兰东印度公司效力超过40年，但他仍然参加安汶的理事会会议，并加入对该地矿产的研究工作中。1702年6月15日，伦普乌斯逝世。1705年，《安汶珍稀动物志》出版。相比而言，《安汶植物志》的手稿则遭遇了更多挫折，当手稿几经周折最终辗转送到“十七绅士”手中时，他们却拿不出资金来赞助这部巨著。直到1741年，这本书才最终得以出版。

* * *

荷兰东印度公司把亚洲总部设在巴达维亚，即爪哇岛上的一个小镇，荷兰人把它的名字听成“雅加特拉”，这里就是现代印尼首都雅加达。乘船而来的旅行者第一次到这里时一定会非常惊讶，在爪哇岛地势较低的北海岸，精确地说在南纬 6° 的浅水湾，熙熙攘攘的印度、印尼、中国和欧洲船只往来穿梭，好不热闹；这片井然有序的岛屿被荷兰统治者当作度假胜地，荷兰东印度公司则在此建造船厂；巴达维亚堡居高临下，气势森严，内港入口处的一切尽在它的掌握中；沿运河而建的荷兰式房屋在街旁林立，还有一个热闹非凡、管理良好的中国人社区，寻欢作乐的场所比比皆是。荷兰那些达官贵人的豪宅里奴仆成群，黑亮的热带硬木质家具呈现出巴洛克风格。屋顶是荷兰样式的蓝白房瓦，各间房门的上方配有精心雕刻的镂空式面板，以便些许微风飘入，驱走热带的暑气。

巴达维亚及其岛屿世界呈现出巴洛克式错综复杂的样貌。秩序井然的背后掩藏着多层私人利益和安排，这与巴达维亚城堡体现的权力和宗旨之间矛盾重重。小镇里有大量说葡萄牙语的混血人，还有一个具有影响力的华人社区，社区里有自己的领袖和医院。17 世纪 80 年代，随着区域性贸易的展开以及越来越多的中国商人到巴达维亚拓展贸易，这里的中国人从中收获颇丰，例如在 1688 年，来巴达维亚做贸易的中国人从荷兰东印度公司购买了价值 8000 荷兰盾的胡椒。但从另一方面来看，日益拥挤的交通状况使巴达维亚的中国人不那么受欢迎。1688 年，700 多人乘坐大帆船从中国出发抵达这里，其中大多数打算留在爪哇，开创新天地。然而在此前的 1687 年，荷兰当局就已经抱怨从中国来的人中有大量的“破产者和流浪汉”。这些初来乍到的人被当成城里频发的盗窃案的案犯。之前在这里落地生根的中国人是这些盗窃案的主要受害者，他们千辛万苦获得荷兰人和爪哇人的宽容，现在却遭到新来者的牵连。1690 年，荷兰当局针对中国人的移民活动和中国移民采取了一系列比以往更严苛的措施。在巴达维亚周围的平原农村地区，许多安居已久的中国人开办了制糖工厂，贫穷的新来者则在这些规模越来越大的糖厂中做着最艰苦的工作。1740年，当乡村爆发了中国人反抗荷兰的起义时，中国的名门望族则站在巴达维亚统治者一方，而不是与同胞并肩作战。

不过，巴达维亚总督和荷兰东印度公司理事会审查贸易额时，很难忽视同印度贸易重要性的提升，特别是印度的棉花和丝绸面料。然而，香料交易在他们的世界里具有特殊地位，在公司势力所及的范围内，对班达群岛的垄断最为残忍。该群岛是世界上唯一一个种植生产豆蔻的地方，17 世纪 20 年代，荷兰公司指控班达岛人违反专卖条约。对于所谓的条约，班达岛人并没有完全理解其含义，也并不同意所有条款。他们遭到驱赶灭族，从种植区迁到火山附近，雨季时班达岛人死于饥饿和疾病。到 1688 年，世界上几乎已经没有班达岛人了。于是，豆蔻种植林握在荷兰企业家的手中，他们买了奴隶来耕种。奴隶有些来自巴厘岛（Bali），有些来自巴布亚（Papua），还有的来自印度，但无论来自哪里，都是通过当时东南亚繁荣的海上奴隶贸易获得的，而对这段奴隶贸易史，史上鲜有人研究。巴达维亚荷兰东印度公司的董事们在 1688 年写给祖国的书信中报告说，班达岛有 16 万株成年肉豆蔻树，18.5 万株半成树和 31.5 万株幼苗。人口为 6642 人，其中包括 1070 名荷兰人，3716 名奴隶和 3 名自由班达岛人，以及 25 名班达岛奴隶。信中批判了种植园主残忍对待奴隶和其他亚洲人的暴行，但没有描述具体细节。

到 1688 年，荷兰已经像垄断豆蔻一样牢牢控制了丁香培植中心。他们的权力中心、管理中心设在安汶岛，正是之前我们谈及伦菲乌斯的地方。但种植丁香的麻烦是它们生长速度很快，而欧洲和亚洲市场对丁香的需求量却固定不变。如果荷兰人继续低价购进高价售出，他们不仅需要排挤掉所有竞争对手，还要严格限制在荷兰有控制权的港口输出丁香的数量；如果不这样做，他们的奴仆就会在诱惑之下将丁香偷运到荷兰没有控制权的港口卖掉。自 17 世纪 50 年代开始，在当地统治者或多或少的默认下，或者仅仅因为这种热带植物的产量超过了国外市场的需求，荷兰人开始在他们没有绝对控制权的地区无情地砍伐丁香树。1688 年年底，巴达维亚的董事们在给上级的信中写道，他们仍然面临长期生产过剩的问题，现在只需一小部分地区种植丁香，就可满足荷兰东印度公司在欧洲和亚洲所有港口的需求量。过去他们砍伐丁香树或迫使种植者自己砍要支付金钱补偿种植者的损失，现在他们不愿意再增加这笔开支，而且担心如果他们在几座岛屿砍伐丁香树，人们会转移到对荷兰人来说遥不可及的岛上继续种植丁香，甚至种得更多。于是，他们不再砍树，还产生了一些不完全成熟的想法：试图引导当地人转向农业。但他们认为当地人不会积极响应，这些人宁愿继续他们的“懒惰”，继续把水果当饭吃，也不愿种植水稻，反正安汶的自然条件也不适合种水稻。他们开始做最后迫不得已的计划——在安汶附近的一个岛上再建一个大型贸易站。

安汶以北，环绕在特尔纳特（Ternate）和蒂多雷（Tidore）两个双子火山岛周围的马鲁古群岛（Maluku），或者叫摩鹿加群岛（Moluccas），是丁香的生产中心，也是自16世纪初葡萄牙人到达这里之后欧洲各国的必争之地。在马鲁古人的设想中，他们的政治中心在特尔纳特和蒂多雷，两个地方互补，最理想状态是二者势力均衡，形成可控的良性竞争，而不是一个凌驾于另一个之上。伊斯兰教的传入虽然巩固了世袭君主制的观念，但马鲁古人仍然强烈要求未来的国王必须向各族长老证明他出众的能力和神力。有很多传说讲述的是男人从海的另一头来到这里，证明自己确实是“大地的主人”，并当上国王的故事。

马鲁古群岛的人只要在欧洲列强的竞争关系中审时度势，稍加利用，特尔纳特和蒂多雷之间的理想状态就能够维持下去。但先是荷兰人赶走了葡萄牙人，之后西班牙也在17世纪60年代早期撤走了最后势力。此后特尔纳特和蒂多雷两个政治中心统治者之间的兄弟情谊变成了向荷兰东印度公司争宠的姊妹竞争。在本土，荷兰人将非君主制的集体政治经营得很好，但在亚洲，他们更喜欢君主制，原因就在于这种政治形式让荷兰人更清楚、更容易知道支持谁、打压谁，从而迫使这些政权接受荷兰人想要的条约。有些荷兰人一看到伊斯兰教的影响有所增强，就觉得危及自身，这种看法不无道理。从17世纪60年代开始，荷兰人不断对马鲁古群岛的两个统治者施压，要求马鲁古人接受欧洲习俗，穿欧式服装，采用更集权的君主政体。其中一个统治者特尔纳特的苏丹就给他的儿子取名为“阿姆斯特丹”和“鹿特丹”，阿姆斯特丹苏丹在1675年登上王位之后，继续推行荷兰化策略，并在偏远地区以武力加强控制，这引起了不小的抵制声，甚至遭到一些荷兰人的反对。在蒂多雷，另一位苏丹赛义夫丁（Saifuddin）则拒绝按照荷兰人的路线走，相反，他采取传统的共识决策的政治形式，因此受到民众的欢迎，但与荷兰人的关系就只能更糟。赛义夫丁于1687年10月2日去世后，荷兰东印度公司立即插手王位继承事宜，确保让赛义夫丁的儿子登上王位，换掉了更有资格的赛义夫丁的弟弟。巴达维亚荷属东印度公司的董事们认为，这样一来他们与蒂多雷的关系会有所好转。但到1688年年底，他们在信中写道，新苏丹和他父亲一样难缠。有一次，在特尔纳特岛的一处港口，地点距离荷兰东印度公司抛锚的船很近，蒂多雷岛的劫匪袭击了一些渔民，并砍掉了其中6人的脑袋。当荷兰人向蒂多雷新苏丹控诉时，新苏丹居然派出6个人来，对荷兰人说尽可以杀死这6人，这样双方就扯平了。荷兰人自然拒绝了新苏丹的提议，认为“这有悖所有基督教义”。

* * *

从爪哇岛穿过巽他海峡（Sunda Strait）就是苏门答腊岛。自西北方绵延约1500公里，恰是马六甲海峡（Strait of Melaka）的西侧。岛上内陆山多林密，经常在这里的海岸和港口出没的人却极少涉足。岛北端的亚齐王国是一个独立的港口国家，热衷于伊斯兰文化。只要欧洲和亚洲国家不在这里搞垄断特权或政治霸权，亚齐人就欢迎各式商人前来开展贸易活动。岛的中心内陆地区盛产黄金，荷兰东印度公司掌控了一些金矿地区，用奴隶做工，但产量不高。巴达维亚总督和荷兰东印度公司的董事们一直关注的是距离巴达维亚最近的苏门答腊岛东南海岸的两个港口王国，即占碑（Jambi）和巨港

（Palembang）。两个王国的统治者常常彼此称兄道弟，但潜在的竞争本就存在，更因荷兰人从中作梗而加剧。在荷兰人看来，1688 年占碑的情况尤其危险，令人胆战心惊。

两个王国的地理情况很相似。都城都是港口城市，沿着九曲十八弯的河道航行几天就能抵达。港口坐落在宽广的海岸边，长满红树林和沼泽林，潮水或洪水袭来时，大部分地方经常没入水中。大多数房子都建在桩上，一年中至少有一段时间桩下是有水的。因为地势平坦，哪怕是一座小山丘也会很抢眼。巨港附近就有这样一个小山丘，当地国王死后葬在那里，为很多传说提供了素材。欧洲人和其他外人则认为这里炎热、潮湿、蚊虫肆虐，实在不利于健康。这些城市处在人口更稠密的上游与隔海相望更大的财富和权力中心之间的位置，周围并没有多少人口与庄稼，这里仅仅是财富转移或偶尔的权力转移的交汇点而已。

进入上游地区完全靠坐船，以通过纵横交错的河流和支流网。水位太低时，船就无法通行。在雨季后的三四月份，船可以全速前进，顺流的速度极快但也有危险，当然要想逆流回程就不可能了。其他时间，逆流而上大概需要数周。上游的魅力所在就是河谷土地肥沃，可以开垦来种植胡椒。在 16 和 17 世纪，来自中国和欧洲的商人到达占碑、巨港、万丹（Banten）* 和其他港口。这些商人需要大量胡椒，运回国后可以在自己国家日渐壮大的商品经济中卖个好价钱。但是，用普通的工具砍伐热带森林进度太慢，而胡椒也要在栽种 5 年后才开始收获。到 1688 年，胡椒种植已达几十年，产量惊

---

* 位于爪哇岛最西部，隔巽他海峡与苏门答腊岛相望。

人，阿姆斯特丹和巴达维亚的仓库已经装不下这么多胡椒了。

占碑和巨港在商业扩张的道路上遭遇的麻烦还不止这些，尤其是在荷兰干涉他们的事务之后。统治者和被统治者之间的关系，下游港口城市的贵族和遥远的上游众多百姓之间的关系全凭血缘决定。但凡权力世袭制或多或少都会跟血缘扯上关系，但这里的牵扯之广、程度之深，是中国庞大的官僚机构和欧洲的法律、特权和商业结构都不能与之相提并论的。统治者应该像宗族长老，拥有很高的声望，但没有绝对的权力，解决族人的争端，馈赠慷慨的礼物，保持族人对自己的敬重；族人们则以尊重、服从和贡物来表示对族长的承认。这里的统治者和被统治者之间的宽松关系就是如此，而上游地区和统治者所在的沼泽城市之间的地理距离和出行不便使得君民关系更为松散。上游的许多地方权力把持者都是王室亲属，他们到上游为自己造出半独立“王国”，但如果都城里发生的政治状况不合他们心意，他们可能还是会跑回去干预。

这种相互妥协的政治，在同荷兰签下胡椒生产合约并要在贸易中驱逐所有竞争对手后，就遭受了极大的压力。在这种形势下，君王只有严格控制并提高胡椒的产量，荷兰人才会支持他。但为使生产和产量最大化而不得不推行的严格控制政策以及所产生的运输压力，正是破坏传统政治秩序微妙平衡的罪魁祸首，包括将礼节性的和以互惠方式收集的财物送往下游纳贡。尽管局势不如从前，但在1688年，巨港的苏丹阿卜杜勒·拉赫曼（Abdul Rahman）看起来富有，王位也很安全。他统治下唯一的瑕疵是两个儿子之间时断时续的斗争。但在占碑，就是另一番景象了。苏丹英加拉伽（Ingalaga）的统治相比而言就不那么强势：王国的贸易直线下降，上游的一个地方权贵举起伊斯兰文化的鲜明旗帜，反对荷兰的策略，不断质疑国王平庸无能。1687 年，荷兰派出一小股兵力到占碑，惊讶地发现很多占碑贵族已经不再承认老国王，转而支持国王的儿子。国王的儿子当时已登上王位，英加拉伽朝上游逃去。1688 年 3 月，英加拉伽回到都城，威胁要发动进攻，但看到城里一边倒地支持他的儿子就慌了神。万般无奈之下，英加拉伽寻求荷兰长官的保护，他被送到巴达维亚，从此开始了孤独和艰苦的流亡生涯。巨港的苏丹阿卜杜勒·拉赫曼支持占碑的新苏丹，打着伊斯兰旗号反荷兰的威胁至少暂时被消除了。巨港继续着它的繁荣，占碑则日趋衰落。

1688 年 8 月 10 日，科内利亚·范·尼耶罗德（Cornelia van Nijenroode）到达荷兰。58 岁的她此前从未踏入荷兰的国土，她是来状告她的丈夫约翰·比特（Johan Bitter）的。二人关系不和，约翰卷走了她从第一任丈夫那儿继承来的所有财产。从她的着装、举止和谈吐看，她是一个从东印度群岛归来的富有的荷兰贵妇，但她的长相却明显是个外国人：1630 年，科内利亚生于日本平户，父亲是荷兰商人，母亲是日本贵族。父母去世后，她在巴达维亚的孤儿院长大，直到 1687 年年末坐船到荷兰，她几乎没出过远门。年终岁末的荷兰昼短夜长、潮湿寒冷，而巴达维亚地处赤道，此时昼夜均分、温暖湿润，两地气候相差甚远。此外，这里也没有巴达维亚的大房子里讲着葡萄牙语喋喋不休的许多仆人的踪影。1688 年 11 月，科内利亚向荷兰高等法院递交了诉状，然而在与她的律师商量、准备的过程中，所有这些不适因素都增添了她的不安和焦躁。她的故事搭建了一座沟通巴达维亚和荷兰的桥梁，也使一束狭窄的、明亮的光照进巴达维亚黑暗的上层社会。

极有可能因为她父亲遗产的缘故，科内利亚在巴达维亚孤儿院的日子并不算特别难挨。她和一些在巴达维亚的日本流亡者有社会交往，似乎定期写信给在日本平户的家人。1652 年，她嫁给彼得·克诺尔（Pieter Cnou）。1653 年到 1670 年间，科内利亚共生了 10 个孩子，但其中只有一人长大成人。有一幅精美的肖像画流传于世，画的是彼得、科内利亚和他们的两个女儿。科内利亚优雅的荷兰式服装及其日本相貌被生动地呈现出来。

彼得·克诺尔在荷兰东印度公司薪金丰厚，一路高升，直到 1672 年去世。他在遗嘱中指定他的遗孀是主要继承人和孩子们的监护人。彼得·克诺尔给妻子留下了足够多的遗产：出行有一架大马车接送，豪宅里有 40 个奴隶侍奉。1675 年，约翰·比特从荷兰抵达巴达维亚，他是一名律师，妻子在途中死去，留下 4 个孩子要抚养。在法院工作所得的收入并不够维持他的家庭在巴达维亚过奢侈的权贵生活。他盯上了科内利亚的财产，而科内利亚也许是被他的法律专业知识和上层社会的人际关系吸引，因为这可能会有助于她保住自己的财富和地位。科内利亚坚持双方制定、签署一份婚前协议，协议写明科内利亚在和约翰·比特结婚之前的所有财产婚后也只归她一人所有。约翰·比特抵达巴达维亚刚满 6 个月两人就结了婚。

事情很快急转直下。科内利亚提出以自己的名义做一小笔投资，比特告诉她，虽然协议中写明他没有她名下财产的共同所有权，但并不等于他不享有对她名下财产的管理权。没有他的参与和批准，她不能动用自己的财产。二人吵得很凶，朋友们赶来调停。科内利亚此前承诺过，如果她死在比特之前，会给比特留下一笔遗产，因此朋友们说服科内利亚现在就把这笔钱给比特，以换得二人和好。但争吵并没有停止。比特大打出手，有一次科内利亚的肩脱了臼。她搬出去住，但又搬了回来。比特提出如果科内利亚付给他 12.5 万荷兰盾的现金，他就同意离婚。科内利亚拒绝支付并起诉离婚，比特提出抗诉，声称婚前协议无效，他有权得到科内利亚一半的财产。相比个人的权益，巴达维亚教会委员会更关心基督教教义中的和谐，并试图劝二人达成和解。比特中伤委员会成员动机不纯，拒绝道歉，并且在程序上故意没完没了地拖延。

科内利亚想方设法从自己的财产中套出一些来，以朋友的名义存了起来。比特侵占了科内利亚的一些财产，并把一些钻石和汇票寄回荷兰。然而东窗事发，钻石被查获，比特被控告走私钻石，破坏了东印度公司的专有权，因而被解雇，并于 1680 年被送回荷兰。在荷兰比特又提起新的诉讼，请求法官命令科内利亚与他和解，并扣留科内利亚存在荷兰东印度公司一半的钱归他所有。对比特而言，他关心的当然是处置科内利亚的财产。法庭只判科内利亚与他和解，对于比特关心的问题不予理睬。但几个回合的较量下来，比特赢了：走私钻石的指控被撤销，他也恢复了在东印度公司的职务，并在 1683 年回到巴达维亚。

迫于法院的命令，现在两人住在一个屋檐下，似乎已经可以和平相处。但比特再次从科内利亚的账户上转走了 5 万荷兰盾，而且大部分寄回了荷兰。1686 年 1 月 5 日，3 名水手看见一个男人殴打一个中年妇人，女人的嘴里流出了血，而这个男人边打边骂："贱货！畜生！婊子！过来，我今天非打死你不可！"官方人员赶到，这个男人才住了手。但毕竟比特是法院的一员，只在监狱待了一个晚上，而那 3 个证人也决定不指证他。现在轮到科内利亚请求法庭允许她和比特分居，并保护自己的财产，但请求被驳回了。当局仍然希望二人按基督教精神和解，但最后不得不放弃。1687 年，二人被送交荷兰处理。

1688 年夏，科内利亚抵达荷兰，请了一位好律师，并于 1688 年 11 月向荷兰高等法院提起诉讼，请求与比特合法离婚，拿回后者从她的资产中偷走的 45 500 荷兰盾，以及他卖掉她在巴达维亚的房子、马车和其他资产获得的收益。比特提起反诉，要求判科内利亚“恶意遗弃”，他有权占有科内利亚 1/4 的财产，并对其余资产享有管理权。高等法院直到 1691 年 7 月 4 日才下达判决书，命令科内利亚与丈夫重修旧好，和平同居，判定他有权得到她资产收益的一半。法院于 8 月休庭，打算之后进一步协商，但却没有进行，很可能是因为科内利亚在那年夏天去世了。比特则在荷兰过起了非常优越的生活，死于 1714 年。

多年以来，科内利亚一直都是日本人家的好女儿，经常从巴达维亚写信给住在平户的母亲家的亲属。而现在，离巴达维亚这般遥远，她还记得狭窄海峡边的岛上小镇吗？还记得赫然挺立的大名的城堡吗？还记得海岛附近那些停泊在海湾的中国帆船和有着很高船舱的欧洲船只吗？她一定还记得巴达维亚，记得那里孤独的日本小社团，记得中国人的聪明才智和他们获得的成功。她一定不会忘记教会有多认真就有多伪善，她也更难忘记那 3 个水手和酒馆。她无法忘记那些新鲜的鱼和美味的热带水果，无法忘记发出恶臭的运河，无法忘记招揽嫖客的奴隶女子的咯咯笑声。她也不会忘记第一任丈夫活着的时候一次次的怀孕经历，不会忘记一个人生活时的乐趣和投资取得的收益，更不会忘记约翰·比特颠倒是非、混淆黑白给她带来的噩梦般的生活。荷兰的运河不太干净，喝醉的工人和水手们是运河边的常客，但街道狭窄，微风中夹着丝丝凉意，即使在仲夏，随着夏季越走越远，日照时间也以惊人的速度越来越短。

第七章

华尔康

荷兰东印度公司在亚洲很多港口并没有设立贸易点，而且几乎不享有特殊条约规定的权利，但这并不妨碍它在这些地方进行贸易活动。有时岸上甚至没有仓库，只能在停泊好的船上进行交易。但是东印度公司的员工无论走到哪里，都会认真记录下每一笔交易。17 世纪末，他们更是小心谨慎地留意当地的政治局势和竞争对手的贸易活动。在竞争激烈的港口做贸易，利润不甚明了，荷兰东印度公司需要多搜集信息，判断哪些地方要继续争取，哪些地方适可而止选择放弃。英国东印度公司不断上升的商业和政治实力，法国偶尔令人生畏的斗争，甚至是丹麦在南印度的驻扎，都需要密切关注。荷兰东印度公司保留的一丝不苟的记录对我们了解大城府*至关重要。大城府是当时暹罗王国的首都，荷兰人听成“尤迪亚”，经常拼写成“朱迪亚”。

1688 年的大城府是当时世界上发生巴洛克式政治危机最奇特的地方之一。一位出生于希腊自称康斯坦丁·华尔康

* 现泰国中南部，18 世纪前一直是泰国首都。

（Constantine Phaulkon）的探险家在宫廷的地位不断上升，最终执掌财政和外贸大权。他树敌很多，但国王那莱（Narai，1656—1688 在位）十分信任他。那莱王希望利用法国来抗衡荷兰的商业统治和偶尔的仗势欺凌，华尔康因此利用自己的秘密渠道去拓展与法国的关系，尽管这种联系的风险很高。法国这时在印度洋的势力远落后于荷兰和英国，因此很快做出积极反应。1686 年，暹罗王国向法国派出了一个规模庞大的使团，随后，法国派使团回访了暹罗，随行的还有 600 人的部队。有人开玩笑说暹罗国王要变成天主教徒了，但在 1688 年年末那莱王和华尔康先后离世，法国的部队也被赶出了暹罗。

尽管 1688 年发生的大事件导致了法国方面极大的愤怒，甚至还造成了流血事件，暹罗王国的稳固却不容置疑。法国人通过军事力量占领暹罗或利诱国王信奉天主教的企图在现实面前只是一场幻想。暹罗政权欢迎外国人参与管理本国的对外贸易和金融，几世纪前就有中国人在此任职的先例，主要是操办向中国朝廷派遣进贡使团的事宜。值得一提的是，每一次向中国派遣这样的使团，大量的免税贸易也随之而来。当时的暹罗王权至上，庙宇林立，人们信仰佛教，政权稳固，经济发达，在这样的背景下，外国商人的贸易活动只会起到支持王权的作用，而不会产生威胁。

环绕大城府的广袤、富饶的稻田滋养着暹罗王国，是它强盛的最主要的力量源泉。这片土地从现在的曼谷湄南河向北绵延约 65 公里。每年雨季时，湄南河河水泛滥，给这里带来一层肥沃的泥沙，农作物收成颇为可观。除此以外，还有大量未开垦的土地。自由民要听从国家的召唤为国王服务 6 个月或 1 年，他们之所以能够为国家服役，全在于家人和农奴可以收获足够多的粮食。这样的王权对劳动力的控制会造就良好的战斗力，就像在 1688 年，王国组织了大型战斗部队牵制和消损外国入侵者。但是，这种对人力的征用很容易使控制权转移到地方统治者和高级官吏手中。17 世纪，几任国王通过加大直接控制力度和促进对外贸易来扭转这一权力下滑趋势。在现代早期的东南亚地区，我们不难发现统治者积极参与国家对外贸易的活动，但就我们了解，没有哪一个国家的积极程度和组织严密程度可以和暹罗国相提并论。荷兰保留的记录中就有暹罗“国王的船只”远航到爪哇和日本的事例。

大城府建有数量可观、规模大小不一的寺庙。那些较大寺庙的塔尖被虔诚的佛教徒以金叶覆盖。一些庙宇摆放着一行行的佛教神灵雕像，其中有巨大的卧佛。身披黄色袈裟的僧人随处可见。只有通过寺庙生活，人们才能打破尘世的束缚，最终进入极乐世界。在这里，僧侣倍受尊崇，很多小男孩都会先在寺庙里接受教育，大一些再还俗，之后娶妻生子。王宫建筑规模宏大，形体瑰丽。在佛教中，国王即转轮王再世，顾名思义，转轮王就是推动佛教法轮转动的人。在大城府内及其周边，有大量的中国人和葡萄牙人定居，很多葡萄牙人兼有亚洲和欧洲血统。荷兰东印度公司在这里设立了贸易站。这里还有一家耶稣会的教堂，作为法国国外传教协会在亚洲传教的中心联络处。17 世纪初，一批信奉天主教的日本人来大城府定居，王室保镖中有一些是他们的后代。来自波斯和印度的穆斯林数量也不少，但就影响力而言，不可与几年前同日而语。才干出众的那莱王在位的最后一年在华富里（Lopburi）* 度过了很长时间。华富里在距离大城府向北约 65 公里处，起初是王室的狩猎场，后来慢慢扩建成一座规模不大的行宫，并建了一处寺庙。

对于荷兰和其他欧洲商人而言，暹罗并不是一个发财致富的好去处，尽管这里可以买到大量的鹿皮（主要销往日本）和一些可以用作染料的重要木材，但是这些商品本身利润并不可观。此外，来自其他商人尤其是中国人的竞争非常激烈。17 世纪，荷兰人使用军事手段获得了漏洞百出的鹿皮出口的垄断权。即使如此，东印度公司贸易站的存在价值也不大。那莱王对荷兰人的仗势欺人恨之入骨，一直在寻找能与之抗衡的帮手。实践证明，英国人在这方面无能为力，那莱王于是对尽可能与法国建立联系产生了兴趣。早在 1674 年，那莱王向法国国王路易十四派出了使者，但 1681 年这名使者葬身大海。

之前我们提到的这位自称康斯坦丁·华尔康的人来自希腊的凯法利尼亚岛（Cephalonia）†，17 世纪 80 年代这座岛处在威尼斯的统治之下。此人之所以来到暹罗是因为他供职于英国东印度公司。他能为那莱王赏识和重用也完全是因为英国人为他花钱铺路，反之，英国人也希望能借助他的影响为自己的贸易保驾护航。华尔康不负众望，既聪明又勤奋刻苦。在国家贸易管理部门工作期间，他对英国独立经营的商人偏爱有加，尽管这些商人的贸易活动破坏了东印度公司拥有的贸易垄断权；相反，对那些盛气凌人、能力低下的东印度公司雇员嗤之以鼻。华尔康扩大了王室拥有的商船的规模，任

* 又译“洛布里”，泰国南部城市。

† 希腊伊奥尼亚群岛中最大的一座岛屿，位于帕特雷湾以西。现代希腊语作 Kefallinia。

用不隶属于任何公司的英国人和其他欧洲人来管理商船舰队。他精通马来语和葡萄牙语，并且很快学会了暹罗语。1682 年，他为国王接见传教士做翻译时以不俗的表现引起了那莱王的注意，很快他就得到国王的定期召见，而且每次召见的时间也越来越长。华尔康转而信奉（或者是再次改宗）天主教，部分原因是他可以请求回到欧洲的传教士在凯法利尼亚岛的威尼斯统治者面前代自己为家人求得一些恩惠。华尔康当时成为那莱王努力获得法国支持的关键中间人。1684 年在他的安排下，暹罗对法国进行了一次外交试探。作为回应，法王路易十四于 1685 年向暹罗派出了一个以修道院院长舒瓦西（Choisy）和肖蒙（Chaumont）为首的奇怪的外交使团。舒瓦西有些愤世嫉俗，而肖蒙则刚刚从新教改宗天主教，身上既有皈依者的热诚又有无法避免的狭隘。他们此次出使的目的是让暹罗为法国的贸易做出一些让步，同时第一次尝试说服国王改信天主教。我们后面要谈到的那些前往中国进行天文观测工作的耶稣会信徒和这支出使队伍乘的是同一条船。华富里很快成为这些法国人上演戏剧的中心舞台。这里为法国使者建了住所，国王还赏给传教士们一块地供其居住。有一次，国王还前来观看了月食。

自从法国人来到暹罗后，华尔康的生活一直犹如走钢丝。像肖蒙这样的宗教狂热分子对暹罗的真实状况一无所知，只是一心梦想着通过改变国王的宗教信仰进而改变整个国家。华尔康清楚暹罗的君主政体和人民佛教信仰之间千丝万缕的联系，想改变国王信仰的宗教，可能性微乎其微。但他又不能太过直接地提醒法国人，因为这恰恰是法国对暹罗感兴趣的原因之一。如果那莱王能和法国建立联系，华尔康的功劳最大。同时万一国王辞世或者丧失权力，法国人在暹罗的适当存在则能够为他自身的安全提供一份保障。不过，如果法国人势力太过庞大，太趾高气扬，这不仅不会增加自己的安全保障，反而会激起暹罗人很大的敌意。华尔康首先要面对的问题是，肖蒙在接受国王召见时，总是在讲话中向国王渗透基督教的救世道理。对此，他只有置之不理，不予翻译。之后，他说服肖蒙，如果肖蒙提出国王与“太阳王”（Sun King，路易十四的称号）结盟的建议，法国人便可以达到更多的目的。肖蒙果然按他的话做了。暹罗国王高兴至极，派出了3名位高权重的特使踏上去往法国的漫长危险旅途。暹罗特使的到来引起了法国人的好奇心，历史文件中有对这次访问的详细记载。路易十四决定，接待这些千里迢迢从暹罗来到他的国土的客人时，要以比接待欧洲使者更大的排场来突出自己的王权。他坐在凡尔赛宫镜厅的宝座上接见这3名大使，国王的宝座置于一块凸起的平台上，上面缀满了宝石，闪闪发光。事实上，这次交流的真实目的由耶稣会传教士居伊·塔沙尔（Guy Tachard）传达。华尔康通过塔沙尔秘密向路易十四提议，希望法国能向位于马来半岛的宋卡（Singora，暹罗的港口）要塞派遣一支实力足够强大的部队驻扎。

1687年暹罗大使回国时，和他们同来的还有两位法国新上任的大使和乘坐战舰的600名士兵。西蒙·德·拉·卢贝尔（Simon de la Loubere）利用他在暹罗停留的几个月时间为自己介绍亚洲的书整理资料，该著作被认为是17世纪欧洲同类著作中最详尽、最完整的一部。另一位大使塔沙尔神父肩负通过秘密渠道得到的来自凡尔赛的真正使命：只与华尔康一人打交道。即使在海上行程中有200名士兵丧生，这支队伍的规模仍然不可小觑，也超出了华尔康的预估。

更令华尔康震惊的是，塔沙尔受领的真实任务是要在位于大城府下游的曼谷驻扎这支部队。一旦在这里驻扎部队，法国人就等于扼住了暹罗的咽喉。

如果华尔康同意法国人提出的条件，一方面暹罗人会指责他开门揖盗出卖了他们的国家，但另一方面，一旦形势发生变化，华尔康逃到曼谷就容易一些。如果他拒绝，法国人的行为就成了敌意入侵，作为大家眼中引狼入室的人，华尔康能够活着离开是非之地就是非常幸运的事了。经过仔细盘算，他确定自己在这些谈判中是唯一代表那莱王的人，他同意法国人在曼谷驻扎，条件是驻扎的士兵宣誓效忠暹罗国王。部队宣誓后安顿下来建造防御工事以对付附近沼泽地的疾病和昆虫的侵袭。他们的将领，年事已高的德法尔热（Desfarges）紧密配合华尔康的计划，而大使西蒙·德·拉·卢贝尔和塔沙尔则在 1687 年末回到法国。

华尔康脚下的钢丝开始变得脆弱不堪。那莱王在华富里，华尔康住在为法国使节修建的处所，距离王宫仅 5 分钟的路程。国王的健康状况日渐堪忧，王位的继承问题越来越迫在眉睫。华尔康支持那莱王的选择，让国王养子亚派耶脱（Pra Pi）继承王位。国王的两个兄弟一点儿也不喜欢华尔康，他们有自己的打算，并且讲话时越来越摆出王位继承者的架势。不仅如此，最有潜力的竞争者是高官帕碧罗阇（Phetracha），他的一个妹妹和自己的女儿都进了宫，成为那莱王的妃嫔。此外，他的地位使他得以充分利用民间对华尔康和法国人越来越多的不满情绪。在王位危机和保卫暹罗不受法国威胁的使命驱使下，武装部队从四面八方涌入大城府。在这种形势下，华尔康让德法尔热向位于大城府北面的华富里增派部队保护自己、那莱王和亚派耶脱。

德法尔热在此之前与法国东印度公司的一名代理人和一位法国海外传教士协会的神父进行过几次长谈，那位代理人对华尔康很不满意，神父则对华尔康在暹罗人中激起的不满一清二楚，而且对华尔康和耶稣会的联系不屑一顾。在他们的影响下，此时的德法尔热对华尔康充满敌意，拒绝向大城府以北的任何地方派兵。

朋友们告诉华尔康他现在非常危险，劝他马上逃走，但他拒绝离开。从荷兰人保留的记录看，华尔康离开王宫几日，5 月 19 日又返回。他的银轿子抬到家时里边空空荡荡，华尔康已被劫走。他遭到严刑拷打，被要求供认罪行，交代财产以便没收充公。但是他把自己的大部分资产用来购买了法国东印度公司的股份，所剩不多。6 月 4 日，华尔康被斩首，尸体被劈成两半，草草埋葬于一个浅坑中，不久就被野狗刨了出来。这时，亚派耶脱也被杀死，他的头颅被扔到那莱面前，“瞧瞧，这就是你的国王！”暹罗王朝规定王室成员的血不得溅出，7 月 9 日，那莱的两位兄弟被檀香木做成的法杖殴打致死。7 月 11 日，那莱去世，帕碧罗阇几乎没遭到任何反对便顺利登上王位。8 月 1 日，声势浩大的队伍乘船顺流而下朝大城府进发，这些船里还载着那莱王的尸体。荷兰人则逆流走了好几公里欢迎新国王。

此时，法国的部队仍旧驻扎在曼谷的军营里。8 月，另外 200 名士兵乘船而来。法国人还从前哨派来船只加强曼谷的守卫，进行海上巡逻抵制海盗。暹罗的国旗也仍在曼谷的法军军营外飘扬。即便如此，这里没有人欢迎法国人。暹罗士兵的受训程度和武器装备远低于法国，但人数则是法国人的数倍。新任国王愿意让法国人悄悄离开。11 月 2 日开始，法国人陆续乘船南下。11 月 14 日，国王同荷兰人签署了商贸协议。12 月 26 日，法国人途经马六甲，他们的将领说，暹罗是沼泽之地，居民穷凶极恶。他们真心希望自己的国王不要再和这些人打交道。路易十四果真再没和暹罗有任何瓜葛。

第三篇

三个独立世界：俄罗斯、中国和日本

Part Ⅲ

Three Worlds Apart: Russia, China, Japan

16世纪50年代，尽管欧洲人对俄国、中国和日本这三个帝国知之甚少，但已经在这些国家的港口展开定期的贸易了。在1688年欧洲人的眼里，这三个国家是非常遥远神秘的国度。由于日本和中国的文明根植的基础与地中海及欧洲文明的基础没有任何关系，所以，欧洲人认为日本和中国表现出的“异己”特征要比俄国更加彻底。1688年，在日本军事统治者的首府江户，没有外国人长期居住。在中国北京，仅有的欧洲人是几百名俄国战俘和少量的耶稣会传教士。为了防止天主教传教士带来破坏统治的威胁或改变本国人信仰，日本极其严格地控制本国人和外国人的关系。除此以外，日本和中国一样，两个民族的政治和文化几乎没有受到与之接触的欧洲人的影响。

中国人固然受到停泊在自家港口的欧洲船只的影响，但相比而言，来自遥远中国的传闻对欧洲人的影响更大。17世纪80年代出版的书籍中，很多都记录了传教士们描绘的中国面貌，关于中国统治者的合理性的新思潮由此形成。欧洲知识分子认为，中国将成为和自己国家一样伟大但又有所区别的国家，这体现在中国人的思维方式和管理社会的方式上。从那时起直到我们所处的现代，在不同的历史时期，欧洲和美国社会多次把中国、日本、俄国及印度看作有别于己但毫不逊色的国家。只是在1688年，欧洲知识分子刚刚对这些国家有所了解，并把它们作为例子和研究对象，与欧洲进行对比。由此开始，各种人类社会状况一个接一个地展示在我们面前。

第八章

彼得大帝治下的俄罗斯

帕特里克·伊凡诺维奇·戈登（Patrick Ivanovich Gordon）将军花了 1688 年一整年时间在莫斯科附近和那些上流社会人士交谈，有些通过访谈了解到的内容他甚至不敢写进自己的私人日记。尽管战功赫赫，还在两任沙皇军队里担任高级指挥官，但面对不稳定的俄国社会中的各种不堪，他也难免畏缩，躲避不及。戈登以前是一个苏格兰天主教徒，16 岁时离家出国碰运气，先后在瑞典、波兰和神圣罗马帝国（Holy Roman Empire）的军队中效力，通常在苏格兰军官的指挥下作战。为了继续服役，他踏上了俄国的国土，而一到这儿，戈登就后悔自己的决定了。他发现俄国的城镇脏乱不堪，人们的脾气很坏。然而更糟的是，有人警告他，由于他是天主教徒，又在经常与俄罗斯交战的国家生活过，如果他试图离境，将以间谍罪被捕并流放到西伯利亚。戈登在沙皇的军队里不断高升，在和奥斯曼帝国土耳其人的对战中一战成名，之后担任防卫基辅要塞的指挥官。1687 年，在那次拙劣的针对鞑靼人展开的远征中出任军需官。次年，他晋升上校军衔。在当时的莫斯科，有很多苏格兰和德意志的军官信奉天主教，他们或他们的儿子被允许偶尔离开俄国。他们和家乡的亲人保持密切联系，发生在欧洲以外的事件自然也传进他们的耳朵。戈登 1688 年的日记提到了以下事件：发生在伦敦的 7 名大主教被捕事件、奥伦治亲王威廉（William of Orange）入侵英格兰、法国在莱茵河畔占领菲利普斯堡（Philippsburg），以及哈布斯堡王朝（Hapsburgs）在贝尔格莱德和波斯尼亚（Bosnia）获胜。

17 世纪的城市多数肮脏、无序，而且危险重重，莫斯科尤甚。莫斯科城外四面八方都有绵延无尽的森林，可以提供木材，不难发现这里大多数的建筑是木质的。有时，那些配有绘画和雕刻图案的房屋会使来访者联想到莫斯科以南很远的一座城市——伊斯坦布尔，联想到那里的木质建筑比莫斯科的更大，住起来更舒适。在莫斯科随处可见又高又窄的大主教教堂，屋顶像洋葱头一样。这里夏日白天长，冬日白天短且寒冷难挨，春天时马路上的泥浆使人无法出行。

莫斯科的政治和它的街道一样脏乱，这同样会使人联想到伊斯坦布尔。奥斯曼帝国的历任苏丹手下规模庞大的远征军来自各省总督征召的士兵。这些总督的收入则取决于他们征召的士兵的数量，苏丹据此分配给他们土地，总督以此获得收益。俄国沙皇的做法与此相同。这样的做法可以应付每年一次的战争。但是，一年 365 天，不仅每天都要保护统治者和宫廷不受众多内部敌人的伤害和破坏，还要维护都城的秩序，这些兵力就捉襟见肘了。为此，沙皇需要全职部队。像伊斯坦布尔的禁卫军一样，沙皇需要火枪队。卫戍皇宫的军官发现他们似乎有权就宫廷由谁主宰的事发表意见。每次涉及争夺皇位或掌控皇权的斗争时，火枪队都参与其中。火枪队的职位通过世袭代代相传。他们利用在皇都的特权经营店铺，或者采用很多和打仗没有丝毫关系的途径赚钱。

莫斯科对外国人的欢迎程度远不如当时的国际大都市伊斯坦布尔。新兴人才、新鲜血液、官僚体制和宫廷女性这些流行的新事物接连不断地注入奥斯曼帝国的权力结构，而莫斯科从来不曾经历类似事件。莫斯科也并不是世界贸易和文化交流的枢纽。来到这里的外国人只能住在莫斯科城郊的外国人聚居区，那里像贫民窟一样破旧不堪。那些为了在俄国寻找发财或者工作机会而来的外国人发现自己很难再获准离开。莫斯科中心耸立着雄伟壮观的克里姆林宫和几座古老宏伟的教堂，除了偶尔参加类似庆典游行的活动之外，沙皇平日足不出户，极少离开克里姆林宫。

1688 年，俄国有两位沙皇。一位是时年 22 岁的伊凡五世（Ivan Ⅴ）。伊凡五世体弱多病、形容枯槁、反应迟钝，没人搀扶几乎不能独自站立。另一位是他的同父异母弟沙皇彼得一世，当时刚满 16 岁，大部分时间住在乡村的庄园里。彼得一世朝气蓬勃、性格开朗、对事物充满好奇心，而且个头比同龄人高很多，11 岁时，瑞典来访使团的成员误认为他当时已经 16 岁了。除了出席必要的典礼，彼得很少来到克里姆林宫。1682 年沙皇费奥多尔三世（Fedor Ⅲ）去世后，彼得母亲的一些野心勃勃的亲戚试图说服由皇宫权贵组成的俄国缙绅会议，想让他们绕过疾病加身的伊凡，直接把皇位传给更有前途的彼得。伊凡母亲的亲戚则唆使火枪队发动政变。在这场政变中，彼得母亲的两个亲属被砍成肉酱，扔在克里姆林宫外的泥地中，任人践踏。在这种情况下，伊凡和彼得都被任命为沙皇，联合执政。然而，克里姆林宫中真正掌握权力的是伊凡一奶同胞的姐姐——索菲娅公主。彼得和他的妈妈没有实权，被允许在乡村庄园安静度日，也算幸运。

彼得的确幸运！克里姆林宫中的沙皇和他的廷臣每天都要按部就班地生活，着实单调乏味。当然，即使伊凡不受那么多的限制，他也不大可能学到很多东西或取得伟大成就。相比之下，彼得充分利用了自己的自由时光。外国人聚居区距离彼得的庄园不太远，彼得从这里接触外国文化，了解外国商品，学习外国知识，甚至外国的手艺。他还自学成才，掌握了一些木匠和铁匠的技能。但其中最让彼得着迷的是战争艺术。他组织了一伙年轻的贵族同伴，和他们一起训练并进行“军事演习”。作为沙皇，他可以征用武器，如果他喜欢，甚至可以征用加农炮。他还指挥手里的这支“部队”建立多座小型的防御工事。手里的队伍不断扩大，一些非贵族青年也加入进来，还有一些外国军官帮助组织军事训练。彼得并没有自封指挥官，而是从一个充满热情的鼓手做起，一路边学边做，逐级而上，最后成为指挥官。当然，他的升迁速度是不会慢的。很快，他手下的队伍扩充到 300 人，此外还有 300 人在另一座庄园里。队伍的规模虽然不能和卫戍克里姆林宫的火枪队相比，但这足以清楚地表明一个年轻沙皇渴求知识、希望进步（尤其是军事方面）的决心和意志。直到 1917 年，这两处庄园各 300 人的两个团一直是享誉内外的俄国“帝国防卫军”的核心。

当彼得和寡母远离是非避嫌远居之时，公主索菲娅和她的情人瓦西里·戈利岑（Vasily Golitsyn）公爵倒也把国家治理得井井有条。1687 年，戈利岑作为总指挥，亲自率军发动了一场对克里米亚（Crimea）鞑靼人的大规模远征，几番较量，远征军到处碰壁，一无所获。俄国人对神龙见首不见尾的鞑靼骑兵毫无办法。1688 年莫斯科的统治者没有再出征，原因在于索菲娅和戈利岑担心此时法国向德意志施压，有可能导致神圣罗马帝国单独同奥斯曼人和谈，这样的话，奥斯曼和鞑靼的军队就能腾出手来对付俄国。在此形势下，索菲娅不得不谨小慎微、步步为营。毕竟，现有的政权是通过血腥政变得来的，已经加冕的沙皇伊凡五世只出席一些礼仪场合，无法承担沙皇的职责，而索菲娅越来越独断专权，1687 年远征的失败使这个政权颜面尽失。

1688 年年初，戈登将军曾希望在这一年能再次远征鞑靼。哥萨克（Cossack）* 骑兵接连不断地在边境侵犯尤其使他担忧。哥萨克人是那些不愿成为农奴、不想受穷的俄罗斯人，他们逃到广袤的大平原上，在他们头领的指挥下生活。大量的哥萨克人迁徙到旧礼仪派教徒居住的伏尔加河（Volga）流域。旧礼仪派教徒反对俄国东正教会新近推行的仪式改革，因而脱离东正教会。1688 年，这种迁徙造成的社会动荡加剧了。戈登将军在日记中还提到分而治之的策略：莫斯科不想对哥萨克头领中的某一位托付太多，似乎鼓励多位头领获得权力，这无疑使本已动荡不安的局面更加恶化。尽管在 1688 年莫斯科并没有经历严重的政治失控，但在这一年发生了几场大火灾。据说其中一场大火导致 1 万多座房屋化为灰烬，政府不得不出钱给这些灾民重建家园，拿不出钱来支付戈登和其他军官的薪水。对于俄国宫廷中心突然紧张的政治局势，戈登肯定了解很多实情。但在日记中几乎没有任何记载。日记中只有一处隐晦的文字“秘密联系”，与此同时，沙皇彼得一世要求从戈登和其他外国军官领导的兵团里调

---

* 13 世纪开始，一些斯拉夫人为了逃避蒙古帝国中钦察汗国的统治而流落到俄罗斯南部地区，包括顿河流域、第聂伯河下游和伏尔加河流域。15、16 世纪时，一些不愿成为农奴的俄罗斯、乌克兰农民迁徙到钦察汗国被推翻之后的南俄地区。这些人被称为“哥萨克”，即突厥语中的“自由人”。

来越来越多的风笛手和鼓手。

遗憾的是，戈登在日记中对年轻的沙皇在1688年获得的一些显著进步着墨甚少。沙皇彼得一世从一个自法国归来的外交官那里要了一个六分仪（一种用来测量远方两个目标之间夹角的光学仪器），之后又找到一个荷兰商人法朗斯·蒂默曼（Frans Timmerman）教他怎样使用。1688年6月，他和蒂默曼在一处皇室庄园的仓库里碰巧发现一艘西式的装有龙骨的小船。听说这样的一艘小船居然可以乘风破浪、漂洋过海，年轻的沙皇惊讶不已。沙皇又找了一个荷兰人，此人设法修好了龙骨，装好设备并在附近的河流向沙皇展示了小船的“魔法”。于是彼得更加迷恋船只，程度比之前迷恋军事操练和火枪大炮时更甚。很快，他就建了一个小型船厂，在那儿造了几艘小型船只。他本人也在船厂与造船工人一起工作，方便学习造船手艺。冬天到来之前，这个船厂一艘船也没造出来。尽管如此，造船工作却一直持续到第二年，而对船只和大海的浓烈兴趣此后将伴随彼得的一生。那艘他和蒂默曼发现并被后人保存至今的小船为俄国海军的创立播下了第一粒种子。

1689年，戈利岑再次征讨鞑靼人。这一次部队行至克里米亚，但一路上未曾遭遇敌手，于是这次远征一仗没打。返回莫斯科的途中，人们把他当作英雄，但真相很快流传开来。索菲娅公主看起来早已准备好把权力揽到自己手中。危急关头，一些彼得一世的追随者在半夜叫醒彼得，告诉他火枪队正赶来抓他。慌乱之中，彼得逃到一座易守难攻的修道院。随后，一些贵族和军官陆续投奔这里，听从彼得指挥。不仅如此，彼得还召集了一批外国军官。在这样的形势下，戈登问戈利岑该怎么办。看到戈利岑优柔寡断、魂飞魄散的样子，戈登决定转而投向彼得。还有另外一些外国军官和戈登一起投至彼得麾下。在这场斗争中，戈利岑被流放到北冰洋，索菲娅公主被囚禁在附近的一座修道院里，而沙皇伊凡五世则宣布放弃所有权力。至此，一切尽在彼得掌控之中。接下来的17世纪90年代，彼得都在为随后要进行的大变革奠定基础。他去了北冰洋之滨的阿尔汉格尔斯克，在那里他有生以来第一次看见真正的大海。他亲率一个规模庞大的使团出访法国、荷兰和英格兰。访问期间，他化装成工人在一家荷兰的船坞工作。在那里彼得遇到了阿姆斯特丹政府管理专家尼古拉斯·维特森。彼得一行还强制拆毁了约翰·伊夫林的乡间别墅，平定了一次火枪队的叛乱。此后，俄国和欧洲都将发生巨大变革，和过去不可同日而语。

* * *

彼得统治下的帝国面临着各种各样的挑战，如疆域辽阔、严寒天气等。本书叙述的1688年，从新年伊始到年终岁尾，挑战接连不断。

1688年1月25日至3月25日期间，彼得一世和伊凡五世两位沙皇派出使节费奥多尔·阿列克谢耶维奇·戈洛文（Fedor Alexseevich Golovin）去大清帝国议和。不料，这位使节在贝加尔湖（Lake Baikal）东南的色楞金斯克（Selenginsk）被蒙古人包围。虽然哥萨克救援部队在最后关头赶来，蒙古人被迫撤退，但好景不长，蒙古人的围困造成食物短缺，牲畜筋疲力尽。待在俄国人用原木搭建的城堡里不舒服，住在围攻者的毡制帐篷里也同样难挨。蒙古人敢在天寒地冻的西伯利亚发动围攻足以说明他们清楚戈洛文出使大清帝国议和会对蒙古人产生怎样的影响。

17世纪全球地缘政治领域最大的变化就是俄国的贸易和横跨西伯利亚的移民数量的突破性增长。从16世纪80年代哥萨克探险家叶尔马克（Yermak）* 的突袭开始到1639年，俄国人利用通达的河道已扩张到太平洋流域。在这里，他们建了很多堡垒作为从当地人手里收购皮毛的中心，或直接向当地人索要贡品。城堡附近开始有少数犯上作乱、为非作歹之徒陆续到这里开荒种地，安家立业。要在这些人中找到读书识字者难上加难。17世纪40年代，俄罗斯人发现黑龙江流域特别适合谷物生长。黑龙江蜿蜒向北流进统治大清帝国满族人的定居地。如今，在世界版图上这条河构成了中华人民共和国东北方的边境线。17世纪50年代，俄国人曾从黑龙江被赶走，但清帝国一放松警惕，他们又卷土重来。直到1683年清政府收复台湾后，才又致力于把这些俄国人赶走。如果可以通过外交途径解决，就和平处理，否则就得诉诸武力。1685年，俄国人在雅克萨的前哨据点被包围，他们被迫撤退，但很快又重整旗鼓原路返回。1686年，清政府再次派兵包围雅克萨，但得知一位俄国派出的大使正赶来议和的消息后，他们又撤回了部队。

400年前，北京、南京、基辅、莫斯科、伊斯法罕和巴格达曾在蒙古人的统治之下。强大的蒙古帝国四分五裂之后，蒙古人被赶回他们自己的家园。尽管如此，蒙古骑兵超强的灵活性和战斗力仍使世人心有余悸。但今非昔比，武器上的落后使那些停滞不前的帝国在军

---

* 哥萨克领袖，俄罗斯民间英雄和西伯利亚探险家。

事力量对比上处于劣势。俄国一路推进，更微妙地改变了这种军事平衡。之所以如此，并不是由于俄国人有多强大或者俄国人抢占的领土对蒙古人有多重要。从根本上讲，在当时的地缘政治形势中，俄国的不断扩张导致蒙古人陷入困境：清帝国和俄国人都担心对方会与蒙古人结盟，所以，尽管他们对对方几乎一无所知，尽管在很多敏感问题上双方还有分歧，尤其是在沿黑龙江的边境问题上，双方也都有意同对方和平解决这些争端。只要清帝国和俄国人能和平相处，双方就都不必担心对方的财富、武器，或对方与蒙古骑兵联合对自身造成威胁。在这样的政治形势下，蒙古人被孤立起来，牢牢陷入俄国和清政府的合力钳制之中。

1687 年末，戈洛文和康熙帝都派人去了当时蒙古人最重要的政治和宗教中心库伦*。清帝国的官员之前可能在蒙古人围剿色楞金斯克的事情上起了火上浇油的作用，但究其根本原因，还是蒙古人对俄国人的扩张强烈不满。这场围攻迫使戈洛文更加急于同清帝国议和。协商之后，他和来自北京的大使一致同意在色楞金斯克谈判。但次年，蒙古的政治形势发生重大变化，导致清帝国大使无法到达色楞金斯克。这时，轮到清朝政府坐立不安急于议和了。就在同时，准噶尔部可汗噶尔丹率领军队从蒙古西部出发，袭击了清帝国最亲密的战友喀尔喀人。十多万名喀尔喀人向东南方出逃，到达清政府控制的地盘避难。尽管噶尔丹愿意同清政府或者俄国人合作，但清政府和俄国都只想与对方结盟，两者均不欢迎蒙古这位新崛起的、十分强大的统领。

* 蒙古国首都乌兰巴托的旧称。

1689年，以戈洛文大使为首的代表团和清政府代表团终于在色楞金斯克以东的尼布楚会面。

由于语言不通，双方代表只能通过北京使团中的两位传教士和俄国代表团里的一个波兰人担任翻译，把会谈内容翻译成拉丁语。在这里双方签订了著名的《尼布楚条约》，俄国人同意从黑龙江流域撤走。条约没有对边境问题做出细化规定，但是双方同意将西伯利亚生产的皮毛销往中国市场。这样一来，俄国人可以在和平环境下发展西伯利亚，清政府的康熙皇帝也能把注意力转向准噶尔部了。1696年，康熙皇帝亲自率军征讨噶尔丹。在库伦附近即距现在的乌兰巴托很近的一场战斗中剿灭了噶尔丹的势力。此后，清政府与俄国都加紧了对蒙古草原的控制。

* * *

1688年就要结束，寒冬岁末，白天也短得出奇，沙皇的部队悄悄等待奥涅加河（Lake Onega）结上厚厚的冰，方便他们从冰面上穿过，向湖中的一座岛上的帕莱奥斯特夫斯基修道院发起进攻。11月23日，天气极冷，白天日照时间只有5个小时，进攻部队攻破了之前被旧礼仪派占据的修道院的围墙。抵抗者撤退到塔顶的小教堂，抽回梯子放了把火。大火最后烧毁了修道院，沙皇军队在浓烟中搜查了这片废墟，然后再次穿越冰面，原路返回。白昼变得更短，大雪漫天飞舞，很快一切都笼罩在白雪之下，好像什么都没有发生过。据说，在这场突袭中死亡的旧礼仪派教徒有1500名之多。

17世纪，俄国北部的森林令人望而生畏。夏天，这里到处是洼地，人一不小心就会陷进沼泽里。成群的蚊虫使人们根本无法穿过，勉强来到这里的人也叫苦不迭。冬天，坐在雪橇上穿越积雪和结冰的湖面到这儿倒不失为一个相对容易的办法。但是冬季白天日照时间只有区区几个小时，一旦冒险者遇上突如其来的暴风雪又找不到藏身之所，就必死无疑。位于芬兰湾（Gulf of Finland）和白海（White Sea）之间，被拉多加湖（Ladoga）、奥涅加湖及维戈泽罗湖环绕的这片森林和湖泊之地美丽却充满危险，令人望而却步。17 世纪，这里成为旧礼仪派教徒同俄国政府和俄国国教之间对抗的主战场之一。在传统旧礼仪派教徒眼中，国教是恶魔的“杰作”，甚至已经被反基督徒控制住了。麻烦的根源始于 17 世纪 50 年代。当时，俄国东正教牧首尼康（Nikon）* 颁布法令宣布纠正宗教仪式中同希腊东正教不一致的地方，一切遵循希腊东正教的做法。这些变革中最重要的部分是在胸口画十字时，由原来的两根手指改为三根手指。这对于虔诚的俄国信徒而言，简直就是妖言惑众。因为无论是从石头建成的大教堂还是木制的乡村教堂里高耸、狭窄的中殿传出的布道声，抑或是昏暗灯光下闪烁不定的圣像，还有神父和信徒的每个动作、每个手势、每个眼神，对虔诚的俄国人来说都体现了上帝和凡人之间令人敬畏的和谐，人与上帝的联结是神圣不可侵犯的。因此，改变其中的任何一方面都是对这种和谐的破坏，是不可容忍的。此外，自从罗马和君士坦丁堡陷入异教徒手里后，俄国就成了“第三罗马”，即真正基督徒的最后家园。人们决不会为了和同时代偏

* 曾在索洛韦茨修道院任修道士和北方沿海修道院院长。尼康于 1646 年到莫斯科觐见沙皇。1648 年他被任命为诺夫哥罗德都主教。1652 年牧首约瑟夫逝世，尼康升为牧首。尼康善于权术，不甘心只控制宗教事务，他不断左右沙皇，干涉世俗政治。

离正轨的宗教做法保持一致而失去自己真正的信仰。

改革才刚开始，那些反对尼康做法的人就认为这些变革表明“受难日”已经来临，天启已经昭示人间劫难就要到来。世界末日降临时，虔诚的教徒必须遵从真正的教义，逃离这个邪恶的世界，到沙漠里净化自己，等待结局。这些思想和意念伴随基督教而生，几乎同基督教本身一样历史悠久。俄国也不乏先例：圣人在茫茫大森林里找到自己独居的“沙漠”，有时他们也和附近的修道士结成联系并不紧密的团体。17 世纪末期，新制定的法律将农民当作农奴束缚在他们居住的村庄，一些农民不甘受困，逃了出来。因此由于宗教原因逃离的隐士和因为俗世原因逃离的农民混合到一起。

1675—1676 年，在接近北冰洋的白海内的一座小岛上的修道院里，旧礼仪派第一次武装反抗政府，以失败告终。在此之前，1667 年政府曾对这些教徒展开过一次包围，勒令他们彻底投降，遭到顽固抵抗。于是，政府围困这里长达 8 年之久。8 年之后的 1675 年，在北极圈极度寒冷的冬天，政府再次发动攻击，洗劫了修道院，并对这些旧礼仪派教徒展开屠杀，仅有 14 名教徒侥幸活下来。在漫长的被围困的时间里，这些修士对当局的抵抗和不满情绪越来越强，越来越激烈。他们不仅拒绝为沙皇祈祷，还用可怕的语言诅咒他，甚至收留从被政府镇压的叛乱中逃走的幸存者。当地居民非常同情这些修道士，偷偷送给他们食物。为了传播真正的教义，有些修士在修道院被攻陷之前悄悄溜走了。比较一下旧礼仪派教徒的抵抗和 1682 年莫斯科火枪队的叛乱，后者对政府的威胁更大，在那场暴乱中，不仅旧礼仪派教徒和叛乱者结盟同仇敌忾，一位旧礼仪派教徒的发言人还出口侮辱了摄政索菲娅公主本人。这场暴乱最终被镇压下去，但是军事叛乱和宗教分歧叠加在一起对政府的震动很大，为了防止类似的暴乱再次发生，政府对旧礼仪派教徒进行了彻底镇压。

向一个决心歼灭他们的政府妥协，对于旧礼仪派教徒而言没有任何好处。他们正朝偏远的地方撤退，一旦被逼入绝境，必将誓死抵抗。如果因为实力不敌而导致抗争失败，他们已准备好殉道。既然沙皇这个反基督者已经夺取权力，显然与其在他统治下世界末日般的恐惧中生活，不如殉道。从 17 世纪 60 年代开始，就偶有旧礼仪派教徒聚集到一起自焚的事件发生。这些殉道者把足够多的木头、柏油和稻草搬进木质教堂和堡垒，然后一把大火把教堂连同自己烧为灰烬。1682 年，旧礼仪派教徒最卓越的精神领袖大司祭阿瓦库姆（Avvakum）* 被绑在火刑柱上烧死。在俄国，禁欲苦行的传统古已有之。苦行即通过长期艰苦的修炼达到磨炼身体、净化灵魂的目的。对很多人而言，能够在咆哮的火焰中得到迅速、壮烈、彻底的灵魂升华是非常有吸引力的。1687 年年初，几百名旧礼仪派教徒占领了奥涅加湖中小岛上的帕莱奥斯特夫斯基修道院。这种行为无异于公然挑衅，不可避免地加剧了同反基督者之间的矛盾对抗。结果正如旧礼仪派教徒所希望的，当地军队做出快速反应，眨眼间帕莱奥斯特夫斯基修道院就被包围了。1687 年 3 月 4 日，被困的旧礼仪派教徒把自己关在堆满干草的小教堂的顶层，之后撤走梯子，放火烧了教堂。参加围攻的士兵接到命令尽可能活捉这些旧礼仪派教徒，因此，他们不顾一切地冲进火海。

---

* 著名神学家、大司祭。作品有《言行录》，又译《生活纪》。《言行录》讲述他同推行教会改革的尼康牧首之间的冲突以及他受迫害、被流放西伯利亚的经过，书中充满反强暴的精神和心理描写，是俄国古代文学中第一部以个人为中心而又广泛涉及社会生活的著作，文字朴素生动，受到后世作家的推崇。

但是，火焰很快蔓延开来，吞没了整座教堂。2000 多名旧礼仪派教徒在这场大火中被活活烧死。这年夏天，白海附近还有另一场集体自焚殉道事件发生，据说造成几千人死亡。一位曾经指挥旧礼仪派教徒占领帕莱奥斯特夫斯基修道院的首领在大火吞噬教堂之前溜走了，之后，他悄悄地从那些隐藏在森林旧礼仪派教徒聚居地的修道士中集合起一批新的人马，率领他们在 1688 年 9 月 20 日重新占领帕莱奥斯特夫斯基修道院。多变的晚秋天气使进攻者无法到达湖上，这样的话，他们有足够的时间准备防御工事。之后不久，湖面结了冰，帝国的指挥官带领部队，携加农炮穿过冰面，来到修道院的围墙外。于是，1687 年 3 月的惨剧再次上演。不同的是，旧礼仪派教徒占领修道院时抓获了一些修道士，这些不愿意殉道的人也在这场大火中变成了祭品。

第九章

遗民大师

故心欲理病还慵，
篝火难醺禁酒客。
他日人闲谁借问，
由来天问定奚从。
江梅尽落真如梦，
社燕先归亦偶逢。
犹简检书支午睡，
素虫密密裹函封。

年岁已高，生活节奏随之变慢。季节交替、垂暮之年、病患久久不去，以上这些都是讲究安享晚年的文化背景下诗歌的传统题材。1688 年，著名学者王夫之 * 在他 70 岁时写下了这首《偶作戊辰》。尽管已届古稀之年，王夫之依然笔耕不辍。他已完成了 60 多卷著作，

* 明末清初人，易学大师，思想家，史学家。字而农，中岁称一瓠道人，更名壶，晚岁仍用旧名。因居于湘西石船山，故称船山先生，由于生逢乱世，一生多有坎坷，在易学方面更有自己独到的见解和体会。

对近代儒家传统文化中最杰出、最有特点、最晦涩难懂的学术和道德哲学问题做了大量研究。此时他正致力于撰写《宋论》，以及他生平最长的一部著作，即对一本写于宋代的著名综合性中国历史书籍*的评述。

王夫之对历史的研究应该始于暮年。无论是对王夫之，还是对每一个儒家文化传统的追随者来说，历史都是一位伟大的老师。比如孔丘（公元前551—公元前479），传教士和传教士著作的欧洲读者在1688年称他为Confucius，即“孔夫子”的拉丁语音译。孔子声称自己“述而不作”，向世人传播古代贤君和距离他的时代有500年的周朝创建者建立起来的制度和礼仪。

孔子清楚地知道自己的著作包含了一切解决社会问题、道德问题，特别是政治问题的答案。他自己曾亲口说：“如有用我者，吾其为东周乎？”（《论语·阳货十七》）但如果时运不济，统治者昏庸无道怎么办呢？那么别无选择，只能“卷而怀之”了。王夫之的一生恰是这种人生的真实写照：一个被推翻王朝的旧臣，拒绝为新君效力。1644年，善用骑兵作战的李自成率起义军攻占了明朝都城北京，明朝末代皇帝崇祯自缢于万岁山。仅仅10个星期之后，起义军又被大举进攻的满族人从京城赶了出去。这些满族人打着为刚刚殉国的明朝皇帝复仇和平定内乱的旗号占领了北京，宣布建立新王朝——清朝。秩序恢复之快令人震惊：1650年，广州便已被清朝牢牢掌控。南明最后一个“皇帝”永历帝朱由榔也于1659年从西南地区被赶到缅甸。王夫之曾在南方积极组织明朝的忠臣义士抵抗清

* 这部著作就是《资治通鉴》。

朝。之前反抗明朝的农民起义军，以及一些曾归顺清朝的军官共同推举桂王称帝。王夫之在其中担任一个低级别官员。但令人失望的是，这个政权完全承继了明朝后期政治生活中的陈腐和内斗。

王夫之为这个政权积极效力了一年，又与之保持了四年断断续续的联系，此后，失望透顶的他从这个没有希望的地方一走了之，回到自己的故乡湖南，当起了隐居的学者。在这里，王夫之平静地生活了 40 年，很少出门，只是偶尔见见自己的门生故旧。和王夫之同时代的很多人都拒绝为清政府效力。因为他们认为如果自己以前做过明朝的臣子且获得尊荣，现在再去为清王朝服务，则是不忠不义。王夫之做的远不止于此。除了不做清朝的官员，他还拒绝穿戴清朝学者和官员服饰。清政府令男子改变束发传统，所有汉族男子都要沿着两端太阳穴向脑袋上“画”一弧线，头皮上弧线之外和额头之间的头发要剃去，剩余的头发梳到脑后编成辫子。王夫之对此一直拒绝。人们对清政府的这道强制命令始终心怀憎恨，偶尔还会有人抵抗，直到新的统治者宣布留发不留头。湖南的官员肯定知道王夫之既不会穿规定的衣服，也不会留辫子，但出于对他学术风骨的敬重，也有可能是因为当地达官显贵中有人保护王夫之，他们对此装聋作哑、视而不见。

王夫之毕生都在研究《易经》。这是一部极其深奥，但对后代影响深远的古籍。从某个层面讲，这是一本占卜手册；从另一方面看，它指导人们如何达到奇妙的和谐，如何取得动静、成败、阴阳之间的平衡。据说读懂了《易经》，人生也会随之圆满和丰盈。1652 年，当王夫之最后一次考虑是否要涉入南明政权混乱不堪的政治中时，他开始研究《易经》。他并非想用它占卜吉凶，而是希望能借此提高对世事的敏感程度。第一次占卜的卦象暗示即使他不得不和恶人交游，也无伤大雅。此外，他可能会遇见桂王，但若加深交往，则可能招致祸患。17 世纪 50 年代，在 40 岁寿辰之前，王夫之终于放弃了对南明政权的期望，开始着笔撰写一系列颇具深度和独到见解的哲学著作。这些著作中的第一部是对《易经》的评述。在这部著作里，王夫之同上古的儒家思想彻底决裂。此前很多学者都极度推崇西周早期的各种制度和儒家的教导，认为它们无懈可击、亘古不变，然而儒家的这些教义又是从哪里来的？难道变化的时事不需要变化的理论和制度来规范和引导吗？根据《易经》的注释，王夫之提出要想理解"道"，包括先王的"道"，就要把它们放置在具体的时代环境中，也就是要结合当时的规范和实践背景。因此，具体形势是占据主导地位的。如果形势井然有序，自然不必担心与之对应的各种各样的"道"。圣人们知道这点，但是大多数追求卓越的学者并不理解。在对这个关系的认知上，普通人甚至又超过了知识分子。先人提出的一些"道"，在历史上从未成为现实，随着时代的变迁和环境的改变，自然需要一些新的"道"。王夫之穷其一生都在研究儒家的经典学说，但是和其他研究孔子文化的学者不同的是，那些被他人奉为政治生活和社会生活圭臬的东西，从他具有深刻洞察力的哲学思想看来，随着新形势的出现和变化，应该受到质疑和改变。

17 世纪 50 年代，王夫之在另一部著作《黄书》中，依据自己所处的时代满族入关的事实，总结归纳了中国历史的政治制度和道德准则。此外，他还慷慨激昂地驳斥了清朝建立的合理性依据：

然而清其族，绝其畛，建其位，各归其屏者，……是非忍于其泮散而使析其大宗也，亦势之不能相救而绝其祸也。……华夏之于夷狄，骸窍均也，聚析均也，而不能绝乎夷狄，所以然者何也？人不自畛以绝物，则天维裂矣。华夏不自畛以绝夷，则地维裂矣。天地制人以畛，人不能自畛以绝其党，则人维裂矣。……可禅，可继，可革？而不可使夷类间之。

已近古稀的王夫之仍然头脑清醒、思路明晰，不想把时间浪费在睡觉上。1688 年，时年 69 周岁的王夫之呕心沥血撰写生平字数最多的一部著作《读通鉴论》。这是对 11 世纪司马光的历史巨著《资治通鉴》的评述。这部《读通鉴论》和另一部对宋代历史所做的评述《宋论》都是在 1691 年即他辞世的前一年完成的。在《读通鉴论》中，王夫之指出儒家的经典著作和孔子的教诲仍有许多值得世人学习的地方，“以古之制治古之天下，而未可概之于今日者，……以今之宜治今之天下，而非可必之后日者，君子不以垂法”。

尽管王夫之一生著述众多，但它们直到 19 世纪中叶才得以出版，为世人所了解。当时，世界进入蒸汽时代，中国正面临欧洲强国的入侵。国内一些思想保守的改良派希望通过实行自上而下的改良运动挽救民族于危亡。王夫之的著述得以出版，很大程度上同保守改良派的支持是分不开的。虽然王夫之没能预见时势的变化和发展，但他要依据具体形势的变化而修改相应规章制度的观点，以及誓死捍卫中华民族不受外族入侵的论述与 19 世纪下半叶的政治形势是一致的。不久之后，一批年轻的湖南人在 20 世纪初建立了“船山学社”，研究王夫之的著作。毛泽东便是当时的成员之一。

* * *

康熙二十七年（1688 年）农历十月，著名画家石涛赠给好友丁鹏一幅技巧精湛的山水画挂轴《山居图》。画中群山峰峦雄伟，悬崖峭壁之下，一座小屋掩映在苍翠的树木之下，小屋前坐着一个人，身影只有几笔，仅隐约可见。石涛的这幅画作距今至少 700 年了。很多中国最杰出的大师作品都曾受到它的启发。作者也许要表达的是这样的主题和情感：即使像人这样卑微的生命都可以在大自然中自得其所，而且在大自然令人敬畏的力量之下，仍能寻得内心的平静祥和。影响同样久远的是在作画过程中“描摹物形”同艺术家“直抒胸臆”之间的矛盾。在石涛的画作中，似乎后者占主导地位。在中国，画家擅长用大量的点、线、圆组合成树木、石头和植物的形态。从近处观察，可以看到叶子的脉络，退回一步，眼前则呈现出令人折服的真正的山水风景。然而，在 1688 年石涛赠给丁鹏的画以及他的很多其他画作中，无论怎么看点线仍然是点线。那些高耸入云的山峰能使人联想到画家挥笔泼墨的动作。再看山的形状和气势，在最高的山峰，画者有意加上了几条直达云霄的对角线，整个山峰化作两半，在云雾中若隐若现。前景中的那座山，好像要倒向你。此时再看这幅画，观者已不再是静止不动站在原地，而成了步履维艰的登山者，时刻要提防头顶的岩石滚落下来。这样的情景不免使人感到自然力量的可畏和人的渺小。

在 1688 年送给丁鹏的这幅画上，还有一首作于 1679 年的诗：

怒猊抉石，渴骥奔泉，

风雨欲来，烟云万状，
超轶绝尘，沉着痛快，
用情笔墨之中，放怀笔墨之外，
能不令欣赏家一时噱绝。

清军入关的剧变给很多人带来了机会，或征战沙场求俸禄，或投身政治取功名，要不就借此机会发笔财。但这场变革对石涛来说却意义迥然，他被命运从原本安逸舒适的生活里抛了出来，扔进动荡的乱世，甚至要依赖别人的资助才能生活下去。石涛生于1641年，原姓朱，名若极，明靖江王第十世孙，家族定居偏远的西南边境桂林二百余年。桂林风景山清水秀，薄雾笼罩下的山峰更是令人流连，一千多年以来一直吸引着中国艺术家。明朝皇室要求他们顺从地生活在封地，不得干涉政治或军事。这些王公贵胄虽然远离政务，也与周围的乡村来往甚少，但只凭他们的皇室血统，就成了抵抗清朝的势力的集结中心。清朝势力以满族为核心，也有不少汉人依附。石涛的父亲以“监国”之名集结了一支队伍，却只是昙花一现，与南明的其他反清势力一样不是被清军剿灭，而是被另一支更强大的南明王室的势力摧毁。这支力量先是得到福建沿海势力的支持，后又被出卖。石涛的父亲被处死。石涛的性命保住了，他在立场模糊、势力圈子互有重叠的环境中渐渐长大，身边既有誓死效忠前明政权的忠臣之后，也有一些投靠清朝的汉人显要。当时，一些明朝后人和忠诚的知识分子都削发为僧，以此明示不再有世俗之心，石涛也当了和尚。1679年，他创作这幅后来送给丁鹏的画作时，正住在黄山附近。这幅画上的美景在黄山很常见。但我们在实际的山水中是找不到画上的景色的，因为石涛同大多数中国画家一样，在饱览美景之后，吸收融合这些景色的特点，在画室中创作出画家本人脑海中的风景。1680 年，石涛搬到南京附近，1684 年在这里遇到了第一次南巡的康熙皇帝，之后和清廷有了往来。17 世纪 90 年代，石涛在北京长期停留，因此得以看见达官显贵收藏的一些名画。1688 年，石涛住在扬州，当时这里正逐步发展成商业和文化中心。

石涛除了作画，也写绘画评论，从中能看出他的天赋、野心和创意。大多数中国画家要么遵循前人传统，要么标新立异，独树一帜，因此大部分画家的作品都有一脉相承的家族个性。石涛有时也会尝试别人的风格，而且一度承认他无法画出倪瓒简约疏淡的画风。但更多时候，他的画和谁的都不像，而且画作之间的风格也千差万别，仿佛出自十几个不同的画家之手。这种风格的多变就是石涛在《画语录》中阐述的一个中心原则。他说众法皆立于“一画”，而这“一画”完全由个体创造。每个人的“一画”一旦确立，他就不会被任何风格限制，而且无须故意为之，每一个风格都会演变出很多风格。每一幅画既要能体现外部结构，也要能抓住山脉、河流、人、鸟兽、草木和建筑物的内在力量和运动。石涛的评述吸收了五百多年的山水品评的精华，而后又把它提高到思想的新高度，与儒家的基本观点、禅宗，特别是道教相呼应，所以“一画”听起来非常像万物之源的“道”。

他的“一画”包含许多风格，而这种风格总是和看画者联系在一起的，具有个体性和连贯性，不仅不是“一画”，而是惊喜不断变化多端的世界。石涛无疑知道他研究多年的佛教起源于印度，但在画中没有留下任何对中国之外的世界感兴趣的蛛丝马迹。但就凭他的艺术天分和创新思想，能够称雄1688年全球画界的除了他还能有谁？历史学家也试图勾勒出不受任何一种风格限制的世界，完全身随念起，就像让“一画”呈现出多种形式的石涛一样，能避免各家各派的套路，为读者展开世界的自然画卷，反映人类或无拘束或辉煌奇异的状态。

第十章

康熙王朝

1688年，大清帝国内无戡乱，外无敌扰，表面上一派安宁祥和。然而，了解内情的人清楚大清帝国和俄国的关系还不稳定，准噶尔部噶尔丹的势力不断壮大，喀尔喀蒙古人逃亡到长城脚下，但这一切似乎都是远方的事情。位于长江流域中游的武汉三镇有一支部队拒不听令，但很快就被镇压下去。

年纪大的人还记得早些年的事情。50年前，华北平原被多股造反势力洗劫破坏，而追剿他们的明朝部队却和他们一样不服从命令。在富饶的四川盆地，以张献忠*为首的一支嗜血成性的叛军建立了政权；长江下游盛产稻米，受北方暴乱的影响，全国大部分地区时有失控现象发生，佃户和农奴也纷纷效仿发动暴乱；南方沿海掌握在手握海军大权的督抚手里，他们声称支持明朝皇帝，但前提是他们提出的条件要尽量得到满足；东北边境一直向朝廷进贡的女真族扩大了军事力量，并改称满族，开始夺取汉人的城市。

1644年，李自成率领北方起义军占领北京，仅仅10周后，他

* 字秉忠，号敬轩，明末农民军领袖，与李自成齐名，是大西开国皇帝，也是唯一的皇帝。

们又被满族人赶了出去。这些满族人声称他们来这里是要平定内乱，为自缢的明朝末代皇帝报仇，并建立自己的大清帝国。清政府用很短的时间就平定了汉人的大规模暴乱，到17世纪50年代，清政府已经控制了大部分地区。70年代，一些和满族人结盟的汉族高级将领在几个省发动叛乱，但最终失败。清帝国最后一个威胁，即明朝盘踞台湾的郑成功之孙郑克塽也在1683年投降。

除了少数像王夫之这样的人以外，追捧儒家学说的人认为孔子思想是任何人都可以学习的，即使不是汉人。他们清楚，像朝鲜、越南和琉球这些周边的小国都深受儒家文化的影响，也知道儒家文化对此前的日本影响更为深远。虽然他们对17世纪80年代的日本了解很少，但如果有人告诉他们统治日本的幕府将军正在孜孜不倦地研究《易经》，而且正为武士阶层确立较为温和的行为标准，他们也不会对此感到惊讶。满族人从中亚继承了治理国家的艺术，这同蒙古人和奥斯曼人相似，但从1644年开始，他们试图把自己说成汉人政治传统的继承者，虽然这并不令人信服。

1688年，按照大清帝国的叫法是康熙二十七年。“康熙”并非皇帝的名字而是年号。康熙二十七年表示这是爱新觉罗·玄烨在位的第二十七年，当时的人也经常用“康熙”来称呼这位皇帝，那我们也这么称呼吧。康熙出生后首先学习的语言是满语，但是他也接受了很好的汉语教育，而且非常认真地对待汉人的语言和文化。有大量资料记载了他和大臣们议政的情况，如《起居注》，不难发现其中很多对话体现了儒家思想，如“有治人，无治法”这类常见的古训。正是在儒家思想指导下，这位皇帝经常花大量时间与大臣们讨论各职位的候选人和他们各自的优劣势，并且在某些官员出现失误时，努力想办法找到合适的方法去约束他们，而不是削职毁掉他们的前途。

自大约公元1000年以来，科举考试一直备受关注。科举考试是贤才英杰施展才能，实现自己的远大抱负，为中央政权服务的通道。1688年4月，几百名举人从全国各地赶往京城参加礼部主持的会试。这些人已经通过了严格的选拔考试，因此可以到京城参加会试。首先，他们必须先经过由当地教育官员主持的“童试”才能拥有秀才身份，秀才具有一定的社会地位并享有税收减免的特权，但却不具备做官的资格，此外，这种身份地位也不是终身享有。之后，他们还要不断学习，定期参加复试。下一阶段是难度最大的“乡试”。“乡试”每三年在全国各省省会举行一次。成百上千名秀才赶到各自的省府，接连几天被锁在贡院一排排的木质小房间里回答经史子集和治国之道方面的问题。秀才齐聚省城是一件大事，他们在这里交换关于学术和政治的观点。普通人也会盯着参加考试的秀才名单，猜想哪些考生会最后榜上有名。通过乡试的比例很低，有时百人中只有两三个人中榜。通过考试的举人能够获得低级别的官职，而且可以准备参加在京城举行的会试了。这些举人并不全是富家子弟，也有些出身贫寒的考生，到北京的费用往往由看重他们的学识，盼望他们做高官后能记得并回报自己的人资助。

礼部主持的会试在紫禁城东面的孔庙（顺天贡院）举行，考生再次被锁进木质小屋里回答一系列问题。通过考试的人会得到“进士”头衔。* 这时距离飞黄腾达只有一步之遥——殿试。殿试中的问

* 清制称会试考中者为贡士，再经殿试赐出身，乃为进士，但习惯上会试考中者即称进士。

题由皇帝亲自审定，而且皇帝也参加评审。最后的评审将决定进士的排名。排名靠前者会马上被任命为京城里的高级学术研究人员（翰林），前程似锦，变得家喻户晓。

1688 年 4 月 28 日，主持会试的礼部官员呈给康熙皇帝一份名单和 10 份考卷。这份名单记录了 176 名通过会试的人名，考卷来自获最高成绩的 10 人。对此，康熙帝早已心中有数。他询问了每科考试名列前茅的考生的人品，有时还要求和考生同乡的大臣回答问题。这一次，在卷子启封之前，康熙帝便认出其中有查嗣韩*的试卷。他说之前见过此人的书法。这位查姓考生来自中国东南部的浙江省，家里虽然与前明政权的忠胆遗孤有些牵连，但依然地位显赫、声名远扬。康熙帝在审阅了其他几份试卷并和大臣们讨论了这些考生的品行后，把查嗣韩的排名从第四位提到了第二位。但这样一来，前三名进士都来自浙江省，似乎也并不合适。于是，皇帝再一次对排名进行调整。第二天，新科进士走进太和殿，向皇帝行三跪九叩之礼。尽管大殿中的阴影让他们看不清龙椅上皇帝的脸。

除了尊崇儒家的经年说教，康熙皇帝在知人善任、鼓励学习、引人向善方面也投入了相当多的精力和心血，不过他在治理国家方面的投入远远超过了其他方面。毕竟人民靠土地为生，从土地获得食物，统治者只有从百姓那里收取足够多的赋税，才能维持秩序，保卫百姓免受山贼草寇的欺压，培养可造之才，储备粮食以备灾年之需，保持运河畅通，维持水利工程的正常运转。统治者还要减轻

---

* 查嗣韩（生卒年不详），字荆州，号墨亭，浙江海宁人，与查慎行、查嗣庭等人同家族。康熙二十二年查嗣韩以《五经》应对顺天乡试，监试的御史陆祖修斥责他违反应试规矩，不准誊录他的试卷，接着又为他的才能而吃惊，况且也耳闻其名，特地上疏向康熙帝请示。

各种徭役赋税，使之公平合理。中国的政治家讨论这些问题时，总会情不自禁地提及自公元前 202 年汉朝建立以后历代统治者尝试的各种制度，评述其优劣。

其中的一项治国之策可以追溯的年代更为久远。公元前 2000 年，一个叫“禹”的政治家组织百姓挖沟修渠，引导洪水流入大海，挽救了天下苍生。此事之后，禹被推举为继承“天子之位”的最佳人选。禹规定每个地区应该进贡何种货物。在 1688 年和群臣的一次议论中，一位大臣提到《禹贡》这部经典时，康熙帝驳道：“不知黄河之性，故有是言。”意思是以如此久远的事例来喻当下，只能说明该大臣不知眼前要讨论的主题。然而事实上，这样的评价未必中肯。禹挖沟修渠疏通河道排走洪水的智慧、集中人力的工作方法，以及他自己在和洪水斗争中表现出的事必躬亲、坚韧不拔的精神，在当时应对黄河和大运河的问题上是有参考价值的。

黄河发源于植被稀少，终年被白雪覆盖的青藏高原。历史上，这条大河未被驯服，经常改道，在华北平原上留下大量泥沙。自孔子时代开始，中国的统治者们面对这个问题时首先想到的是排干华北平原的积水以便种植农作物，其次才是修建河道，疏通黄河。这样做的结果是，绝大多数泥沙堆积在堤坝之间，河床最终变得比周围的平原还高。到了明清时期，这个问题由于大运河变得日趋重要而更加复杂化：大运河把黄河、稍往南远一点儿的淮河，以及洪灾泛滥地区大大小小的漫滩浅水湖泊联结在一起，构成了把长江下游的大量盈余大米运至京城的水上航线。整个盘根错节的航运系统需要不断地监控和集中管理。但在明朝的最后几十年里，这种管理越来越难。淮河入海口被泥沙淤积堵塞。地势较低的河道没有清理，河流和湖泊的河床越来越高，洪水因此更加频繁。1677 年，康熙帝任命靳辅*为河道总督，下大功夫治理黄河。靳辅组织人力疏浚河道，修建新堤坝。但水患未绝，靳辅的治黄之道遭到质疑和反对。

康熙帝决定把这件事弄个水落石出。于是，在 1688 年 4 月 8 日至 9 日之间，康熙把所有和治理黄河政策相关的重臣召集到自己面前。直隶总督于成龙†对靳辅政策的反对批评最为激烈。于成龙指责靳辅没有疏通主要河流的入海口，任凭洪水毁掉淮河和长江之间富饶的农田。此外，他还征用了过多的劳动力，并把那些私人手中未被适当登记入册征收赋税的土地转为军屯‡。军屯原本是用来给养部队，却被靳辅挪用支持治水工程。于成龙还说，老百姓恨不得食其肉而寝其皮。靳辅解释说他所做的一切不过是为了禁止地方的土豪劣绅滥用权力。康熙对这场辩论很感兴趣。为了掌控局面，康熙问了很多细节问题，指出一些大臣的武断，提醒他们自己在南巡时曾亲自到过几个主要堤坝。他反复强调要从大局出发，全面看待治理黄河的问题，而不是一味地考虑当地百姓的心愿，因为他们只想着洪水从自己所在的地方消失，根本不在乎洪水是否会冲毁下游的田地。当康熙指出某个官员犯了大错或者有自相矛盾的说辞时，这个官员会立即跪在地上叩头请求宽恕。争论结束了，最终结果是靳辅由于不当使用军屯和未能清理主要河流入海口，应当承担责任，乃至

---

* 勒辅（1633—1692），字紫垣，辽阳人，隶汉军镶黄旗。清康熙时治河名臣，曾参与平定三藩。

† 于成龙（1617—1684），字北溟，号于山，清代山西永宁州（今山西省吕梁市方山县）人，以卓著的政绩和廉洁刻苦的一生，深得百姓爱戴，被康熙帝赞誉。

‡ 中国历代封建王朝组织劳动者在官地上进行开垦耕作的农业生产组织形式。有军屯与民屯之分，以军屯为主。汉武帝刘彻于元狩四年（公元前 119 年）击败匈奴后，在国土西陲进行大规模屯田，以给养边防军，这就是边防屯田。

被革职。但是康熙帝没有立即执行大家提出的对靳辅的惩罚措施，而是从轻发落，令其仍按原计划主持治黄大局。康熙说，再等六七年，看看有没有人做得比靳辅更好，依其治水成绩给靳辅定罪。

1689 年，康熙大帝第二次南巡时，再次视察了河道系统。看到治理黄河的艰难不易和靳辅取得的成就后，他恢复了靳辅的官职。这一次靳辅官居“总督河道提督军务兵部尚书兼都察院右副都御史”直至 1692 年逝世。靳辅之所以在 1688 年被罢官，是因为他与之前刚刚被罢免的大学士纳兰明珠[*]交好。康熙清楚自己什么时候该任由政治风暴刮起，但同时也知道权衡官员的能力和真实状况，尤其是在处理联结主要河流的大运河这件大事上，康熙更清楚该怎么做。

* * *

近代世界的早期，各国君主都知道如何利用接见臣子之机，表达对他们的偏爱或不满，也都会利用这样的机会显示帝王威严。在这一点上，康熙与印度皇帝奥朗则布和法国君主路易十四很相似。但在中国，儒家文化影响深远，所以康熙帝在接受臣民朝拜觐见时，多了些自省和对属下的关爱。康熙从出生开始便一直成长于汉族文化和满族祖先的文化中，在两种文化的熏陶中长大，所以他经常以仁慈可亲、礼遇关爱贤才的君主形象以及爱老慈幼的子孙形象示人。

---

* 纳兰明珠（1635—1708），叶赫那拉氏，字端范，满洲正黄旗人，康熙朝权臣。纳兰明珠在康熙议撤三藩、光复台湾及抗御外敌等重大事件中起到积极作用。

1688年8月9日，康熙接见福建水师提督、靖海将军、靖海侯施琅*。1683年，施琅率军渡海攻克台湾，消灭了全国最后一支有组织的反清复明武装力量。在大殿，康熙把自己的有里蟒披领摘下来戴在施琅的脖子上。隔天，8月10日，康熙在乾清门再次召见施琅，并把自己的御膳赏赐给施琅。乾清门是一座雄伟壮观的回廊形建筑，位于紫禁城大殿的后面，一般用于非正式御门听政。

在乾清宫接见、赐戴领子、赏吃食，这些都是康熙对施琅宠爱有加的表示，在《起居注》中也有详细的记载。康熙总是抓住一切机会向大臣表明他是如何善待那些对其忠贞不贰、尽心竭力的人，而且也利用这样的机会提醒群臣他在用人和判断政治形势上更胜一筹。儒家治国准则之一就是统治者知人善任，但如此喜欢回忆往事并自我彰显则是康熙的个人风格。他就是用这样的方式提醒官员，他知道谁的弱点，而且会记住谁犯过的错，但还是会让此人留住官位，戴罪立功。因此，在康熙统治期间，他的文臣武将都觉得一直在接受“留职察看”的处罚。尽管皇帝宽宏大量，但臣子必须感恩戴德。在第二次接见施琅之后，康熙宣召施琅至乾清宫。乾清宫是皇帝和嫔妃生活起居之处，通常除了侍奉的太监，其他人不得入内。皇帝正是用这样的方式授予白发丹心的施琅将军个人殊荣。以下是史料记载的二人之间的对话：

上问曰：“尔有陈奏否？”

---

* 施琅（1621—1696），字尊候，号琢公，明末清初军事家。原为郑芝龙和郑成功的部将，降清后被任命为清军同安副将，不久又被提升为同安总兵，福建水师提督，先后率师驻守同安、海澄、厦门，参与清军对郑军的进攻和招抚，1683年率军渡海光复台湾。由于“背郑降清”，后人对施琅颇有争议。

施琅奏曰："臣任福建水师提督，祇承皇上天威洪福，海疆宁静，无烦圣虑。"

上曰："尔前为内大臣十有三年，当时因尔系闽人，尚有轻尔者，惟朕深知尔，待尔甚厚。其后三逆反叛，虐我赤子，旋经次第平定；惟有海寇游魂潜据台湾，尚为闽害。欲除此寇，非尔不可。爰断自朕衷，特加擢用。尔果竭力尽心，不负任使，奋不顾身，举六十年难靖之寇，殄灭无余，此诚尔之功也。迩来或有言尔恃功骄傲者，朕亦颇闻之。今尔来京，又有言当留尔勿遣者。朕思寇乱之际，尚用尔勿疑。况今天下已太平，反疑尔勿遣耶！今命尔复任，自此宜益加敬慎，以保功名。从来功高者，往往不克保全始终，皆由未能敬慎之故，尔其勉之。更须和辑兵民，使地方安静，以副朕爱兵恤民并保全功臣至意。"

施琅奏曰："海寇荡平，皆赖皇上神谋睿算，授臣方略，得以成功，臣何力之有焉。臣御将束兵，素为严谨。皇上设兵卫民，臣敢不仰体圣怀，和辑军民耶？况闽中实臣桑梓，臣无不加意抚绥。臣蒙皇上天恩最重，既赐以内大臣，又加封侯爵，子孙世袭，皇上亿万载无疆之天下，臣子孙亦享无疆之福。又蒙皇上解衣衣臣，推食食臣，臣蒙亘古所无特典，惟有矢心效力，誓死图报而已。但臣孤踪独立，心直口快，以致获戾于人者多，全赖皇上始终保全。臣年老力衰，封疆重大，恐精神不堪料理。"

上曰："为将尚智不尚力，朕用尔以智耳，岂在手足之力？尔其勉之。"

施琅一直活到1696年。1688年时，他在福建沿海依然威名赫赫。他甚至支持一些探险活动，包括本书稍后提及的同年到马德拉斯的远航。但他大部分退休时间还是在乡间的府邸里度过，因此不得不同他人分享手中的权力，这些人包括新设海关的官员，以及康熙管理阶层中其他分支机构的官员。

据《起居注》记载，这次会面结束时，康熙注意到施琅年事已高，特别吩咐身边的侍卫搀扶他离开。

* * *

随着太皇太后旧病复发，1688年年初发生了另一个持续时间更长，仪式要求更严格、更严肃的政治事件。1688年1月3日天刚破晓，康熙便率领一支庞大的队伍从寝宫出发，穿过紫禁城一道道大门和庭院，又沿着京城街道一路向南，来到气势恢宏的天坛。皇子、贝勒、贝子和地位稍低一点儿的其他贵族连同高级文武官员，乃至极少以谦卑姿态示人的康熙本人，全都步行。

天坛的圜丘坛是一个高耸的大理石平台，除了四周的护栏之外，没有其他建筑和装饰物。圜丘坛下面还有两级平台，每级也都有护栏环绕。14天前，康熙亲自在拂晓时分来此行冬至的“祀天”祭典。在皇帝每年的祭典活动中，冬至祭天是最庄严的。自公元前1000年起，中国历代统治者便自称“天子”，是顺应“天命”统治天下的。尽管如此，上天对统治家族的垂爱却并非不可更改。如果统治者不能做到有效管理，不能率先为百姓树立好的道德榜样，那么这个王朝便会土崩瓦解，其政权会被取代，这就是“天易政权”。

从中国人的角度看，1644 年明朝灭亡，康熙的父亲顺治在北京登基就是这个道理的例证。康熙在寒冷冬天的清晨来到圜丘坛，他很清楚身为帝王在道德方面须谨小慎微的道理，因此，在这里他不是以主宰一切的统治者身份出现的，而是作为上天臣子以祈求者身份企望上天的眷顾。也许在遥远的古代，中国人形成了这样的观念（虽然我们没有当时清晰的历史记录可参考）：当天子向上天表达敬意时，他就成了天、地、人这个体系中不可替代的唯一的中心连接点。四季的更替，农作物生长所需的及时雨，以及农民能依据节气变化种植合适的庄稼，所有这些都需要官员制定出准确的历法，并由皇帝本人或者其代表在每年的节气日举行适当的祭祀和祈福活动。我本人怀疑康熙的很多臣民是否会真的担心，一旦某次冬至的祭天仪式没有按照祖传的规矩恰当地进行，白昼就不会变长了。但百姓必定相信如果不按照祖制做，肯定会引起麻烦甚至灾难，因为这已经成为一种责任和义务。

无论冬至还是 1 月 3 日那次具有特殊意义的祭天仪式，尽管仪式本身并不复杂，但来到这里的皇子、亲王和文武官员等所有人的着装都要符合自己的身份，从朝服、冠带至站立的位置、行动的次序都有严格规定。只有皇帝一人站在最高的祭坛上，其他人站在他身后或者在下面两层的平台上。在一块深蓝色的牌匾上用满、汉两种文字写着“皇天上帝”四个金色大字。皇帝在这个牌匾前施“全叩首”之礼——“三跪九叩”，每次双膝跪下后，磕三个头。接着，司礼官员大声诵读皇帝亲自撰写的祭文，之后皇帝再行三跪九叩之礼。

虽然两次行礼的方式相似，但目的却截然不同。1687 年 12 月

25 日，康熙挚爱的祖母孝庄太皇太后得了重病，卧床不起。康熙立即前往病榻前照料，几乎再没离开过：衣不解带，夜寝榻旁，亲自端汤喂药。12 月 31 日，为了消除灾祸，抚慰游魂，他下令在全国范围内给大部分犯人减刑。现在，他又亲自步行到天坛祈福，祈求上天增加祖母的寿命。他的祷文如下：

> 惟康熙二十六年，岁次丁卯年，十二月朔乙巳。嗣天子臣敢昭告于皇天上帝曰：臣仰承天佑，奉事祖母太皇太后，高年荷庇，藉得安康。今者疹患骤作，一旬以内，渐觉沉笃，旦夕可虑。臣夙夜靡宁，寝食捐废，虔治药饵，遍问方医，罔克奏效。五内忧灼，莫知所措。窃思天心仁爱，覆帱无方。矧臣眇躬，夙蒙慈着。忆自弱龄，早失怙恃，趋承祖母膝下，三十余年，鞠养教诲，以至有成。设无祖母太皇太后，臣断不能致有今日成立，罔极之恩，毕生难报。值兹危殆，方寸愦迷。用敢洁蠲择日，谨率群臣，呼吁皇穹，伏恳悯念笃诚，立垂昭鉴。俾沉疴迅起，遐龄长延。若大数或穷，愿减臣龄，冀增太皇太后数年之寿。为此斋伏坛下，仰祈洪佑，不胜恳祷之至。

这次的祭天仪式与冬至祭祀一样影响深远。世界上所有的传统文化都十分重视家庭长幼有序、尊卑有别，但世界还没有哪一个地方能像中国一样奉行百善孝为先。任何一个接受过传统教育的中国人都知道周公的故事：约在公元前 1000 年，当周公的侄子西周国王病危时，他祈求上天带走自己的性命以换取周王长寿。康熙的举动便是效仿周公。

虽然康熙皇帝是满族人而非汉族人，但当时康熙已经接受了相当多的汉族传统文化教育，并且一直以汉族传统捍卫者的形象出现在众人面前，并且也是真心喜欢汉族传统文化遗产。朝廷之上第一语言是满语，但祷文则是用满文和汉文两种文字所写。太皇太后博尔济吉特氏是蒙古族人，系蒙古科尔沁部忠亲王宰桑之女，是征服世界的成吉思汗家族的后代。她和姑姑（孝端文皇后）都嫁给了清太宗皇太极，即满族统治者爱新觉罗氏在入关之前的第二任皇帝。入关前，孝庄在清朝建立政权、吸纳汉人和蒙古人加入这支队伍方面起了关键作用。在那些日子里，每次有盟友派来使臣拜见满族皇帝时，大草原上搭建的御黄色大帐里就会举行集会。在这里，人们尽情吃喝、打猎、赛马。

即便康熙自己想放弃他的满族传统，变成一个地道的汉族皇帝——很显然他并没有这样的想法——如果朝廷中的满族公子王孙和蒙古贵族不支持的话，他仍然无法做到。1688 年年初，蒙古族的亲王几乎就处在造反的边缘，更令人震惊的是他们很有可能同俄国联盟。但好在孝之道不仅仅是汉族的一种美德。正像康熙几周后对大臣所说：“但人孰无祖父母、父母？”满族人、蒙古族人和汉族人也许对血缘关系的理解有所不同，但他们都会赞赏晚辈敬爱长辈。这次登天坛为太皇太后祈福使汉族人看到了皇帝在以“孝”为核心的传统美德方面为世人树立了良好的道德榜样，满族人看到了皇帝对象征大清光荣（从入关征服延续到现在）的太皇太后尊崇备至，蒙古族人对皇帝此举更是感动不已，因为皇帝如此亲力亲为郑重为之祈福的人正是他们的同宗本族。

1688 年，除了接见施琅、为太皇太后祈福之外，在康熙皇帝的日程表上还有另一件紧急的政治事件需马上处理。从 1679 年起，朝廷被一伙同满族大学士纳兰明珠结党的大臣所操控。这些年里很多官员公开敛财，卖官鬻爵之事时有发生。有时康熙为某个职位选好了人，却发现明珠及其同伙早已安排了人选。一种可以同明珠势力抗衡的办法就是逐渐倚重那些通过科举考试走上仕途的汉人，而且这些汉族官员早已呈上奏折批评明珠一伙的腐败行为和用人不当。但采用这种办法的顾虑是上奏参劾的做法根植于汉族传统，在之前的满族和蒙古族的政权中没有先例。此外，他们的批评通常过于理想化，不具备可操作性。更令康熙不舒服的是，其使用的言辞给人感觉在批评明珠一伙时连带批评了皇帝。此外，康熙也不喜欢这些汉族官员错综复杂的政治作风：看重才学和人脉关系。另外一个可以同明珠抗衡的办法是借助索额图的力量。索额图是孝诚仁皇后的叔父，非常有能力，在朝中任领侍卫内大臣。17 世纪 60 年代，当时还是少年的康熙在和顾命大臣鳌拜斗争时，索额图便支持、辅佐康熙。但到了 1679 年，索额图被剥夺了大部分权力。然而，索额图是皇后的叔父，这样的身份使他和 13 岁的皇太子（显然也是皇位继承人）关系极其密切。允许朝廷完全被一个权力巨大的皇亲国戚掌控，对康熙而言显然是不明智的。再加上此时的太子已经表现出任性、情绪不稳定的迹象，其性格特点后来也导致他被废黜并幽禁起来。考虑到这些，康熙再对索额图采取放任态度更是不可能了。皇帝这次如此大张旗鼓地表现出自己对祖母孝庄太皇太后病情的忧虑，既可以提升自己在朝野所有重要人物心中的声望，又能彰显权威，避免自己依靠的政治力量摇摆不定、左右飘忽。这样做，同时也给太子和任何将来要支持太子忤逆父皇的人上了一堂孝道课。

尽管此次天坛祈福含有政治目的，但这并不代表皇帝对祖母病情的担忧和悲伤是在做戏。康熙7岁丧父，9岁丧母，是祖母孝庄太皇太后教育他、养育他，而且在他15岁罢黜摄政王亲掌朝政时支持他，为他出谋划策，助他一臂之力。康熙深爱祖母，他深信如果没有祖母的养育和教诲，他如今不可能成为一个实权在握的帝王。

1688年1月12日和14日，王公大臣一齐跪在太皇太后的寝宫门前，劝说皇帝去休息一下，但康熙拒绝了。在太皇太后旧病复发的这几个星期里，朝中的大小事务几乎停滞。其间，康熙只上朝一次和大臣商讨国事。1月26日至27日午夜，太皇太后去世了。康熙“擗踊哀号，呼天抢地，哭无停声，饮食不入口”。27日上午，王公大臣聚到一起劝慰皇帝。他们引经据典，称亲人离世，哀悼者要节制悲痛之情，以不能伤害身体为度，这对于肩负国计民生之担的天子尤为重要。康熙回答说，他注意到以前的皇帝在位期间，遇到长辈亲人离世，从未按照礼仪规定服丧27个月，而是“以日当月”，只服丧27天，纵览历史，只发现一个例外，即5世纪末期的魏孝文帝。由于自己幼年即失怙恃，甚至记不清父母的模样，如果这次不能按照礼节尽孝的话，以后就不会再有机会了。所以，康熙打算守孝27个月。

听到皇帝这样说，群臣立即表示这个想法行不通。原因倒不是他们觉得服丧27个月会对皇帝处理政务造成多大影响，只要能克制哀痛之情，保持健康，皇帝依旧可以批阅奏折、任命官员、审核刑罚，等等。真正的问题在于皇帝肩负礼仪职责。身为天子，皇帝每年需要亲自主持的典礼中，很多都是“吉礼”，例如冬至祭天和太庙祭拜先祖。如果皇帝服丧，那么这些典礼都不能举行，因为服丧被认为是不吉利的。而如果皇帝不参加这些活动，“即太皇太后在天之灵，亦必不安”。皇帝日夜沉浸在悲伤之中，痛哭流涕，伤心不已，大臣们眼看着他身体变得虚弱、面容消瘦、脸色苍白。而在皇帝无休止地痛哭哀悼期间，作为王公朝臣，按照礼节还应陪皇帝一同痛哭流涕。1688 年 2 月 2 日是中国农历新年的第一天，通常这是一年中最喜庆的日子。但今年不同以往，没有任何庆祝活动。康熙只是勉强下诏“王以下辍哭一日”。“以日当月”的议论声再次响起。康熙一度回复：“朕前所谕食言？”但最终，到了 2 月 6 日康熙不得不让步，放弃服丧 27 个月的计划。

梓宫停放 17 天后，2 月 12 日，康熙亲自率领由王公大臣等人组成的庞大送葬队伍，护送太皇太后的灵柩，从紫禁城出发前往北京东北角的临时殡宫。当时天气极为寒冷，哀恸不止的皇帝步行紧紧跟在灵柩之后。送葬队伍经过时，道路两侧的王侯、公主和官员下跪行礼，很多人禁不住担心皇帝的身体会因此垮下来。康熙想在祖母陵墓附近找一个临时住所，但大臣们劝说按照祖宗先例，他应该回到紫禁城。虽然康熙接受了建议，但晚上不再睡在舒适的寝宫，而是派人在乾清门旁搭了一顶帐篷睡在里面。虽然抵挡了一些草原吹来的凛冽北风，但无疑还是非常冷。

皇帝几乎每天都会上朝接见文武百官商讨国家大事，但从 1 月 3 日步行到圜丘坛祭天之后的一个半月内，他只上朝一次。2 月 24 日，康熙重新上朝听政，并直接投入到治理黄河下游水患的痼疾中。3 月 9 日，康熙通过一篇长幅官文发声，痛斥那些一心谋取私利、结党营私的官员和对这样的行为不闻不问，不敢站出来抵制的底层官员。他还宣布革除纳兰明珠及其亲信的职务。在皇帝重回政治生活这么短的时间内，政治变化来得这么突然，只有一个解释：朝中的政治势力面临新的排列组合。明珠的势力之所以能在朝中翻云覆雨，很大程度上是因为明珠同太皇太后及其家族的关系。此时太皇太后已去世，明珠便失去了庇护。康熙继续清理政治势力，调整政治平衡，一些同明珠勾结的朋党被革职，有些之前因党争获罪的人得到宽大处理。同时，康熙安排以索额图为首的代表团负责与俄国的重要谈判。皇帝的这个人事安排虽然赋予索额图很大权力，但在接下来一年半的时间里将使其远离京城，疲于奔命，无暇他顾。在此期间，康熙继续巩固自己的地位。

5 月，皇帝护送太皇太后的灵柩前往北京以东将近 100 公里处的东陵。大臣们称赞这样的孝行前所未有。康熙为了这次行程离开皇宫 20 天。6 月，他再次动身去东陵祭谒祖母，但大臣们认为暑气正浓，不宜出门劳顿。同年 11 月，皇帝护送刻有太皇太后徽号的石碑再次前往东陵。中国历史上政权之所以能持久，离不开君王积德累仁，爱民如子。但皇帝久居深宫，远离百姓苍生，因此，当真正看到百姓的生活状况时，感触颇深。对此，《起居注》曾有记载。11 月，康熙离开北京前往东陵时，看到路边的沟渠里漂浮着尸体。对于这些人是死于暴力、疾病还是饥荒，文献没有记录，但令皇帝备感震惊的是，这些尸体没有埋葬而是抛弃在水沟里。深入中国人内心的核心道义就是孝道，这也恰好是康熙此次前往东陵拜谒太皇太后所要昭示世人并发扬光大的道理。康熙命人取出五两银子交到当地总甲手里，让他买几副棺材，好好安葬那几具尸体。总甲感激涕零，跪倒在地叩谢："圣上惠爱小民，泽及道路死尸，诚亘古未有之仁政。"康熙率领队伍徐徐离开，道路两边挤满了赞颂叩谢的人，很多人流下了热泪。

第十一章

传教士在中国

1688年3月11日，一支送葬队伍途经北京西北部，附近居民在街道两边排队围观。这支队伍的规模虽然和一个月之前从紫禁城出发的太皇太后的殡葬队伍相去甚远，但也有其特点，引人注目。朝廷中高级官员组成的送葬礼团以佟国维为首。据说，朝廷官员中有五成是佟氏家族成员，人们称其“佟半朝”。康熙的母亲就来自佟家，佟国维的女儿现在是皇帝后宫中最重要的人物之一。佟家先祖本是汉族，后由汉军旗抬籍入满洲镶黄旗，由于受满、汉两种文化影响，佟家出仕的人在满人和汉人社会里均能有效发挥才能。例如在17世纪70年代康熙平定三藩之乱时，佟家人作为朝廷代表被派往几个省。此后，佟家因平乱有功权势逐步扩大。

两侧官员注目，上面涂了清漆的载有死者的大棺材被抬到街上，还盖上了一块象征哀悼的白幡。在送葬队伍聚集起来时，人们呜咽着跪倒在棺材前。群众起立，队伍出发。走在最前面的是一队乐师，紧接着是一群举着铭板的人，铭板上面用金色大字写着死者的名字和官阶：南怀仁，钦天监*监副。再往后看，道路中间有许多旗帜、横幅和一个巨大的十字架，两列表情凝重的中国基督徒走在两边，每人手里举着一支点燃的蜡烛和一块手帕在擦眼泪。紧随其后的是圣母玛利亚像和圣婴耶稣手里托举着地球的画像。中国的基督徒和外国传教士身穿白色丧服簇拥着死者遗像和一副皇帝亲自写在黄色缎子上的挽联跟在后面。60 名男子抬着棺材，一摇一晃，还有朝廷派出的高级代表以及为数众多的侍臣和官员，他们都骑在马背上。50 名骑兵走在送葬队伍的最后，他们整齐划一、悄无声息、神色肃穆，令路人惊叹。

从第一批传教士来到中国直至今日，任何一个希望融入中国社会的外国人都需要给自己取一个具有中国特色的名字。这个名字既要能体现此人名字的故国读音，又要能反映出他想传输给中国的价值观和责任感。南怀仁，原名费迪南·韦尔比耶斯特（Ferdinand Verbiest），是一名来自佛兰德的天主教耶稣会传教士。中文名字中的“南”与他原名中一个音节的读音相近。“怀仁”反映出他对“仁”这个儒家最高、最基本的美德的崇敬、忠贞之情。要做到“仁”，需要一个人能完全无私、忘我、关心别人，还要不断在道德方面自律、自省。作为一名外国传教士，打着儒家思想这样的旗号，能让他自己和皈依天主教的中国人更心安理得。

南怀仁是继先行来华的耶稣会传教士利玛窦［马泰奥·里奇

---

* 官署名，职掌观察天象，推算节气，制定历法。秦、汉至南朝，太常所属有太史令掌天时星历。清沿明制，由管理监事王大臣为长官，监工、监副等官职满、汉并用，并有西洋传教士参加。

（Matteo Ricci）][*] 和汤若望［约翰·亚当·沙尔·冯·贝尔（Johann Adam Schall von Bell）][†] 之后最卓越的传教士。这三人都精通关于科学、技术和世俗的学问，能够为朝廷服务，因此当权者在一定程度上默许他们在中国境内开展传教活动。利玛窦生前曾给明朝末年的一些地位显赫的官员和学者留下深刻印象，因学识渊博，又向中国朝廷献贡自鸣钟，在明末朝中占有一席之地。1610 年，利玛窦去世后，皇帝赐给他一块墓地。[‡]之后，其他几位传教士死后也葬在这里。墓地位于北京城阜成门外。此时，南怀仁的棺柩也要被抬往这里安葬。功勋卓著的汤若望也葬在这里。汤若望在中国时恰逢明朝末年的政治动乱，农民起义不断、清兵入关，但汤若望还是毫发未损地渡过难关。之后，他得到当时年轻的顺治帝的赏识和宠信。顺治帝是康熙帝的父亲，是清兵入关后的第一位清朝皇帝。顺治帝死后，汤若望被参劾投入狱中，差点儿被处死。在明清两个朝代，他向中国人展示了欧洲人在计算和天文观测方面的卓越成就，因此被任命为钦天监监正，负责为清帝国制定新的历法。

南怀仁于 1623 年出生在比利时西佛兰德省的科特赖克（Kortrijk）附近的一个小村庄。除了在由詹森派[§]信徒主导的鲁汶大学里度过一年不太愉快的时光外，南怀仁接受的是耶稣会学校的教

---

* 利玛窦（1552—1610），号西泰，又号清泰、西江。意大利的天主教耶稣会传教士、学者。利玛窦是天主教在中国传教的最早开拓者之一，通过“西方僧侣”的身份，用“汉语著述”的方式传播天主教教义，也是第一位阅读中国文学并钻研中国典籍的西方学者。

† 汤若望，字“道未”，德意志人，神圣罗马帝国的耶稣会传教士，天主教耶稣会修士、神父、学者。在中国生活 47 年，历经明、清两个朝代。在中西文化交流史、中国基督教史和中国科技史上是一位不可忽视的人物。

‡ 这是中国历史上第一次皇帝允许一个外国人在中国领土安葬。

§ 罗马天主教在 17 世纪的运动，其理论强调原罪、人类的全然败坏、恩典的必要和宿命论。

育，在耶稣会见习修士期满并被授予神职后，南怀仁曾萌发过到南美洲传教的念头，并为此努力，但最后未能成行。1657 年，他决定前往中国，并于 1660 年到达北京。此后，除了陪同康熙帝两次到长城以外的地方远征外，再也没有离开过北京。汤若望去世后的几年里，传教士的日子并不好过。三名在北京的教士被囚禁，其他传教士则被限制在广东，不准离开。1688 年圣诞节那天，宫里的太监突然宣召北京的几个传教士回答康熙帝有关天文和历法的问题。对于时年 16 岁的康熙表现出的聪敏机智、勤学好问和政治掌控能力，传教士们深感震惊。他们在多次天文观测的测验中精准度高于中国同行，于是，之前的对手和批评者被罢官，南怀仁等传教士重新受到赏识和重用，掌管钦天监。

皇帝对传教士本人及他们的学识和技术特长怀有真挚浓厚的兴趣。之后的 20 年里，传教士们经常在黎明时被召到位于郊区的一处皇帝行宫，给皇帝讲授天文学、物理学和数学方面的知识。皇帝从他们这里学会了一些西洋乐器演奏技法，并且对在他们指导下修建的几处别致喷泉、制造的机械玩具赞不绝口。他们还监督制造了一批加农炮，在镇压南方发生的藩乱中起了作用。在满汉两种文化并存的宫廷社会中，他们成功地让一些人皈依了天主教。面对冷嘲热讽的宫廷官员和宫中妃嫔来到教堂时导致的尴尬，他们都默默承受。皇帝认为他们布道时讲解的圣父、圣子、圣灵三位一体教义有许多矛盾之处，并向他们提了很多尖锐的问题，他们也都尽力一一作答。葡萄牙使者和荷兰使者来访时，他们充当翻译。清政府同俄国谈判时也由他们担任翻译。尽管这些传教士发现很多世俗活动令人不快而且同传教事业格格不入，但正是借助他们在 1668 年之后取得的成果，其他传教士才获准在其他省份常驻和传教。各省官员对传教士能以礼相待，很大程度上归因于他们在朝廷站稳了脚跟。从1688年开始，经过时断时续的讨论，康熙最终在1692年正式发布敕令，宣告罗马天主教教义与良好的社会秩序并不冲突，同文化传统也不矛盾，清朝子民可以在法律许可范围内信仰基督教。

现在让历史带我们回到南怀仁的葬礼上。在墓地，传教士们诵读了祷文，并在完成罗马教会的安葬仪式后跪下来，聆听佟国维宣读皇帝的悼书。悼书颂赞南怀仁对大清帝国所做的贡献，表达了康熙对死者的哀痛之情。在这之后，徐日升*神父致辞，表达耶稣会的哀思，并对皇帝颁布这道布告和派遣重要官员出席表示无限感激。耶稣会传教士们后来得知，皇帝对传教士表达的感激之情非常高兴，又赐南怀仁谥号“勤敏”，并赏了一笔银子用以在南怀仁墓地立一座碑，并在一块大理石上刻下皇帝的悼书。

* * *

1688年3月的这一天跪在南怀仁墓前的传教士中有五位是最近才来到中国传教的，他们抵达北京的时间太晚，没来得及接受南怀仁神父生前的祝福。神父于1688年1月28日离世，葬礼时隔6周才举行，原因很可能是皇上当时正在为孝庄太皇太后服丧守孝，其间不得举办任何公共活动。这五位传教士全部来自法国且刚好在南怀仁去世后不久抵达，由于南怀仁是来到中国开创传教事业的最后

* 原名托马斯·佩雷拉（Thomas Pereira），葡萄牙人。1673年由南怀仁推荐进京。徐日升以传教士、外交家和音乐家的身份活动于宫廷内外，且在这些领域都有突出表现。

一位先驱，1688 年的头几个月于是有了转折性的意义：在这个时间点之前，耶稣会向中国派遣的传教士是从欧洲天主教国家中征召而来的，但他们在葡萄牙国王的掌控之中。根据西班牙和葡萄牙在哥伦布发现新大陆后达成的一系列协议：在教皇子午线*以东，葡萄牙享有保教权†；在子午线以西，保教权则归西班牙。因此亚洲所有的天主教活动都在葡萄牙的保教权范围内，自然受葡萄牙国王的控制。而现在，法国传教士的到来虽然为欧洲在海外的传教事业注入了人才和劳力，但也对葡萄牙在亚洲保教权的垄断构成了直接挑战。他们的学识和文化修养也让天主教对中国文化的传统和价值应采取何种态度的论战出现了新的转折。

从利玛窦到中国传教起，耶稣会便开始接触中华文明，这标志着近代早期全球文明的交融。随着欧洲航海业的扩张，欧洲人与之前闻所未闻的民族发生越来越多的联系。在欧洲人看来，这些人属于劣等民族。例如，美洲人和撒哈拉以南的非洲人当然是野蛮人，即使偶尔有高贵的，通常也是食人者，或者进化不完全的次等人；印度教徒和佛教徒崇拜偶像，在欧洲人看来他们崇拜的偶像常常犹如魔鬼一般。他们相信灵魂会转世，这也许是从毕达哥拉斯哲学中学来的吧。然而传教士在中国的经历却与之前在欧洲和地中海地区的大为不同。中国呈现给传教士的是：官僚机构由学识突出的人组成，他们声称自身获得的道德指引并非来自上帝和诸神，而是历史上圣贤的统治者和学问家。中国良好的社会秩序、

---

* 1493 年 5 月在罗马教皇亚历山大六世仲裁下，西班牙和葡萄牙瓜分殖民地的分界线。

† 由罗马教廷授予的由世俗政权承担的保护天主教在非天主教国家传播的权利和义务，是天主教传教事业上的一种优惠特权。

稠密的人口及国家财富都是欧洲人此前在其他国家未曾见识过的。因此，利玛窦到中国后，中国文人朋友们的渊博学识和崇高道德给他留下了深刻印象，同样，他的中国朋友对他也评价甚高。更重要的是，这些友人和利玛窦一致认为中国传统文化的精髓有相当多的部分和基督教信仰大同小异，是可以共存的，或者说至少可以在不用做出根本性改变的前提下共存。利玛窦和其他耶稣会传教士认为儒家文化集世俗和中国道德传统于一身，类似于圣保罗把早期基督教和希腊文化连接起来，也类似于文艺复兴时期人们赞叹希腊和罗马文化，并把天主教徒的热情倾注到对它们的研究中。利玛窦对中国文化的认知理解和随之产生的传教方式被称为利玛窦规矩*，被耶稣会传教士奉行。

尽管在耶稣会内部没有人公开反对利玛窦规矩，但传教士们私下里对此的讨论非常坦诚开放。直到17世纪30年代，以菲律宾马尼拉为本部的多明我会和方济各会会士加入向中国传教的行列中，并且把他们对利玛窦的不满直接上报到罗马教廷。由于罗马教廷没有独立的了解中国的渠道，对此深感困惑，总是采信最新接到的相关报告，导致发布的谕令前后矛盾，不能解决任何问题。17世纪60年代末，被限制在广东活动的传教士们多次举行会议讨论此事，但并未达成多少新的共识。而后，雄辩的多明我会传教士多明戈·费尔南德斯·纳瓦雷特（Domingo Fernandez Navarrete）悄悄从广东溜回欧洲，并在著作中对利玛窦有关中国的认知理解及传教方式进行

* 利玛窦抵达北京，一度自喻为“西僧”，但他旋即发现中国文化由儒家士大夫掌握。他相信要中国人接受天主教，必须从士大夫阶层着手，他于是改称为“西儒”，研习儒家文明，穿起士大夫服饰。利玛窦的传教方式为耶稣会传教士奉行，称为“利玛窦规矩”。

巧妙的攻击，还到教皇那里游说。因此，本就不多的一丁点儿共识也受到了质疑。南怀仁竭力反驳，但直到1688年事情仍没得到解决。之后的15年里，欧洲天主教爆发了一场“礼仪之争”*。罗马教皇特使被派到北京，重申教廷对传教士的活动以及皈依天主教的信徒依然享有控制权。这种做法激怒了康熙帝。南怀仁和同行苦心经营起来的良好关系化为泡影。

虽然17世纪80年代存在诸多问题，如司法裁判权的混乱，愈演愈烈的有关利玛窦规矩的争论，但中国还是在很大程度上信守承诺，允许天主教会增加在华传教活动。那些支持在传教事业中增加法国人分量的人很快制订计划，向中国派出了一批法国传教士，这批法国传教士在中国传教时地位完全独立。这些人是依据他们在数学、天文学和相关学科的能力选拔出来的，目的是借此提高他们在北京的受欢迎程度。更重要的是，当时欧洲正处于对资料和地图充满巴洛克式激情的时期，而这成为法国人拒绝向教会官方报告的借口。他们可以说他们此行不是来传教的，而是作为科学观察员为法国科学院收集地理学和天文学资料的。

1685年年初，6名传教士搭乘载由法国派往暹罗王国大使（本书之前提到的肖蒙爵士和舒瓦西修道院院长）的船只，从布列斯特（Brest）† 出发，前往大城府。1687年，其中5人继续前往中国。这次他们乘一艘中国帆船，于7月到达宁波。康熙得知这些传教士既

* 指17—18世纪西方天主教传教士就中国传统礼仪是否违背天主教教义的争议。狭义而言，这是指康熙与传教士就儒教崇拜引发的争论，教皇克雷芒十一世当时认为中国儒教的帝王及祖先崇拜违反天主教义，支持多明我会，打压耶稣会，结果引发清政府反制，严厉限制传教士活动。直到1939年，罗马教廷才撤销禁止中国教徒祭祖的禁令。

† 法国海港城市，位于布列塔尼半岛西侧。

知数学又晓天文，还带了很多科学书籍和工具，非常高兴并宣召他们入京觐见。这几个新到北京的法国传教士就这样出现在南怀仁的葬礼上，被列入尊贵的吊唁者中。其中一位叫张诚［原名让－弗朗索瓦·热尔比永（Jean-François Gerbillon）］，此次到中国承担收集地理信息的任务。他后来的收获远远超过了当初的设想。此时，由令人敬畏的索额图和康熙皇帝的舅舅佟国纲率领的高级和谈代表团将从北京动身前往色楞金斯克，与已经在那里停留了一个冬天的俄国大使举行会谈。俄国人现在已经找到了克服和清政府代表语言交流障碍的办法。他们的做法是随团带一两个波兰人，波兰人负责把俄语翻译成拉丁语，再由清政府方面带来的传教士把拉丁语翻译成汉语和满语。这样就需要清政府一方派出两名传教士随使团一起参加会谈。其中一位是徐日升神父，他已在北京生活了15年，由于为康熙讲授西方音乐而恩宠加身，另一位就是张诚。

1688年5月30日清晨，张诚到中国不足一年，在北京也仅仅待了4个月，就随代表团从都城出发，浩浩荡荡向北而去。整支队伍威风凛凛：由七八十名官员和大约一千名骑兵组成。动身出发时，皇帝的太子前来送行。这位皇子只有13岁，显然是皇储，但性格不定、品行欠缺。这恐怕也是皇帝在孝庄太皇太后去世前后大力强调孝道的原因之一吧。

在穿越大草原的4个月行程中，张诚这位法国科学院派出的科学观察员每天都对所见所闻充满热情，像伦菲乌斯及本书稍后谈到的汉斯·斯隆、克洛德·佩罗（Claude Perrault）、洛克和莱布尼茨等人一样秉承精细观察的精神，认真记录下每天行走的距离和方向，以及途经地区的自然面貌、动植物和风土人情。行程开始的头几天，他描绘了北京以北山谷的巨大碉堡和把这些碉堡连接在一起的万里长城。“从高处延展到悬崖，又从那里通向人迹罕至的山顶。”尽管张诚为建造长城的艰巨和长城本身的恢宏壮观深深折服，但他认为，长城的修筑并没有提高这些山脉自身的安全保障，和没修之前相比，安全性没有增加多少。而且，他还发现很多地方的驻防相当薄弱。

6月2日，代表团到达宝安城。“这座城有两道砖建城墙，城池周围的土地是我见到的山谷中最好最肥沃的。谷物和其他农作物长势喜人，尽管土质有点儿干。中国人把附近的泉水引到他们挖的沟渠里，再从这里人工取水灌溉田地。”到达下一个城镇时，一位富商设宴款待佟国纲等人。席间，有人告诉张诚，很远地方的商人如乌兹别克和波斯商人也到这里开展贸易活动。这个地区完全属于清政府的控制范围。当地官员接二连三前来拜见佟国纲和索额图，以表敬意。根据清廷的命令，百姓须定期牵来牛羊送给代表团，作为给养。

6月7日，张诚有生以来第一次见到蒙古营地，他详细描述了怎样建这种圆顶帐篷，但对于这里的贫穷和民风的粗犷则一笔带过。张诚预感自己不喜欢喇嘛。喇嘛是藏传佛教中对高级僧侣的称呼，教徒们认为他们是神灵或圣师转世。蒙古人对喇嘛无比崇敬，言所不及。张诚确信清廷对喇嘛亲切有加仅仅是出于政治需要，他甚至断言，这些喇嘛只要一到北京，很快就会习惯声色犬马的生活：锦衣玉食，并且借口给他们的奴隶娶媳妇，把最漂亮的女人买到手。6月15日至17日，这支队伍在呼和浩特附近驻扎下来。呼和浩特当时已成为蒙古重要的政治经济中心，现在是中国内蒙古自治区的首府。张诚陪同佟国纲和索额图去了当地最大的喇嘛庙。看到这些位高权重之人对一个被尊奉为转世活佛的年轻人敬畏无比，他非常惊骇。他们一个个跪在这个“自命的神”面前，这位转世活佛把双手依次放到他们的头上，并让他们摸一下他戴的念珠。活佛穿着织造华美的亮金色丝绸长袍，袍子边五颜六色，这和天主教教士从头到脚完全裹住身体的衣服极为不同。当活佛伸手端茶时，张诚发现他胳膊赤裸，全身只有从肩头披下来的红黄两色的僧侣长袍。接下来吃饭时，米饭和汤色、香、味俱全，但水果很干，难以下咽。餐桌上还有油腻的蛋糕和半生不熟的大块肉。张诚接着随这些官员参观了寺庙，发现很多地方干净整洁，装饰华丽。他们还见到一个也被尊为活佛的小孩。

张诚定期测算太阳的高度，从而计算他们所在地的纬度。记录中频频出现描写夜晚寒冷、白天正午时分炎热的句子。离开呼和浩特，队伍朝正北方进发，希望能和喀尔喀蒙古的谢图汗取得联系。之前在通往呼和浩特的路上，时不时出现在视野里的星星点点的树木和开垦的农田消失了，取而代之的是大量的野兔、羚羊、野山羊、野鸡和野鹅，士兵每天都能抓到不少。张诚高兴地享用了野鸡蛋做的蛋卷。随后，队伍分成三组，分别从不同的路线前进。张诚这一组途经几个喀尔喀蒙古人的营地。这里所见到的景象比之前蒙古最南端的地方还要衰败、凋敝。为成百上千的马和骆驼找到足够的水，成了每天都要操心的任务。

7 月 8 日，这组人遇到一些境况悲惨的喀尔喀蒙古人，他们住在一起形成一个营地，有 25~30 顶蒙古包。这些人中有些是从北方逃到这里的，因为准噶尔部的噶尔丹侵占了他们的家园。据这些难民说，大喇嘛（喀尔喀汗的兄弟）也逃往南方。第二天，这组队伍调头向南同另外两组会合，这样指挥者们能够就路上遇到的新情况商量讨论。7 月 22 日，他们又和索额图带领的队伍会合。这时接到皇帝的命令，让他们返回北京，并写信给色楞金斯克的俄国使臣，重新安排会谈事宜。这道命令无疑救舟车劳顿数日的人于水火之中，大快人心：天气炎热，马匹精疲力竭、骨瘦如柴，而且北方动荡不安的局势显然极大增加了在这个酷暑到达色楞金斯克的风险。

代表团在回北京的途中得知皇帝已经下令给所有臣服清廷的蒙古部落，组织军队共同对付准噶尔部。有些部落还将参加每年一次的皇室狩猎，猎场设在河北承德以北。因为要平定准噶尔部的叛乱，今年的狩猎同以往相比，多了些军事演习的意味。8月 12 日，张诚观看了一场狩猎。这天的活动在狩猎期间并不算多，但也热闹非凡。士兵和内侍组成两重包围圈，慢慢向猎物聚拢，被围起来的野兔慌不择路，有些妄图从人们腿间逃走。3 个小时共捕杀了 157 只野兔。8 月 29 日，张诚又有机会仔细观察并记录下另一场捕猎活动的猎物，这次被杀死的是一匹狼和一些羚羊。现在的路线经过地方的景象比北方好得多。之后又经过一处地势险峻的峡谷，这里可以摘到杏子和酸酸的野生樱桃解渴。9 月 27 日，他们赶到皇家狩猎时建的营地。营地设哨布卡、程序分明，皇家卫队和高级官员的帐篷紧挨着皇帝的帐篷。这给张诚留下很深的印象。皇帝用的帐篷同其他人的相比并没有大很多，也没有华贵多少，只在最顶端有一个金色饰物。黄昏之后，代表团中的高级官员和传教士等在路边迎接打猎归来的皇帝。皇帝客气地招呼他们，还特意说旅途跋山涉水，他们一定很累了。

之后队伍继续赶往北京。山里景色宜人，不像北方那么险峻，路边甚至还能看到野葡萄和野梨。皇帝打猎时经常从这条路经过，因此道路宽敞很多。10月6日，代表团回到北京，康熙在11月到达。12月9日，传教士们遵照康熙皇帝的谕旨，聚到利玛窦、汤若望和南怀仁的墓前，再次祭奠逝者。一位官员用满语大声宣读了皇帝的悼文。

* * *

随代表团出行就是一次冒险，美好奇妙，宏伟辉煌的皇宫令人身心愉悦，途中收集的信息将使法国科学院兴奋不已。唯一不足的是，徐日升和张诚在整个行程中只找到一两次机会同这次负责远征的高级官员谈论宗教问题。当他们看到这些位高权重者在活佛面前五体投地的样子，也只能三缄其口了。这些传教士抛下家人，背井离乡，远渡重洋，不顾危险来到中国的目的是拯救灵魂，得到清政府的恩宠是使传教事业安全继续进行下去的保障。虽然在吸纳天主教徒方面不是颗粒无收，但速度似乎过慢。北京官员阶层有些家世显赫的人皈依了天主教，这些人中有一些与皇帝沾亲带故，要么是爱新觉罗家族的人，要么是佟氏家族的人。据传，上海地区有8万人皈依天主教，那里也是利玛窦在中国招募到的地位最高的一位天主教教徒徐光启的家乡。与此相比，其他天主教中心信徒增长的幅度要小得多，但态势非常强劲。福建省福安地区的传教事务由来自菲律宾马尼拉的多明我会负责管理，那里有许多热情高涨的信徒。18世纪，这些人和他们的后代经历了颇多困境，但仍然坚持天主教信仰。尽管如此，到中国的传教士还是数量不足，而且他们和中国人的差别十分明显。虽然清政府的政策仁慈之至，但他们很容易因为外国人的身份而受到猜疑，很可能还没掌握语言工具，还没浸润到中国文化中，尚未能够与中国人有效交流就以身殉道了。那些已经皈依的教徒又很难学会拉丁语，传教士们对此只能摇头叹息。同时，他们又认为汉字与教士严谨的生活并不相符。还好，这些教士脑筋逐步转弯，产生了培养中国本土传教士的想法。

于是在 1688 年 8 月 1 日，三个中国人——刘蕴德、万其渊和吴历在澳门一座教堂里，跪在罗文藻主教*面前祝圣，成为耶稣会教士。罗文藻本人就是一个传奇人物。他在马尼拉多明我会接受教育，并在那里接受神职。多明我会反对利玛窦规矩，而罗文藻在接受多明我会传统时却颇为犹豫。万其渊在杭州加入耶稣会，那里从明朝末年开始一直存在一个坚实的基督教信徒社群。刘蕴德以前是北京钦天监的官员，由此开始接触传教士，并加入进来。他给自己取了一个西式名字布洛伊塞·韦尔比耶斯特（Bloise Verbiest）。吴历是耶稣会梦寐以求的信徒，他满足了耶稣会对信徒的种种期望：既是诗人又是画家，在创造力和鉴赏力水平最高的群体内备受推崇；他促进了清朝初期道德和学识的发展；他发现基督教教义和自己追求的儒道殊途同归，前者可以补充、完善后者。这同利玛窦对基督文化和中国儒家文化关系的解读不谋而合。

吴历生于 1632 年，1644 年明朝灭亡时他只有 12 岁。在此之前他还太小，不能参加科举考试取得功名，也因此对旧王朝不负有任

---

* 罗文藻（1616—1691），乳名罗才，又名火沼，字汝鼎，号我存，拉丁名 Gregorio Lopez。入教后，罗文藻逐渐成为中国籍第一位主教。

何正式的义务和责任。到了清朝初期，通过考试加官晋爵的机会不是很多，而且吴历的真正兴趣在于诗画。到 17 世纪 60 年代，他已经和当时一些最著名的大师有了来往。17 世纪 70 年代，吴历加入了对宋代诗词颇有研究的文人圈子，这些人都经历了明末清初的乱世。他们认为宋代诗词对世俗世界的观察细致入微，历史主题的诗歌和戏剧也让他们产生共鸣。与吴历交往的人还有一些通过参加当地道德训诫和钻研儒家经典的集会，试图更加准确地理解儒家文化价值。但社会和谐、世界大同的乌托邦梦想与时下的污浊俗世差距太大，朝代更迭兴衰起落的故事难免落入俗套，又有太多夸张和欺骗。这样说来，吴历等人需要“唯一的主”供其追随和膜拜，需要一条新路去理解世界的起源和本质。

多数有这种追求的人从儒家文化转向佛教，或从佛教转向儒家文化，要么就笃信某种中国民间宗教或者英雄崇拜。但吴历和一小部分人却在 1679 年做出惊人之举，投身于一个显然是异己的宗教。起初，他打算跟随柏应理［菲利浦·库普莱（Philippe Couple）］* 去欧洲，但后来到了澳门并留在那里，于 1682 年加入耶稣会。那几年他创作的诗歌足以生动体现他在观察和描写方面的技巧。他的诗歌题材广泛：奴隶区的白色小房子，夜晚归来的渔夫，还有教堂节日时伴着吉他声边唱边跳的奴隶。吴历和他的欧洲同行都试图说服对方信服自己的某些思想，有时为了清楚地表达意思，他们不得不用纸笔对话。在这些诗中，他同样表达了对于基督教信仰日益加深的理解。有首诗开头充

---

* 比利时人，著名汉学家。柏应理是一位对东西方文化交流做出杰出贡献的历史人物。他不仅亲自往来于中国和欧洲，沟通东西方文化。重要的是他通过自己的著作，将西方宗教和哲学输入中国，又将中国文化介绍给欧洲诸国。作为传教士，柏应理通过其中文著作向中国人介绍宗教知识，其中以《天主圣教百问答》和《四末真论》影响最大。

满了对渔夫艰苦生活的同情，这是中国诗歌创作的常用写法，接下来，他写道，基督教信仰最近传到了他住的城市，渔夫的一些朋友换了工作，“朋侪改业去渔人”*。最后以委婉自然的笔调结尾：渔夫意识到皈依天主教的教徒由于要遵守教会的守斋†规定，会买他更多的鱼。本诗写作的技法比得上最好的宋词。

耶稣会传教士曾冒险接触中国文化，有些批评他们的人认为耶稣会监督下的中国基督信徒充其量只能算是秘密基督徒，根本不理解上帝之子耶稣被钉在十字架上受难而死之后复活的感天动地的情节，也不懂耶稣又赐给每一个罪人怎样的救赎。但是，只要简单看一些吴历诗中蕴含的基督信仰，这样的指责就无立足之地了：

性理由来与道亲，
新诗吟罢一凝神。
死前谁信天乡乐，
了后方惊狱火真。
浮生功名鸿爪雪，
劳生躯壳马蹄尘。
流光况复催人急，
拟向真原细问津。

或许，这和他在 1688 年 8 月 1 日接受神职受礼有关，他还记录

---

* 马太福音第 4 章第 18 节：耶稣在加利利海边行走，看见弟兄二人，就是那称呼彼得的西门和他兄弟安得烈在海里撒网，他们本是打鱼的。耶稣对他们说：“来跟从我，我要叫你们得人如得鱼一样。”这里是吴历对这一段的改写，其中折射了吴历本人从渔夫成长为天主教司铎的经历。

† 天主教在耶稣受难前 40 日的斋期，守小斋，禁热血动物，水族不禁。

了第一次主持弥撒时的情况：

重盥手，复转身，
请祷偕同众罪人。
乾乾洗涤无须剩，
才不负，耶稣悯。
元何十字画频频，
圣死因他钉。

* * *

传教士们不惜冒任何风险也要改变中国。有些中国人对他们充满敬意，有些中国人皈依他们。中国历法专家看出传教士们技高一筹，向他们学习并沿用他们的算法。除了野心勃勃、极度文化自负者外，许多中国画家都在试图学习西方的阴影和透视绘画技巧。即便如此，传教士给中国带来的宗教和文化冲击，在影响范围上仅局限于传教士们所到之处，在程度上也相当有限。吴历的皈依并没有引发很大的入教热潮。利玛窦当初来华，凑巧遇上中国文化较为开放，对固有思想质疑较多的时代。但到 1688 年，中国知识分子内心的纠结已经消除，而且解决的方式方法同外国宗教没有丝毫关系。中国文化在变、在反省，但在大约 1900 年之前却缺少对新鲜事物永不满足的渴望和不懈的追求，没有对古今关系的原则之争。虽然并不缺乏了解外面世界的欲求，但与 17 世纪欧洲文化下人们求知的普遍性和痴迷程度相比则相距甚远。中国虽然有规模庞大的出版业，但几乎不出版任何描绘外面世界的资料，无法将外来经商者、传教士出生的遥远国度与中国联系起来。而在1688年的欧洲，特别是法国，出版界倒是有一股推介中国的浪潮，它在1700年左右达到顶峰，并一直持续到18世纪后期。具有讽刺意味的是，无论是义正词严反基督的伏尔泰，还是其他启蒙运动的大师们，都从到中国的传教士记录的儒家思想文化中吸取了很多知识。

1687年年中，随着《孔夫子的中国哲学》（*Confucius Sinarum Philosophus*）在法国巴黎出版，欧洲知识界找到了探求中国儒家文化内核的新途径。这本书是对开本，印制精良，长达500多页。1688年，《学人期刊》等学术期刊刊登有关此书的长篇书评。让·德·拉·布吕内（Jean de la Brune）在他的《孔夫子的道德观》（*La Morale de Confucius*）和《中国哲学》（*Philosophe de la Chine*）中，也引用此书内容。这部巨著由此在欧洲知识界广泛传播。《孔夫子的中国哲学》将中国“四书”中的三部完整译成法文。“四书”记录的是孔子和他弟子的教诲，后来演变成新儒家学说的核心。书中还包含对孔子一生的简要介绍。此外，中国3000多年的历代君王年表就占了100多页的篇幅。另外100多页的前言声称此书目的“不是满足欧洲人的娱乐和猎奇需求”，而是为传教士所用。之前是献词，表明此书特别献给法国国王路易十四。前言的声明显得有些不诚实：出版这部巨著的目的是要在欧洲各国的宫廷和上层社会宣传和颂扬耶稣会的传教事业，并借此证明耶稣会在中国采取的方式方法合情合理。但是这部书内容的翻译的确是约80年的集体智慧的结晶。老一代传教士希望吸引中国文人入教，于是孜孜不倦地研究作为他们生活和信仰核心的文本。老一代传教士将他们努力的成果交给新到来的传教士，而后者将进一步改进翻译。

《孔夫子的中国哲学》的前言是一篇重要的声明，阐述了耶稣会从利玛窦开始是以何种角度、方法看待儒家文化传统的，以及这种态度、方法的演变和发展。前言中说儒家经典资料中有几段文字，似乎认为“天”是有意识的，会照顾世人，会在人类心里注入道德良心。还有少部分段落提到“上帝”，看起来更像在暗指“唯一的神”。但宋朝的新儒学家注经时，对儒家经典文献中的自然主义进行了系统的总结和归纳，演绎出一套更加完整的概念化、系统化的哲学及信仰体系，称为理学。理学借以发展演化的自然论很早就成为对中国文化影响深远的哲学思想。在理学的理论中，“上帝”只是“天”的同义词而已；而“天”才被用来指宇宙自行运转的秩序，不需要超自然的神去建立秩序或作为膜拜的对象。到了明朝末期，一些思想家对理学的批评给了利玛窦一些启示，他强调这些经典文献字里行间隐约透露出中国古代对上帝是有所了解的。他认为宋朝的理学家有意系统地隐藏了古书里的证据，这些证据证明中国古人在孔子时代之后，已经知道有上帝存在，而且也敬拜真正的上帝。利玛窦觉得敬奉上帝的做法之所以失传，最大的原因是公元1世纪佛教传入中国。利玛窦的时代，佛教的某些方面已遭到儒家知识分子的广泛抨击，而他带来的教义将清除佛教的污染，并反过来用对真正上帝的信仰和崇拜来提升儒家文化对修身和德行的追求。

利玛窦的这一论调实在冒险。一个外国人居然向中国见多识广的精英解释中国经典文化的真正内涵，可想而知，得罪了不少中国的知识分子；但另一方面也引起了一些人的兴趣，少部分人甚至迈出了一大步，皈依天主教。利玛窦的论断在《孔夫子的中国哲学》的前言里也可以得到印证。这一部分描述了“纯正简明的黄金时代”：圣贤的君王膜拜“上帝”，或者鲜活、仁慈、照顾世人的“天”。这一部分还举例论证近代即宋代理学家是如何刻意曲解儒家经典的。但“四书”的译文本身偶有生搬硬套的痕迹，看得出是硬把儒家经典和基督思想扯在一起。例如“明德”这个词重复出现了几次，用来指一个人具有深厚的道德潜质，这种潜质可以被引导、启发，继而发展成为真正的德行。但在译文中，传教士们在某一段把它译成“理性”，而在另一段又认为它是天赐的美德，并据此断定这同基督思想中的不朽的灵魂有异曲同工之妙。这样做的结果就是，中国人从自身与周围世界的关系中领悟出的独一无二的道德认识被淡化了。书中“理性”这个概念仅仅建立在有关灵魂和人的理性本质的抽象讨论基础之上，概念范围如此狭窄，以至于这个概念无法同基督教中的牺牲和救赎联系起来，反而被启蒙思想家用来驳斥基督教正统观念。

从1600年前后有关中国的早期报道中，欧洲读者对中国人的智慧超群就有所了解，中国经济繁荣、人口众多和治理有方也给他们留下了深刻印象。抽象的概述性文字无法让读者对于那里的人和事产生具体的感受。明朝灭亡后，这一情形突然转变。原因在于传教士亲身经历并记录下的“鞑靼征服”文本传入欧洲。欧洲读者对这一系列作品产生的第一印象是中国文明如罗马帝国一样瓦解了。但很快读者就感到一种全新的、行之有效的统治秩序确立起来了，尽管征服者非常残忍，尽管明朝也有很多具有英雄气概却徒劳无益的抵抗。这类作品多数采用叙述体，侧重于描写统治者和历史事件中的其他重要人物。这些人的言辞和行为也许会有戏剧色彩，但并不奇特，在 17 世纪的欧洲，类似的剧目早已屡见不鲜。有些报道把满族人描写成能够创建起新秩序的勇士，而“没落的汉人”则做不到。这种认识既有以中国清朝初期政治现实或者中国士大夫阶层的政治理想为基础的影子，又反映出欧洲人对自己社会的领导力和美德的看法。1688 年，作者皮埃尔·约瑟夫·德奥尔良（Pierre Joseph d’Orleans）出版的法语书《鞑靼人两度征服中国史》（*History of the Two Tartar Conquerors of China*）就是这类报道的典型代表。书中用了大量笔墨描写传教士眼中的清朝宫廷景象，还摘取了南怀仁两次随皇帝到长城外亲征时所做的记录，从中可以看出皇帝对南怀仁恩宠备至，还向南怀仁学习星象。

另一本对欧洲了解中国贡献更突出的著作是安文思［原名加布里埃尔·德·马加良斯（Gabriel de Magalhăens）］写的《中国新史》（*New History of China*）。该书于 1688 年以法文和英文出版，葡萄牙文的原版早已失传。安文思大概在 1675 年完成写作，当时他已经 60 多岁，在中国住了 35 年。他起初曾在印度的果阿（Goa）和澳门的耶稣会机构中教书，1640 年到达杭州。杭州坐落在名扬天下的西子湖畔，景色秀美，文化发达。不过到杭州后不久，他便被派往四川协助利类思［原名卢多维科·布里奥（Ludovico Buglio）］。一路颠簸逆长江北上，刚和布里奥会和，两人就一起被凶神恶煞的叛军俘获，之后又被多疑的满族征服者投进监牢。他于 1648 年在北京安定下来，此后直到 1677 年逝世，除了去过一次澳门外，再没离开北京。同汤若望和南怀仁竭力想获得恩宠不同，安文思刻意与清廷保持距离。

《中国新史》记录了大量有关中国历史和哲学的事例，如同盛大的博览会，这一点和其他传教士的著作相似。但安文思技高一筹之处在于他赋予这本书以活力，仿佛带着读者穿行于庞大帝国及其首都之中。此外，他对其他著作中模糊不清、闪烁其词的内容都有详尽的描述。大概是作者往返澳门途中亲眼观察所得，对大运河和水闸门的描写值得一提：几百名男子拉动大绞车，笨重的运粮船缓缓朝运河的高处移动。有关京城的部分，对于皇宫的描写特别引人入胜。他仿佛带着读者一同散步，从南边现在叫作天安门的地方开始，向读者娓娓细述推开每一道门及进入每一座庭院后的见闻。有人告诉他，明朝末年这里更宏伟瑰丽，但“这里现在已经满足你所有的想象，展示了帝国的非凡气派”。作者还完整地记述了一次“御门听政”仪式：京城群臣列队在太和殿外等候，远远地向端坐在龙椅上的皇帝行跪拜礼。如果我们稍稍留意，便不难发现在这次奇妙之旅中，作者带领我们沿着紫禁城中轴线一路向北，最后从威武的北宫门出来，跨过大街，穿越另外一道三重门，进入一片未铺砖石的开阔地，一共游览了 15 座庭院。这片开阔地和皇帝的一部分马厩相邻，因此经常有人在这里洒水，以免皇帝来骑马时灰尘四起。从这里再穿过一道门，眼前就是一个景色宜人的精致园林，五座假山平地而起，取假山之土的地方成了皇宫西面的湖泊。现在北京城仍然可见这座公园和这些假山。“山上种满了树，这些树呈现完美的对称，每棵树下都有一个或圆或方的底座，底座内有意挖了几个洞，供漫山遍野的兔子休养生息。园林里还有很多鹿、山羊和鸟。皇帝也常到这里休息片刻，看看这些花草和小动物。”凡尔赛宫的那位路易十四，虽说不太爱阅读，但他如果通过这样或那样的途径了解到安文思描写的中国皇宫的种种，想必会心生妒忌。

而对于安文思记录的当时中国政治中令人震惊的一面，凡尔赛宫的那位也一定心有感触吧：

> 要想当上总督或某省的巡抚，在官职定下来之前，一定得花上两万、三万、四万两银子，有时甚至多达六万或七万两。而皇帝一个钱都收不到，所以对买官卖官之事一无所知。只有朝廷中的位高权重者，像内阁大学士和六部尚书等人才有机会和办法私下买卖所有官职。反过来，当了官的人为了满足自己的贪欲，补偿为了做官花掉的钱，自然又会向所属的督抚索贿，督抚再朝所管的州县官员把钱要回来。而州县的地方官——或许是从上到下，所有做官的一起——再伸手向可怜的老百姓要钱，以装满自己的腰包。因此，中国民间有句谚语，意思是皇帝派官去管理穷人，不经意间却放出刽子手、杀人犯和豺狼虎豹，之后又设立职位管理这些家伙。总之，没有一位总督、巡抚或者类似职位的官员，在任职三年内不捞回六七十万甚至百万两银子的。

康熙对于人们想通过做官变得富有一定非常警觉。他也一定知道为了当官，那些人在京城都用了什么办法和途径。安文思的书中描绘了当时中国官场从上到下有组织地、系统地买官卖官的景象，虽说在史书中证据有限，但他也花了很多时间同京城各色人等交谈了解信息。他自身在中国的经历，也许还有他对同行在朝中邀宠的做法的不满，可能导致他相信周围社会发生的最黑暗的事情都是真实的。如果说吴历证明了皈依天主教的中国人也是真正的基督徒的话，那么安文思则证明了耶稣会的神父也会对中国文化充满敬意，也会对威严宫殿惊叹不已，却不会过度热衷。东西两种文化在碰撞之际，都不畏惧对方的模糊性和错综复杂。正因为如此，我们才能不断从现代世界的早期历史中学到更多东西。

第十二章

金泽、江户和长崎

元禄*元年农历十一月初即1688年11月下旬，当人们走在日本金泽市干净整齐的街道上时，有打扮成麻风病人的乞丐过来搭话。看到这些乞丐并没有像真的麻风病人那样少了手指、耳朵或鼻子，再想想现在的时节，行人多半会给乞丐一点儿钱，乞丐则回敬一个让人远离这可怕疾病的护身符。

在日本，人们一年中有很多节日要过：新年、女孩节、男孩节、七夕节、盂兰盆会。在一个严格按照不同职业和不同身份划分群体的社会中，很多群体除了以上节日外还有他们自己的节日。铁匠十月初八过节；商人十月二十过节，并在这一天装饰他们的店铺，出售打折商品，还向老顾客派送小礼物。乞丐是另一类社会群体，他们有自己的头领，而且头领的地位还得到政府的认可。1688年，一些乞丐群体之外的人出现在街边行乞，这使已获得政府承认的乞丐大为光火。事实上，得到承认的乞丐团体有两个，那些在乞丐节上扮成麻风病人的乞丐来自规模较小的那个团体。他们一直保持独

* 指1688年到1703年，这个时代的天皇是东山天皇。江户幕府的将军是德川纲吉。

立，居住在位于神社后面自己的地盘里，自称“给人带来好运的乞丐”。除了乞讨之外，他们制作、售卖草鞋和雨天穿的木屐，并且照顾麻风病人。一年中的吉庆日，他们会聚到富人家门前，如果人家施舍给他们一些食物或钱财，他们就会说些祝福的话，反之，如果人家什么东西都不给他们，他们就会咒骂对方。

这些“给人带来好运的乞丐”公开而谨慎地做出粗鲁的样子，并且得到了社会的许可，他们伪装的对抗下面隐藏着真正的憎恶，他们例行公事般的宣泄是典型的通过某种仪式制造的出口，也是一种情感表达方式，帮助人们在社会角色严格受限、情感表露须尽力克制的日本社会活得不那么艰难。金泽本身在很多层面也是17世纪日本的绝佳缩影。1688年，金泽以大约10万人口位列当时世界二十大城市之一。同当时日本的很多城市一样，金泽也是一座新兴城市。直到16世纪40年代，这里的居民数量仍然不多。城里最高的建筑是前田大名*家族的古堡，其历史也不过百年。

很多历史学家认为17世纪兴起的新日本孕育了20世纪90年代组织结构复杂、生产力发达、管理高效的现代日本。而日本在17世纪开始的兴起又可追溯至16世纪50年代，各地的大名为了加强军事力量、巩固政治统治、提高经济活力付出了种种努力。几个实力强大、雄踞一方的大名想把自己支配下的同盟联合起来，达到掌控整个日本的目的。最终在17世纪初期，德川家康脱颖而出。德川家康和他的继承者们作为幕府将军统治日本直到1868年。这期间“幕府将军”名义上由天皇任命，但日本天皇实际处于被动地位，有名

---

* 即比较大的名主，是日本古时封建制度对领主的称呼。

无实，只能行使一些礼仪性质的职能。那些同德川家康家族结盟的大名，甚至一些被他们打败的对手都被安置在各藩大名的位置上，他们在处理内部事务上享有广泛的自治权，而且无须向德川家康家族上缴赋税。反过来说，这些大名也必须对德川家族保持忠诚，因为德川家康不仅在军事上占有优势且拥有对其忠心耿耿的同盟，而且幕府将军要求他们把家人留在幕府的统治中心江户作为人质，他们本人也要每隔一年到江户住上些时日。前田家族从没想过为自己谋取霸权，但为了支持最有望成功的德川家族，尽心竭力地扩展军事实力，成为德川家族的得力帮手。德川家族偿其所愿后也接连不断地对前田家族做出奖赏，使其成为日本除德川之外最大的领主，安心坐拥富庶的领地。其领地横跨江户的山脉与其他主要城市，靠近本州主岛西岸，对于任何一个想争夺权力的对手而言价值都非同一般，但在战略意义上并不是掌控全国的关键。

从 16 世纪末开始，为了加强和巩固对其领地内的人口和资源的控制，大名努力改良政治机构。他们对领地内的居民人数、各人拥有的土地及赋税义务进行登记注册。此前，武士*和平民的身份不是一成不变的，可以相互转换，但登记之后就变成了固定世袭的身份，平民被禁止携带武器。社会阶层中最难控制的武士阶层从此受到严厉的监管，他们必须退出土地，并迁到自己领主的城堡，依靠大名通过统一收取土地税而提供的薪俸生活。这样一来，武士便不用面对既是土地持有者，又要为领主收取赋税的矛盾，也没有独立的经

---

* 日文中，“武士”一词其本意是侍者、贴身随从。武士要不畏艰难，忠于职守，精干勇猛。然而这一准则代表的只是理想，武士的忠诚、勇猛往往建立在他所效忠的领主能对武士所做出的贡献给予奖赏的主从制度上。

济基础对领主的地位造成威胁，这在现代世界早期携带武器的精英群体中是绝无仅有的。由此，我们也就不难理解现代日本遵纪守法、忠贞不贰的上班族在回顾武士时所带的向往和尊重之情了。

为了吸引商人和手艺人，特别是那些对战争起关键作用的人到自己的领地定居而不是被对手挖走，大名会允许他们拥有市场垄断权，并为他们提供土地用来建作坊和货栈。大名发现开垦农田和提高农业技术可以增加税收，因此鼓励人们改进技艺、增加商业活动。1600 年前后的动荡时期，大名做的一切都是为了提升战斗力。到 17 世纪 30 年代，每个领主都希望尽可能地增强防御能力，因此新秩序的稳定性难免令人担忧。德川家族对日本的统治依旧毫无波澜且越发稳固，大名早已习惯了为追求财富和权力最大化全面彻底地掌控自己的领地，并持续为此付出努力。扣留人质在江户居住花费甚巨，榨干了大名的财富，这迫使他们寻找新的收入来源。所幸，训练有素的武士在维持统治秩序、高效管理方面与为自己的领主杀敌时一样出色。

到 1688 年时，日本农村呈现出一派繁荣景象，并兴建了相当数量的新屋舍。在房屋数量日渐增多的城市，所有住宅用地被分配给大名委任的当地官员管理，所有居民被编排成相互协作的治安组，所有居民区都有巡夜人，夜晚上锁，严防匪盗。贸易活动和手工业生产非常活跃。最令人不可思议的是，1688 年的世界战乱不断、城市街道危险重重，金泽和其他一些日本城市却非常安全。日本在此后 70 多年里没有公开的战事。想一想这些城市的管理者的经历也许就不难理解了：他们听着某些人好逞英雄、鲁莽行事的故事长大，还使用世界上最锋利的剑不停地精习武艺。

日本还有一个显著的特点：之前提到的两个乞丐群体，他们是被社会驱逐的人，而且身份世代不变。此外还有其他一些同样不被社会接受的群体，他们从事的是“不洁”职业，例如鞣制皮革，尽管这些人同其他日本人讲同一种语言，拥有共同的祖先，根植于相同的文化。从1640年开始，日本把自己封闭起来，不对外国人开放。虽然在江户、京都或大阪偶有荷兰或高丽使节出现，但在金泽却根本看不到外国人。在1688年，金泽也许是世界上没有外国人出现的最大的城市。这样的状况此前已经持续了数十年，而在1688年后的至少170年里，这种情况还将继续。

* * *

在江户维持秩序要比在金泽困难很多。江户也是一座新建的城市。16世纪90年代，德川家康和当时势力最大的军事首领丰臣秀吉联合起来占领了今东京湾周围的富饶平原。德川家康在这块新占领的土地上建造城堡，在城堡上可以俯瞰一个叫江户的小渔村。在巩固了对日本全境的控制之后，德川家康在江户开设幕府（意为“帐篷政府”），自称幕府将军，即最高军事独裁者。德川家康和他的后代世袭的幕府将军由天皇正式任命，而世袭的天皇被日本人当成天照大神的后裔。天皇仍旧住在古老的都城京都，受到德川家族的优待和慷慨供养，但没有实权。德川幕府将军为所有的大名及其下属的武士制定行为标准，有时还会派密探或巡查官到大名的领地查看，但总体说来，允许他们在领地内审时度势，根据自己的判断制定相应的政策，实施管理。虽说如此，大名却要看将军的脸色行事，因为他们可能被其封到新的领地，甚至被削封，完全不被任用。不过，如果削封就会导致忠于大名的武士无人管控，而失去监管的武士则成为浪人，很容易作奸犯科、发起叛乱，搞颠覆活动。

到 1688 年，德川巩固霸权的进程在经历了一段平静期后有所复苏。幕府成为由武士组成的牢固的官僚机构，他们负责管理幕府将军直接拥有的大量领地，并严密监视其他领地。幕府将军控制大名的主要手段就是扣留人质：大名须有部分家族成员常年留在江户，大名本人也要隔年在江户住上一年。江户城的形状和它的权力结构一样错综复杂。庞大的江户城堡（1868 年后改为皇宫）坐落在城中心巨大的石筑城墙和多条护城河后面，幕府将军及其家人住在这里。城堡四周是早期同德川结盟现已身居要职的大名的宅邸。以城堡为圆心再向外扩展一圈是德川的家臣即“御家人”和“旗本”居住的地方，要简朴一些。再往外一些是“外样大名”的住宅，他们之前和德川的关系并不紧密，甚至积极反对过德川家康，因此他们不被允许进入幕府官场。大名在江户的地产属于他们领地的一部分，高墙之内他们按照自己的家法实施管理。佛寺庙宇和神社集中的庄严之地有很多民居和店铺，这里同样享有很大程度的自治权。平民居住区之间用高墙和大门隔开。一道道威严的大门，仍然是寺庙和其他保存下来的传统建筑最显著的部分，社会的快速发展、审美的提高和控制力的增强都在此得到体现。

1688 年，江户的人口超过 90 万，是当时世界最大的城市之一。平民占人口的绝大多数，由两位“町奉行”管辖。这两位官员按月当值，一位从城堡的上级那里接收指令，登记居民的诉状，听取诉讼，另一位则关起门来着手处理上个月接到的案件。此外，他们还管理着全城不到 300 名治安官和巡逻者。另外，江户还有一个由非武士出身的地方长老组成的大型管理机构，这个机构分为三段：三位世袭任职的“城代”、邻区里长和普通居民。所有的居民以五家一组被编到一起，他们要和里长取得联系，五户人家中所有成员都要为其中每个人的行为负责。每一个居民区，无论居民是武士还是平民，都要在夜间巡逻，预防犯罪和火灾。每个居民区还建有自己的警卫室和禁闭室，并为此配备人员。在江户，这样的警卫室超过 900 个。北京有户籍登记制度，阿姆斯特丹和伊斯坦布尔有夜间巡逻（后面的章节将提及），但从城市管理的全面性和严格角度来说，1688 年的大都市里没有一个可与江户相提并论。

江户的统治者们希望所有人都能各安其位，各司其职，但城市一直在发展、一直在变化。店铺挤占了街道，季节性的货栈现今一年四季都在。不受控制的建筑增长不仅给公共秩序带来威胁，也加大了城市发生火灾的危险。要知道，江户的建筑几乎全是木质的。1657 年的几场大火吞噬了城市的大部分地区，烧毁了江户城的中心建筑，而且据官方统计，还有 160 座大名府邸、350 座神社和寺庙、750 处御家人和旗本的住宅，以及 5 万家商人和工匠住宅被毁。为了减少再次发生这类火灾带来的危害，官府重新规划住宅区，降低了现存住宅区建筑的密度，指定火灾烧毁的地方作为防火带，不再重建。其中一个防火区叫江户桥，在 17 世纪初填埋而成。1657 年大火之前这里曾是繁华的商业区，临河的贮木场当时想必火势更旺。后来被允许回到江户桥部分地区重建家园的人，按照要求设了守卫和巡逻人员，防止人们进入防火带。这样的措施造成了沉重的经济负担。居民想方设法平衡开支，他们在火灾发生的地方出租小块土地给季节性商人，如售卖新年装饰会用到的松枝和竹条的商人。很快，那里又出现了茶馆、旧书摊和算命先生等。但他们只被允许建简易摊点，不能建住房，以便发生火灾或幕府将军从河边经过时，能快速将临时货摊拆除并拖走。到 1688 年时，航运代理人和鱼类批发商也来到这里，迫切要求进入防火区的河畔地带选址经商。18 世纪，江户桥的再城市化进程会进一步加速。

江户是一座大型消费城市。同古老的都城京都及与之毗邻的商贸城市大阪相比，它并非工艺精品的生产中心。文学和文化潮流均始于京都和大阪，然后才流向江户，变得庸俗。结果就是，在寻欢作乐和通过炫耀式消费彰显社会地位方面，江户绝不输给伦敦和巴黎。

大名在自己的领地内花费大量金钱观看能剧，这些剧或雅致，或隆重，或微妙，或洞穿人性。他们还建造了宏伟壮丽的庭园，如著名的后乐园*，由水户（现为日本茨城县中部城市）大名德川光圀建造，他是幕府将军德川家族里官衔最高的亲属之一，也是日本研究儒家文化的资助者。庭园在设计建造过程中得到了一位流亡日本的中国明朝遗忠的帮助。这位明朝遗臣是位饱学之士，流落日本时带去了很多中国的经典学识，全面推进了德川光圀的学术和出版事业的发展。一些日本人从这位忠臣的经历认识到中国已不再是忠臣义士的家园，但在日本这样的人依然被敬为上宾。

江户除了敬重忠诚正义之人，也欢迎真正有所追求、想做出点成就且举止有风度、自认为有文化的人来此生活。但蜂拥而入的却

---

* 位于日本东京都文京区后乐一丁目的一座都立庭园，是东京都内赏梅、赏樱和观赏红叶的名所。

是武士和平民。武士中既有德川家族的御家人和旗本，也有大名的藩士，他们有大把的时间去挥霍。平民里有识字的，也有新近赚了些钱的。在这些人中，木材商人是最富有的群体之一。对他们来说，江户城里的声色场所更具吸引力。江户有一个法律许可的烟花地叫吉原青楼*，武士不得进入，但在实际生活中，哪个武士不曾挤在狭窄的巷子里，勾引要价低廉的妓女？又有哪一个不会对那些虽不抛头露面却名声在外、举止文雅的绝色美人心心念念？当然对于后者，武士们也只有谈论的份儿，她们的主顾通常是高级别的武士和富有的平民。白纸黑字印刷精美的书籍描绘了各种色情行为，配图中流畅的线条生动再现了人物身体的动作和姿态，以及人身上的饰物和衣服。这类绘画叫“春宫图”，和日本宗教中的生殖崇拜有关。还有些书被称作性爱启蒙教材。但当那些没有过性经历的读者翻开书读到文字还算优美的描述，却突然被突兀的画风打断之时，他们既有可能血脉偾张，也可能被惊得目瞪口呆吧。

江户至少在三个城区有歌舞伎†表演场所。流传至今的歌舞伎排名册最早的一份制于 1687 年。歌舞伎表演场面壮观，需要很多情节支撑。虽然故事情节通常讲述日本历史中高尚的人和事，但歌舞伎剧场不能摆脱或者应该说不想摆脱颓废和淫荡之气。17 世纪初参加演出的女演员免不了落下淫乱的名声。自从女性被禁止登台演出之后，女性角色就只能由年轻男子扮演，而年轻男演员中很多因为年轻俊俏，深受有钱有权的同性恋者喜爱。17 世纪 80 年代，江户的歌舞伎

* 1617 年江户幕府开设不久就允许在日本桥葺屋町设置妓院。幕府公认的吉原妓院由此诞生。1913 年，这座著名的妓院因为火灾而焚毁。

† 日本典型的民族表演艺术，起源于 17 世纪江户初期，1600 年发展为一个成熟的剧种，演员只有男性。近 400 年来与能乐、狂言一起保留至今。

表演开始涉足同时代的政治领域。这些剧目很受观众欢迎。虽然演出中涉及的人物原型的名字被换掉，但观众还是能看出影射的是谁。同政治演出一起出现的还有少数以爱情悲剧为主题的演出，这类剧目往往描写相爱的恋人因为阶级差异不能结合而双双自杀殉情。

在江户还有一种和歌舞伎表演并驾齐驱的艺术形式叫木偶净琉璃*。近松门左卫门是一位有影响力的成功剧作家，尽管当时名气还没达到顶峰。歌舞伎表演和净琉璃都采用他创作的剧本，但他最优秀的作品还是来自净琉璃的创作。表演中的木偶大约 90 厘米高，设计优美、结构精巧。演出中，观众可以看到木偶的操纵者。角色假扮的感觉，华丽的戏服，木偶惟妙惟肖的动作和姿态，这些都是演出成功必不可少的要素。说唱者是表达剧情的关键。当时最受观众喜爱的木偶净琉璃创作者是山本藤上，但喜欢高雅艺术的人批评他的剧情缺少连贯性、语言平白，还经常出现妓院场景。

1688 年在江户城堡主持大局的是幕府将军德川纲吉†。他颁布了很多法令禁止人们残害狗和其他动物，如果违反就要受到残酷惩罚，因此被讥讽为“狗将军”。关于他的这种极端做法有很多故事和猜测。据说他受到一位坚守不杀生信条的和尚的影响，也有人说是因为他本人属相是狗，所以在心理上他感到有一种特殊的义务去保护狗。不管原因是什么，毫无疑问，在 1688 年，江户百姓十分清楚他们的统治者特别重视“关爱动物”。根据幕府的文献记录，这位将军于 1687 年颁布了九道这方面的法令，1688 年就颁布了一道。后来，

---

* 一种木偶剧，也叫“文乐”。它是日本三大国剧之一，起源可以追溯到室町幕府时期，繁盛于江户时代，以京都、大阪为中心发展而来。

† 德川幕府第五代将军，在职期间为 1680 年至 1709 年，是三代将军德川家光的第四子。

也有一些传言认为德川纲吉行事古怪，很大程度是因为有一些在幕府中居高位的家族对他在政府中任用自己的心腹心怀不满。

1686年德川纲吉发布规定，要求犬只及其主人必须登记。他对家养动物的关注由此开始。1687年的几道法令又对之前的政策进行了细化。此外，他还下令不得抛弃生病的马匹。有一位大名遭到流放，只因为他的厨师淹死了几只小猫。尽管我们不该忽视这些法令中经常引用的“关爱动物”的字样，但更应看到这些规定对维护这座大城市的秩序和公共安全的重要意义。在江户，很多大型犬类是被训练用来打猎和看家护院的，一旦它们挣脱锁链必然危害到住在简陋房屋中和开门经商的普通百姓的安全。生病的马匹如果被主人抛弃，在拥挤的街道上横冲直撞，显然也会对公众健康和安全造成威胁。

更重要的是，德川纲吉颁布的这些政策其实是他为驯服、开化武士，提升其文明程度而做出的巨大努力的一部分。他是幕府中第一位对训练战术技巧不感兴趣的将军。他认真研习儒家经典，在17世纪90年代做了一系列有关《易经》的讲学。1684年，他打击了几个由御家人和浪人组成的在江户闹事的团伙，两年后又镇压了几伙平民的暴乱。“关爱动物”是他倡导的更加温和、更加文明的道德规范的一部分。残忍对待动物者往往对人也一样。由此，武士们意识到他们连狗都不能虐待，更何况残暴对人呢。

德川纲吉一直推行这些政策，直到1709年去世。研究德川家族的学者很难把“狗将军”的荒诞故事同这一时期的其他社会现象联系在一起。1688年东山天皇登基改年号，是为元禄元年。历史学家认为在这一年出现了城市化、以消费者为导向的文化，及以和平为主题的艺术，但也仅限于和平、奢靡，以及关爱动物和他人的讲座。1701 年，江户城堡内，一位大名拔剑刺向一个行为粗鲁无礼的幕府官员，后来这位大名被勒令自杀。两年后，这位大名的 47 名武士（主人已死，武士成了浪人）闯入挑衅他们主人的那位官员在江户的府邸，并杀死了他。这些浪人最后也被判自杀。但这 47 个浪人忠贞不渝的故事在长达几个世纪的漫长和平岁月里被广泛传颂，故事中蕴含的武士道精神也流传下来。

* * *

九州是日本西南部的一个岛，长崎位于九州岛西海岸即这个狭长海湾的北端。到 1688 年时，长崎陷于日本与外部世界非同一般的关系旋涡里，已经有 100 多年了。从 16 世纪 40 年代开始，葡萄牙商人努力寻求贸易通商的机会。很快，圣方济各·沙勿略（Saint Francis Xavier）就来到日本传教。他发现日本人身上具有荣誉感和专一的武士献身精神，对此，无论作为耶稣会会士，还是西班牙贵族，他都十分赞赏。16 世纪末，日本的政治和文化动荡不安，各地领主急于吸引葡萄牙人在自己的港口进行贸易活动。他们感到如果对传教士保持热情友好态度，事情就好办得多。

身处乱世，各个阶层中都有人发现在传教士宣扬的宗教里能够找到应对当时道德和文化混乱的一系列教义。到 1580 年，日本皈依天主教者超过了 10 万人。同年，一位大名把长崎赠给耶稣会作为采邑。但好景不长，仅在 7 年之后，势力日益壮大的大名丰臣秀吉对葡萄牙人和西班牙人利用基督教会作为先遣队向日本渗透越来越担心，因此，他打算把所有的传教士驱逐出去。从1612年开始，德川家族统治下的日本禁止了传教活动，同时禁止日本人参与基督教活动的有关法律越来越严苛。仅在1622和1623两年时间里，在长崎和江户被处决的传教士和天主教徒就达近百人，他们大多数被钉在十字架上致死。其他日本天主教徒则选择移民。有些日本移民在澳门圣保罗大教堂正面的建造过程中做了很多工作，有些在马尼拉引起了西班牙政府的关注，有些在大城府组建了一支禁卫军，甚至有一部分到巴达维亚定居下来。但很多留在日本的基督徒面对残酷迫害仍然坚定不移。17世纪30年代后期，基督教问题在长崎已相当棘手。在附近的岛原，农民中的基督徒发动起义，但被镇压下去。幕府将军由此认为葡萄牙人与传教士纠缠不清，遂下令驱逐所有葡萄牙人。后来葡萄牙派来使团，请求幕府重新考虑，但这些使节也几乎全部被杀害。

荷兰人此前一直在九州北海岸的平户进行贸易，在葡萄牙人被驱逐出去之后，其经营地点转移至长崎，但仅限在“出岛”范围内活动（出岛是专门为这个目的而建的人工岛）。中国人也只准在长崎开展贸易活动，但受到的限制没有荷兰人那么严格。日本的外贸商船，有时就归日本基督徒所有，常与国外的基督徒有接触，在17世纪30年代，幕府加大了对其监管的力度，现在则严厉取缔。日本主动限制海上贸易的做法产生了巨大影响。1688年时日本若能积极参与，亚洲海运的情况肯定会大不相同。

日本的政治精英认为同外部世界交往十分危险，因此长崎成为当时日本同外部联系最重要的窗口。长崎由幕府将军派出代表直接管理，不归属任何一个大名领地。中国的南明抵抗政权曾几次请求幕府帮助其对付入关的清兵，但都遭到拒绝。为了了解中国最新的发展情况，日本对每艘从中国到达的船只的船长进行详细盘问。少数中国人到日本定居，成了懂得两国语言、拥有两种文化背景的翻译。长崎建有两座精美的中国佛教寺庙。中国水手似乎对宗教不感兴趣，他们在港口寻欢作乐，特别喜欢那些不缠足的漂亮女人。荷兰人就没这么好的待遇了。他们不得不每年派使团到日本的江户，向幕府将军表达崇敬之情，否则他们在日本的活动范围就只能局限在出岛。于是妓女只能上岛为荷兰人提供服务。有些翻译学会了荷兰语。日本的艺术家生动地刻画出荷兰人的奇装异服、奇怪的发色、粗野笨拙的举止和他们那由亚洲奴隶组成的小型管弦乐队。

在驱逐葡萄牙人，把荷兰人和中国人限制在长崎之后的几十年间，幕府仍然忧心忡忡，担心基督教问题和海上威胁会再次抬头。同时，幕府还要努力控制本国生产的铜、银和黄金的供求平衡，以免出口这些金属造成国内供应不足。17 世纪 70 年代，幕府官员意识到只禁止一种或几种金属出口收效甚微，于是，他们制定了一个更加全面严格的大宗交易政策，所有的商品价格由长崎官方决定。1688 年，世界上没有哪一个政权像日本这样全面而有效地监管对外贸易。从内部来看，日本是由多个相互竞争但又组织有序、和平相处的小国组成的联合体，但在面对外部世界时，这些“小国”却组成一个高度统一的政体。事实上，日本向来如此，无论在战争时期还是和平时期，无论在古代还是在现代。

在中国，随着 1683 年施琅收复台湾，1685 年年初，清政府下令，重新开放福建和广东的港口，立法批准在这些地方进行海上贸易，此时船长们正好能在春天顺航前往日本。到 1685 年年底，已有 85

艘帆船到达日本。这个数字是之前几十年年均数量的 3 倍还多。这股热潮再次引起了日本人对于同外部世界接触的担心和恐惧。一艘从澳门驶来的葡萄牙船只到达日本，船上载有途中捞起的 15 名因海难死去的日本人。这些葡萄牙人受到严密监视，被准许离开时，还被告知以后不准再到日本来。一艘中国船只带着一本汉字写成的书，书里发现有关于罗马天主教的内容，于是带着那本书的中国人被处死，船和船上的货物全部被烧毁。收复台湾的清廷派出两名官员到长崎，很可能是寻找之前抵抗清政府现在还未投降的反叛者。幕府派出特使到长崎严格盘问这两名官员并且命令他们离开，警告清政府再也不得派官员到日本来。荷兰人注意到：多种迹象表明日本人担心清廷会利用众多的商船作为掩护，突然袭击日本。

1685 年，随着来自中国的进口商品猛增，幕府和长崎官员暂时放下对安全的顾虑，而以更直接的措施控制贸易规模，规定每年从荷兰进口的商品总值不得超过 30 万两白银，从中国进口的商品总值不得超过 60 万两。1686 年 1 月，日本官员下令停在长崎港口的帆船必须在农历新年之前离开。这些帆船虽然离开港口，却停泊在附近海域，妄图通过走私逃避禁令。后来事发，一些日本的走私者被抓获并处死。农历新年后，一部分之前被勒令离开的船只又回来了，并获准按照 1686 年的定额进行交易。1686 年春夏两季共有 112 艘中国帆船到达长崎。一些装载货物少的船只被允许售出全部商品，那些装载的商品价值多于 10 万两白银的大船，每艘只许出售价值不超过 2.5 万两白银的货物。由此可以看出，日本实施禁令后，仍然允许大量外国帆船到长崎合法出售部分商品。剩余的商品，外国人则在船只驶离长崎到达公海海域后，通过走私出清。

外国人对日本的贸易继续高涨，1687 年到达日本的船只有 136 艘，而在 1688 年竟达到令人难以置信的 192 艘。走私活动还在继续，参与其中的日本人会被处以死刑。1688 年 8 月 9 日，长崎官方宣布，已进港的 165 艘中国帆船，只有 120 艘可以开舱出售货物，而所售商品总值不能超过 60 万两白银；其余船只，以及在这条规定发布之后到来的船只只能原封不动地载着商品马上离开。9 月，官方又发布命令，此后每年只允许 70 艘中国船只在日本从事贸易活动，同时还规定了这 70 艘船的出发港口或地区：江南港 10 艘，宁波港 12 艘，福州港 13 艘，广州 6 艘，等等。此外，长崎当局还建了一个带有围墙的聚居区供中国人居住。这种做法颇像为荷兰人建出岛。但从现存的鸟瞰图来看，中国人住宅区并没有被完全从城市中隔离出去。这项工程在 1689 年完工，中国人随后迁入居住。他们不允许离开自己的居住区去长崎，他们的货物也被拿走到别处存放。当然，这些是长崎官方为了严格执行 1685 年定额限制而采取的措施。但我们也能从中看到，日本在努力应对数量众多的外国船只和水手涌入给日本造成的安全威胁。对进口商品进行定额限制显然旨在保持日本包括金、银在内的商品的进出口平衡。这些规定在很大程度上也防止了日本的贵金属出口到国外。打击贸易走私的活动持续了很多年。唯一有效解决走私问题的办法就是日本鼓励发展“替代进口”产业，尤其是丝绸业。18 世纪，给中国的进口配额被降得更低了。

第十三章

井原西鹤和松尾芭蕉

1688年，井原西鹤出版了《日本永代藏》，该书的开头写道：

> 上天无须言语，大地却在上天无言的统御下生机盎然。人类也感念于上天的美德，然而，多数人却是没有信仰的骗子。似乎人类出生时就是没有灵魂的，必须借外物之力塑造品性。既然出生时空如白纸，这个世界又有好有坏，想要诚实地过完一生并获得成功的辉煌，常人囿于本性，是难以实现的，恐怕只有人中圣贤之士才能做到了。
>
> 但纵观人的一生，首要是谋生。鉴于此，每个人（神道神主、武士、农夫、商人、匠人及僧人）都要对节俭女神鞠躬致敬。还要把节约金、银奉为美德。虽然肉体凡胎受之于父母，但维持性命，却需要金钱。

在这本书的第一章，井原西鹤继续讲述发生在庙宇里的故事：为求好运气，来此烧香拜佛的香客离开时都要从这里借走三五个或十个铜钱，来年再加倍偿还。有一天，一个相貌普通的男子提出要借走1000个铜钱，这让庙里的和尚吃惊不小。他们还没想明白个所以然，也不知道这些钱会不会还回来，这个男人已经带着钱走出门了。这个男子把每100个铜钱用幸运绳串在一起，借给渔夫，之后再连本带利收回来，再按复利计算，他欠了寺庙多少。就这样13年后，他共还给寺庙819.2万个铜钱。井原西鹤总结道："如果那些没有从父亲那里继承财产的人，只凭自己的能力，积累起超过500两银子，人们称他们为家境殷实。如果这些人积累的财富超过1000两，人们叫他们富翁。如今，这个男人只凭利息，就创造了几十万、几百万的财富，这些金钱也要为主人献上美妙的歌曲，祝他千秋万代好运常在。"

在《日本永代藏》中，井原西鹤讲述人们通过节俭、勤奋和智慧发财致富的故事还有很多。一个男人从来都不会错失任何一件给他带来利益的小事，例如参加完邻居的葬礼回家薅些路边的草药；走路时被绊倒也要拾块打火石回去。一个寡妇背着丈夫留下的大笔债务，以她微薄的收入无力偿还，她便想到了抽奖卖房的办法，结果她筹到了足够的钱还清债务，并开始新的生活。另外，一个给别人当佣人的农村女孩中了彩，只用几个铜钱就得到了一所房子。

《日本永代藏》全书共有30个章节。每章都包含几个类似的故事。有时同一个章节中的几个故事内在联系很清晰，但其他章节的故事却有些松散，顶多只是几个词或名字有点儿联系。从这里我们可以看出作者之前曾专心研究俳谐诗写作，并且一直受其影响。在这类诗句中，某一句出现过的意象或诗句在下一句的用法可能完全不同。他的俳谐作品以文字流畅，谈及文学及当代社会现实时频繁引经据典而著称。一些同时代的批评者称他的文风为荷兰风格。这里的“荷兰”在当时显然是用来指代异国情调和繁复夸张，大致相当于我们现在说的“巴洛克”。

井原西鹤本名平山藤五，他早年曾继承了一大笔商业财产。显然他非常了解当时日本的商界，尽管如此，作为一位多产的作家，他不能在管理家族生意上投入很多时间。传统上，俳谐的创作是一种集体创作：一位诗人写出第一首诗，接着他的一位朋友仿效第一首诗，改变用词和风格再写出第二首，之后，其他朋友依此规则继续往下写诗，就像爵士乐即兴演奏会一样可以无限创作下去。西鹤的第一部作品就是他和 150 个作家用时 12 天创作的 1 万首诗中精选的 300 首合集。此后他和其他诗人便开始挑战传统，由自己写作俳句联诗。1683 年，西鹤创造了一项纪录：他用一天一夜的时间写出 23500 句诗！这个纪录似乎无人能打破。

到 1683 年，西鹤却把他奔流不息的文学创造力转向新式散文体。涉足早期日本文学史上很少有人尝试的领域，阅读群体主要是广大商人、城市里的武士和少数有钱并识字的农民。虽然他不需要为了生计而卖书，但他在很大程度上确实是为那些潜在购买者写书，不局限于贵族和鉴赏家。虽说自公元 10 世纪出版《源氏物语》以来，日本文学的内容并不至于拘谨到谈性色变，但以语言直白、文笔率真而非多愁善感和做作的风格来描写商业社会和男女情欲，却是井原西鹤开的先河。他的第一部非俳谐类作品《好色一代男》出版于 1682 年。这本书讲述了一个男子“愿意被爱折磨，到 54 岁时，已经狎戏过 3742 名女性及 725 名年轻男性”的故事。很多人认为西鹤最好的作品是《好色五人女》。故事中五名耽于肉欲的女主人公中最终只有一名逃脱了被处死、自杀或出家的命运。另外一位面对佛家的警告，大声疾呼："不用担心我们将来会怎样，为了这不被允许的事情，我们乐意拿命交换。"除了上述两种作品，井原西鹤还有一些作品集，其中包括1688年出版的《武家义理物语》。这本书在记录作者的新创故事之余，也收录了一些旧的武士故事。但与以往作者不同的是，作者对于这些武士执着复仇、效忠主人、舍生取义的故事没有丝毫赞赏之意。井原西鹤认为，武士为了主人尽忠而死，只是在尽自己的责任和义务，出生于武士世家，理应如此。同样道理，身为商人，就不应该浪费任何一点儿时间和金钱。依此类推，作者笔下的耽于肉欲的男男女女，想必也是如此，受欲望驱使，没有表现出任何深沉的性格与情感，对于与之交欢的人拥有什么样的个性，也漠不关心。

在德川幕府统治时期，日本社会新秩序呈现高度分化的状态。正是在这种社会里，这位才华惊人的作家，深刻洞察了人类灵魂的空虚，不再认同自《源氏物语》以来因循守旧的观点，即武士、文人和贵族三种角色总是集于一身。他笔下的英雄美人和痴迷于情色者总想挣脱佛教里人和爱皆短暂的命运。井原西鹤呈献给读者的是一个充满各种各样独特追求的世界，有人智慧，有人愚蠢，有人幸运，有人不幸，但他们无非都担负着命运交给他们的职责，陷于命运安排的困境。

在《日本永代藏》结尾处，西鹤写道："世界是一个可怕之地。永远不要随便借钱给别人。嫁女儿时，也不要让媒人听凭其意愿安排一切。即使你百般小心，很多情况下仍会丢失钱财。……现在的钱比以前多了，无论是赚钱还是损失，数额都比以往大了很多。不管过去如何，反正现在做生意是一项令人激动的事业。因此，你们中的任何人在谋生之时，千万不可疏忽大意。”在另一段，井原西鹤描写了穷人在当铺的悲惨遭遇：一个男人在当掉唯一的一把伞后只好淋雨而去，一位妇女典当了家里的锅，还有一个女人当掉了自己的底裙，不得不忍受好色之徒透过薄薄的衣衫打量自己的身体。但即使落魄至此，生活中也总有希望。一个在江户的男子找不到工作，每天看着大日本桥上人来人往。大名们新建或翻新奢华宅邸有很多的好活计需要木工做。这样每天傍晚时分木匠和他们的学徒都会高高兴兴地从这座桥经过，一路上会有不少的木屑和小木块从他们的包里掉出来。我们的这位男主人公便捡起这些刨花和木块卖掉，慢慢积累，到后来建起了筷子加工厂，而且生意红火，最后成为一个大木材商，拥有自己的豪宅、仓库和大片林地。

虽然西鹤或发财致富或败尽家业的故事大多取材于城市生活，但别忘了，日本的城市化进程也只开始于几代人之前，因此，农村生活对于他和他当时的读者而言，绝不像今天对于城市居民那样遥远。而且，井原西鹤塑造的两个最鲜明的通过勤奋和节俭致富的形象皆取材于农村。其中一个故事描写一个贫苦农夫每年的除夕之夜都要在地上撒一些炒熟的豆子，以求好运。一年的除夕，他突发奇想决定播下一颗豆子。结果，奇迹发生了，豆子竟然长出来了。农夫把这颗豆子的果实再种下去，直到慢慢积累了可观的收入。这个故事开始处出现的奇迹有强烈的佛教意味。佛教教义从古至今充满隐喻，宣扬播种善行和慈悲的种子，最终会长出神圣之花和果实。这位农夫后来用收入的一部分建了一盏石头灯为夜间来往于路上的行人照明。“这盏灯被叫作‘豆灯’，直到今天，它依然亮着，……世间一切都会随时间成长变化，即使是最大的抱负也并非没有希望实现。”

在这部描述俗世，带有讽刺意味的故事集里，西鹤选择了一个居住在京都附近的农户家庭的故事来收尾。这户农家，祖父、父亲、儿子及他们各自的妻子和谐地住在一起，身体健康、生活富裕。“他们知足常乐，敬拜神明，敬畏佛祖，自然心中充满美德。”当祖父88岁高龄时，很多人前来请他砍竹子，用来做量谷的秤，这对于高寿者而言是一种习俗。所有使用这种秤的商人都会赚大钱。一个富人用这种秤给三个儿子分了银子。西鹤总结道：“钱就在某些地方，等人去找，而且数量很多。每次我听到相关故事，都会把它们记到我的本子里，为了让子孙后代能读一读并因此而受益，我将它们收在了知识宝库里，以助千家万户得享富足。现在它们就在那里安静地躺着，如同日本的和平受到安稳的守护。”

* * *

松尾芭蕉本名松尾藤七郎，俳号“芭蕉”，1688年的大部分时间，他都在应时节遍访日本的山水胜迹，他相信所有伟大的艺术家都会随季节变换，与自然合而为一。有时他承认名胜未必给他带来新鲜的灵感。虽然他早已声名远扬，但他最出色的诗即日本文学史上最著名的俳句，却是在两年前创作出来的：

古池旁，
青蛙一跃遁水音。

1688年，时年44岁的松尾芭蕉喜欢与人谈天说地，但身体却不是很好，多年来一直在禅宗僧侣指导下严格坚持打坐修禅。佛教最基本的教义就是诸行无常，对尘世的欲望、执着和留恋只会带来痛苦和在这个悲伤世界的无尽轮回。不过人可以逐渐从虚妄和执着中挣脱，慢慢看清事物本质，最终从转世再生的轮回中解脱出来。禅宗是大约公元前650年在中国、高丽和日本发展起来的佛教派别。禅宗非常重视在禅师指导下严格修习坐禅，希望能给修习者带来顿悟，彻见心性本源。

对松尾芭蕉来说，冥想参禅和到青山绿水旅行都能获得顿悟。文学家应该一部分是先知，一部分是僧侣，如果只关心自己的舒适和安全，就不可能洞察世事。旅行中出现的危险和不确定因素只不过真实再现了人生的无常和不可靠。曾经高僧大德的造访赋予了名胜多重意象。其实，无论佛教还是艺术创作，往往最普通的经历能引发最深刻的见地。比如，一只青蛙跃入水中，便能使松尾芭蕉在坐禅的深沉静默中顿悟。他喜欢芭蕉树，部分原因在于这些树的躯干没有用处。这和禅宗推崇的公元前3世纪中国的古籍《庄子》中的哲学思想很类似。《庄子》中有一处用毫无用处的虬曲树干比喻“无用”之人，而无用之树因为无用免被砍伐，这正像“无用”之人比“有用”之人活得更长，知道的东西更多。再如，看到栗子树，想到“栗”这个字形，上面是“西”，下面是“木”，由此再联想到西方极乐世界以及人们对住在那里的佛教神灵的信赖。

松尾芭蕉在旅行中常遇到不愉快和危险。但在1688年佛诞日，他设法在古城奈良的文明之光里愉快地度过一天。710—783年，奈良曾经是日本的都城，这几十年正是日本充满热情地吸收佛教思想，在政治方面仿效中国模式的时期。松尾芭蕉喜欢这里精美的佛教建筑，皇宫的道道高墙和这里的樱桃树。佛寺中树林间的鹿在今天仍是热点景观，而且让佛教僧侣想起印度贝拿勒斯（Benares）的鹿野苑（Deer Park）。在鹿野苑，释迦牟尼第一次布道说法，劝诫弟子遵循“中道”，既不要执着于世间变幻无常之事，也不必像印度的圣人那样禁欲或苦修。见到这里的参天古树，看到三五成群温顺的吃草的麋鹿，松尾芭蕉不禁感到佛家、唯美主义者和普通人之间并无区别。在1688年的这次旅行中，他写下了以下俳句：

是神的安排吗？
我想知道
小鹿出生
在佛祖的诞辰日

1688年秋天，芭蕉想去弃老山观赏满月升起的景象。他说古时山脚下村落里的居民把他们高龄的母亲带到这座山上抛弃掉。通往这个村落的路上要翻好几座高山。佛祖曾讲过世事无常，人生悲苦。这位身体虚弱、年事已高的诗人不顾旅途凶险，到一座景色美丽的山上观看月亮的盈亏变化，足以说明他称得上是佛祖的好弟子。

在路上，芭蕉和同伴遇到一位肩负重物、步履蹒跚的老和尚。“同行者动了恻隐之心，接过老者肩上的重担，和其他包裹一起全放到我的马背上。这样，我不得不坐在一大堆包裹上。头顶是一座连一座的高山，左边是一道千尺高的悬崖，直插入湍急的河水，前后左右没有一点儿平坦的地方，坐在高高的马鞍上，我的马每晃一下，都吓得我心惊肉跳。”

最后松尾芭蕉只得从马上下来步行，即使这样也是胆战心惊，一步三摇。“而仆役却跳上马背，好像一点儿都不觉得危险，甚至打起盹儿来。见他在瞌睡中头一次次猛地垂下，像要从悬崖上俯冲下去，我吓得不知所措。但转念一想，我们每个人不都和这个仆役一样吗，在尘世的风暴中涉过处处暗礁，对潜藏的危险一无所知。这样想来，在天上看着我们的佛祖，肯定也在为我们的命运担忧，就像我现在担心这个仆人一样。”

在弃老山，松尾芭蕉写下了这首诗：

一根黄色的缬草
茎子细长
上面布满晶莹的露珠

刺入骨，
萝卜的辣，
秋风的寒。

木祖山七叶树的叶子
是我送给城里人的礼物

再见啦，
再见啦
我走进
木祖的秋天

第四篇

凡尔赛、伦敦和阿姆斯特丹

Part Ⅳ

Versailles, London, Amsterdam

1688年，对政治敏感的欧洲人都把目光聚焦在以下三个地方：豪华瑰丽的法国宫廷，这个富裕强大、野心勃勃的国家的心脏；伦敦，它是权势和财富快速膨胀的国家的首都，但须防止国家被来自王室内部有关宗教和家族问题的纷争所瓦解；阿姆斯特丹，这里是欧洲的“商业之都”，而且是由多个城市和省组成的荷兰联省共和国的中心所在地，但各加盟方为了实现利益均衡，对联省的各种事物施以复杂的审查与制衡，导致这里无法做出任何决策。如果看待欧洲政治的视角再宽泛一些，人们不难想到多中心的神圣罗马帝国、处于无政府状态的波兰、小心谨慎尊崇法律的西班牙，还有很多其他的国家。世界其他地方，如印度、中国、俄国和奥斯曼帝国的观察者也许会认为欧洲各国之间的差异不足为奇。在他们眼中，最令人震惊的事实莫过于欧洲政治世界中没有一个像中国的北京、印度的阿格拉（Agra）和土耳其的伊斯坦布尔那样的帝国中心。中世纪神圣罗马帝国的君主们也曾渴望统治整个欧洲，但他们的势力范围从未超越德意志、意大利，以及他们与奥斯曼帝国对阵的巴尔干边境，现在维也纳在这些地区内部也要面对强劲的对手了。

在欧洲这样一个多国体系内，国家之间为了生存展开激烈竞争，这种竞争推动适应能力强的国家采取新策略，鼓舞人心，调动财力和人力。这使得1688年的欧洲政治生活中出现很多新生事物，如中央集权制官僚体系，而像真正拥有实权的代议制机构，不只在欧洲，在全世界也是新生事物。通常来讲各个国家信奉何种宗教，决定权在君主手里。统治者和被统治者都从私利出发操纵宗教，煽动教派对立，使一部分人完全反对正统基督教，而另一部分人则更深入其核心。此外，调动资源和人力的新形式，如荷兰东印度公司和耶稣会，把欧洲的势力和影响扩展到世界的每一个角落。

欧洲政治的大棋盘上总有新危机。1688 年，这些危机包括：科隆选举了一位大主教实施统治，伦敦城里诞生了一位王位继承人。法国在调集军队，荷兰一支强大的舰队已准备好从英吉利海峡登陆入侵英格兰。狭窄的英吉利海峡隔开了主要对手，到这年年末，这盘棋出现了新格局，它将从 1688 年年末一直持续到 1815 年拿破仑倒台。

第十四章

太阳王和他的女人

“陛下，去玛丽城堡？陛下，去玛丽城堡吗？”太阳王走过豪华的大厅时，几个衣着华丽的妇人一边深深屈膝行礼，一边轻声询问。很多事取决于他注意到了谁。太阳王喜欢有漂亮女人在身边，特别是到附近的玛丽城堡放松时。过去，他的目光常在这些女人中游移，看能否挑选出新的情妇。但现在另一个人出现在凡尔赛宫，这个女人衣着简朴，站在人群中，与太阳王有一段距离，因为她还未正式加冕。但这位曼特农（Maintenon）女侯爵*的确是国王的妻子，而且在宫廷中很有影响力。国王深爱她，敬重她，而且只忠于她一人。

1688年凡尔赛宫刚刚完工不久，庞大的配套建筑群仍在扩大。宫苑尽头风格古典、造型精致的特里亚农宫（Trianon Palace）也在这一年完工。从入口处豪华的庭院到镜厅，再到特里亚农宫开放式的柱廊，途中有很多景致都仿佛放大的巴洛克风格歌剧的舞台布景。事实上，从某个角度来看这里就是剧场。从文艺复兴时期开始，意

* 法国国王路易十四的第二个妻子。1652年和作家保罗·斯卡龙结婚。1660年丈夫死后寡居曼特农城堡。1675年路易十四封她为曼特农女侯爵。1673年法国王后死后，路易十四娶她为妻。

大利诸侯执政的文化和理念被传承下来并一直发展，现在已经传播到阿尔卑斯山脉以北的国家，如今演出艺术和治国之术之间的差距已经不大。统治者其实就是演员，而且是至关重要的主角，他要衡量自己的一举一动对“观众”产生的影响。

路易十四堪称欧洲治国的表演艺术大师，凡尔赛宫就是他演出的大型舞台。到1688年，路易十四花了20多年的时间削弱法国贵族独立的基础。他想要他们记住王室施予他们的恩宠，这样他们就不会在自己的城堡或省会里私下密谋怎样扩大势力或发动叛乱。因此，贵族每年都要到凡尔赛宫不甚舒适的房间里住上几个月，掂量每一句听到的闲话，出席每一次国王的公开露面场合，焦急地观察国王会与谁说话，谁能获准站在他身边，在他就寝时谁能为他秉烛，国王醒来时谁能为他递上晨衣。

路易十四一生的经历使他深刻领会到言谈举止像一个国王的重要性。他生于1638年，当时正是法国极度动荡混乱的时期。王权在1651年衰落到了最低点，当时一伙暴徒闯入巴黎罗浮宫要求见年幼的国王，路易十四的母亲无奈答应了他们的要求。路易十四佯装睡熟直到母亲想方设法让这伙人离开。儿时的经历使他在成长过程中一直憎恨巴黎与政局动荡。他在巴黎城外修建了凡尔赛宫和几座小宫殿，之后便很少涉足罗浮宫。路易十四没有接受过良好的正规教育，但从他的首相枢机主教马扎然（Mazarin）那里学会并掌握了高超的治国之道和宫廷生活的艺术。有传言称马扎然有可能已与路易十四的母亲结婚。1661年马扎然病逝后，路易十四立即宣布亲政，由自己决定一切重要事务。很快他便提醒大臣们“朕即国家”。路易十四之前的法国国王有几任曾用光芒四射、赐予万物生命的太阳比喻君王。只不过“此太阳”非彼太阳，他们所说的太阳并不是指宇宙中心的那个太阳，因为这在当时不是正统的观点。到了路易十四统治时期，他继续使用并强化了这个象征。在一幕宫廷芭蕾舞剧中，他扮演了为他量身定制的太阳神阿波罗这个光芒四射的角色。王室生活礼仪烦琐，显然娱乐活动很多，但路易十四统治时期，他每天工作数小时批阅文件或同高级大臣商讨国事。到1664年，他终于找到了理想人选——让－巴普蒂斯特·柯尔伯（Jean-Baptiste Colbert）* 协助自己。此人做事注重细节，控制欲强。柯尔伯和其为数不多的助手以及被派到各省的官员经过不断努力，揭发了许多贵族的不法行为及多起欺诈免税案件，撤销了许多没有实际用处却空耗国家开支的机构，减轻了国家预算的负担，提高了征税的效率和公正性。到1671年，王室的净收入至少翻了一倍。在其他领域，各种秩序、等级制度和集权概念也都确立起来。巴黎和其他城市处于更有效的控制之下，法院和各省三级会议的权力被削弱，同时，对新闻出版业的监控方法也制定出来。贵族们现在才发现，他们想在自己的领地内发展同国王抗衡的力量的可能性小了很多。假如他们还想在国王控制下谋个肥差，还想让子孙后代在国王日渐扩充的军队中捞得功名，他们就得放弃在自己领地的权力，在国王的宫廷里多花些时间。

如果说一个秩序井然、繁荣富强的法国一直是年轻的路易十四和他的得力助手柯尔伯为之奋斗的目标，那么在1671年他们可以放松一下，欣赏自己的成果，对有关政策进行微调就可以了。17世

---

* 法国政治家、国务活动家。他长期担任财政大臣和海军国务大臣，是路易十四时代法国最著名的人物之一。

纪的大多数统治者都不太关心普通百姓的安全和舒适，这两位和他们相比更是有过之而无不及。对他们而言，秩序井然和经济繁荣只不过是用来证明他们优于其他统治者的一种手段而已，让自己更有财力，名气更大，地位更高，由此在竞争中处于支配地位。起初西班牙是法国的劲敌，由于历史上法国波旁王朝和西班牙哈布斯堡王朝一直在角力，而且西班牙的领土三面［西部沿比利牛斯山（Pyrenees）地区，东北方向的佛兰德，以及东面的弗朗什－孔泰（Franche-Comte）地区］和法国接壤。据估计，西班牙身虚体弱的国王卡洛斯二世*将不久于人世，而且没有留下子嗣，这给了路易十四借口，以自己的王后即西班牙公主玛丽·特蕾莎（Marie Therese）的名义要求在以下地区分一杯羹：西班牙和法国接壤的地方，西班牙占领的意大利的领土，甚至西班牙在美洲的庞大帝国。通过高超的外交手段，再加上贿赂和金钱资助，又利用相关国家对西班牙哈布斯堡王朝的反对，路易十四编织起共同对付西班牙的关系错综复杂的联盟网。

但法国进军西属尼德兰（包括佛兰德和布拉班特，大体上相当于现代的比利时）的举动惊动了荷兰。路易十四虽然撤兵，但对自己的远大抱负因受到一个由普通商人和市民组成的社会阻挠而不能实现，他深感耻辱。柯尔伯对于荷兰一直主宰海上贸易也愤恨不已。以近些年新增的王室收入为后盾，法国建立了欧洲规模最大、训练有素的军队。1672 年，路易十四发动军事入侵，几乎征服了荷兰。为了阻挡敌人入侵的步伐，荷兰人不得不打开堤坝，同时，奥伦治

* 西班牙哈布斯堡王朝的最后一位国王（1665—1700 年在位）。

亲王威廉三世上台就任荷兰执政。他不遗余力地组建一个强大的同盟阻止路易十四的进攻。进行全面战争需要海量资金，压力之下，柯尔伯不得不提高税收，实施借贷和其他权宜之计，而这些恰恰是他之前努力消除的不良财政现象。路易十四被迫减缓脚步，不久便暂停了对西属尼德兰的进攻。另一方面，他采取进程虽然缓慢但不用动用武力的办法巧争妙夺。他操纵已被驯服的法院裁定一些边境地区的主权归法国所有，接着他堂而皇之地占领了这些地方。1681年，他在没有任何裁决的情况下占领了斯特拉斯堡（Strasbourg）。目前路易十四所做的一切还不足以使任何一个国家对其宣战，但他造成的持续不断的压力，迫使德意志和他国统治者逐步建立起反法同盟。1688年7月，大权在握的科隆主教去世后，法国和西班牙又展开激烈争夺，双方都投入很多力量试图左右继任者的选举。最后虽然法国人支持的人选获得多数票，但比例并没达到反对者坚持的2/3。于是，法国军队开进科隆，包围了莱茵河畔的要塞菲利普斯堡，并且占领了德意志的其他几个城市。德意志和其他邻国一面加固防御工事，一面重申之前同荷兰的威廉三世的联盟。法国在莱茵河流域的作战堪称军事组织活动的完美典范。围困菲利普斯堡的部队由法国王太子亲自指挥，并由欧洲最优秀的军事工程师沃邦（Vanban）做顾问。10月29日，菲利普斯堡陷落。

除了上述这些，欧洲还有另外一场危机需要太阳王化解。自1660年斯图亚特王朝统治者推翻当年处死查理一世的弑君者，重夺英格兰王位后，法国发现英格兰的新君王同自己在宗教和政治上颇有共通之处，因此一直在与其培养感情，并且为英格兰提供资金援助。现在，多年的苦心经营终于结出了累累硕果，詹姆士二世

（James Ⅱ），一个公开的天主教徒，登上了英格兰王位。然而对于英格兰民众反天主教的程度有多深，其他紧张的政治关系使得詹姆士二世的地位有多么不稳定，法国宫廷知之甚少。法国人认为奥伦治的威廉三世设法获得荷兰人的同意发动对英格兰的入侵，成功登陆，并以妻子玛丽二世（英王詹姆士二世的女儿）的名义获得英格兰王位，并非完全不可能。当然，如果路易十四的大军入侵佛兰德地区，荷兰人也不会冒险发兵进攻英格兰。但是1688年下半年，路易十四选错了方向，不是向北进入佛兰德，而是向东北方进军莱茵地区。看到法国人在莱茵地区投入的大批兵力被牵制住，奥伦治亲王威廉便有借口说服荷兰人入侵英格兰了。1688年年末，威廉三世已成功地把英格兰和荷兰的权力握于自己的手中，成为反法联盟的核心。路易十四现在准备进一步干涉德意志事务。1689年，他借口妹夫有权继承德意志的普法尔茨（Palatinate）领地而向该地进军。法军在这里造成了严重破坏，海德堡城堡变成了残垣断壁。现在，加入反法同盟的国家也越来越多。这样直至1715年，法国与欧洲的大部分国家均处于交战状态。

同时，路易十四对权力和荣誉的追求把他推向与罗马教皇关系全面决裂的边缘。双方关系的紧张不全出于宗教方面的原因。法国教会声称在教会人事任免和法国收入问题上享有高卢派教会的广泛权力，罗马教皇却只认同其中的一部分。但1688年的这次危机是围绕“特许权”爆发的，也就是外国驻罗马的使节享有的治外法权。欧洲大多数君主都对此类特权做了变更或完全放弃，但路易十四拒绝效仿，不仅如此，还派出一名职业军官率领1000名士兵占领了大使的宅邸，并在那里布防。1687年下半年，教皇把这位法国军官担任的大使驱逐出教会。1688 年秋，路易十四出兵占领法国南部的阿维尼翁，这里原本归罗马教皇所有。也许双方并未彻底决裂是因为毫不让步的罗马教皇英诺森十一世于 1689 年去世了。

* * *

当若（Dangeau）侯爵菲利普·德·库西伦（Philippe de Courcillon）的日记为我们了解 1688 年凡尔赛的宫廷生活提供了最为详尽的资料。1688 年时侯爵已经 50 岁了，与很多同时代的贵族青年一样，他曾经在海外服兵役，后来又到过西班牙，很快被任命为步兵团上校。但他真正的天赋并未体现在军事指挥上，而是体现在他的廷臣角色上。路易十四的母亲——西班牙的安妮，以及王后——西班牙公主玛丽·特蕾莎都喜欢用西班牙语同他交谈。宫廷的侍臣们晚上闲来无事会打牌赌金币打发时间，而当若打得一手好牌。据说，他通过打牌赢了一笔巨额财富。他不是政客，也不是每天同国王一起花上几个小时阅读文件，制定政策的枢密院成员，但是他向我们讲述了法国宫廷日常生活的种种细节。

本书中所谈到的 1688 年世界各地的信息通过各种渠道传到凡尔赛宫的廷臣这里，因此在当若侯爵的日记中都有记载：伊斯坦布尔的剧变，威尼斯人反抗土耳其人的斗争，弗朗西斯科·莫罗西尼（Francesco Morosini）在斗争中当选总督，装满白银的货船抵达加的斯，甚至阿尔比马尔公爵在牙买加去世的事也提到了。廷臣们也爱讨论国王收到的礼物，说暹罗国王的礼物算不上有多贵重。此外还有很多关于国王同罗马教皇之间冲突的讨论。1688 年秋，所有的人都关心围困菲利普斯堡前线的最新消息，对王太子和其他贵族的表现品头论足。11 月和 12 月来自荷兰和英格兰的报告先是令人感到困惑和矛盾，之后是令人震惊和痛苦，最后让人觉得大难临头。事实上，当若侯爵日记记载的关于欧洲其他地方的事件还多于宫廷之外的法国事件。

当然侯爵随笔中的主要内容还是宫廷生活。国王和他的弟弟几乎每天都去打猎或射击。夜晚会有很多音乐或戏剧演出，而且人们经常玩牌。虽然国王会花很多时间同枢密院商谈国事或阅读官方急件，但通常会参加这些活动。国王还有大量王室工作，如在以上显然算不上风雅的娱乐活动中对人做出判断，暗示对某人的好感和反感。国王总是很警觉，绝不会言行不慎以致有损威仪。新到宫廷者需要过上些时日才能克服对他的畏惧。1688 年三四月时当若侯爵写道，王室猎狼时国王穿着华丽的新狩猎服，红蓝两色，上面镶以金银丝。他还详尽记录了诸如谁曾到宫廷、谁陪同国王去了哪里这类微小但意义深远的细节。王室的任命和奖赏也被记录下来。在这里法国宫廷社会唯利是图的本质透过娱乐和庆典的虚浮表面显露出来。当若侯爵记录每一次官员任命、国王的每一次赏赐和有人去世后留下的遗产时，都会记下涉及的钱财数目。例如，1688 年 3 月 30 日，“胸甲骑兵团上校蒙塔古先生将娶厄蒂里科特小姐为妻。为了表示祝贺，国王将给上校 1000 埃居的年金，这位先生还将从他未来的妻子那里得到 2000 埃居。此外，这位年轻的女士还会给上校带来价值 2.2 万埃居的银币，而且她的姑妈米奥桑夫人答应自己去世后会留给她 4 万里弗”。4 月 8 日，“国王把给海军舰队司令维莱特的年金又增加了1000埃居。由于达克斯（Dax）地区总督波扬去世造成职位空缺，国王派卫队长卡亚维尔接任。这个职位会给他带来至少1000埃居的年金，而且达克斯还是他的家乡”。诸如此类。

在当若侯爵的记录中，曼特农女侯爵这个名字经常出现在国王外出游玩时陪同人员的名单中。她是由国王的前任情妇蒙特斯庞（Montespan）夫人引荐给路易十四的，让她担任国王孩子们的家庭教师。此时的国王正值中年，像许多年轻时放荡度日的人一样，他现在想安定下来，更严肃地对待生活。1683年，路易十四在王后玛丽·特雷莎去世不到6周就娶了曼特农女侯爵。因为曼特农女侯爵的出身不够高贵不能当王后，所以他们秘密结婚，但还是受到人们的众多猜疑。路易十四除了相信自己是上帝任命的统治者之外，对宗教并不虔诚。他不断地同罗马教廷发生摩擦，在政治上又深受强烈反对政治虔诚的马扎然的影响。然而曼特农女侯爵是一个忠实的天主教徒，在她的影响下，国王开始定期参加弥撒并履行其他宗教义务。曼特农女侯爵不能太过公开地插手丈夫的政事，但人们还是认为国王看重她的观点和判断，经常带着钦佩和爱意地问她：“你怎么看待这事儿？”1688年，当若的记录中提到意大利的喜剧演员受到警告，在以后的对白中不准再使用双关语。

17世纪80年代，路易十四最出名或者说最臭名昭著的举动就是在1685年颁布法令，彻底废止《南特敕令》（*Edict of Nantes*）*，不再对新教采取宽容的政策，导致成千上万的胡格诺派教徒逃往荷

---

* 法国国王亨利四世在1598年4月13日签署颁布的一条敕令。这条敕令承认了法国国内胡格诺派教徒拥有信仰自由，并在法律上享有和公民同等的权利。而这条敕令也是天主教在欧洲取得支配地位以后，欧洲第一份有关宗教宽容、部分承认宗教自由的敕令。

兰、英格兰，甚至远至南非。外界把这归咎于曼特农女侯爵。虽说曼特农女侯爵本人和大多数法国天主教徒一样，乐于看到法国宗教“统一”，但这样的指责无凭无据，因为这个政策产生于她能够对国王施加影响力之前。在 1688 年，将宗教宽容作为原则还只是思想讨论的边缘话题，即使是思想开明的尼德兰统治者也认为他们有义务禁止那些质疑基督教基本教义的出版物。在法国，天主教徒和新教徒在政治和社会上都呈对立之势，两者之间的明争暗斗由来已久，双方都对彼此恨之入骨，有时甚至使用暴力手段。路易十四当然不能容忍其臣民中存有特权集团，例如处于《南特敕令》保护下的新教徒，他们对他的国家的主权和领土完整造成威胁。另一方面，当时一些知名的热心的天主教徒和新教徒都在尝试把基督教重新统一起来。这无疑意味着即使要或多或少地修改自己的教义，法国的天主教徒也需在某种程度上回归罗马天主教会。但这样的宗教统一必然要得到哈布斯堡王朝神圣罗马皇帝的支持，这同完全臣服于罗马教皇的想法一样是法国宫廷断然不能接受的。尽管有些节操高尚的人为法国新教徒改宗天主教而奔走，但这种努力背后的主要动机还是政治性的，并且带有讽刺意味，这同路易十四采取的外交政策和他逐渐占领莱茵地区的道理是一样的。路易十四颁布了数十条法令，禁止胡格诺派教徒参加任何《南特敕令》没有明确许可的活动，甚至为妇女接生也不允许。他还设立了一笔专门基金，发给那些新改宗天主教的人。暴民动乱以及新教神职人员受到无端指责，最终演变成王室军队进入顽固抵抗的新教徒的住所。由此还产生了一个法文词“龙骑兵迫害”（dragonnade），后来又衍生出英文动词“迫害”（dragoon）。很多新教徒被迫屈服，至少在名义上成为天主教徒。其他人则逃往国外。

到 1685 年，路易十四的宫廷上上下下谈论的都是有关改宗的故事，不提那些令人恐惧的暴力强迫的细节。因此国王很容易得出宗教统一大局已定的结论，最后完全废除《南特敕令》规定的旧特权只是形式的问题。然而事情没有这么简单。由于新教徒中的平民信徒被禁止离开法国，很多人只好选择从陆地和海上偷偷跑掉。他们带走了自己的财富和工商技能，把这些贡献给他们所到的每一个新教国家，为这些地方的繁荣出力不小。不仅如此，他们还把遭到迫害的恐怖故事传播出去，这更坚定了新教国家的王公贵胄抵抗法国的决心。如此一来，太阳王宫廷的光辉形象被投上很大的阴影。到 1688 年时，几乎找不到法国发生反新教活动的记录，因为这时，新教徒要么名义上已转变成天主教徒，要么逃亡国外，要么远远地躲藏起来。

* * *

“太阳王”参与的计划有一个的确由曼特农女侯爵负责，这个计划不会直接挑战国王征战四方、猎捕狼群的男性风范，也不会挑战凡尔赛宫的浮华和唯利是图，反而给逍遥的贵族加上了谦逊和虔诚两个平衡配重。皇家圣西尔学校（Royal House of St. Cyr）是为 250 名贫寒贵族的儿女设立的寄宿学校，优先招收的是那些父亲在为国王效力时去世或伤残的孩子，入学年龄在 7~12 岁之间。所有的女生都穿着朴素配有丝边的棕色连衣裙，戴着白色花边帽，帽子上有不同颜色的丝带，红色丝带代表年龄最小，接下来是绿色、黄色，年龄最大的丝带是蓝色。这里的老师不是修女，反倒像女孩们的家长。课程有阅读、写作和宗教活动。除了这些，女孩们还要学很多女红。曼特农女侯爵对教育的兴趣发自内心。她自己在青年时期充满焦虑，后来又将最美好的年华花在照料国王的私生子上。她说服国王设立这所学校并为其提供资助，这让她有机会把自己的教育理念付诸实践，培养出一些朝气蓬勃，有宗教信仰但又不必成为修女且具有一定审美能力的年轻女士。这些女孩中有一部分毕业后选择当修女，但更多的成为贤妻良母，在精神愉悦、志趣高雅的沙龙活动中表现得优雅从容、如鱼得水。1688 年春天的嘉年华活动期间，女孩们表演了《圣经》中的某些故事，还把皮埃尔·高乃依（Pierre Corneille）* 和让·拉辛（Jean Racine）† 的作品搬上舞台。同年年底，圣西尔学校的女孩们为将在次年举行的演出紧锣密鼓地排练。这场演出是曼特农女侯爵的追求取得伟大胜利的时刻：演出在 1689 年 1 月 26 日举行，女孩们在国王和曼特农女侯爵面前演出了拉辛绝妙的新剧目《以斯帖记》（*Esther*）。这是《圣经·旧约》中的一则故事，讲述了谦卑、虔诚、善良的犹太女子以斯帖进入宫廷，成为王后的故事。

但那时曼特农女侯爵已经发现圣西尔女校有很多事情让她烦心。这里离凡尔赛宫太近了，廷臣们进出宫途中都会去拜访，这成了一种流行的消遣。能得到大人物的注意，老师和孩子们自然欣喜雀跃。1688 年 12 月 10 日，国王突然撤销了这所学校年轻校长的职

---

* 17 世纪上半叶法国古典主义悲剧的代表作家，一向被称为法国古典主义戏剧的奠基人。1636 年，他推出了轰动整个巴黎的悲剧《熙德》，创立了法兰西民族戏剧的光辉典范。1647 年被选为法兰西学院院士。

† 法国剧作家，与高乃依和莫里哀合称 17 世纪最伟大的三位法国剧作家。

务，这个人似乎对得到宫廷的关注兴奋过头了。曼特农女侯爵发现要在琐碎、拘束的修道院生活和聪慧、大胆但没有淑女风度的表现之间找一条折中道路十分困难。渐渐地，修女模式占了上风，到 17 世纪 90 年代时，这里的所有教师都必须宣誓成为修女。

* * *

曼特农女侯爵的基督教信仰是对男性主宰世界不错的补充和矫正，但不构成威胁。但当女人转向上帝时，并不总是如此。1688 年，一个不可思议的女人让娜·德·居永（Jeanne de Guyon）时常使曼特农女侯爵感到焦虑，有时让太阳王也感到生气。还是一个女孩时，让娜·德·居永就十分看重在内心持续祷告，在 12 年的婚姻生活中丈夫和婆婆的虐待更是让她将自己囚入内心，接受这些苦难，并将其当作救赎的“十字架”。丈夫去世后，她得以全身心投入内心的祈祷中，在日内瓦地区以自己有限的财力捐助那些由新教改宗天主教的信徒。经历了一段信仰上完全贫瘠的时期后，她找到了通向超越想象和热情的纯粹信仰的必经之路。她开始写作，并且为自己所写的东西惊叹。她不时生病——这也被她当作特殊的“十字架”，除此之外，她发展出了一种孩子般的单纯质朴，特别敬拜圣婴耶稣。她显露出来的神秘主义和对母性主题的热衷（尽管她本人不是个好母亲）以及有意表现出的孩子般的顺从，令很多见过她的人感到不安。主教们着迷于她言语的深刻，但不久之后就让她离开去了别处。1686 年，她最出名的著作《简易祈祷法》（*A Short and Easy Method of Prayer*）刚出版，她便来到巴黎。在这本书中，她认为源自内心的祈祷无须任何形式和语言，只需要“我们的天父”这种最熟悉的词语，这样任何人在任何时间处于任何条件中都可以祈祷。居永夫人的观点引起巴黎信徒的极大兴趣，但很快人们便警觉起来。因为她的教义同西班牙耶稣会教士莫利诺斯（Molinos）的寂静主义观点十分相似，而后者已经于1685年在罗马被捕。在外人看来，天主教各派别之间的差异很小，但问题是，任何一种鼓吹人的灵魂不经教会的指引都能与上帝联结的教义或宗教派别，都会对教会权威造成威胁。不过因为作者本人和其追随者依然并且希望继续与罗马教会保持一体，由此引发的争论并没有像英格兰的天主教徒、圣公会信徒和清教徒之间的斗争那样触及普通人的生活。但这些观点的确触碰到一些根本的东西：一方面是国王和他的主教们下定决心强化宗教戒律；另一方面，以居永夫人为代表的人强调从内心追求个人信仰的无尽驱动力。双方产生了冲突。此外，一个女人胆敢写书谈论上帝崇拜的事实自然冒犯了很多人。

1687年，《简易祈祷法》受到公开抨击，最终于1689年被列入《禁书目录》。此前，居永夫人的灵性指导者康伯神父被捕，1688年1月29日，她自己也被捕并被幽禁在圣母降临女修道院。在这里她没有同情者，还被严酷对待，但居永夫人却把这看作又一个“十字架”并坦然接受。不管怎样，她的一些支持者还是找到了接近曼特农女侯爵的办法。曼特农女侯爵经过仔细调查，被居永夫人对上帝的忠诚所感动，认为居永夫人并不会对教会正统和公共秩序造成威胁。1688年9月13日，居永夫人终于被释放。此后，和法国天主教内部的各种问题一样，关于寂静主义的争论持续了多年。

* * *

当若侯爵的日记提到，从 1688 年 1 月开始，一年中国王曾多次率领几人从凡尔赛宫巨大的花园穿过，去往特里亚农宫苑。那里曾经是一个小巧精致、异常美丽的宫殿，以瓷砖覆盖，而现在却被夷为平地，改建成规模更大更庄重的大特里亚农宫——这座宫殿如今依然矗立。国王到此便是为了督查扩建工程最后阶段的进展情况。这里一根根高耸的棕褐色大理石柱特别引人注目，大理石柱的纹理是粉色的，上面严肃庄重的经典图案和随意挥洒的暖色，以及庭院和回廊路面的黑白两色菱形图案相得益彰。这里是“太阳王”在好天气时闲庭信步的好去处，也是他在各色人等面前展示自己的重要舞台。国王和他的随从偶尔会在特里亚农宫用餐，和以往一样，饭菜都要从很远的御厨送过来。由此推理，在这里国王恐怕没吃过一次热饭菜。直到 11 月 13 日，当若侯爵才在日记中记道，扩建工程“竣工并装潢完毕”。12 月 3 日，这里上演了一部意大利喜剧，国王和宫廷的大多数人都观看了这场演出，剧目中的双关语大概都被删除了。12 月 18 日，巴黎歌剧院的音乐家和舞蹈家在这里演出了歌剧，27 日演出了一场芭蕾舞剧。这时，法国宫廷上下已经得知英格兰国王詹姆士二世的王后和他襁褓中的儿子安全逃到了法国，而詹姆士二世本人在逃亡法国途中被抓了回去。1688 年 12 月 30 日、31 日以及 1689 年 1 月 1 日，路易十四和宫廷上下都为繁复的庆典做着准备，要为三名教士和 24 名贵族举行加入“圣灵骑士团”的仪式，唯一的不和谐插曲便是两位公爵为排名先后的问题发生了争吵。

第十五章

一场家族斗争，一场光荣革命

1688 年的最后两个月，英格兰上演了一出由两位国王即兴演出的剧情复杂的巴洛克式戏剧，贵族谱写了复调音乐，入侵的士兵和暴乱的伦敦人一齐合唱，新闻出版业担任伴奏。这一年的 10 月 10 日，奥伦治亲王威廉三世发布了一份声明，陈述了他计划入侵英格兰的原因。这份声明罗列了詹姆士二世统治时期的“罪行和凌虐”，认为这严重威胁到英格兰的国教——圣公会，始作俑者则是国王“邪恶的顾问团”，因此有必要召集自由议会。这份声明还把尚在襁褓中的威尔士亲王说成受人操纵的冒牌货，同时，威廉极力否认自己有夺取岳父王位的意图。这份声明被印制了 6 万份，而且很快通过各种渠道在英格兰传播。10 月底，奥伦治亲王威廉已准备好发动入侵，他在鹿特丹附近的布瑞尔（Brill）集结了一支强大的舰队和至少 2.1 万人的军队。这支军队中就有曾经与路易十四常年作战而久经沙场的精英士兵。此外，威廉还有数量众多的大炮、充足的后勤保障和不计其数的马匹。这样的阵势在 17 世纪的远征军中极其罕见。

10 月 30 日，天气晴好，舰队在远航中状态极佳，但不久就遇到猛烈的风暴。炮管脱落下来在甲板上滚来滚去。4000 匹战马中有 500~1000 匹死去。有的是在板条封闭的船舱窒息而死，有的是由于风暴中船体颠簸，头骨被船身撞击碎裂而死。舰队被迫回到荷兰港口，于 11 月 12 日再次出发，修整速度之快十分惊人。至于舰队会航行到哪里，没有人说得清。威廉的一些主要同盟者现在都在英格兰东北部，这里看起来是不错的登陆地点。但在别的地方登陆突袭的效果会更好一些，而且东北地区的人也许自己能够守卫住他们的土地。11 月 13 日，舰队驶过多佛海峡，船上战旗飘扬，人们挤在两侧的悬崖边围观。“新教之风”在加速威廉舰队航行的同时，将英格兰舰队阻滞在港口。即使英格兰一方能出航，也只是出于政治颜面的需要，作势缓慢追逐入侵者而已。

东风风势太好也可能造成舰队无法在德文郡东海岸的良港停靠，而一直被吹到敌方守卫严密的普利茅斯（Plymouth），但风向逆转了，入侵者很快就在托尔湾（Tor Bay）抛锚登陆。当地一个名叫彼得·瓦韦尔（Peter Varwell）的渔民将身材瘦小的威廉背上岸，让他在自己拥挤狭小的屋子里过了一夜。这一天是欧洲大陆历的 1688 年 11 月 15 日，而按照英格兰仍在使用的旧历则是 11 月 5 日，即盖伊·福克斯日（Guy Fawkes Day）*。

上岸后的第一天愉快地过去了，战鼓雷动，旌旗飞扬，一位当地酒馆老板见到这些来访者眉开眼笑。几天后部队到达第一个城镇牛顿阿伯特（Newton Abbot）。在这里，入侵部队敲钟集合当地居

---

* 盖伊·福克斯是天主教“阴谋组织”的成员。该组织计划在 1605 年议会开会期间炸掉上议院，杀死詹姆士一世和英格兰议会两院的所有成员。这次阴谋被称为“火药阴谋”。盖伊·福克斯主要负责后一阶段计划的执行，但是，任务未完成即被发现。盖伊·福克斯在后来的审判中被处死。

民，当众宣读了威廉亲王的声明。时值晚秋，天气寒冷，又下起了雨，威廉的军队每天都在德文郡泥泞的小巷里艰难跋涉。11 月 9 日，他们才擂响战鼓，挥舞战旗，排出正常的队形，进入德文郡郡治埃克塞特（Exeter）。埃克塞特大教堂坐落于此。威廉下令在大教堂做礼拜时，任何人不得再为威尔士亲王祈祷。军队在城里大量购置衣物和食品，这使他深得民心，而他似乎也决心严格管理官兵。有资料记载，有几起士兵偷鸡事件，犯事者都被判绞刑。在 11 月 15 日的埃克塞特演讲中，威廉第一次使用王室用语“朕”这个词。20 日，他继续率兵向前推进，但天气恶劣，队伍中有很多人病倒。但也有好消息传来：西部乡村的主要贵族已经站到他这边；东北方的盟友接连占领了约克、诺丁汉（Nottingham）和纽卡斯尔（Newcastle）。11 月 24 日，深得詹姆士二世信任的指挥官约翰·丘吉尔（John Churchill）和格拉夫顿（Grafton）公爵在阿克明斯特（Axminster）出现在威廉面前。当时，威廉引用了《旧约》里大卫王的一段话：“你们若是和和平平地来帮助我，我的心就与你们相契。”而丘吉尔也用《旧约》中的话做了回答：“大卫啊，我们是归于你的！耶西的儿子啊，我们是帮助你的！愿你平平安安，愿帮助你的也都平安！因为你的神帮助你。”

11 月 26 日，威廉从部队离开一天去猎鹿。之前，他又印制了多份声明和他在埃克塞特的演讲稿。威廉在打猎的路上经过一座村庄，在这里他的先头部队曾遭遇一次战斗。而全部入侵军事行动中只发生了两次战斗，双方的总死亡人数可能是 15 人。12 月 4 日上午，他在索尔兹伯里（Salisbury）城外的威尔顿别墅（Wilton House）停了下来，这里是历代彭布罗克伯爵的庄园。威廉到此是为了观赏安东尼·凡·戴克（Anthony van Dyck）[*]的著名画作。威尔顿别墅雄伟壮观，是由建筑师伊尼戈·琼斯（Inigo Jones）的一个侄子设计建造的。对于一个在近200年里精明地利用靠近王宫的地利之便的家族来说，居住在这里再合适不过。他们追求高格调的艺术风尚，收藏了大量艺术品。当地传言莎士比亚的剧作《第十二夜》和《皆大欢喜》的首场演出就是在这里举行的。凡·戴克作品中最著名的是为第四代彭布罗克伯爵及其家人绘制的画像，这位伯爵是詹姆士一世的王室内务总管。之后的几代彭布罗克伯爵就颇有些王政复辟时期（1660年英王查理二世复位）土地贵族的放浪形骸了。第七代伯爵曾被判过失杀人并监禁在伦敦塔中。由于他欠下的债务太多无力偿还，1683年，在他去世后，威尔顿别墅的很多藏品不得不出售。他的弟弟第八代彭布罗克伯爵学识渊博，资助过约翰·洛克，参与了1688—1689年的大辩论，并且在威廉和玛丽的宫廷中身居高位，复兴了家运。他还创办了著名的威尔顿皇家地毯厂，购买了很多精美书籍和艺术品。

威尔顿别墅的房间布置呈舞台布景般的对称结构，威廉身处其中，观赏两边的名画。其中一幅画（如果这幅画在这里而不是在伯爵位于伦敦的府邸，而且也被挂出来供人观赏的话）应该特别能激起他的兴趣。这是一幅尺寸较小的、方形的凡·戴克画作，画的是查理一世的3个年幼的孩子。左侧是未来的查理二世，画中的查理二世身形已经足够大了，可以穿尺寸略小一些的成人衣服。右侧是

---

* 比利时弗拉芒族画家，是英格兰国王查理一世时期的英格兰宫廷首席画家，查理一世及其王室的许多著名画像都是凡·戴克创作的，他的画像那种轻松高贵的风格影响了英国肖像画将近150年。他还创作了许多取材自《圣经》故事和神话的作品，并且改革了水彩画和蚀刻版画的技法。

玛丽公主，后来她成了奥伦治亲王威廉二世的妻子，也就是威廉三世本人的母亲。画面上的玛丽公主身穿小号的淑女裙装。中间那位还穿着婴儿服，是未来的詹姆士二世，正是威廉未来的岳父，也是他此次煞费苦心挺进英格兰想要推翻的对象。

这天晚些时候，威廉正式以胜利者的身份全面进驻索尔兹伯里，而詹姆士二世 10 天前还在这里，刚刚离开。威廉的部队没有遇到丝毫抵抗，只在中途稍做停留观看了巨石阵*，发出几声赞叹，讨论了可能导致这些石块形成的奇怪原因。12 月 6 日，威廉抵达亨格福德（Hungerford）。8 日，在这里他接见了国王詹姆士二世派来议和的使者。威廉在时间上占有优势，詹姆士二世绝望了。举国上下的达官显贵和乡绅都站到威廉这边。如果双方真能达成协议，詹姆士二世或许可以利用民众对王权的尊重稍稍挽回局面，然而威廉的策略却是不惜一切代价避免与岳父碰面，避免同岳父达成协议。

* * *

关于 1688 年英格兰的这场“光荣革命”（Glorious Revolution），后世听到的解读方式多种多样。说它“光荣”是因为在这场革命中几乎没流血，而且它为我们今天所珍视的各种形式的宪政开辟了道路。1689 年，《权利宣言》（Declaration of Rights）正式颁布，确定经选举产生的议会为最高税收和立法机构，并对王权做出了明确限

* 巨石阵由巨大的石头组成，每块约重 50 吨。它的主轴线、通往石柱的古道和夏至日早晨初升的太阳处在同一条线上；另外，其中还有两块石头的连线指向冬至日落的方向。约建于公元前 4000 至公元前 2000 年，是欧洲著名的史前时代文化神庙遗址。

制。在接下来的几个世纪中，英国的议会制政府不但在伦敦、渥太华和新德里等地得到完善，而且在文化各异、语言不同的国家如法国、捷克和日本也绽放着光彩。甚至美国的非议会制政府，追根溯源，也深受其影响。

奥伦治亲王把自己的岳父赶下王位，因此光荣革命也恰如其分地被看作家庭争端的高潮。可以看出它成为欧洲各国外交关系的重大转折点，同时使英法之间长达一个世纪的冲突变得更加透明。它还是一个世纪以来英格兰剧烈政治变革的高潮。1688 年的英格兰人经常通过纪念 17 世纪的重大事件或重要人物来表达自己的政治忠诚和宗教虔诚。举例来说，前文提到的盖伊·福克斯日是为了纪念天主教徒盖伊·福克斯 1605 年打算炸毁议会的离奇阴谋被发现。1649 年，国王查理一世被处决，此后保王党人、天主教徒和新教徒每年都会在纪念日庄重地缅怀他。还有很多情绪沮丧、思想激进的人极其热切地追忆 17 世纪 40 年代追求自由梦想的时光，甚至怀念奥利弗·克伦威尔（Oliver Cromwell）时代。

虽然 17 世纪英格兰的政治受到社会和文化剧变的巨大影响，起伏动荡，但归根结底最重要的因素是宗教和政治上的变革，由此英格兰人自己决定应对国王和教会尽何种义务。新教徒不再听命于罗马教廷。英国国教虽然属于新教，但等级森严而且处于国家的掌控之中。那些发现国教被天主教传统玷污太严重的人可能像清教徒一样试图从内部净化国教，或者彻底拒绝由国家决定个人该选择何种教派的做法，这些人就是分离派。无论是哪种情况，原则上所有新教徒都要自行对这类问题做出决断，因为这关系到他们将如何得到救赎。宗教纷争不可避免地波及政治领域：国王和议会有什么权利为英国国教制定政策？除此之外，虽说几乎所有人都接受国家需要一个有实权的君主，但议会的权利由来已久，特别是投票决定税收的权利，而且议会有维护并扩大这些权利的倾向。英国人“生而自由”的权利意识似乎使这些问题成为任何能阅读，或拥有一点儿政治意识的人共同关心的话题。君主主义者则进一步坚持君权神授，特别是受到法国君主政体鼓舞之后。争论愈演愈烈，一时间议会、名流的乡村住宅、伦敦街头的咖啡馆及报社印厂，辩论和驳斥的声音一浪高过一浪。在这场举国参与的激辩中，受过教育的英格兰人面临艰难的政治和宗教选择：加入哪个会众、社团，或是暴民；独处时阅读哪种小册子、报纸或布道文。

1629 年是这出大戏的第一个重要转折点。当时斯图亚特王朝国王查理一世在英格兰国教中推行反清教统一运动。但议会掌握在清教徒手中，对此进行干涉。查理一世因此解散了议会，开始实行独裁统治，直至 1640 年。当国王和议会都极力宣称自己应以更绝对的方式掌握最高权力时，内战不可避免地爆发了。1646 年年末，查理一世成为议会军的阶下囚，但为反对国王的专制统治而结成的广泛联盟也在此时四分五裂。强大的宗教推动，再加上有关千禧年的预言，致使一部分人要在全社会推行清教徒的行为准则，另一部分人则梦想实现绝对平等，拒绝接受任何权威。很多人一度反对王权，现在因为清教徒对传统习俗和社会关系的压迫和攻击而与其疏远。这是欧洲进入现代后的第一个重要事件，原本拥有广泛群众基础的革命被专制精英夺取果实，当然，同以往一样，其中的核心要素是一支强大的军队。1649 年，国王查理一世被议会军处决。他的头颅在鸦雀无声、惊恐万状的人群前被高举展示。军队反复给议会施压并安排任命奥利弗·克伦威尔为新的“共和国”的护国公。克伦威尔是一个兼具智慧和才干的政治家，他希望在政治基础薄弱、合法权利有限的军事独裁统治下推行广泛的宽容政策。1658年，克伦威尔死后，军队和议会经过博弈重新形成合适的组合只是时间问题。查理二世最终在一片欢迎声中回到英国，戴上了父亲的王冠。查理二世复辟时期清教徒在道德上的压抑被彻底颠覆，国王带头四处招揽情妇，过着奢侈荒淫的生活。很明显，他的宫廷越来越像法王路易十四的宫廷，而且变得亲罗马天主教。而英国国教正统派中的持异见者则在法律上受到诸多限制。

17世纪40年代内战期间大大小小的战役，对城镇和城堡的围攻使无数家庭流离失所或失去了父亲。人们默默忍受着充满压抑与悲哀的时世：先是克伦威尔发动政变，之后是王朝复辟的逆转，财产被充公还是归还没有定论，政治报复和清算也可能接踵而至。但矛盾的是，英国到1688年时经济上空前繁荣，政治上在欧洲的国际政治事务中起到的作用远大于17世纪初，社会精英范围扩大并且习惯于参与制定各项国家政策，这一切恰恰得益于共和国和王政复辟时期打下的坚实基础。宗教信仰的差异以及对国王和议会权利的质疑仍然是人们热衷谈论的政治话题。地主们努力提高农田的产量。从克伦威尔执政时期一直到查理二世时期，英国一直奉行以损害竞争对手（尤其是荷兰）为代价促进对外贸易的重商主义。即使在王政复辟时期，声名狼藉的颓废社会生活也对经济起了某种促进作用。王公贵族及其子孙不仅将收入挥霍殆尽，还大肆举债来购买乡间别墅和豪宅，并在伦敦寻欢作乐。伦敦成了早期现代欧洲的熔炉：这里有咖啡屋可供人们发表政治观点、进行商业交易；这里有戏剧和文学，虽然未必高雅但也充满活力，能够丰富人们的生活；还有报纸、小册子和传单记录着接连不断的政治谣言和社会百态。

查理二世是新旧秩序转换时期的重要人物，在当时的统治者中，他是能够对腐朽堕落加以粉饰的一个。他奢侈无度，有很多情妇，是许多贵族及其子弟热切效仿的对象。查理的弟弟约克公爵詹姆士是一个公开的罗马天主教徒。查理虽然个人倾向于罗马天主教，受到法国国王资助，并且在政策制定上多少也是亲天主教的，但他很清楚他的民众是激烈反对天主教的，所以直到临终前才正式皈依天主教。他父亲当年为了保住王位而做出的让步到他统治时期仍然有效；君主制在受宪法和议会限制的道路上已走了很远。不过查理精明狡诈的手段并不能完全掩盖英格兰根深蒂固的矛盾。

1678 年，随着“天主教阴谋”（Popish Plot）被诡异地揭露，矛盾激化到不可调和的地步。揭露者称天主教徒准备暗杀查理二世，屠杀新教徒，并安排詹姆士在耶稣会士组成的顾问团的辅助下继位。1679 年早些时候，反王权势力赢得议会选举，但随后当将约克公爵詹姆士排除在王位继承序列之外的法案被提出时，查理二世不再向议会中的极端派妥协，并解散了议会。事实上，《排斥法案》确有进步意义，这毕竟是议会尝试干预世袭君主制的一次行动。排斥派在下议院高效地组织起来，并在选举中赢得了多数席位。但因为人们对暴徒采取疯狂的行动心存抗拒，天主教神父以莫须有的罪名被处死，再加上民众对王权根深蒂固的敬畏，反排斥派的力量也在增长。反王权势力主要由控制下议院的排斥派组成，这部分人此后被称为辉格党，那些支持王权者则被称为托利党。至此，导致后来 1688 年光荣革命的两个阵营已经明确形成。查理二世解散了议会，直到1685年2月他去世时，都没有再召集议会，而是实施独裁统治。查理二世统治时期，英国经济普遍繁荣，因此，可供其支配的税收足以用来支撑他的政权。相比之下，他的军事力量规模倒不大。此外，法国的路易十四还付给他大笔款项。1682年，查理开始利用手中广泛的权力重塑主要地方的权力机构，清除政治对手，确保在将来的议会选举中保王派能够当选议员。在这种形势下，辉格党陷入极度的混乱中。辉格党面临的最基本问题是他们内部只有少数激进分子反对王权，如果整个党派拒绝让约克公爵詹姆士继承王位，那他们该支持谁当国王呢？国王的私生子蒙默思公爵（Monmouth）詹姆斯虽然很受欢迎，但经验不足，不够老道，无法承担领袖重任。1683年，一些思想极端的辉格党人涉嫌在黑麦仓密谋暗杀国王和约克公爵，阴谋败露后，一些人被处死。王权变得空前强大。

1685年2月，詹姆士接替哥哥成为国王时，他的地位看起来非常稳固：新一届议会给予他的终生年金同给他哥哥的一样多；苏格兰的起义和蒙默思公爵领导的叛乱都很快被镇压下去。但詹姆士二世并没有他哥哥的老谋深算和迂回手段。他丝毫不掩饰自己信仰天主教，甚至公开表示他希望有一天所有的臣民都能与“唯一的真正教会”达成和解。他朝这个目标努力的第一步就是想方设法废除《宣誓法》（Test Act）中禁止天主教徒在政府或军队担任职务的规定。当他提出在军队中任命一些天主教徒做军官的想法时，议会委婉地提出反对意见，这依旧让詹姆士愤懑不乐。他很感激托利党人对王室表现出的忠贞，但在他看来，大多数托利党人虔诚信奉的英国国教是一种与罗马教会没有多大区别的礼节性的专制结构。他无法理解他们的国教信仰和强烈的反天主教情绪是如何扯到一起的。在他为罗马天主教徒争取宗教宽容和任职机会的努力遭到议会和国教主教们的挫败后，他尝试在英国国教之外同其他新教徒建立良好的关系，并取得了初步的成功。这些新教徒同天主教徒一样在法律上被剥夺了权利。当得知法国反新教运动中的过激行为时，詹姆士二世极为震惊。

而议会中的托利党人对詹姆士二世在宗教信仰上普遍宽容的做法感到恐慌。尤其这些宗教中包括一些非常极端的教派，如贵格会（Quakers）。另外，虽然人人都承认在特定情况下，国王有权让某项法律规定“免于”执行，但对于一项还没有由议会正式废止的法律，国王是否有权终止其效力，很多人对此心存疑虑。尽管他谴责法国迫害新教徒的运动，但在他的很多臣民看来，他正像路易十四那样追求绝对权力，而且他信仰的是一种专制的、绝对的宗教，这样一位国王，你能够对他有何期待呢？不仅如此，詹姆士二世还利用议会给他的稳定年金逐步建立起一支常备军，大部分军力就驻扎在伦敦附近的豪恩斯洛希思（Hounslow Heath）。詹姆士二世，这个头脑简单、反应迟钝的军人，自然认为建立一支常备军比地方民兵更加可靠。后者甚至连蒙默思公爵纠集起来的一帮乌合之众都对付不了。驻扎在豪恩斯洛希思的军队中有很多军人是爱尔兰天主教徒，这让很多国民无法不联想到镇压法国新教徒的龙骑兵，二者太像，简直如出一辙。事实上，当时没有多少人能够意识到，想要靠武力扶植一个信奉者只占总人口 1% 的宗教是不可能的。

如果詹姆士二世能够选出对其言听计从的议会，废止《宣誓法》，那么他就可以为所欲为，呼风唤雨了。17 世纪 70 年代末，反对詹姆士二世的辉格党先发制人地操控了地方政治，利用地方政府和郡县散漫的选举体系，选出一届与自身政治信仰相同者占多数的议会。查理二世和詹姆士二世先后利用手中的王权改组地方权力机构，使支持自己的人在议会中数量占据上风。到了 1687 年年底，詹姆士二世要求有可能通过郡一级进入全国议会的托利党候选人明确承诺支持废除《宣誓法》。很多托利党人原本是国王的天然盟友，现在却憎恨这种压力，转而反对他了。而詹姆士没有因此而放弃，在 1688 年春夏继续为废除《宣誓法》努力。

17 世纪时，死亡从未远离人们的生活。如果詹姆士二世去世时没有儿子作为储君，那么他的女儿，即奥伦治亲王威廉的妻子玛丽，将会继承王位。威廉抵制法国在欧洲权力扩张的策略得到反天主教的新教人士的大力支持。荷兰在当时也成为激进的辉格党人和胡格诺派教徒的避难所。詹姆士二世之前曾怀疑他这个女婿暗地里支持蒙默思公爵的叛乱，直到威廉亲王把常驻荷兰的 3 个英格兰籍兵团和 3 个苏格兰籍兵团派往英格兰援助岳父，詹姆士的猜疑才稍稍减少。但是 1687 年，当詹姆士二世为了罗马天主教徒在英格兰和苏格兰获得宗教宽容而四处奔波时，威廉断然拒绝给予支持。詹姆士再婚，娶了摩德纳（Modena）的玛丽，虽然二人也曾生育，但至今还没有儿子。于是在 1687 年年底，王后可能又怀孕的消息便成了最重要的政治情报。如果玛丽生了一个男孩，那么这位王子一出生就是天主教徒，并由天主教会的神父抚养教育，这样就会确保天主教徒在数十年内掌握王权，维持王权的神秘性。詹姆士二世、玛丽和他们的天主教廷臣屏息以待，暗自祈祷能有男孩降生。而新教徒在等待中忧虑与日俱增，开始寻求极端的解决办法。

1688 年 4 月 27 日，詹姆士二世重申了 1687 年颁布的旨在废止

《宣誓法》的《信教自由宣言》(Declaration of Indulgence)，并且命令王国内的所有教堂在布道时宣读。5月18日，主教们组成一个代表团觐见国王，并告诉国王他们不会听从国王的命令，在布道时宣读这份文件，国王也没有权力以此种方式废止国家法令。国王大发雷霆，但还是克制了3个星期。最后在6月7日，把7名主教押送到伦敦塔囚禁起来。

虽然在1688年，世界上并非只有欧洲有大都市，但却只有基督教欧洲和奥斯曼帝国的伟大首都伊斯坦布尔能被视为上演具有重大政治或宗教意义事件的关键舞台，这个舞台上的一举一动都牵动着世界历史的进程。希腊人在集市上的辩论、古罗马勇士的凯旋，以及中世纪风格的通往大教堂的游行，所有这些构成了城市生活的焦点。统治者害怕暴民，但出于自身的需要有时也会煽动、支持暴乱。17世纪80年代，时有情绪高涨的新教徒在伦敦聚会，他们也有能力暴力攻击“教皇党人”(一些新教徒对天主教徒的蔑称)及其教堂。但奇怪的是，1688年的大部分时间里，几乎没有发生过这样的暴力事件。在7名主教被捕的危机中，民众只是以一种不同以往的、非常感人的方式表达自己的心声。6月8日，伟大的日记作者约翰·伊夫林记录如下：“在明确表示拒绝诵读《信教自由宣言》并拒绝保释后，主教们从枢密院被押送到伦敦塔。之所以拒绝保释是因为要求保释有损他们的贵族声誉。民众对主教们的关心令人赞叹。当他们踏出驳船，沿伦敦塔的码头走过时，数不清的人跪下来祈求他们的祝福，为他们祈祷。”6月10日，伊夫林听到伦敦塔礼炮声响，教堂的钟声也响了起来，庆祝威尔士亲王的诞生。6月15日，主教们被带至威斯敏斯特，在这里他们将面临第一阶段的法律诉讼。“从王座法庭到泰晤士河两岸，无数人在这里等候。主教们经过时，民众纷纷匍匐在地，祈求主教的祝福。这天夜里，很多地方篝火四起，钟声齐鸣。想来王室的人会对这一切感到不舒服吧。”

正当群众以游行示威的方式表达对王室政策的不满之时，王后生下一个健康的男婴。几乎就在威尔士亲王出生的同时，谣言四起，民间纷纷传说，王后生下王子这件事是假的，是别人家的男婴被掳走藏在暖床炉里，送进分娩室掉了包。对多数人来说，保持对世袭君主制的忠诚很重要，但消除天主教长期统治国家的隐患同样重要。因此，在这样的情势下出现这样的谣言倒正是时候。而另一方面，军人出身的国王反应迟钝，对臣民强烈的反天主教情绪视而不见、充耳不闻，并且期望民众相信国王在生孩子这种私事上的诚信。当谣传飘进国王的耳朵时，他感到既困惑又愤怒。另外，国王最大的错误是他让那些最重要的新教徒见证人，包括他的小女儿安妮公主离开伦敦，如此一来就无法召集这些人见证王子的降生。

早就心存不满的王公贵族仍然能够与奥伦治亲王威廉保持顺畅的联络。4 月，威廉告知来访的 3 位重要客人，如果接到关键人物的正式请求，他会出兵英格兰。7 月末，他接到了这样的邀请，上面有 7 位显赫人物的签名，其中包括 1 位主教和 2 位伯爵。威廉还被告知，还有很多人支持他征讨英格兰，只是出于各种原因无法在这份文件上签名，即便使用代号也不行。现在威廉只需等待荷兰方面的官方许可，并准备好一支军队了。

* * *

从 9 月初起，英格兰国王詹姆士二世已经十分清楚他的女婿奥伦治亲王威廉准备入侵英国了。震惊、沮丧、感觉受到了背叛，各种情绪一齐涌来，詹姆士二世不能自持。在同主教们讲话时他虽然态度有所缓和，但并没表示会在原则问题上有所改变。8 月他确信对郡县及地方权力机构施加的压力足以使他颁布诏令召集新一届议会。新议会会议计划安排在 11 月 27 日召开。但是现在他先是宣称天主教徒没有资格当选，而后又撤回诏令。他四处寻求军事支持，分别从苏格兰、爱尔兰调集了 4000 人和 5000 人的部队。而从爱尔兰调集的军队中绝大多数人是天主教徒，这无异于给伦敦几近爆发的反天主教情绪又添了一把火。他一得到威廉在 11 月 5 日登陆的准确消息，就立即命令几个精锐团向西挺进，占领索尔兹伯里平原的有利阵地。11 月 11 日，一座位于克拉肯韦尔（Clerkenwell）的圣约翰天主教堂受到袭击。12 日，伦敦的暴民用石头砸向国王印刷厂的办公室。此种行为表明公众对媒体在政治中扮演的角色有了进一步的理解。詹姆士二世采取措施恢复秩序，直到他确信这座城市不会再支持自己，便于 11 月 17—19 日前往索尔兹伯里。威廉的军队仍在行进。如果詹姆士的部队能迎头抵抗的话，获胜的概率很高。但国王的指挥官却下令撤退。国王没有得到任何来自西方战场的消息，无论贵族还是平民，都没有告知国王威廉军队的动向。因为压力巨大，国王接连几日流鼻血，而且情况严重。他不得不下令撤兵。雪上加霜的是，他最信任的大臣和指挥官之一约翰·丘吉尔勋爵也向西而去，投奔了威廉。丹麦王子乔治，即安妮公主的丈夫，也站到威廉一边。对国王而言最残酷的打击是，安妮和她的好朋友莎拉，也就是约翰·丘吉尔的妻子，也悄悄逃出伦敦找她们的丈夫和威廉去了。

11 月 27 日，詹姆士召开贵族会议，宣布他打算召集议会的决定，并将解除天主教徒在政府和军队中的职务，任命特使同威廉谈判。威廉提出的谈判的先决条件非常苛刻。但假如詹姆士不是在反天主教运动的高潮时得知这些条件，他未必不会接受。局势发展至此，一定程度上是因为有人假借威廉的名义发表了反天主教的《第三宣言》，虽然它是伪造的，但确实起到了煽动暴民的作用。此时的詹姆士身边只剩少数几个天主教侍臣了。他把玛丽王后和刚出生不久的王子送到法国。12 月 11 日，他烧掉了召集新一届议会的令状，然后溜出王宫，准备逃出英格兰。在出逃的路上，詹姆士把王国的印玺扔进泰晤士河。

国王出逃的消息把反天主教情绪推到新的高度。林肯律师学院广场（Lincoln’s Inn Fields）上新建不久的天主教堂被洗劫一空，所有的陈设都被烧毁。国王印刷厂书店里的书被洗劫并焚烧。西班牙大使的宅邸也遭到抢劫。佛罗伦萨大使馆、罗马教廷大使的宅邸都遭到严重破坏。一伙暴徒还闯进王宫的王室礼拜堂，砸毁了管风琴和室内的装饰品，直到卫兵赶到把他们赶了出去。冬天的夜里火光染红的天空不免让人想起 1666 年的伦敦大火。第二天，整个伦敦城被谣言笼罩，而且谣言很快就传遍了英格兰大部分地区。人们争相传说每一个被爱尔兰士兵抓住的新教徒都被切开了喉咙。没有天主教徒能够躲开暴民，然而“对爱尔兰人的恐惧”似乎是这场暴力走向尾声的开始。

与此同时，英格兰的贵族和大臣以及伦敦市议会开始组织起来，在没有国王的情势下维持国家的管理。他们最重要的任务是重建伦敦的法律和秩序："既然暴民肆无忌惮、任性妄为至无法管束之地步，我们，由枢密院召集的王国的贵族，特此领导并要求你们竭尽全力平息和驱散暴民。如有必要，可以诉诸武力，可朝暴民开枪。"贵族们还决定向威廉派遣一个代表团，目的并非邀请威廉进驻伦敦，而是希望找到国王詹姆士二世并把他接回伦敦。贵族们此举是希望詹姆士二世能同威廉达成协议，同意通过自由选举召集议会。但伦敦市议会行动更为迅速，他们派遣了一个单独的代表团，邀请威廉进驻伦敦。另一方面，国王詹姆士二世还没等越过国界逃到法国，就被人认了出来。12 月 16 日，他被带回伦敦时受到很多人的热烈欢迎，很快重新建立起政权。民众对国家无序的恐惧和根深蒂固的忠君观念都对詹姆士二世有利。但威廉占据了其他的所有优势，而且他自己也深知这一点。

12 月 17 日，威廉令手下的荷兰蓝色卫队向伦敦进发，占领通向圣詹姆斯宫（St. James's Palace）的各条要道。那天夜里，伦敦城大雨倾盆。蓝色卫队士兵手里拿着燃烧的火柴静候在王宫外，准备随时点燃火炮。这时他们的指挥官同詹姆士二世的卫兵达成协议，后者和平撤离王宫。威廉派来的 3 个特使在午夜之后抵达圣詹姆斯宫，他们叫醒詹姆士二世并转告威廉建议他立即离开伦敦的想法。詹姆士二世照办了，在荷兰卫兵的"护送"下离开。18 日，威廉抵达王宫，有不少人表示出喜悦之情。詹姆士二世被囚禁在面向梅德韦河（Medway）河口的一座房子里。守卫故意放松警惕，12 月 23 日清晨，詹姆士二世溜了出来，逃往法国。

威廉获胜，詹姆士二世出逃，再也没什么能妨碍威廉和妻子登上王位。但有些问题还需理清：詹姆士二世是暂时离开王位还是自动退位？议会须由国王召集，怎样在没有国王诏令或者没有盖着国王印玺的诏书的情况下召集议会？12月26日，威廉召集贵族和支持他的议员组成了一个非正式的委员会。他为特别会议定下了明确的日程，但还是征求了委员会的意见。1660年的王政复辟为他提供了可参照的先例。威廉发出诏令，按照选举议会的方式选举出一些成员，依照议会模式召集协商议会。

协商议会于1689年1月22日召开会议。激进的辉格党成员，那些10年前反詹姆士派的继承者们早已迫不及待地要宣布威廉是新任国王了。但是还有很多人不能认同君主完全由选举产生，因此希望拥有继承权的玛丽担任女王。最终结果是由二人共享王位。一位贵族对另一位说道："我把今天看作英格兰君主制崩塌的一天，因为国王是我们选出来的。但眼下最要紧的是要有一个政府，我看不出有什么比这更迫切的了。我们决不能让自己落入暴民手中。"

协商议会还通过了《权利宣言》，并且在威廉和玛丽加冕时呈给他们。《权利宣言》全面重申了"古老的权利和自由"，其中包括应自由选举议会议员和定期召开议会会议，并对王室特权做出了限制。1689年年底，《权利法案》正式生效。虽然威廉自称他在当国王这件事上不会接受先决条件，但是2月13日，在威廉和玛丽的加冕典礼上，仪式刚开始就宣读了《权利法案》。威廉和玛丽是在征得臣民选举出来的代表的同意，并接受了代表的条件后才坐上王位的，这是再清楚不过的事。

威廉并不太受民众欢迎。也许正是对他严苛统治的不满才导致英格兰采取限制君主权力的做法，并坚决维护“古老的权利”。在威廉的统治之下，英格兰成为欧洲赋税仅低于荷兰的国家，而且仿效荷兰征收沉重的货物税和关税。1689—1690 年间，荷兰的军队继续留在英格兰，几次招致民众的不满。陆军和海军同法国展开的大规模战争也没有得到民众的广泛支持。但后来成为马尔博罗公爵的约翰・丘吉尔指挥英军在欧洲大陆上打了几场漂亮仗，取得了辉煌胜利。战争的花费部分来自政府发行的新型公共债券，以及类似政府的机构如英格兰银行和东印度公司发行的债券。此后，利益和权力的关系越来越紧密。

詹姆士二世在逃出英格兰时除了考虑自身的安危之外，还在指望局势动乱。他烧毁了召集议会的令状，把印玺扔进河里，目的似乎是阻碍后继的正常法律程序。他所期待的混乱局面没有出现，但他确实试图回到英格兰。1689 年 3 月，他在法国人的帮助下坐船到了爱尔兰。法国人之所以对此感兴趣，主要是想开辟第二条战线，以阻止威廉的军队进军欧洲大陆。詹姆士二世此举的目的是把爱尔兰当成通往苏格兰和英格兰的垫脚石。伦敦德里的新教徒却拒绝承认詹姆士二世的国王身份，于是围城战正式开始了。威廉在 7 月派出部队解除围困。直到今天，阿尔斯特（Ulster）的新教徒每年都会庆祝伦敦德里解围这场战役。1690 年 7 月 1 日，威廉和詹姆士二世终于还是在博因河（Boyne River）两岸的战场上正面交锋。威廉的最终胜利使詹姆士二世重返英格兰的希望化为泡影，并对爱尔兰的未来产生了决定性影响。它如同《权利宣言》的宝贵遗产一样，时至今日依然影响着我们。

第十六章

跨越海洋的回声

1688 年的危机在每一个有英国人聚集的地方产生了回响：无论北美大陆森林的边缘，还是加勒比海域的岛屿，甚至西非和印度的港口，都在其作用范围内。世界各地的英国人一边尽其所能关注着这场愈演愈烈的风暴，一边思考着这场风暴对他们自己的争端会产生怎样的影响。因为即便不在英国境内，这些争端最后还是要交由伦敦裁决。有时，他们在伦敦也有自己的代理人。

很多伦敦人认为，相比眼下在加勒比地区对西班牙发起冲击，攫取其财富、削弱其实力，北美大陆和印度洋发生的一切都不值一提。加勒比的奴隶贸易进行得如火如荼，蔗糖产量不断提高。牙买加虽然只是英国在加勒比地区新获得的属地之一，但目前在这个区域面积最广、财富潜力最大。1688 年光荣革命的影响越过大西洋以最出人意料的方式作用到牙买加总督、第二代阿尔比马尔公爵克里斯托弗·蒙克（Christopher Monck）身上。

第一代阿尔比马尔公爵乔治·蒙克是克里斯托弗·蒙克的父亲。从这对父子的身上，既可以看出在英国革命的大漩涡中，一个人凭自己的能力和狡诈能得到什么，也能明白贵族家庭在攀登奢侈、放纵、政治命运瞬息万变的上升之路时又是何等脆弱。父亲乔治·蒙克曾经是查理一世手下骁勇善战的指挥官，后来被议会军监禁并被迫同意留在苏格兰和爱尔兰为议会军效力，但不与昔日的保王党战友为敌。克伦威尔统治时期，他安静地待在苏格兰。1660 年王政复辟危机中，他率军前往伦敦，但没有表露自己的政治意图，此后在微妙而适当的时机倒向查理二世的阵营。作为回报，查理二世封给他公爵头衔，并赏赐给他大片王室土地。1669 年，儿子克里斯托弗·蒙克与纽卡斯尔公爵的孙女成婚，但只过了一年，乔治和妻子就先后离世。既然父亲已去世，年轻的公爵和公爵夫人很快就摆脱了老公爵之前对他们的控制和约束，想看看究竟有多少巨额财富可供他们挥霍。年轻的公爵与国王的私生子蒙默思公爵詹姆斯是酗酒、嫖妓、斗殴的朋友。一天夜晚，在一处“无耻之地”发生的打斗事件中，他们中的一人杀死了一名教区执事，但两人很快得到了王室的赦免。

年轻的阿尔比马尔公爵受封为嘉德骑士（Knight of the Garter），年龄一到即可获得上议院席位。在国王统治期间的各种政治风云中，他始终是国王坚定的支持者。但他对政治和政策的制定几乎漠不关心，对宗教和书籍更没兴趣。打猎、赛马、赌博、纠集自己的家臣和其他贵族的家臣举行拳击、足球等项目的比赛是他最喜爱的消遣。为了供自己在伦敦寻欢作乐，并以最时髦的方式招待贵族访客，他花费 2.5 万英镑 * 购买了一座豪宅。这座宅子后来被叫作阿尔比马尔府邸。在阿尔比马尔府邸和他在乡村的各处庄园，阿尔比马尔公爵

* 要想在 17 世纪的金钱和今天的货币之间做一下价值比较是很有难度的。不过可以大概估算一下，17 世纪 80 年代的 1 英镑大致可以购买到今天价值近 100 美元的商品。——原注

不但招待了很多王公贵族，还有一些身份更显贵的客人，包括摩洛哥苏丹的大使，奥伦治亲王威廉，甚至国王本人。克里斯托弗·蒙克是当时王国中最富有的人之一，每年的收入至少有1.5万英镑，但各种娱乐消遣和招待贵宾的花费也非常高。像他这种身份和地位的人，有时一晚的赌博就要输掉5000英镑。

公爵和公爵夫人没有活下来的子女。两人以惊人的速度竞相挥霍，以至于在1682年，他们不得不卖掉阿尔比马尔府邸。公爵夫人的身心状况变得极差，陷入抑郁、焦虑，有时语无伦次。公爵喝酒比以前更多，而且得了黄疸，说明长期酗酒已经损害了他的肝脏。詹姆士二世登上王位后，他在宫廷的地位有所下降。他曾一直坚定地支持查理二世的政策，其中也包括主张詹姆士继承王位的权利，但他同时是英国国教的忠诚拥护者。当詹姆士二世任命一名天主教徒指挥所有军队时，阿尔比马尔拒绝在这名天主教徒指挥下为国王效力。

1686年春天，宫廷中攀附权贵的人得知阿尔比马尔公爵接受了牙买加总督的任命，感到非常惊讶和不解。这样显赫的一个要人怎么会愿意到边远之地出任无足轻重的职务呢？尤其在德文郡，他曾在那里担任郡督，而且拥有大批追随者，人们认为这就是一种流放，把同国王步调不一致的人遣走。至于阿尔比马尔公爵本人，也许是因为他看出自己在宫廷内不受欢迎甚至有危险，远离宫廷几年对自己更为有利。另外，作为殖民地总督或许能收取贿赂、操纵贸易、将土地赠给亲信，从中谋些好处，尽管这些很难同他从英格兰各处的阿尔比马尔地产取得的仍然不菲的收入相比。

但阿尔比马尔公爵决定去牙买加还有一个更加令其激动的原

因。近几年他一直和新英格兰的威廉·菲普斯（William Phips）船长保持联系。船长非常确信伊斯帕尼奥拉岛的北面有一艘西班牙银帆船沉到海里，船上装满了金银珠宝。第一次打捞宝藏的尝试失败了。1686 年在掌握了沉船位置的新信息后，阿尔比马尔公爵召集了一伙新的投资人，取得了盖着国玺、批准其打捞沉船的特许权证书，菲普斯带上从印度洋远航回来时跟回的几名潜水员，指挥两艘船动身前往沉船地点。1687 年 6 月，他们携带着打捞起来的价值超过 60 万英镑的财宝回到英格兰，阿尔比马尔大约分得了 9 万英镑。在西属美洲地区打捞沉船宝藏的漫长历史之中不乏取得巨大收获的故事，这只是其中的一个。1686 年，尽管结果还未可知，但阿尔比马尔完全有理由亲自去西印度群岛监督打捞工作，并确保特许权握在自己手中。等到他于 1687 年 9 月从英格兰起航时，很可能有更多宝藏等待打捞，在加勒比海各地的海岸港口，人们谈论的话题离不开沉船财宝。这种情况下，阿尔比马尔更有理由迅速赶到那里捍卫自己的权利了。但后来，他好像并没再从打捞沉船中获得更多的财富或收入。

12 月 19 日，阿尔比马尔到达牙买加皇家港口（罗亚尔港）。这次和他同行的还有公爵夫人和最近聘请的私人医生汉斯·斯隆（Hans Sloane）*。这里的热带天气和食物，以及殖民地中一半的海盗人口造成的混乱治安，不可能对公爵夫人的身体和精神健康有益。虽然如此，他还是不会留她在英国给他制造更多的麻烦。斯隆身上具有那个时代对“博物学”的痴迷情结，特别希望了解遥远世界的

---

* 汉斯·斯隆是一名内科医生，更是一名大收藏家，其收藏品来自世界各地。

情况，搜集那些地方的东西。在牙买加努力使自己任性的贵族病人维持性命的数月间，他还帮助了很多来自其他阶层、有着不同肤色的病患。闲暇时间里，他搜集并制作热带动植物标本，并把易腐烂的标本描摹下来。1707 年，汉斯·斯隆出版了雕刻精美的巨著《马德拉、巴巴多斯、尼夫斯、圣克里斯托弗和牙买加岛屿旅行记》(*A Voyage to the Islands Madera, Barbados, Nieves, S. Christopher, and Jamaica*)，而这些资料正是这本书的重要素材。他的收藏也成了大英博物馆初建时的藏品。

阿尔比马尔虽然配不上学者之名，不过他的一生都在权力中心周围度过，称得上是把玩政治和权术的专家。他管理下的牙买加地域不大，政治博弈主要是种植园主和皇家非洲公司以及相关商业企业之间的利益争夺。种植园主一方主要以位于尤伊达斯巴莱的种植园主弗朗西斯·普赖斯为代表。种植园主们希望奴隶供应稳定、价格合理；皇家非洲公司一方则盘算着哪里出价最高，就到哪里卖掉自己进口来的奴隶。当时，这样的地方往往是西班牙统治下的美洲大陆。亨利·摩根爵士通常都站在种植园主一方。此人之前是令人闻风丧胆的海盗，后来转而追捕海盗。阿尔比马尔到这里时，殖民地议会已被那些支持公司的人把持，总督参事会在商议问题时也把摩根排除在外。公爵命人把摩根请回来，以处理种植园主的申诉。1688 年 2 月 16 日，他在议会发表的开幕讲话言简意赅、语气温和，但很快他就明确表示希望议会能勤勉工作，通过他提出的几项法案，以便改善奴隶的境况，并调整西班牙货币的价值——此举将对种植园主有利。议会却没有任何行动，他效仿查理二世解散了议会，下令重新选举议会，并积极投身到选举运动当中以确保新的议会符合自己的心意。新成立的议会果然听话，通过了他提出的法案，请回了亨利·摩根。（汉斯·斯隆的书除了在注释中提到他在牙买加治疗的100多名病人，还有对亨利·摩根爵士的描写：面色发黄，肚子凸起，消化系统紊乱，拒绝改掉在深夜饮酒作乐的习惯。）和在英格兰一样，选举活动开展期间，需要频繁宴请选民。到竞选工作结束时，阿尔比马尔公爵先是得了严重的痛风，接着原有的肝病又复发，差点要了他的命。

他的身体才刚开始恢复，威尔士亲王诞生的消息就在8月的某个时候传到牙买加。还没等这里举行庆祝仪式，亨利·摩根便去世了，很多人前来悼念。接着当地迎来了9月的飓风季节，在凶猛的热浪、倾盆而下的大雨和震耳欲聋的雷声中，庆祝威尔士亲王诞生的庆典活动终于举行了。虽然找不到关于庆祝活动的记载，但我们还是十分肯定，人们会大声欢呼，会枪炮齐鸣，当然还少不了喝上很多很多的酒。公爵一病不起，但令人惊讶的是，他还是熬了一段时日，并在10月1日挣扎着写了一封公务信函，托一位即将出发去英格兰的议会代表转交。10月6日，他停止了呼吸。

詹姆士二世国王于其在位的最后一个月里，废除了阿尔比马尔公爵利用议会通过的全部新法案。在牙买加，汉斯·斯隆给公爵的尸体做了防腐处理。他还和其他友人一起设法保护丧偶的公爵夫人免遭别人的暗算。因为很多人都认为公爵夫人肯定会有数不清的金银财宝。1689年春天，斯隆等人护送公爵夫人和公爵的遗体回到英国。公爵夫人现在似乎已经完全不理世事。1692年，她嫁给了一个贪图钱财的人。这个人出现在她面前时，把自己打扮成中国皇帝的样子。几年后，公爵夫人的第二任丈夫去世。1734年，她也离开了人世，享年 80 岁。

* * *

同阿尔比马尔此类放浪形骸的贵族一样，清教徒也能感受到海洋那头传来的声音。英克里斯·马瑟（Increase Mather）[*]，波士顿北方教会的牧师，担任过哈佛学院院长。布道、写作，抑或是跪下来向上帝倾诉自己的悲伤痛苦和无能为力，都是他十分在行的活动。但 1688 年当他第一次在自己的家乡躲避追捕，之后讨好信仰天主教的国王时，他似乎也没有觉得丧失了自我，或偏离了自己真正的使命。

万能的上帝和卑微至尘土的人类之间的契约构成马瑟的清教主义的核心。这个契约只有通过这类人才能维持下去：他们生活虔敬、尊崇全能的上帝，但也意识到拜倒在公正的上帝面前的自己完全微不足道，并最终确信尽管他们毫无价值，上帝还是选择他们作为救赎对象。上帝与人类之间的契约不仅关乎个体的救赎，还关系到上帝的一支选民。个体背弃上帝，或是这支选民未能坚持以纯正的教会——救赎的余剩之民——作为他们的核心，都将破坏契约。当然，上帝的选民有时不得不采取世俗的方式应对不敬上帝者的攻击，就像以色列王国无可挽回地破坏契约之前所做的那样。

英克里斯的父亲理查德·马瑟是移民马萨诸塞湾的第一批清教徒中的主要牧师之一。英克里斯自幼在牧师家庭长大，年纪很小就显示出过人的才智，于是顺理成章地选择了牧师作为职业。他经历

* 马瑟是早期新英格兰三位牧师的姓氏。他们领导的清教徒团体控制了马萨诸塞州将近一个世纪。

了很长一段时间的精神上的迷茫，“我把自己献给耶稣基督，……只有这样我才能减轻痛苦，立刻为困惑迷茫的灵魂找到内心的安宁”。有了这种意识后，这段精神上的迷茫期随之结束。在马萨诸塞这个勤劳的边疆社会，几乎没有人会像马瑟那样终其一生每天花大量时间学习和祈祷。但是任何一个社会成员，若没有经过切身体验，意识到自己的卑微和上帝救赎世人的仁慈，是不会彻底成为教会成员的。这种经历和体验非常生动具体，可以公开向教堂会众讲述，所有的教徒在被接纳为教会成员之前都必须有这种自省的经历。普通清教徒也要像禅宗高僧或耶稣会见习教士那样严格检省自己和邻居的内在精神世界。每一个清教徒都必须清楚自己是上帝的选民中的一员，否则，上帝和人类之间的契约就会荡然无存。但他们对此并非一直都十分确定。对英克里斯·马瑟和其他很多人而言，他们并没有因为自我怀疑，或对“我的有罪之身：骄傲、情欲、懒惰、自私、淫荡、俗世观念、不信、虚伪”的痛苦思考，而觉得生活中有了一丝喘息的机会。清教徒的生活并不是离群索居、独自冥想，他们会因为上帝赐予他们丰收和家园而感恩，更会因为上帝用自己的生命救赎毫无价值的罪人这种无上的仁爱而感动得不能自持。英克里斯·马瑟几乎每次参加圣礼时都感动得热泪盈眶。他多次写道，在祈祷时“不可思议地融化”在上帝的力量和仁慈中。他父亲的第一本书标题是《融化人心的训词和热忱的慰藉》（*A Heart-Melting Exhortation,Together with a Cordial Consolation*）。

1686—1689 年，马萨诸塞殖民地的总督是安德罗斯（Andros）。当地很多人同这位总督及伦敦从 1683 年开始强加给马萨诸塞的新王室政府意见不合。英克里斯·马瑟是其中之一。爱德华·伦道夫

(Edward Randolph) 是殖民地王室政府中的重要人物之一，他控告英克里斯·马瑟写了一封煽动暴乱的信，但后者坚持这封受怀疑的信是伪造的，并进一步指出伦道夫本人就是造假者。伦道夫反过来以诽谤罪起诉英克里斯·马瑟。但 1688 年 1 月 30 日，诉讼被驳回，伦道夫被勒令支付诉讼费用。

1687 年 4 月，詹姆士二世颁布《信教自由宣言》，宣布人们担任官职不再受宗教信仰的影响，废除了禁止非国教信仰，包括罗马天主教和其他宗教信仰的法律。英克里斯·马瑟称这是“复兴的消息”，新英格兰的很多人也和他一样乐观。在他的建议之下，波士顿的牧师们给国王发了一封感谢信，之后又决定派马瑟作为代表亲自去伦敦向国王当面表示他们的谢意，并借此机会向国王表达他们对伦道夫、总督和马萨诸塞王室政府的不满。1688 年 3 月 13 日，“这一天，我的精神世界有一种奇妙的融合感，我确信在前往英格兰的途中上帝会一直与我同在，而我在那里必为他和他的子民效劳”。3 月 22 日，他在告别布道中引用《圣经》里《出埃及记》的第 33 章第 15 节：“你若是不亲自与我们同去，就不要把我们从这里领上去。”

伦道夫为了阻止马瑟出发，打算以诽谤的罪名再次逮捕马瑟。听到这样的风声，3 月 30 日，马瑟戴上假发披上白色的斗篷从住处溜了出来。后来，马瑟听说那晚伦道夫的一个听差已经认出了他，但正要动手时，又觉得自己没有力气，只好听任马瑟逃走。马瑟在查尔斯敦 (Charlestown) 的一所房子里躲了几天后，于 4 月 4 日搭上一艘双桅帆船，之后又转乘一艘前往英格兰的大船。他离开后，他的妻子多次斋戒，祈祷他能获得成功，祈祷那些陷入困境的新英格兰的上帝的选民能得到解脱。

4 月 17 日至 19 日，前往英格兰的大船被冰山包围，“有一块和新英格兰林恩的巨蛋岩一样大，甚至比巨蛋岩还高。这块巨石在我们眼前翻倒，上面还有很多海鸥”。船行至康沃尔（Cornwall），一些粗野蛮横的渔民围了上来，直到马瑟给了他们 4 个半克朗（5 先令的英国旧币），他们才肯指引方向。

1688 年 5 月 25 日，马瑟终于到达伦敦，受到一些非国教信徒的热烈欢迎，威廉·佩恩*也在其中。他们从詹姆士二世的政策中看到了一线曙光。马瑟发现，宫廷中的天主教徒包括听取国王忏悔的彼得神父在内，礼节周到态度谦卑。“我经常想起《圣经》中的那句话：‘用手握蛇，喝了什么毒药也不受害，手按病人就必好了。’……那些蛇已逆转了天性，并不想伤害我，反而对我很友善。”5 月 30 日，马瑟在白厅的长廊觐见国王，并向国王读了他从新英格兰带来的致谢词。国王听后告诉马瑟，自己准备促使议会通过“心灵自由的大宪章”。第二天，得到批准后，马瑟来到“国王的内室”（国王的私人住处），对国王说：“陛下在新英格兰的子民完全是出于宗教原因而饱受摧残，现在陛下使他们不再恐惧将来会遭受迫害，欢跃之余理应表达对陛下的万分感激之情，成千上万的人通过我表达这份情意。”之后，他又向国王讲起新英格兰人如何因为宣誓时拒绝把手放在《圣经》上而遭罚款或监禁，以及那里的政府其他滥用职权的情形。这次觐见之后，马瑟又被国王接见了三次。12 月 16 日最后一次同国王的会面中，国王告诉他：“财产、自由和（哈佛）

---

* 英国斯图亚特王朝时期有一对父子都叫威廉·佩恩。父亲是海军上将，在两次英荷战争中立有战功，儿子是宾夕法尼亚殖民地的开创者，崇尚自由和民主。

学院，这一切确定无疑都属于我们。”后来马瑟回忆起这次伦敦的经历，“很多次，我独自坐在伦敦的屋子里，不只为我的家人祈祷，也同以往一样虔诚祈祷上帝庇佑我回到他们身边，更为新英格兰的自由、昌盛和重建一个好政府而祈祷”。

1689 年 2 月 17 日，“我独自在房间里祈祷，身心融化在上帝的圣德中，满脸泪水，自言自语，上帝拯救了新英格兰，新英格兰得救了，上帝做到了。我的上帝，新英格兰的上帝，听到了我们的祈祷，为他的选民实现了愿望”。此时的马瑟已在努力广泛结交协商议会中的关键人物，并最终结识了威廉和玛丽。1692 年，当马瑟终于返航马萨诸塞时，他已为马萨诸塞湾争取到一份新宪章，以及政府批准哈佛学院正式成立的许可。

* * *

在那个规划宏伟蓝图的时代，1688 年又有一份新教徒在美洲建立新殖民地的计划被呈给詹姆士二世。小威廉·佩恩是宾夕法尼亚殖民地的开创者，也是国王詹姆士在宗教宽容问题上的顾问和盟友。* 他的计划明显和马瑟关心的问题相矛盾。英国人认为佩恩的贵格会教义和宗教活动比马瑟严格的加尔文教派更激进更不值得宽容。但在尔虞我诈的宫廷中，佩恩比马瑟更游刃有余，操控错综复杂的政治关系的能力更是远高于马瑟。无论从出身、经历、财富，还是权势来看，佩恩就是为宫廷生活而生的。1688 年他几乎每天都在宫

---

* 威廉·佩恩皈依贵格会，是贵格会的主要支持者和宗教改革家，而贵格会在当时遭新教徒和清教徒抵触。

廷内度过，常与国王谈上数小时。贵格会成员不会向任何权贵人物脱帽致敬，哪怕是国王；佩恩解决这个问题的方式是进宫觐见国王时不戴帽子。他有一辆精致的四轮马车和一座大房子，作为一个如此明显得到国王偏爱的人物，很多需要与宫廷往来的人都会到这座房子来拜访他。

威廉·佩恩两父子（他与父亲的名字完全相同）的经历还与阿尔比马尔公爵父子的故事组成了巴洛克曲式的复调：老威廉·佩恩通过指挥海军部队而非陆军获得权力，小威廉·佩恩熟知如何穿衣打扮、如何花钱，但对书籍和祈祷而不是逗熊游戏更感兴趣。他没有像小阿尔比马尔公爵那样糟蹋自己的健康、败光家里的财富，而是成了他所处时代中最有创造精神的宗教和社会领袖。老威廉·佩恩曾任舰队司令，在与荷兰人交战中为克伦威尔和查理二世立下赫赫战功。他指挥的一次远征虽然没能为克伦威尔夺取西班牙占领的美洲土地伊斯帕尼奥拉岛，但夺下了牙买加（这又同阿尔比马尔父子形成了呼应）。1660 年，他指挥一支舰队到荷兰把后来复辟的查理二世带回了英格兰。小威廉尽管是个坚定的反独裁主义者，但一生都保持同贵族身份相称的爱好和品位，以及掌控形势的能力。他在同查理二世和约克公爵詹姆士打交道时，巧妙地运用舰队司令之子的身份从中斡旋。因为詹姆士对海军抱有浓厚兴趣，登上王位后更是着力增强海军实力。

克伦威尔和查理二世都曾赐给舰队司令威廉·佩恩爱尔兰的封地。正是在爱尔兰，小威廉第一次接触到云游四方的教士和由小心翼翼的宗教狂热者组成的规模不大的基督教公谊会，即贵格会。这个宗教派别是 17 世纪 40 年代英格兰对宗教产生的几近疯狂的热情之下最独特、最持久的产物。它所珍视的个人诚信和社会公平正义这些基督教精神最深层次的精髓，在今天同1688年一样具有生命力，一样难以达成。贵格会教徒拒绝任何宗教权威和仪式，集会时，所有的人都静静地坐着，直到某个人被“灵光”打动而开口讲话。教徒衣着朴素；拒绝以任何方式参与战争；在礼拜时不脱帽；遇到社会地位高于自己的人时也不以脱帽的方式表示敬意；允许妇女在集会时说话和讲道；称呼别人用“汝”而不是“你”；拒绝宣誓，认为让上帝见证自己的主张过于放肆。早期贵格会成员大都受过一些教育，有一定的社会地位和身份，对持续的争论或玄奥的神学思想不感兴趣，经常被圣灵感动而中断宗教仪式，站在街角布道，或骑马进城一路高呼：“有罪之人悲哀！”这些教徒经常会因为中断宗教仪式或在街头激昂布道引起路人围观，因为拒绝宣誓被关进监狱。一个具有很大影响力的舰队司令之子居然属于这样的宗教派别，实属罕见。

1667年，小威廉·佩恩在爱尔兰第一次参加贵格会的集会。他赞同讲话者的观点，带着敬意默默站在一边。这时一个士兵过来骚扰集会成员，小威廉·佩恩拿出贵族派头赶走了士兵，但也因此被捕。释放后，他被父亲从家里赶了出去。在伦敦，他撰写小册子，攻击所有国家承认的教会，甚至称三位一体说是不必要的，因此再次被捕。1670年，他又因在街头宣讲被抓了起来，在之后的审判中完全驳倒了无能的法官，陪审团一致宣布他无罪释放。这次审判成为历史上的著名案例。17世纪70年代，他两次到荷兰和德意志，寻求与志同道合的宗教团体建立联系，并继续撰写一系列挑起论战的宣传册子。这些册子充斥着侮辱谩骂的语言。小威廉·佩恩一生的著作共有 157 部，大多数是这种小册子。

17 世纪 70 年代在宗教派别纷争和反天主教运动的浪潮中，宫廷和英国圣公会认为贵格会是所有新教派别中最狂热和叛逆的，因此对待它的态度充满敌意，镇压手段日趋残酷。虽然老佩恩于 1670 年辞世，但小佩恩在宫廷中名望依旧很高，而且出于对其父的敬意，宫廷人士还是会听取他的意见。尽管如此，对那些在英格兰被围攻的贵格会教徒，他还是无法为改变其处境做出实质性的突破。1675 年，少数贵格会教徒开始沿特拉华河（Delaware River）两岸定居。受其启发，小威廉·佩恩想在美洲寻求一块封地以庇护逃难的贵格会成员。查理二世和詹姆士二世都认同这个想法；他们自圆其说，一方面把这块封地作为对拖欠老佩恩薪俸的补偿，另一方面可让人觉得他们对制造麻烦的臣民展现出博大的胸怀和慷慨的精神。如果殖民地能建立起来，那些教徒会在那里安定下来，远离伦敦。查理和詹姆士的慷慨程度令人难以置信：这块土地的面积达到约 11.7 万平方千米。他们还决定把这块地命名为宾夕法尼亚，小佩恩无法反对，因为这显然是为了纪念已故的舰队司令。* 虽然在封地的皇家许可状中，国王并没赋予小佩恩与位于此地以南马里兰的巴尔的摩（Baltimore）勋爵一样的绝对权力，但小佩恩还是可以按照自己的想法建造它。他以算不上高的价格出售了这块地，这为他带来超过 9000 英镑的收入，按照今天的价值计算，大致相当于 100 万英镑。由于他的品位和生活方式并不像大多数贵格会教徒那么朴素，而且他还欠着巨额债务，这笔钱来得正是时候。后来由于殖民地的经营

---

* 佩恩的英文写法是宾夕法尼亚英文中的前 3 个字母。

管理需要大量的资金，再加上几次错误的决定，这笔钱没能给他带来任何利润。显然，小佩恩的众多天赋中缺少经商才能。

更重要的是，佩恩很快把殖民地当成他实施“神圣实验”的地方，在这里贵格会爱好和平以及反对等级制度的理念得以付诸实践。这样的结合——对神圣传统的继承和开放性的实验——源自贵格会教徒的虔诚和激进的个人主义，并不令人惊讶。在他为政府机构起草的第一份法案中，佩恩写道，人们有权选举议会代表，并明确告知代表应该如何投票。最终形成的《政府架构方案》再次确保广大选民有权参与议会代表的选举，但选民不能对其代表做具体指示，而且议会须与规模稍小的参事会分享权力。

1682 年，佩恩乘船到达宾夕法尼亚，发现他的小小“王国”生机勃勃、气候宜人，大自然对这里毫不吝啬，馈赠了丰富的资源，这令佩恩心情愉悦。佩恩以他一贯的热情和自然的公众人物的语调，将自己在宾夕法尼亚的见闻及感受写进了《致自由贸易商协会》（*Letter to the Committee of the Free Society of Traders*）中，后来这封信于 1683 年在伦敦发表。信中列出宾夕法尼亚的农作物、动物和当地植物，更令读者惊讶的是，佩恩在信中描绘了特拉华河流域的印第安人。佩恩在与这里的印第安人的几次交往中，努力用友爱和平等的态度对待这些人：“这些人，个子很高，身材挺拔，体格健壮，比例匀称。他们强壮聪明，走路时扬着下巴，……他们的语言高尚而精确，有点儿像希伯来语，……在慷慨大度方面，他们超过了其他民族，没什么是他们舍不得给朋友的。反过来，如果你送给他们一支精良的枪、漂亮的外套或其他什么东西，他们也许要来回传递，不经过 20 个人的手都不会停下来。他们淳朴善良，感情浓烈但消逝得也快，……他们不曾拥有很多，但也从不希望得到很多。”佩恩还记录了印第安人在议事会上展现的雄辩口才和议事程序。他试图把这些印第安人同《圣经》故事联系起来，怀疑这些人是以色列10个失落部族的后裔。

1684年，因为与巴尔的摩勋爵的领土争端问题需要佩恩在宫廷积极活动，他回到了英格兰。由于他自身的能力再加上他出身名门，纠纷的解决方式在很大程度上对他有利。1685年2月查理二世去世，很多人对国家将被掌控在一个公开的天主教徒（詹姆士二世）手中而忧心忡忡，但佩恩对更广泛的宗教宽容的前景非常乐观。“恕我直言，我们面对的不是一个麻木不仁的君主，而是一位同情我们处境的国王。因为他自己也曾有同样经历，所以他比任何人都更适合评判我们的事业。除了这个和我们一样想拥有内心宁静的人之外，还有谁能把它赐给我们？”詹姆士二世信奉的也是不被国家接受和认可的宗教，因此佩恩期待他能真正同情和他境况相似的其他派别的信徒。此外，詹姆士担任海军大臣时同老佩恩建立了特别密切的私人关系，这使得小佩恩自身在宫廷的影响力越来越大。佩恩敬重詹姆士敢于公开表达自己的宗教信仰，不像他百般掩饰的哥哥；詹姆士也对佩恩的直言不讳赞誉有加。他们二人都严肃对待自己的宗教信仰，也都不能容忍政治中的虚伪和欺骗。

佩恩撰写了一系列宣传手册，希望詹姆士能推行广泛的宗教宽容政策。1686年，詹姆士曾派佩恩去劝说奥伦治亲王威廉支持宗教宽容，但没有成功。佩恩参与了1687年颁布《信教自由宣言》的决策，还写了另一本册子敦促议会批准。他最关心的是宗教宽容的原则问题，而不是议会特权和王权之间的纠纷。佩恩清楚有些天主教徒抱有让英格兰回归罗马天主教会的疯狂念头，但他觉得国王不会有此打算。他认为由于天主教徒还没占到英国总人口的1%，长远来看，对国王和所有的天主教徒最有利的是采纳并坚持宗教宽容政策。佩恩和国王似乎都未能抓住英国民众反天主教的核心原因，也没能理解为什么法国镇压胡格诺派教徒对这种反天主教情绪起了推波助澜的作用。很多历史学家都认为詹姆士二世的行为很明显并非真心，只是一种操控手段，而伟大的佩恩居然相信了他，这令他们百思不得其解。但近来有观点指出了光荣革命中不怎么光荣的甚至不光彩的成分，这使一些人认为也许佩恩清楚自己在做什么。此外，如果当时英格兰人愿意容忍一个信奉天主教的国王，并迫使国王保障宗教自由，那么1689年，他们就可能实现全面的宗教宽容，这样的话，受益者就不只是天主教徒，贵格会信徒也在其中。

1688年全年，佩恩做了以下事情：在宫廷内做国王的顾问；努力阻止天主教强硬派提出的灾难性措施；处理宾夕法尼亚的事务——他派了一个新代表到这块殖民地，而新代表并不受居民欢迎；与伊利（Ely）主教联系，讨论那里的贵格会成员的困境；受到爱尔兰地主的控告，理由是他同天主教徒沆瀣一气。光荣革命对佩恩来说是一场灾难。他多次被指控犯有叛国罪，接下来的几年间，他大多数时候在东躲西藏中度日。1699—1701年，他回到宾夕法尼亚，晚年则回到英格兰。时间流逝，他那块神圣实验地变得越来越普通，也同样面临俗世问题，例如殖民者和当地印第安人之间的矛盾。虽然如此，这里从没丢弃贵格会的传统，从未完全失去佩恩一生努力争取的开放民主的政治文化。

第十七章

百年自由

阿姆斯特丹是1688年欧洲最大的城市之一。无论是游学旅行的年轻绅士，还是去往世界各地的船只，很多都会在这里稍做停留。这里繁华兴盛，到这儿的游客会对它的勃勃生机和良好规划印象深刻。但这里几乎看不到巴洛克式的宽广街道，也没有幽深的远景，以及君王举行庄严仪式、展示姿态用的宏伟舞台。游人到达伊济河（Ij River）两岸码头后，可步行或乘船穿过一条条精心开凿、排列整齐的半圆形运河。16世纪晚期到17世纪早期，这些运河是城市发展规划中的重要元素，如今仍然是欧洲最美、最独特的城市景观之一。运河两岸是漂亮高大的房屋，很多房屋高高的屋檐下面有起重装置，方便把树木和家具从楼里搬进搬出。游客还极有可能看到气势恢宏的东印度公司和其众多仓库，这里曾经是欧洲最大的香料交易场所，现在空气中仍然可以闻到香料的气味。这里还有一两处赈济院小房子的庭院，繁华的犹太人居住区，尤其是其中华丽的巴洛克式的葡萄牙犹太（塞法迪）会堂。会堂里摆放着深色木质长凳，长凳两面，一边是讲道坛，一边是妥拉柜，里面放着《摩西五经》，塞法迪犹太人才会这样布置。光线从高高的窗子照进来，让人感受到奇异的平静和神圣。在阿姆斯特丹，好战的加尔文宗牧师对公共舆论和城市秩序有相当的影响力，因此无论罗马天主教还是商业化的性产业都无法公开露头。即便如此，游客或许仍能得知在某处大房子里有一个隐秘但人人皆知的天主教小教堂，或者注意到在某个酒馆或歌厅有喝醉酒的水手、学徒或农夫没能把持住性冲动，或许还在这里丢了钱包。城市的街道向来干净整洁，秩序井然，哪怕在夜里也不例外，这令人印象深刻。阿姆斯特丹之所以给人这样的安全感，很大程度上是因为市民组织了巡逻队，定时到街上巡视，还有一部分原因是这里使用燃油路灯，数量超过 2000 盏。阿姆斯特丹在 1670 年就已开始使用路灯，是世界上第一个用路灯照明的城市。（到 1688 年时，还有几座城市投入使用路灯，哲学家莱布尼茨还计划把路灯引入维也纳。）虽然早已习惯了其他城市空气中弥漫的无数马匹散发出的味道和夜壶的骚臭，但如果闻到西北风带来的鲸油加工厂的味道，游客还是会忍不住捂鼻子。

或许我们的游客迟早会被带到城市感化院去参观。感化院其实是一个贫民习艺所，公众只需花上少量的钱就可以看到这里的善举，也许会因为感受到身份优于被收容者而扬扬自得。这里羁押着流浪汉、乞丐和破坏社会秩序者。人们希望通过这样的方式教会这些人如何去过一种有道德、有价值的生活。感化院会强制被收容者听布道，内容主要是《福音书》和《旧约全书》中的箴言和训诫。被收容者在这里可以学会谋生的技能，还可获得劳动报酬。当然，报酬不多。但这里大多数男人（女性被单独收容）从事的工作并不需要很多技能，在外面社会几乎派不上用场。市议会赋予感化院向当地染木场提供苏木粉的特许经营权。运到这里的树木能生出红色染料，感化院的人两人一组，合力拽拉近1米长、两端有柄的锉刀，几个小时过后，他们手中的木材就变成了粉末。当地人因此形象地称感化院为“锉刀厂”。关在这里的人受到严格监管，禁止像城市底层人那样打斗、咒骂、给人起外号或使用粗俗语言。那些拒绝悔改者会受到鞭笞，刑具通常是公牛被阉割晒干的生殖器。游客们也许还会听说另一种更为严厉的处罚方式：朝水槽或地窖里不停地灌水，如果不一直往外抽水，水就会溢出来，拒绝悔改的犯人被关在这里，要么不停地抽水，要么被淹死。

或许“水淹监牢”只是一个传言，但这种传言也有相当可信的来源，而且与荷兰人的态度和现实生活条件相符。整个阿姆斯特丹是建在木桩之上的，而木桩仅高于地下水位线，甚至还没有水位线高。无论过去还是现在，荷兰大部分地区都在海平面以下。从中世纪晚期开始，通过筑堤排水，这里逐渐发生了变化，居住和生产面积稳步增长。而所需的不断排水的工作并不是由人力和畜力，而是由风车来完成的。一块设计不合理或维护不到位的沿海围垦地（周围用堤坝围起来的大片土地）一个小时之内就会被海水灌满。荷兰人建起的堤坝也许只能承受普通的风雨，遇到百年一见的风暴或洪水可能就会土崩瓦解。但为了捍卫自由，荷兰人也会打开堤坝让海水淹没田地，阻挡侵略者的脚步。1672年，荷兰人用这种办法阻挡了路易十四的进攻。在精心设计堤坝和排水系统的过程中，在土地的开垦中，在不断调整每块围垦地水量的过程中，荷兰人造就了有序而规范的农村社会和新型资本主义，而且这种资本主义不仅不会和农村社会的繁荣产生冲突，相反会促进土地开垦。运河和其他河流赋予这座城市发达的交通网，胜过17世纪世界上任何一个国家的公路。

这样说来，把顽固不化的违法者投入水牢，只不过是要教会他们做一个有用的荷兰人，要么排水，要么被淹死，为这个勤奋上进、井然有序、繁花似锦的国家做自己的分内之事，同时不断提醒自己人类所做的一切有多么脆弱不堪。感化院对犯人的布道也都指向同一个方向，指向加尔文宗教徒对全能上帝的恐惧，指向祷告、诵读《圣经》和勤勉工作的生活。

* * *

我们的游客很有可能对荷兰的政治感到困惑不解。他们对选举产生的君王甚至共和国可能都有所耳闻，但荷兰的主权在谁手里？和欧洲其他各主权国家互派大使的政权是“尼德兰联省共和国”（United Provinces）*，但这些成员省的联合似乎并不紧密。当时的荷兰执政奥伦治亲王威廉三世，即不久后成为英格兰、苏格兰和爱尔兰国王的威廉，不是一个经选举产生的君主，而是由各省选派的代表组成的议会正式任命的军事指挥官和行政长官。威廉并非以君主身份到达阿姆斯特丹，而是受人尊敬的同各省寡头统治者谈判的人。如果他摆出君主的架势，就会引起猜疑。如果游客走进运河两岸的大房子的话，也许会遇到很多持各种政见的人。有些人说联省是主权独立的各省结成的持久联盟，还有人说拥有主权的是阿姆斯特丹和其他城市，他们参加的议会不能强迫他们做出有悖于他们自身原

* 由尼德兰北部的 7 个省组成，中文俗称荷兰共和国。

则和利益的事情。阿姆斯特丹上缴的税收占了联省全部税金的一半以上，因此在政治生活中也占据领导地位。联省的中央政府却设在海牙（荷兰的城市），那里也是威廉亲王的府邸所在地。阿姆斯特丹的生命力维系在河中往来穿梭的船只，以及东印度公司和其他熙熙攘攘的仓库上，这一切使阿姆斯特丹成为来自世界各地的奢侈品在欧洲最大的集散地。在股票交易场所，衣冠楚楚的人站在拱廊里躲避频繁的阵雨，买进或卖出阿姆斯特丹市政府或联省政府发行的公债、东印度公司和西印度公司的股票，或其他债券。对政治生活产生的好消息或坏消息，股票市场总是能快速做出反应。这一点在1688年夏秋两季充满不确定的时期体现得更加淋漓尽致。

荷兰人为游客讲解荷兰纷繁难懂的政治原则和组织结构时，也许会参考图书馆书架上排放整齐的书和宣传册子。但游客会发现这些资料很多是用荷兰文写的，外国人很少能看懂。但这并不妨碍他们和主人们交流，这里的人会讲流利的法语，也可以用法文书写。运河两岸住在精美房子里的人，多是城里的大户人家。他们通过做生意、在农村买地、投资排水工程、获取债券利息，以及担任市政官员取得的合法的或非法的额外收入等方式不断积累起财富。很多市民有良好的阅读能力，会讲多种语言，接受过大学教育，而且性情温和处事宽容，为他们通过近百年奋斗争取来的宗教宽容和真正的自由感到自豪。当然，宗教宽容和自由对贸易也非常有益。阿姆斯特丹人可以和信奉任何宗教的人做生意，而且几乎任何人都可以在此定居，为这里的财富积累做出贡献：犹太教徒、浸信会教徒、路德宗教徒，甚至天主教徒，只要他们保持低调。这并不意味着这些有思想的阿姆斯特丹人都是怀疑论者或对宗教漠不关心。对于拥有的荣华富贵，他们可能会感到不安或认为自己不配享有，或者提醒自己上帝也会施于无信仰者的洪水或侵略将能多快地毁灭他们。当然，死亡从没远离他们，即使他们住在一座秩序井然的城市的一座舒适的大房子里。加尔文宗教徒一直在呼吁对社会和个人生活做“进一步改革”：定期祷告、诵读《圣经》、严格遵守安息日规定，等等。政治局势紧张，充满不确定因素时，这种道德说教也随之增多，而且会得到来自社会各阶层更多的回应。1688 年的情况就是如此。

* * *

1688 年，尼德兰联省共和国参与入侵英格兰是他们作为欧洲一流强国参与的最后一项重大事务。他们自豪地回顾刚刚超过 100 年的自由历史。这段百年史要从 1579 年各省正式结成政治联盟算起，或者再往前追溯到同样重要的 1578 年那场把阿姆斯特丹带入争取独立事业中的“伟大的变革”。荷兰政体产生于对外国统治者的反抗，当时这里一个城镇接一个城镇、一个省接一个省地起来反抗西班牙哈布斯堡王朝的税收和控制。那时哈布斯堡王朝统治着今天的荷兰和比利时。各省在争取自由的斗争中结成联盟，成立了联省共和国。在新教徒反抗西班牙坚决维护的罗马天主教的过程中，各省之间空前团结，革命热情空前高涨，虽然它们从未完全成为一个步调一致的整体。这些省在政治上和军事上得到了奥伦治亲王“沉默的威廉”及其后代的杰出领导，但几代奥伦治亲王都只充任执政，即委派（受托）管理者的角色，由荷兰省和其他 6 个省的三级会议，以及它们的总决策机构联省三级会议任命，同时对各省和联省三级会议负责。每个省在联省三级会议中都有一票，荷兰省三级会议的影响力远大于其他6省，只讨论已经获得代表委员会（一种常设委员会）许可的事项，并将结果交给各城镇委员会讨论实施。其他6个省议事模式总体上同荷兰省相似，但也各有特点。在整个联省，无论在哪里，真正的政治中心（有人甚至说主权）在各个城镇。各城镇议会实行典型的寡头政治，类似现代的公司和大学的董事会，只从符合条件的阶层中选择新成员，至于是否要让圈外人加入，全看他们的喜好。普通人没有选举权，但经常通过游行示威和威胁暴乱表达自己的心声，这在发生危机时更明显。从16世纪七八十年代的大起义到1618年、1672年和1688年的各次危机，再到联省共和国在法国大革命时期终结，荷兰的政治一直保持奇异的地方色彩：重大冲突往往孕育于数十个城市中，产生于许许多多从出生起就彼此熟悉的贵族、商人和普通人中。

为了维护自由，荷兰人必须击退欧洲最精锐的西班牙军队。两任执政，拿骚的莫里斯（Maurice of Nassau）* 和弗雷德里克·亨德里克（Frederick Hendrik）†，都是一流的军事组织者和战略家。战争时期，城市精英的财富和智慧、加尔文宗教徒的热情，以及执政中央集权的军事能力彼此交织在一起，互相增强。但1609年，同西班牙签订休战协定后，联省内部出现了危机。一方面，加尔文激进分子与提倡在加强统治的前提下施行广泛宗教宽容政策的人士之间发生了冲突，这方面的矛盾和同时期英格兰的宗教争端极其相似；另

* 1567—1625年，发展了军事战略、战术和军事工程学，使荷兰军队成为当时欧洲最现代化的军队，被公认为近代欧洲职业化军队的鼻祖。

† 尼德兰政治家和军事统帅，他的封号包括奥伦治亲王和拿骚伯爵。弗雷德里克·亨德里克是奥伦治亲王“沉默的威廉”之子，莫里斯的异母弟。

一方面，莫里斯和省市地方代表就政体形式产生了分歧。在加尔文宗教徒和部分城镇的支持下，莫里斯一方获胜，导致“荷兰土地拥护者”[*]议长扬·范·奥尔登巴内费尔特（Jan van Oldenbarnevelt）[†]于1619年被处死。1621年，随着同西班牙签订的12年休战协定期满失效，莫里斯和他的异母弟弗雷德里克·亨德里克设法在城市中争取到足够的盟友发动了对西班牙的战争。就在战争快要结束之际，弗雷德里克·亨德里克去世了。他的儿子威廉二世反对交战双方和谈，也反对裁减军事力量。他利用了与部分城市的同盟关系，并威胁动用武力获得支配地位，却在1650年11月突然去世。威廉二世唯一的儿子，即未来的威廉三世，于同年12月出生。

此后的几年，边界没有出现大规模军事威胁，执政也还没长大成人，各省市自行其是，变得富裕的阿姆斯特丹人称这段时期是“真正自由”的光辉岁月。1672年，法王路易十四发动大规模军事入侵，击碎了荷兰人的美梦。可悲的是，直到敌人如林而至，他们才发现长期以来既没有维护堡垒要塞，也没有秣马厉兵。即使在堤坝被打开之后，海水灌满围垦地的速度也很慢。没多久，联省的大部分地区就被法国人占领。很多城市爆发了大规模但非暴力性质的游行，抗议统治集团不作为致使事态发展到如此可怕地步。“真正自由”时期的领军人物扬·德·维特（Jan de Witt）在海牙被暴徒撕成了碎片。正是在这种形势下，威廉三世被任命为执政。他现在开始动用一切对自己有利的力量，包括自己所有的特权和权力，以及

* 这个部门名义上是荷兰众多行政部门之一，实际上是荷兰的权力中心。

† 尼德兰联省共和国大议长，杰出政治家，是继“沉默的威廉”之后的第二位荷兰独立之父。在他的主导下荷兰东印度公司得以创立。

民众的普遍不满情绪，来清除城镇议会中旧制度的支持者。但他毕竟不是君主，每个城市的状况也不尽相同，因此，削弱地方势力进展缓慢。也许是因为参考了 17 世纪 70 年代英吉利海峡对岸的英格兰的情况，一些学者提醒威廉，如果他打压地方政权的力度过大，有可能在联省创造出两个永远对立的政党。1678 年和 1684 年，阿姆斯特丹两次批准了联省同法国议和的条款，虽然威廉并不赞同。1684 年，威廉放下同城市的不断摩擦和纷争，转而走向和解。此后他再没有在未获得阿姆斯特丹合作的情况下采取重大行动。威廉在这些权力斗争中学会了严谨慎重，了解了人际关系的复杂微妙。这些经验教训加上他铁下心组建新教徒联盟对抗路易十四，使他在 1688 年底在伦敦取得了辉煌的胜利。与此同时，一些新的持和解态度的关键人物出现在阿姆斯特丹，其中之一就是尼古拉斯·维特森。

* * *

17 世纪衣着考究，看上去精明世故的荷兰社会领袖从无穷无尽的画像中凝视着我们，虽然已经过去了几个世纪，我们却仍然不易理解他们的所思所感。他们中极少有人像查理二世统治之下的年轻公爵们一样做出特别出格之事。英格兰引人侧目、特点鲜明的历史人物的两极分化和极端危险的政治现象，在荷兰只是偶尔出现。主权分散、集体决策的多层权力结构要求人们倾听他人意见才能小心谨慎达成新的共识。

尼古拉斯·维特森就是荷兰这种政治和文化精英中的杰出代表，一个真正博古通今的人。维特森是促成阿姆斯特丹出乎意料地批准威廉三世 1688 年冒险活动的关键人物，一切全靠他巧妙谋划。从 1578 年尼德兰爆发革命，政权变更，尼德兰进入独立时代开始，维特森家族就是阿姆斯特丹统治精英阶层中的一员。在最具价值的群体画像、范德赫尔斯特（Van der Helst）的画作《公民卫队的晚餐》（*Dinner for the Civic Guard*）中，尼古拉斯的父亲科内利斯（Cornelis）是英勇的核心人物。在 1650 年阿姆斯特丹同威廉二世的决裂事件中，科内利斯也起了关键作用。他在 1653 年还担任了阿姆斯特丹市长。尼格拉斯生于 1641 年，在 17 世纪 50 年代随父亲出使英格兰，在那里父子二人受到克伦威尔的欢迎，后者还向二人展示了处决查理一世时使用的枕垫和斧子。尼古拉斯·维特森曾接受过极好的古典教育，之后在莱顿大学学习，大学期间曾师从雅各布斯·戈利乌斯（Jacobus Golius）。戈里乌斯是阿拉伯语教授，并且是早期研究包括中文在内的非欧洲语言的学者之一。1664 年，尼古拉斯·维特森获得法学博士学位，之后随荷兰使团出访莫斯科。在莫斯科，他广泛结交各种各样的人，甚至结识了俄国东正教牧首米诺夫·尼康。他还收集有关俄国和亚洲的资料，这些资料非常详尽，大概在西欧无人能比。1693 年，他已准备好出版一部巨著《北部和东部鞑靼》（*North and East Tartary*），此书内容丰富并附有地图。沙皇彼得一世访问荷兰时，见维特森对他自己帝国的了解程度之深，感到非常震惊。

和很多家境富裕的年轻人一样，尼古拉斯·维特森曾到巴黎和罗马游历，还一度在牛津大学短暂学习。1670 年，他回到故乡阿姆斯特丹定居并为这座生养他的城市服务多年。1671 年，他出版了一部重要著作《古今造船业》（*Ancient and Modern Shipbuilding*），书中对古代造船情况的描写表现出尼古拉斯·维特森饱读希腊和拉丁文献资料，并能熟练运用。维特森在书中几乎完全略过了中世纪，而对自己所处时代的造船技术状况做了全面研究和介绍。1672 年英荷海战爆发后，他的政治地位迅速上升，并在 1674 年第一次进入国务会议。1676 年，在威廉三世的推荐之下，他作为联省三级会议代表在军队效力。此后，在阿姆斯特丹这座重要城市和威廉之间缓慢的、试探性的和解中，已经可以显见他发挥的作用。他在主要运河之一黑伦格拉齐特（Heerengracht）河畔建了一座华丽的房子。1682 年，他第一次成为阿姆斯特丹市四名市长之一。尼古拉斯·维特森和威廉一样都想加强军队实力以抵抗来自南面路易十四的缓慢入侵，但他也担心英国形势不稳定，仍有可能同路易十四联手。英雄所见略同，威廉也看出了风险，只是他认为法国入侵的危险性更大。其他很多城市还是和以往一样，态度不明确，各打各的算盘。在此期间，尼古拉斯·维特森还组织力量援助胡格诺派难民。洪水般涌入荷兰的胡格诺派教徒使民众更清楚地意识到法国暴政对欧洲新教徒构成的巨大威胁。

维特森的信件晦涩难懂，文体正式，敬辞谦辞很多。也许这是为了维护相关当事人的颜面，许多谈话内容太敏感，不适合出现在纸上。这些信函是委婉表达的杰作，既避免了正面冲突，又促成他人做出艰难的决定。他似乎在自我鼓励，只要不停地写下去，只要同所有人保持联系，总有一天会成功。因为这是所有人的事业。执政威廉三世在 17 世纪 80 年代同阿姆斯特丹达成微妙的和解过程中，找不到一个更好的同自己惺惺相惜的人了。

1688 年对维特森来说非常繁忙：他与莫斯科沙皇派来的特使讨

论相关问题；帮助监督纳尔登（Naarden）镇附近的防御工事和水利系统的改进工程；积极赎回阿尔及尔（阿尔及利亚首都）的荷兰囚犯。同年，在海牙国务会议中担任阿姆斯特丹代表的任期已满，但由于妻子的健康状况，他不得不推迟回阿姆斯特丹的时间。与此同时，在阿姆斯特丹同意入侵英格兰的事件中，他也深入地参与了微妙的沟通及决策。

* * *

1688 年 10 月 27 日，尼德兰联省共和国各地为了庆祝威廉三世入侵英格兰的大冒险获得成功，斋戒和祈祷一天。在哈勒姆（Haarlem），加尔文宗、胡格诺教派、阿明尼乌派、路德宗和门诺派教徒都进行了祈祷。在阿姆斯特丹，壮丽的葡萄牙犹太会堂举行了一次特殊的祈祷活动，祈求以色列人的神“赐福、庇护、恩宠、支持尊贵强大的荷兰省和西弗里斯兰省三级会议、高贵强大的联省三级会议、联省执政兼海陆军总指挥奥伦治亲王殿下和他所有的盟友，以及阿姆斯特丹杰出的市长和地方行政官，到达辉煌的成功之巅”。

阿姆斯特丹的塞法迪犹太人完全有理由支持威廉以及他入侵英格兰的行动。立场强硬的加尔文宗教徒谴责宽容对待犹太人，但奥伦治家族却看好他们，因为他们对国际贸易做出了很大贡献，为军事行动提供财力支持，并且在与西班牙和葡萄牙的幕后联络中发挥了特殊作用。阿姆斯特丹的犹太人社区生活生气勃勃，建有很多学校和俱乐部，有些人可以在那里进行股票交易，待上几小时。他们创作的文学典雅精致，很多作品是用西班牙文写作的，虽然西班牙文是曾经有组织、有计划地迫害过他们的西班牙人使用的文字。犹太人的作品偏好巴洛克式的幻想，注重作品形式，这一点和胡安娜修女的作品风格有几分相似。犹太人文学创作的一个杰出典范，是1688年出版的《困惑之惑》(*Confusion of Confusions*)，这可能是有史以来第一本公开出版的关于股票市场投机艺术的书。作者约瑟夫·彭索·德·拉·维加(Joseph Penso de la Vega)在书中通过记录哲学家、商人和股票经纪人之间的对话展开叙事，其中股票经纪人的叙述篇幅最多。他说有三种方法可以从股市中牟利：其一，像亲王那样，持有股票，靠红利生存；其二，像商人那样，琢磨市场趋势，买进、卖出、再买、再卖，如此等等；其三，做“操盘手”，为别人做交易，从中赚取佣金。这位股票经纪人还说，持有股票的话，荷兰东印度公司的股票是最佳选择：现在每股股票的市值是1602年上市时原始股的6倍，而派发的红利更是达到原始价格的1482.3%。尽管这样，还是有很多人认为股市有不确定因素。确实，股票市场有时就像比萨斜塔，无论你从哪个方向看它，都会感觉它要朝你所在的方位倒下来。但这位经纪人继续讲解如何为不同目的选择明智的投资，以及市场实际上是如何运作的。

在这部对早期现代资本主义的复杂性进行分析的史无前例的作品中，巴洛克风格和精细的感受力居然可以恰到好处地结合在一起，真是令人叫绝。就像在17世纪的英格兰，人们编写了很多小册子抨击政治对经济行为的监管，对经济实践的道德评估常常聚焦于经济行为的自私和不平等，而从更加务实的角度却可以看出经济实践背后潜在的好处。资本主义总是催生这类辩论，就像我们所处的时代，关于衍生基金、对冲基金的得与失，网络经济首次公开募股的利与弊，类似的争论从未停止过。没有人愿意当投机者。以一个圈外人的身份，运用优美的文字、精细入微的分析，以及对自己的同胞进行迫害的民族所使用的语言，为投机的作用做辩护，还有比这更合适的吗？值得注意的是，《困惑之惑》出版于 1688 年八九月份，恰逢阿姆斯特丹股票市场由于威廉将冒险进攻英格兰的第一次传闻而暴跌。这本书鼓励读者投资东印度和西印度大公司的股票，不必恐慌，长期持有。

* * *

联省共和国所有机构产生的影响和做出的决策交织在一起布成纵横交错的微妙的网，支持威廉对英格兰的进攻。这种局面是怎么形成的？之前，荷兰曾经在几次重要的海上军事活动中将其军力投至边界以外的区域，尤其是在波罗的海。它在大半个地球之外的东印度公司已经建立起一个极其成功的军事和商业力量，并且在自己的陆地边界阻滞了西班牙最精良的军队。但它之前从来没有进行过像此次这样海陆结合的军事入侵活动，毕竟海陆协同作战在任何时代都是风险性最大的军事行动之一。又一次，我们发现过度扩张的路易十四在这个事件中起了关键作用。法国在关税上的让步促成阿姆斯特丹和其他贸易城镇的统治者同意与法国签订《奈梅亨条约》，为期 7 年的法国入侵荷兰的战争结束，到 1678 年时荷兰获得和平。荷兰商人在法国港口出售更多货物的同时也带走更多法国商品，在法国的出口贸易中所占的份额随之增加。但 1687 年路易十四接二连三地挑衅，首先禁止进口荷兰的鲱鱼，除非腌渍时使用的是法国产的盐。接着，他取消了 1678 年的关税优惠。1688 年，几个城镇呼吁对法国采取贸易报复措施，并越来越倾向于赞同威廉的入侵行动。威廉此时正在协商雇用大量外国军团——包括 1.4 万名德意志士兵和 6 000 名瑞典士兵——驻守在联省的边境，而将自己最精锐的部队投放到入侵英格兰的行动中。协商达成的协议必须经各省批准。此时，阿姆斯特丹的大多数统治者仍幻想路易十四能让步，以避免双方的冲突。但太阳王不但没有在大小问题上有任何做出让步的意思，而且被荷兰的威胁激怒，扣留了法国港口的荷兰船只。事态发展至此，1688 年 9 月 29 日，荷兰省三级会议通过了一项秘密决议，全力支持入侵英格兰的行动。

* * *

11 月，当威廉率领舰队穿过英吉利海峡去夺取令人惊叹的胜利之时，阿姆斯特丹的教会议会请求市政机构加大打击卖淫活动的力度，周日关闭酒馆，减少舞厅数量，“因为祖国和教会头顶聚满乌云”。但这些“乌云”散去之后，联省的情况并没有改善。对法长期作战主要依靠沉重的赋税。已经成为英格兰国王的威廉三世继续兼任荷兰执政，他现在居住在伦敦，专注于巩固自己在英格兰的地位，但同时仍设法掌控荷兰政治，直到1702年去世。威廉去世之后，反对奥伦治家族统治的城镇和省份重新获得影响力，拒绝选举并任命新的执政。到 18 世纪时，联省在欧洲战争中往往保持中立。纺织业和其他行业衰退，商业企业转向金融服务和转口贸易。到法国大革命时期，荷兰似乎已深陷经济和政治衰落中，仿佛洪水失去了往日的危险性，人们不再排水了。

第五篇

文明世界：欧洲的文风和思想

Part V

Worlds of Words: Styles and Thought in Europe

1688 年的欧洲在商业和文化思想上既不同于以前任何一个世纪的欧洲，也不同于同时代的所有“伟大国家和地区”。伦敦、巴黎和阿姆斯特丹刊登每日新闻的报纸大量发行。按月发行的期刊会为中欧和西欧的知识分子献上书评、科学发现和时事评论。月刊中最引人注目的一份是在莱比锡（Leipzig）发行的《学术纪事》（*Acta Eruditorum*）。通过它，我们可以看到欧洲知识界在接受古典文化遗产和承袭基督教传统的同时着眼于开放、未知的科学和政治世界。对 1688 年《学术纪事》评介的 171 本书的研究领域粗略分类统计会有以下结果：72 本关于神学、宗教（其中一小部分属于现在的哲学范畴）、教会史和基督教传统的其他方面；44 本涉足科学和医药学，尽管有些书本大量援引古希腊和拉丁文本和思想，但很大一部分已运用了实验法和数学统计法；10 本谈论当前的政治问题；只有 7 本书的内容是关于语言和文学的；19 本书的主题是欧洲历史；19 本书介绍基督教欧洲之外的地方。这些书籍中有一本论述了茶、咖啡和巧克力的药用功效。《孔夫子的中国哲学》和 1687 年牛顿出版的《自然哲学的数学原理》也成为书评对象。《学术纪事》对牛顿的著作推崇备至，称其“把自然现象从神秘的超自然阴影中拯救出来，让它回到数学法则的光明中”。

171 本受评书籍中，使用拉丁文写作的有 111 本，42 本用法文，5 本用意大利文，7 本用英文，6 本用德文。书评全部用拉丁文写成，当时在用德语交流的地区，拉丁语仍是学者之间的通用语言。（引人深思的是，在莱比锡这个讲德语的城市，能进入这份期刊视野的用德文写就的书籍却为数不多。）如果对英国或法国文化读物做抽样研究，这个比例会稍有不同，但数量相当多的严肃书籍仍用拉丁文写作。法语在哪里都是近现代知识界中占主导地位的语言，法文语言风格为适度、优雅和人性化地表达各种各样的观点提供了一个可供参考的标准，无论这些观点是无神论的还是敬神的，是势利的或是大不敬的。英文此时已经成为诗歌、戏剧和散文创作的重要文字，但《学术纪事》的统计结果却显示，在欧洲大陆它的运用远不如法文广泛。意大利文的影响力在下降，主要在歌词中使用。荷兰文的使用范围从没超出国界，到1688年时，它已经开始失去文学生命力。

《学术纪事》评介的书籍偏向抽象思维和权威性著作。我们几乎无法从中得知那时的人们阅读什么书籍，看什么戏剧或什么演出作为消遣。如果我们从挑战旧权威的角度出发，更广泛地阅读1688年的文学作品，或许会发现其中娱乐作品的影响力同饱学之士的著作一样强大。一个女人以自身的经历和冤屈写出了生动鲜活的小说，鞭挞在美洲的非洲人受奴役的现实，就是其中一个很好的例证。在城市众多、贸易活跃的欧洲，书籍的销售量巨大，足以使人像日本的井原西鹤那样凭借创作个人风格十足的作品谋生。在抽象思维领域，神学仍然占据主导地位，但具有里程碑意义的世俗性质的科学、哲学思想著作已经开始出现：如洛克的哲学思想和政治权利学说，以及牛顿在科学上取得的令人叹为观止的成就。还有一位知识分子希望调和新老观念，试图把所有人类知识都纳入他的思想体系，他就是伟大的莱布尼茨。以他一生的规划和遭遇的挫折，以及他完成的和未完成的著作暂时结束我们对欧洲文明的简要介绍，是再好不过了。

第十八章

文人共和国

伏尔泰在他的伟大历史著作《路易十四时代》(*The Age of Louis XIV*)中写道，在路易十四漫长的几十年统治中，“虽然存在战争，虽然人们信仰不同的宗教，但欧洲在不知不觉中建立了一个文人共和国，……所有的科学和艺术都借此获得互助。学术界是这个共和国的组成要素，……各个领域中真正的学者虽然分散在各自独立的地方，却通过这条伟大思想团体的纽带联系得更紧密。这种密切联系现在仍存在，当野心和政治扩展到世界各地带来邪恶之时，这不失为一种对人心的慰藉”。

自15世纪开始，欧洲的博学之士就已开始偶尔使用“文人共和国”来指代对文学和学术感兴趣，通过通信与彼此保持联系的人们组成的社交圈（很少包括女性），这个圈子内的成员通过个人的学识水平和作品质量而非出身获得其他成员的认可。因此在英语和法语中“文人共和国”多了一层意义。“共和”这个词使许多王公贵族和廷臣感到不安，但目前还并不构成威胁。随着1684—1687年12开小册子《文人共和国新闻》月刊（*Nouvelles de la Republique des Lettres*）的出版，一切突然变了。《文人共和国新闻》与《学术纪事》及其他早期学术期刊的不同之处在于，前者会迎合有闲暇阅读、对思想观念感兴趣的非专业读者。通过西欧快速发展的邮政系统，这份刊物被投递到很多国家，获得了很大的商业成功。它向社会报告哲学和神学辩论的最新进展，经常会由评论者适时地补充注释和见解，有时用一些笑话去缓解话题的枯燥乏味。17 世纪的读者几乎每天都会接触到哲学和神学问题，这类会让现代读者困惑的主题对他们早已没有沉重感。评论者也会果断地指出辩论中的不足，或者呼吁采取宗教宽容政策，所有基督国家的所有基督徒都应该享有信仰自由。这些观点的传播不是通过私人信件而是通过当时新兴的生产和分销渠道。文人共和国的政治意味越来越浓，对偏狭专制的君王构成的威胁越来越大。

这份引人注目的期刊在欧洲宗教自由和自由企业的中心荷兰鹿特丹出版发行。它的主编是流亡至此的法国新教徒皮埃尔·培尔。伏尔泰和其他法国启蒙思想的塑造者回忆培尔时，称他是他们英勇的前辈之一，不仅是对旧秩序产生巨大冲击的文人共和国的奠基者之一，更为他们攻击专制主义和传统基督教提供了获取知识和观点的源泉。但实际上培尔是最不可能对专制和传统基督教发动攻击的人，能为伏尔泰等人提供知识支持完全是命运捉弄。因为尽管他痛斥和鞭挞法国迫害新教的行径，他仍深信臣民有义务服从君主统治，保持对君王的忠诚。在他严肃真挚的道德准则形成的过程中，以及他剖析当时一切哲学和神学的伪命题时，都源源不断地从以《圣经》为本的加尔文主义中汲取营养。

1647 年，培尔出生在一个新教牧师家庭。贫困、加尔文主义和属于被打压的宗教少数派的心态是他少年时代的主旋律。原本他毫无疑问会成为新教牧师。但令人意想不到的是在 1669—1670 年，他转向天主教，在图卢兹（Toulouse）的耶稣会学院学习哲学，17个月后回到家乡，回归父亲的教会。他几番改宗的原因和过程大致如下：在成长过程中，他一直被灌输教皇是反基督*的观念，因此第一次接触以理性论述天主教神学时，他被深深地震撼了。但当他置身于天主教氛围中时，又对偶像和仪式深恶痛绝。思想成熟后，培尔认为天主教同古希腊和古罗马的异教都是扭曲的、外化的宗教，导致人们不仅远离真正的信仰，还会离那些纯粹发乎人本性产生的思想和道德准则越来越远。培尔原本就痴迷于书籍，渴求思想界的新知识，终其一生坚持不懈地阅读、做笔记，他再也不想在证据不足的情况下下结论。他终于发现了自己的使命，即向那些与自己的出身一样、地位不高、生在小地方的人们提供他阅读和思考的成果。

他脱离新教的行为曾一度深深地伤害了父亲，之后又背离天主教重新皈依新教则使他的生活变得更加危险。法国的法律宽容那些生来就皈依新教的人，但对那些背离真正信仰的改宗者就没那么宽容了。1675年，培尔成为色当（Sedan）一所新教学院的哲学教授。他比很多同事更清醒地意识到法国新教面临着越来越大的危险，并且准备逃往国外避难。1681年，他接受了鹿特丹一所新成立的研究新教的学院的职位，这所学院使用法语。法国官方针对新教徒的敌意和迫害迹象与日俱增，越来越多的法国新教徒追随他逃到荷兰。对其中一些人而言，危险的加剧是天启的预兆，或许意味着世界末

* 据《约翰一书》所载，反基督意思是“取代基督”，否定耶稣为基督，否定耶稣为神的独生子，否定耶稣是道成肉身的。宗教改革家往往把罗马教皇看作反基督，如马丁·路德也时有此议论。

日和反基督的到来。1680 年末彗星的出现是最后审判日来临的另一个征兆，在这种时候他们不应再服从，而是起来反抗世俗权威。培尔对这些观点更谨慎，也更重视秩序的价值。虽然自己没有在数学或者系统观察方面投入太多，但他更愿意相信证据，而不是被宗教热情所打动。他拒绝从世界末日的角度解释彗星的出现，并继续朝着与所谓的先知们相反的方向前进。他寻求从自然主义的角度解释自然现象。对于宗教问题，他认为君主应该宽容臣民信奉基督教的不同教派，臣民也应该服从君主。他在抵达鹿特丹之前起草了《关于彗星的书信》（*Letters on the Comet*），后改名为《对彗星的种种思考》（*Various Thoughts on the Comet*）。1682 至 1684 年，这部著作出版并再版，在法国内外大量流传，这标志着培尔的写作获得了真正突破，能够有效地吸引大众读者。

1684 年 3 月至 1687 年 2 月，培尔共出版了 36 期《文人共和国新闻》，每期都是约 100 页的小册子。他似乎通过自己的阅读和写作完成了其中的大多数文章，相对他从中取得的数量不多的收入而言，任务相当繁重。在第一期的前言中，他写道他希望关注那些能使人民团结而非分裂的问题。"这是文人共和国的杰出人物共同的特征。"他评介的书既包括各种版本的拉丁文经典和教父 * 作品，也包括有关当时热议话题的作品。至于其他方面，内容包罗万象：从正弦表到对莫里哀喜剧反映的道德品质的肯定，再到来自伊斯坦布尔和中国的新闻报道。

鹿特丹的印刷工艺和销售网络十分发达，业务遍布欧洲。培尔

---

* 一般指公元 2—12 世纪，在制定和解释教义方面为后世基督教奠定了基础的神学家，因教会尊称他们父老，故称教父。

置身于这样一个泛欧出版中心，如鱼得水。荷兰当局对人们通过出版广泛发表意见持宽容态度。换作路易十四治下的法国，培尔永远也不会被准许出版《文人共和国新闻》。他曾宣称罗马天主教徒在他的刊物中不会找到令他们反感的东西，但刊物不偏不倚的态度，对证据的重视和坚持，以及他这位拥护新教信仰的编辑本身，都引起了忧虑。《文人共和国新闻》在法国读者数量众多，但有时它得通过迂回的渠道才能送到这些读者眼前，而且很多书商不愿意和它扯上关系。1685 年，《南特敕令》被撤销之后，《文人共和国新闻》被正式禁刊。培尔在法国的哥哥被逮捕审问，死于狱中。培尔的父亲也于同一年，在《南特敕令》被废止、法国官方对他儿子的作品产生敌意之前去世，因此他不用承受更多的痛苦和悲伤了。培尔为同胞和他的父亲而悲伤，为哥哥的死而自责，他因此变得越来越勇敢，呼吁宽容所有的思想观点，哪怕是那些否定基督教基本教义的主张。法国传来的可怕消息促使他在 1686 和 1687 年写下并出版了《关于耶稣基督“勉强人进来”这句话的哲学评注：这恰说明用武力强迫他人改变信仰是最可怕的恶》(*Philosophical Commentary on the Words of Jesus Christ "Compel Them to Come In", in Which It Is Proved by Demonstrative Reasoning That There Is Nothing More Abominable Than to Make Conversions by Force*)。在这本书中，他的推理能力与他的道德、宗教的激情达到最密切的融合。“勉强人进来”是耶稣在迦南的婚礼上说的话，圣奥古斯丁(Saint Augustine)曾借用这句话来论证使用武力把《福音书》交到异教徒手中的合理性。尽管培尔本人深信奥古斯丁主义的观点，但完全反对他对耶稣这句话的阐释。培尔认为如果基督教以武力传播，就失去了（信仰的）灵性和个性，而这两个特征恰是基督教和异教的区别所在。异教徒正是因为不具备这两个特点，才只能遵循他生长于其中的社会规范。所以，那些诉诸武力迫使他人改变宗教信仰的人才是真正亵渎基督的人。早期教化力量及风俗习惯的不同，导致人们的信仰和实践也千差万别。面对迫害，我们仍在坚守自己的宗教信仰，“只能解释为自亚当犯下原罪后，我们的天性中仍存有美好的部分”。宗教如果不是一种内在信念，就变得毫无意义了。“在人类发现自我时，上帝要求人类尽可能谨慎地去寻求真理，并相信已找到了真理，热爱这个真理，用这个真理规范人类的生活，……这个真理值得每一个人真诚地求教，在上帝给予的信仰之光的指引下，他所找到且诚挚拥护的主张必定是对他自身最合适的，也必定是来自上帝的旨意。”培尔对基督的理解根植于远比洛克的类似观念更深层的对基督的奉献之中，与盖恩夫人的内在灵性和贵格会的“内在之光”十分相似，培尔似乎也为后来启蒙思想所倚赖的人类理性，甚至是伊曼努尔·康德（Immanuel Kant）深刻的道德和精神完美主义开辟了道路。

巨大的压力，对哲学思考的高度专注和忘我工作，导致培尔的健康在1687年年初出了问题。发烧和剧烈的头疼使他卧床不起。《文人共和国新闻》从这一年的2月刊起，无法做到之前的每期100页了。除此之外，培尔不得不放弃讲学和指导学生。第二年年初，虽然健康状况仍然堪忧，但培尔终于可以讲几次课了。他很可能遇到过也在鹿特丹生活的约翰·洛克，但没有证据表明这两位呼吁宗教宽容的伟大理论家对彼此产生过什么影响。

培尔再也没有恢复到每月出版一期刊物的高压工作状态。似乎在 1687—1689 年，他充分利用几个月断断续续的生病和相对闲散的时间，孕育了一个通过提供方便使用的、可靠的信息，从而服务于文人共和国的更宏大的计划。到 1690 年年底，培尔坚定地开始着手最有抱负的计划——编撰《历史与批判词典》(*Historical and Critical Dictionary*)，这部巨著的编写占据了他的余生。他的目的是向读者提供完全可靠的有关古代与近代的作者和文献信息，使这部词典成为“其他书籍的试金石，……文人共和国的保险机构”。同主编《文人共和国新闻》时一样，培尔为这部巨著投入了全部的时间和精力，经常对过去和当前的教条主义、迷信和不宽容提出大量严厉、尖锐的批评，不过是小心地插入不知名的作者所作，或题材平平的作品里。这部词典不但为后来的启蒙思想家提供了主要资料来源，而且为后人编写《百科全书》树立了榜样。伏尔泰和其他许多人都认为从培尔这个痴迷于书籍和写作的人身上获益匪浅。事实上，培尔之所以下定如此决心并全身心投入，正是为了后人不再像自己当年在父亲的牧师住所里那样费尽周折地搜集可靠的和最新的知识。

* * *

虽然培尔流亡国外，但他还是用法文写作。虽然在许多国家都有他的读者，但他最在意的读者还是他那些生长于祖国的法国同胞，尽管法国现在对他充满敌意，也不许他重返故土。在 1688 年的法国，任何一个文化精英都不得不在古今论战中选择站在哪一边。许多文学和艺术形式都被拿来讨论。在 1688 年出版的《古今诗人新近交战史》(*Poetical History of the War Newly Declared between the*

Ancients and the Moderns）中，作者弗朗索瓦·德·卡利埃（François de Callières）详尽地绘制了一份交战双方的对阵序列图，以河为界，一边是以荷马为指挥官，由希腊诗人、拉丁诗人和古代演说家组成的军团，另一边是法国、意大利和西班牙诗人及现代演说家组成的队伍。

1688年，夏尔·佩罗（Charles Perrault）发表了他著名的《古人同今人之比较》（*Parallel of the Ancients and the Moderns*）的前几部分。17世纪80年代的诗人在写作时很难不受拉丁文千篇一律的格式和华而不实的文风的影响，而夏尔·佩罗在这部著作中成功做到了。他的作品有助于促进灵活、轻松及对话式的散文风格的形成，这种文风也是法国启蒙运动最显著的特征之一。《古人同今人之比较》和其他几部同类、具有突破性的作品都采用了对话体，这并非偶然，因为这类作品本身要求作者始终保留普通人对话的趣味性。在文中主要人物的辩论被设想发生在凡尔赛宫宏伟瑰丽的花园中，也并非偶然，许多人认为这可以展示现代人和法国君主制的优越性。

《古人同今人之比较》中有三位主人公：法院院长，他坚决拥护一切古典的东西；绅士，这个人和蔼可亲，聪明机智；最后一个是修道院院长，这个人是佩罗的自我化身，现代事物的捍卫者，这本书中最精美的句子，思虑最周密、篇幅最长的话都出自此人之口。绅士把世界历史同一个人的生命做类比引起话头，说明当时的世界已进入暮年，正在衰退；修道院院长反驳说同样类比的另一方面恰好证明，人类一直在不断地积累经验。他举例说，现代不断发明新的机械设备，如最近设计发明了编织长筒丝袜的机器。当然，院长先生发现要在所有艺术领域都证明现代人比古人优越是很难的，例如雕塑方面就不如古人，而绘画则是后来者居上，今人不断发现并实践新的绘画技巧，画作也越来越逼真。在建筑领域，现代建筑师不断改进经典规则，罗浮宫的外观就比任何古代建筑都美。

在《古人同今人之比较》的结尾部分（后来这部著作又出了很多部分），三个朋友，甚至包括法院院长，一致赞叹凡尔赛宫的雕塑和喷泉之美。修道院院长尤其对“三喷泉”赞赏不已，喷泉周围映衬着布局巧妙的清水、绿草和树木，工匠技巧如此高超以至于这些景物浑然一体，犹如天成。关于现代艺术比古代更优美和更有规律的争论由此变成了对 18 世纪打破规律和秩序的企盼。

有人会说，1688 年佩罗的现代胜过古代的论战不再是一场艰苦的战斗，因为此时大多数法国精英都明显倾向于这种观点。我们可以从佩罗的个人成长经历中找到他从厚古到崇今转变的线索。佩罗的父亲是一位事业成功的律师，投身于路易十四集权统治下的宫廷，也从中获得了丰厚的收入。这位父亲在儿子们的教育上不吝花费。佩罗兄弟既熟读经典，也能写讽刺《埃涅阿斯纪》（*Aeneid*）等经典作品的滑稽诗，有时在写作课上他们甚至会忍不住放声大笑。佩罗兄弟中，一个成为律师；一个成了政府财政专家；还有一个是强烈反对耶稣会的詹森主义*神学家。而克劳德（排行老三）比夏尔年长 15 岁，是一名内科医生、建筑师和生物学家。那位财政专家被迅速提拔又很快失宠后，克劳德为财政大臣柯尔伯担任建筑工程监理，正因如此，佩罗家族才保住了财富。出于同样的原因和自身的经历，克劳德坚信，过去任何一个时代的建筑艺术都无法同伟大的

* 17 世纪的一种天主教思想，其理论强调原罪、人类的全然败坏、恩典的必要和宿命论。

路易十四时代的灿烂辉煌相比。

夏尔和克劳德都是法国科学院的奠基成员。法国科学院是柯尔伯旨在发展新知识为君主服务，并塑造君主美好形象的一项工程。克劳德对解剖学和实验的兴趣比大多数同时代的医生更浓，在科学院负责通过解剖各种本土和外来的动物，努力扩充生物学知识。克劳德·佩罗写道，解剖工作“只有这样的人才能做：他们的眼睛观察事物比世界上大多数人更认真仔细；他们的双手探寻事物的奥秘比大多数人更灵巧，更富有成效；他们能看到事物的本质并忠于自己所看到的一切，要说服他们相信他们自己关于事物本质的判断是错的，必须有充足的证据才行；他们并不急于寻找新事物，而是去仔细验证一个已有的发现；确信自己被观察所误导带给他们的满足感不亚于一个新奇而重大的发现；他们对‘确切’一词的热爱在他们的职业精神中超过一切”。在描述通过公开的、群体的和批判的方式促进知识进步这个理想时，很难找到比这段话更优雅的表述了。

解剖工作不适合肠胃功能弱的人。解剖一只死于肺部和肠道病变的熊，尸体会发出恶臭，需要用几品脱白兰地倒在尸体上驱散气味。1668—1676 年间，克劳德及其下属共解剖了 30 多种动物标本。先是观察活的变色龙，后来解剖它，他们纠正了普林尼（Pliny）* 等古典作家的许多错误。克劳德·佩罗将这些研究成果发表在 1671 年和 1676 年出版的两卷本《动物自然历史志》（*Memoirs for a Natural History of the Animals*）中，书中附有很多展示动物外观、内脏及肢体结构的解剖图。这种解剖工作一直持续到 17 世纪 80 年代，到

* 古罗马作家，骑士家庭出身，担任过许多重要官职，曾统率骑兵参加镇压日耳曼人的战争。著有《自然史》《续阿乌菲迪乌斯·巴苏斯所著历史》等作品。

1688年，增补卷的出版准备工作也在顺利推进中。

在负责科学观察这个宏大项目早期阶段工作的同时，克劳德·佩罗还为柯尔伯做着另一项工作——翻译维特鲁威（Vitruvius）* 的拉丁文建筑学巨著。克劳德所受的医学教育为他熟练运用希腊文和拉丁文打下了坚实基础，使他能够轻松处理维特鲁威著作中的生僻词和插入语。与《动物自然历史志》中附有直观、一目了然的被解剖的动物结构图一样，克劳德在译著中也使用了图表，借此详尽、清晰地说明维特鲁威的观点和建筑结构。翻译完成后，克劳德出版了维特鲁威《建筑十书》的简易本。在这本书中，他第一次表达了自己对于建筑学的思考和想法。他写道，建筑之美，在某些方面是自然之美，内在地体现于建筑本身，但它主要还是人类任意创造的结果。我们欣赏的是建筑师创作的清晰和连贯性。我们对于古代建筑的欣赏应该被用于超越古人：超越古人的创造力，超越古人把他们的想法通过建筑实物清楚系统地表现出来的能力，甚至超越建筑与时代的伟大统治者之间的联系。克劳德·佩罗在1683年出版的著作《遵循古法的五种柱阵排列顺序》（*Order of Five Types of Columns according to the Method of the Ancients*）中完整阐释了上述观点，而且此时他有机会把这些想法付诸实践。在1670—1680年，罗浮宫的东立面历经多次整修，虽然细节已无从得知，但很明显，克劳德对此做出了实质性的贡献。他还参与设计了于1683年完工并且现在仍在使用的巴黎天文台，其方案将他对科学和建筑的热爱、王室的荣耀和法国科学院的工作完美地结合在一起。

---

* 全名马可·维特鲁威，古罗马御用工程师、建筑师。

克劳德·佩罗在圣安托万郊区（Faubourg St. Antoine）建造凯旋门的计划获批准，但第一阶段的建设正在进行的过程中，佩罗兄弟的保护人柯尔伯却于1683年去世了。此后，这项工程被迫停工并再也没有重启。克劳德继续做解剖工作，并准备出版《动物自然历史志》的增补卷。但1688年秋天，他在解剖一只骆驼时不幸被感染，于10月9日离世。生前已经绘制好的解剖图直到1733年才出版。

夏尔·佩罗在1697年出版了他最著名的作品《鹅妈妈的故事》（*Tales of Mother Goose*）。在这本书中，他继续远离古典文字的刻板，进入了一片可爱的林地，在这里可以听到淳朴的人和不识字者的声音。

* * *

文人共和国起源于欧洲，其中心不仅设在巴黎、伦敦和荷兰的几个城市，还有威尼斯——科罗内利在此地绘制全球地图，以及《学术纪事》的出版地莱比锡。偶尔会有安汶、巴达维亚及北京等这些距离欧洲非常遥远的城市参与其中。但更令当时的人惊奇，或许令现在的我们也同样称奇的是这样一位饱学之士。他是一座美丽的小城堡的主人，这座城堡大概位于威尼斯和维也纳中间萨瓦河河谷（Sava River valley）的南坡。

亚内兹·瓦伊卡尔德·瓦尔瓦索（Janez Vajkard Valvasor）*，博根斯堡（Bogensperk）男爵。1688年，他是在努力校对他的代

---

* 德语形式是Johann Weikhard Valvasor。我尽可能采用斯洛文尼亚语形式而非德语形式的表述，除非是英语或拉丁语中对应Krain或Kranjska的卡尼奥拉（Carniola）。——原注

表作——4 大卷《卡尼奥拉大公国的荣光》(*Honor of the Duchy of Carniola*)和为书配图中度过的。同一年，他还出版了拉丁文版的《卡尼奥拉大公国地形图》(*Topography of the Archduchy of Carinthia*)。1687 年年底，他得知自己有可能当选伦敦皇家学会的会员。伦敦皇家学会是文人共和国的科学省中最具影响力的中心之一。为此，他向协会邮寄了一份描述他的家乡著名而神秘的采尔克尼察湖（Cerknica Lake）的详细报告。但到 1688 年年末，他既没收到他是否确已当选会员的消息，也无从得知他那份关于采尔克尼察湖的报告的摘要其实已经刊载在《哲学学报》(*Philosophical Transactions*)上。萨瓦河河谷距离伦敦并不算太远，由此可知，当时的通信并不总是十分可靠。

卡尼奥拉曾由哈布斯堡王朝统治了几个世纪。瓦尔瓦索和文化精英们在正式通信中使用德文和拉丁文；百姓大多说斯洛文尼亚语，几乎可以肯定这也是瓦尔瓦索的母语。卡尼奥拉的首府设在卢布尔雅那（Ljublijana），现在是独立后的斯洛文尼亚的首都，这里也是瓦尔瓦索生活的世界的城市中心。萨瓦河起源于尤利安山（Julian Alps）的一个山间湖泊上方的瀑布，在贝尔格莱德汇入多瑙河。在这本书的后面章节，我们会遇到一个年轻的土耳其人，在 1688 年作为囚犯，他在萨瓦河沿岸度过了几个月痛苦的时光。瓦尔瓦索记下了他这位博根斯堡城堡主人的梦幻庄园：地势稍倾，土质肥沃，种植着优质的樱桃，许多温泉装点着城堡内外。从这里越过山谷望去，向北蜿蜒而去的阿尔卑斯山积雪的山峰清晰可见。从这里骑马到卢布尔雅那，大概需要一天的时间，但在博根斯堡已经有了一切他需要的东西：做实验需要的化学仪器、几千本书和一间铜雕工场。

卡尼奥拉是一片可爱而充满多样性的土地。这里有很好的农场用地和公路，尤其是在河谷地区；但农场和公路之间则是地势不高、森林密布的山地，在现代的早期，冬天下雪之后，通行尤为艰难。此外，这里大部分的基岩是石灰石。水从石灰石上水平和垂直的裂缝中渗入并融进岩洞和地下河流中。岩洞顶部剥落后，会形成奇异的石柱、石笋，封闭的灰岩坑和河谷，地质学家以卡尼奥拉一个地区的名字给它取名为喀斯特地貌。在这样的地形地质影响下，农民的分布非常零散，因此导致习俗、信仰和方言每隔几千米就会发生变化。河流消失在灰岩坑中或突然从山坡涌出，洞穴里星罗棋布的钟乳石和石笋似乎为当地地下有神秘力量的传言提供了证据。

瓦尔瓦索的祖父在 16 世纪从意大利移居到卡尼奥拉，当时许多同他一样的人带着他们在采矿、工艺品制作和经商方面的技能来到这里。他的祖父到这里来继承一个远亲或同姓氏的雇主留下的小城堡。亚内兹・瓦伊卡尔德・瓦尔瓦索出生在 1641 年，享受着种种精英阶层能得到的好处：在卢布尔雅那接受良好的耶稣会教育；在反抗土耳其的战斗中获得军事经验；在西欧游历 8 年以上，甚至到过北非。之后在 1672 年，他结婚并买下了博根斯堡庄园和其他产业。他在游历期间读过很多书，这些书籍汇集了历史、贵族世家、建筑和特定地区自然奇观的信息，尤其是在德意志，意在表现地方自豪感的图书特别常见。令他羞愤难当的是，他发现没人听说过卡尼奥拉。（现在的斯洛文尼亚仍然面临同样的问题。）

除为了让年轻的妻子怀孕在家待上一段时间之外（他们在 15 年的婚姻中共生养了 9 个孩子），他花了大量时间考察卡尼奥拉和邻近地区，画出城堡和修道院的素描图，收集关于城镇和贵族家庭的信息，找出令人费解的地形地貌的成因。他还收集古董和奇特物件，并且尝试化学和炼金术实验。他出版的第一部作品是拉丁文版的《卡尼奥拉大公国地形图》，书中附有223幅铜版印制的插图。在卢布尔雅那没有铜版印刷工场，他便在自己的博根斯堡庄园中建立了一个，这也是卡尼奥拉大公国的第一家印刷工场。此后，他又出版了一些地形学作品，一本相当怪异的插图版的奥维德（Ovid）*的《变形记》(*Metamorphoses*)，以及《人类死亡剧场》(*Theater of Human Death*)，描绘不信上帝者各种可怕的死亡形式。

但瓦尔瓦索真正的兴趣所在是让他心爱的家乡被人熟知，并全面记录下这里的历史、人物和自然奇观。早在1680年，他就已经印刷和张贴广告，希望人们向他提供有关他们的所在地、家庭和城堡的信息。人们特别不愿意让陌生人充分了解自己的城堡，但是随着他周游次数的增多，他积累的资料也越来越多。他还雇用了很多艺术家和雕刻家帮助自己。到1687年，各方面的条件成熟，他已经准备印刷出版《卡尼奥拉大公国的荣光》了。他还请纽伦堡的学者伊拉斯谟·弗朗西斯库斯（Erasmus Franciscus）仔细阅读文稿，确保文中的德文规范正确。1688年，印刷样本已送到博根斯堡庄园，与此同时，瓦尔瓦索把更多的手稿和插图送到纽伦堡的弗朗西斯库斯手中。1689年，此书完成印刷并装订成册后，完全是一部鸿篇巨制，四卷对开本，共3532页，含有528幅插图。这部著作是一部关于卡尼奥拉的百科全书，全面介绍了这个地区自古以来的历史进程，包

---

* 古罗马诗人，公元1年发表《爱的艺术》，描写爱的技巧，传授引诱及私通之术，与奥古斯都推行的道德改革政策发生冲突。公元8年被流放到托弥，10年后忧郁而死。他是古罗马最具影响力的诗人之一。与贺拉斯、卡图卢斯和维吉尔齐名。代表作有《变形记》《爱的艺术》和《爱情三论》。

括：这里的各个民族和他们使用的语言；人们皈依基督教的来龙去脉；天主教和新教之间的长期斗争（天主教获得胜利）；这个地区内所有的贵族家庭及家族纹章；所有的城镇、修道院和城堡（附有插图）；以及数量众多的河流、温泉和岩洞。

从这部巨著及1687—1688年间保留下来的信件和记录可以看出，瓦尔瓦索一方面对充斥着巫术、同魔鬼达成的契约，以及地下神秘力量的旧欧洲进行反思；另一方面与新欧洲中心之一的伦敦皇家学会取得联系，而在新欧洲，他思索的主题要少见得多。他在这部巨著中用少量篇幅描写卡尼奥拉的人们对迷信和巫术的坚信不疑，讽刺道："找到一个没有蛇的地方比找一个完全没有迷信者的地方容易得多。"他特别谴责在基督教节日的圣诞节和复活节前后，迷信习俗数量众多且持续时间长。在圣诞前夜，卡尼奥拉的农民总是在炉火上放上大块木头，并且每吃一样食物，都会在木头上放一块或一勺。瓦尔瓦索说，邀请炉火和他们同享食物的做法显然是异教徒向家庭保护神献祭传统的延续。

在《卡尼奥拉大公国的荣光》和其他零散的有关巫术和魔鬼魔法的论述中，瓦尔瓦索寻求通过历史遗物或自然原因去解释看起来不可思议的现象。正在纽伦堡编辑瓦尔瓦索作品的伊拉斯谟·弗朗西斯库斯偶尔会对文字做一下补充和修改，不怎么倾向于对民间传闻、人们与魔鬼的故事传说、人们对魔鬼的恐惧以及作品自身做出解释。这本巨著的第11章本来是介绍卡尼奥拉的城市、市场和城堡，但这位编辑却在其中引入了篇幅不小的文字，驳斥"可敬的作者"对这类事件做出的解释。这样做的结果是两人之间有关巫术理论、魔鬼的魔力和魔法的辩论在书中多达大对开纸50多页。出现在

第三卷的这些论述，很可能早在 1688 年年初就已写完并交回瓦尔瓦索手中，但后者又在里面加了一些自己在同一年的经历。

瓦尔瓦索和伊拉斯谟·弗朗西斯库斯都认为同魔鬼达成显性的或隐性的契约有各种可能的形式。但对与魔鬼达成隐性契约的概念的界定却使瓦尔瓦索感到困惑。假如一个孩子踩了一块被施了魔法的石头，或者天真地模仿了女巫的咒语或手势，这样的情形该怎么看待？这个无辜的孩子因此不知不觉地陷入一个与魔鬼的契约中并要受到诅咒吗？伊拉斯谟·弗朗西斯库斯对此的回答是，同魔鬼交易者如果没意识到自己的行为，这样的契约就不具有效力。瓦尔瓦索也断言魔鬼对美德加身的人束手无策。魔鬼也许会把某种因自然原因有效的发明送给某个人，比如，他在法国里昂听说的一种蚕丝加工技术，但如果使用者不清楚这项技术的来龙去脉，那他和魔鬼之间达成隐性契约的说法就不成立。这些对古老基督教的恐惧，以及存在黑暗超自然力量的古老信念的讨论，转变成对人主观信念和意图的质疑，这与我们在其他宗教世界里看到的洛克、培尔和威廉·佩恩的情况相似。

瓦尔瓦索对这些问题心存疑虑并不意味着他不相信魔鬼及魔法的存在：1688 年 3 月 8 日，当他正在阅读之前就这方面的问题准备的材料时，头顶上突然响起了巨大的撞击声，接着又是一声。他感觉房顶快要塌下来了，又觉得好像正在与地狱之火交手。在他背诵了几段祷文后，危险离他而去，而他背诵的最后一句话是“你无力伤害我头顶的一根头发”。

从古希腊地理学家斯特雷波（Strabo）开始，游人和研究自然的学者对卡尼奥拉境内的采尔克尼察湖的记录和评论就从未中断过。

有时，这里是一片碧草连天的广阔平原。但有时水从平地裂缝处涌出，随之而来的还有不计其数的鱼。几个月后，水又会全部排干。瓦尔瓦索花了大量时间，或乘船或步行去探索这个湖和附近地区的奥秘。地下水流在喀斯特地貌国家很常见，这种现象是由地下水流的水位变化引起的，他当然不是第一个弄明白这个问题的人。瓦尔瓦索想起英国旅行家爱德华·布朗（Edward Brown）曾解释奇特的采尔克尼察湖的成因，这促使他在 1685 年 12 月给伦敦英国皇家学会寄去了第一封信。1686 年与皇家学会交流了几次后，瓦尔瓦索又邮寄了一份自己研究的关于大型青铜雕像铸造新工艺的报告。这份报告得到一致认可。1687 年，瓦尔瓦索得知自己将获得提名成为这个令人敬慕的学术机构的会员。同年 12 月，他再次提交了关于采尔克尼察湖的详细报告。他认为山中地势较高的地方一定有一个地下水库，冰雪融化后水流入其中，又通过地下通道流向采尔克尼察湖底的另一个水库。而湖底的水库对外只有一个排量有限的出口。在融雪量最大时，湖底的水库将被灌满，于是水流通过水库顶部的水道溢到湖床上。而当流入水库的水流减缓，水库蓄水量减少到一定值时，湖水又会被抽回水库。1687 年 12 月 14 日，埃德蒙·哈雷向英国皇家学会宣读了瓦尔瓦索有关采尔克尼察湖论文的第一部分，并精心制作了一个由盆和管子组成的模型模拟瓦尔瓦索的原理，显然，这个模型证实了瓦尔瓦方索的观点。报告先发表在《哲学学报》上，之后又登载在《学术纪事》上。同月在皇家学会的一次会议上，瓦尔瓦索正式当选会员。1688 年年末，瓦尔瓦索写信询问伦敦方面是否已收到他在前一年邮寄的报告。没有证据表明他已知道自己的报告受到了好评，而且他已经正式当选皇家学会会员。1689 年，《卡尼奥拉大公国的荣光》正式出版，但此时的瓦尔瓦索经济上已十分落魄，身体状况也令人担忧。1690 年，他变卖了书籍和印刷工场；1692 年，他不得不与自己钟爱的博根斯堡庄园告别；1693 年，瓦尔瓦索离世，享年 52 岁。

瓦尔瓦索在采尔克尼察湖的详细报告中附有他精心绘制的鸟瞰图和错综复杂的他称为“地下水道”的图表。但从自然主义角度解释地下力量造就的种种现象的做法没有大获全胜；在鸟瞰图左上方有一座山临近湖泊，山上是一群女巫在飞。在《卡尼奥拉大公国的荣光》这本著作中，瓦尔瓦索讲述了他几次进入巨大岩洞的冒险经历。他十分清楚在黑暗中进入岩洞的危险，书中的一幅插图能清楚说明他当时的恐惧和矛盾心理。一般而言，对参观过岩洞的人来说，钟乳石和石笋的模样应该不再陌生，但在瓦尔瓦索的插图中，它们都变成了魔鬼的面孔、妖怪或人的身体部位。插图前景中有两个身影，其中一个指着石笋的人很可能就是瓦尔瓦索本人，虽然他非常希望以自然主义的眼光看待这个地下世界，但眼前的景象还是让他感到恐惧和厌恶。

第十九章

阿芙拉·贝恩

1688年，阿芙拉·贝恩出版了一首诗：

致美丽的克拉琳达（Clarinda），她向我示爱，
在想象中超出女子

美丽可爱的少女啊，
如果这样的称谓太女性化，
配不上高贵的你，
请允许我换一个更接近事实的吧。
就叫你可爱而迷人的青年吧，
哦，这样的称谓又使我忍不住温柔地抱怨，
虽然能减轻我的局促不安，
我追求你毫不脸红，
尽管眼前无数美人出现，
你那迷人的外表让我感到痛苦。
山泽仙女把我们交给情人，

可怜我们身为女人，
相爱也无罪，
和你在一起，我们怎会犯罪？
即使犯罪，也当原谅。
如同
采摘最美的鲜花的人，
怎会相信芬芳的叶子下有蛇藏身？
你是所有美的化身，
你是温柔的克罗莉丝，
也是可爱的亚历克西斯。
你男性的头脑、你少女的面孔
让我们难以自持，
我们最高贵的情感
如阿佛洛狄忒的朋友赫尔墨斯。

诗的语言简单，风格却是巴洛克式的。贝恩在诗中把自己和克拉琳达比喻成赫尔墨斯和阿佛洛狄忒，意在暗示，她可以追求一个男孩子气的年轻女子，就像追求一个年轻男人一样无须尴尬，也没有危险。同时作品还反映出，情色无法控制时如此真切，对其指责也不只适用于女性之于男性。同1688年的任何文字相比，贝恩引领我们进入人类情欲迷宫的更深处。（井原西鹤虽更坦率，但线条也未免更粗糙；胡安娜风格则更深沉隐晦。）

在贝恩于1688年出版的两本书中，对巴洛克式风格的运用既有合乎礼法的也有不合礼法的；文本信息既有含蓄不露的，也有夸张而充满戏剧性的。除此之外，还能找到写作风格的有趣变化。两本小说的开始，作者都以平实的语言称只讲述那些可求证的事实，但后面的写作却慢慢变为叙述别人口中的那些又长又夸张的故事。情节的戏剧性转换和激烈情绪的表达方式，都使人迫切想要将其改编为巴洛克风格的场景和咏叹调。《漂亮的负心女》(*The Fair Jilt*)的主角是一个诡计多端贪婪成性的女人，在对一位年轻英俊的神父投怀送抱遭拒之后大呼强奸，害得神父差点儿被送上绞刑架。之后她又以自己的爱情为诱饵，唆使一个年轻的仆人毒死她的妹妹，达到占有妹妹继承的遗产份额的目的，但未能得逞。后来，她又蛊惑丈夫去杀死妹妹。贝恩从一个憎恶女人者的可怕噩梦中引出了这个人物，在一开始就对这个年轻女子做了介绍，说她“生性多情但感情变化无常”，她爱她遇到的每个男人身上最好的那个特质，但又害怕婚姻，因为“她知道自己的心性，根本无法忍受一生只守在一个男人身边”。有人推想，贝恩的这个故事不仅取材于她早年作为一个不太成功的间谍逗留在安特卫普(Antwerp)* 时听到的故事，还反映了她自己对社会的虚伪、对人性的禁锢的失望和不满。

到17世纪80年代，在伦敦色彩斑斓和放荡风流的戏剧界，阿芙拉·贝恩已经作为一个没有固定收入的寡妇生活了二十多年。她爱上的男人，要么已是人夫，要么令她不满意，而且很可能她自己也不愿意安定下来，屈从于一个男人的权威，无论这个男人能提供给她多少舒适和便利。她靠写作为生。擅长写作的她，因此在王政复辟时期喧嚣的情节剧、隐喻和淫秽组成的合唱中添加了一个独特

---

* 位于比利时西北部斯海尔德河畔。

的女人的声音。《失望》(*The Disappointment*)是她在1680年之前的作品，诗的主题是阳痿或早泄。这样的主题可以一直追溯到罗马诗人奥维德。这首诗从女性的角度，描写她逃离现在如同废人的情人时的困惑、脸红、蔑视和羞辱。

贝恩在1688年还出版了《奥鲁诺克：或王奴，一段真实的历史》。小说采用1688年流行的自传体，讲述作者在世界各地的见闻。贝恩年轻时曾在南美洲北海岸的苏里南(Surinam)* 短暂停留，小说借鉴了这段经历，但很多部分是虚构的。作者坚称她的故事“应以单纯的面貌来到世界上，以其特有的价值和天然的内容吸引读者；有足够的事实做支撑，用有趣的事情进行渲染，但不胡乱添加以达成目的”。它讲的是一群非洲奴隶的领头者试图逃离苏里南种植园时遭到抓捕和残酷惩罚的故事。在描写苏里南的场景时，作者采用平实的描写风格，交代地点、植物、动物和人物的具体细节；在突出白人的残酷和奴隶领袖的高贵时，作者着墨甚多，刻画入微。

在这个小故事的第一部分，情节剧的色彩更浓。贝恩在这里交代了故事的主人公是如何被奴役并运到美洲的。奥鲁诺克是他民族的王子和伟大将领。他皮肤非常黑，高挺的鼻梁，薄薄的嘴唇，拥有斯多葛派(Stoic)† 的美德。他的未婚妻伊莫英妲(Imoinda)容貌美丽，年事已高的国王垂涎她的美貌，下令召她入后宫。国王的命令无法抗拒，伊莫英妲感到深深的绝望，奥鲁诺克愤怒异常，情节

* 该国旧称荷属圭亚那，原为荷兰在南美洲的殖民地，1954年成为荷兰王国的海外自治省，1975年独立。

† 或称斯多亚学派，也被译为斯多阿学派，是塞浦路斯岛人芝诺于公元前300年左右在雅典创立的学派，因在雅典集会广场的廊苑(英文stoic来自希腊文stoa，stoa原指门廊，后专指斯多葛学派)聚众讲学而得名，是希腊化时代一个影响极大的思想派别。

的转折让两人终于完成了爱的仪式。但他们又遭人背叛，被卖为奴隶。最纯粹的巴洛克式戏剧的情节也不过如此吧。奥鲁诺克以英雄咏叹调对这样的遭遇发出了挑战："无论你们是谁，胆敢迈进这间屋子一步，都记住，我，奥鲁诺克王子，一定会复仇，让进屋者葬身于此。因此，想活命的退回，这里是爱情的圣地，今夜属于我，明天才归国王。"

经过千回百转的巴洛克式剧情之后，奥鲁诺克和伊莫英妲被分别押上船运走，但二人在苏里南的一处种植园团聚并结了婚。这里的其他奴隶和一些白人看出了奥鲁诺克与生俱来的高贵。白人叫他"恺撒"，并给了他一些特殊待遇。奥鲁诺克现在过得还算舒适，伊莫英妲也有孕在身，尽管如此，恺撒（作者从这里开始这样称呼他）正在领导奴隶们大逃亡。按计划，他们会先逃到海边，一边自卫，一边寻找船只返回非洲。（这种计划同我们之前在巴西和牙买加看到的不一样，那里的脱逃奴隶通常逃往内陆，在偏远地区组织起来自卫。在苏里南，即便现在不是这样，以后的情况也差不多。）恺撒的演讲抑扬顿挫，富有音乐感："我亲爱的朋友们，一起经历苦难的同胞们，为什么我们要受那些陌生人的奴役？他们在战斗中打败了我们，还是他们在光明正大的战场上战胜了我们？而我们是因为战争才沦为奴隶的吗？如果事情真是这样，不会使一颗高尚的心悲愤，也不会使战士的灵魂羞辱。不！事情绝不是这样，他们把我们像猴子一样买来卖去，任我们被女人、傻瓜和懦夫玩弄，用我们来鼓励恶棍和叛徒，他们是因为在自己的国家强奸、谋杀、盗窃，干尽坏事而逃离出来的恶人。那么，我要问了，你们愿意遭受这些人鞭笞吗？"奴隶们一起高声回答："不！不！不！恺撒刚才发言时仿佛一位伟大的统帅，一位伟大的国王！”

逃亡的奴隶被散乱的殖民地“民兵”追上后，这些非洲人看到白人手持精良的武器却秩序混乱，而且使用鞭子抽打奴隶的眼睛，十分不解。最后只有一个勇敢的人还留在恺撒身边，伊莫英妲即将分娩，仍然挥舞手中的弓打伤了几个白人。恺撒中了圈套被擒住，催促白人快点儿杀了他，因为直到杀死鞭打他的人，他才会善罢甘休。所幸留在恺撒身边的朋友在恺撒被判绞刑后一直在他身边保护他。恺撒复仇的情绪越来越强烈，“幻想在种植园来一次大屠杀，才能安抚他那颗伟大的心”。恺撒和伊莫英妲下定决心，她一定要先行死去，避免沦为复仇心切的白人的玩物。而且恺撒决定亲手杀死她。

> 此情此景，彼此间的爱意只能说到这儿了；所有的犹豫都要停止了。这个可爱的、年轻的、令人仰慕的受难者自己躺了下来，躺在即将杀死自己的人面前。而他，心撕裂般疼痛，还是坚定地举起了手，给了她致命的一下。之后，他先是切开了她的喉咙，然后把她的头和身体分开。此时，她的脸上仍然带着微笑，柔软的身体里是世上最温柔的爱的结晶。做完这些，他轻轻地把她放到用树叶和花朵做的床上，又用叶子和花盖住她的身体，只剩脸还露在外边。当他意识到她真的死了，知道她再也回不来了，清楚他再也看不到那双柔情似水的眼睛，再也听不到她温情的祝福，他的痛苦变成了愤怒。他发疯般撕扯自己的身体，像森林里的野兽一样咆哮着，呼喊自己心爱的伊莫英妲的名字。无数次，把尖刀对准自己的心脏，要立即追随

心爱的人而去，但复仇的怒火阻止了他。现在他复仇的欲望比之前更强一千倍……

恺撒在伊莫英妲的尸体旁躺了八天八夜，悲痛欲绝，愤怒无比。虽然身体极度虚弱，他还是设法杀死了前来抓他的一个英国人。直到最后一刻，他仍然毫无惧色。

他早就学会了吸烟。知道自己要被处死时，他请他们在他的嘴里放上一个烟斗，点着它。他们满足了他的要求。刽子手来了，先切下他的双腿扔进了火里。之后，用一把难看的刀，切下了他的耳朵、鼻子，都扔进火里烧掉了。这时的恺撒，嘴里仍然吊着烟，好像什么都没有发生一样。直到他们砍下了他的一只胳膊，他还是强忍疼痛，用另一只手扶着烟斗。他们又砍下了那只手臂，他的头沉了下去，烟斗掉到了地上。他终于咽下了最后一口气，但从行刑开始到结束，没有一声呻吟，没有一句咒骂，……就这样，这个伟大的人死去了。他本应该有更好的命运。他的崇高、他的智慧也远非我笨拙的文笔能写出来。但我仍然希望，他的英名和勇敢、美丽、忠贞的伊莫英妲能借助我的笔，被后人世代铭记，直到永远！

1688年，阿芙拉·贝恩很可能已经快50岁了，身体也不是很好。虽然她不算一个虔诚的教徒，但在政治观点和审美情趣方面，同詹姆士二世和天主教会相似。她死于1689年。1695年，托马斯·萨瑟恩（Thomas Southerne）把《奥鲁诺克》搬上舞台，亨利·普赛尔写了配乐。阿芙拉·贝恩的这个故事不但对18世纪那些反对奴隶贸易的人产生了重要影响，而且对于我们这个时代寻求从传统角色和男性统治中解放女性的人而言意义非凡。弗吉尼亚·伍尔夫（Virginia Woolf）*写道："所有的女人都应该在阿芙拉·贝恩的墓前献上一束鲜花，正是这个人为她们争取到了说出自己心声的权利。"

* 1882年1月25日—1941年3月28日，英国女作家、文学批评家和文学理论家，意识流文学代表人物，被誉为20世纪现代主义与女性主义的先锋。

第二十章

牛顿、洛克和莱布尼茨

无论对18世纪中拥护新时代科学和理性的人来说，还是对我们这些现代派的继承者而言，艾萨克·牛顿都是新时代最伟大的英雄。世人认为，牛顿的学说代表着哥白尼、伽利略和很多学者建立在观察和推理之上，而非教条和迷信之上的关于宇宙的观点在经历长期艰苦卓绝的斗争后，最终获得了胜利。除此之外，现代学者描绘了一幅复杂的画面，生气勃勃的科学世界孕育着牛顿在光学、力学、天文学和数学领域取得非凡的成就。然而，时至今日，我们依然应该对能够推导出定理和公式的思考力和专注力保持敬畏，牛顿正是借此推演出许多对我们理解事物本质必不可少的数学定理。牛顿最伟大的成就莫过于他的万有引力定律。在常规观察中，人们通常认为物体只有在直接接触的前提下，彼此才会产生相互作用。牛顿则运用他的数学推理指出一定距离之内，不直接接触的物体相互间也会产生作用力。虽然他对这一理论感到不安，无法给出直观的常识上的解释。但经过几十年的激烈争论后，科学界最终接受了他的观点。

1688年对牛顿来说意义非凡。此前的几十年对牛顿来说相当不易，各种计划启动之后又搁浅，外界还算温和的批评也能激起他近乎偏执的反应。但 1687 年他的重要著作终于出版。《自然哲学的数学原理》用“重要”一词已不足以形容。真正改变我们看待世界方式的书籍寥寥无几，它便是其中的一本。这本书出版后，立即引起轰动，评论随之而来，称其具有划时代的重要意义。与此同时，英国爆发的政治危机把他从不问政治的孤独生活中拉了出来。此后，他逐渐成了一位公众人物。

1642 年，牛顿出生在英格兰林肯郡的一个小村落，家境富裕但父母都没受过教育。他的父亲在他出生前就去世了，母亲在他 3 岁时改嫁。小牛顿被托付给他的外祖父母，直到 7 年后，他的继父去世，他得以重新回到母亲身边。这段时期同母亲的痛苦分离很有可能是他后来精神不稳定的主要因素之一。他母亲的家人，尤其是她的牧师哥哥，坚持要让这个非常聪明但又奇怪的男孩接受扎实的教育。特别是在他心不在焉地在农场闯了祸之后，舅舅的这个念头更强烈了。小牛顿做了许多日晷，无论一生中走到哪，他都对太阳和影子的运动有着准确和敏锐的觉知。1661 年，牛顿进入剑桥大学学习。当时，大学里几乎不讲授科学和数学知识，他从正规教育中学到的东西还不如从自己买来的书上学到的多。1669 年，他传播了论述他所创建的微积分原理的论文手稿，随后他被任命为剑桥大学卢卡斯数学教授*。1672 年，他已当选英国皇家学会会员，在《哲学学报》上发表了一篇论文，阐明白光是由多种不同颜色的光组成的，这可以通过棱镜折射显现出来。但论文刊登后，面对来自在物理学

---

* 卢卡斯数学教授席位是英国剑桥大学的一个荣誉职位，授予对象为数学及物理相关的研究者，同一时间只授予一人。

领域做出开创性贡献的物理学家罗伯特·胡克（Robert Hooke）* 的算不上尖酸的批评，牛顿反应激烈，并直接导致了他之后不再与其他科学家交流，而专心研究炼金术。

此后的几年，牛顿抄写并评注了一些有关炼金术的论文。他认为，钻研各种新旧知识传统有助于发现其中孕育着的隐而未现的真理，而且他偏执地倾向于在一段时间内遵循某一种传统。牛顿对炼金术感兴趣，并不是想找出把“贱金属”变成黄金的方法，而是通过这个途径寻求还不被人所知的事物之间相互吸引的原理。炼金术中太阳和光的象征意义，启发他对原始的和纯粹的崇拜形式的思索：在所罗门圣殿以及埃及和希腊的神庙中，在神圣之地的中心都有一处火焰代表太阳，“象征着世界体系”。

这些思考促使牛顿继续探寻可以被定量分析的未知事实。牛顿十多年前就对行星轨道做出了基本的定量分析解释，胡克现在才提到他自己在那个方向的模糊探索。后来，当牛顿用数学原理严密计算出行星轨道时，胡克却指控他剽窃。两人之间的嫌隙越来越深，几乎使牛顿放弃出版他的著作。令人欣慰的是，1684 年，牛顿遇到了一位慷慨的同事，而结交这位同事让牛顿获益匪浅。此人就是埃德蒙·哈雷。当时，哈雷正致力于解释他在 1682 年发现的一颗彗星的运行轨道，这颗彗星，我们现在仍叫哈雷彗星。哈雷来拜访牛顿时，牛顿告诉他，自己通过对轨道的基本运算推导出行星的运行轨道是椭圆形。听到这样的话，哈雷非常震惊，这正是他所需要的。

---

* 英国博物学家、发明家。在物理学研究方面，他提出了描述材料弹性的基本定律——胡克定律，且提出了万有引力的平方反比关系。在机械制造方面，他设计制造了真空泵、显微镜和望远镜，并将自己用显微镜观察所得写成《显微术》一书，“细胞”（cell）一词即由他命名。

他鼓励牛顿写下演算过程。3 个月后哈雷收到牛顿寄来的一本小册子《论运动》。之后，牛顿完全沉浸于继续扩展和修正他的结论，经常忘记吃饭。他发现全面充分论述自己的思想“比我想象中更困难”。但他还是正式提出了 3 个基本定律：惯性定理；物体的运动变化与外力大小之间的比例关系；物体之间的作用力和反作用力，在同一条直线上，大小相等，方向相反。此前很久，牛顿就写过几篇关于万有引力定律的论文，但直到现在提出这 3 个基本定理之后，这些想法才被有机地整合到一起。此外，他甚至开始计算彗星的运行轨道。

1686 年，哈雷把手里有的足够多的牛顿的手稿提交到英国皇家学会，并由学会负责印刷。学会开始同意印刷，但后来又坚持由哈雷支付印刷费用，虽然哈雷并不富裕。此时胡克又声称牛顿剽窃了他的理论，牛顿打算撤回书中一部分关键内容，但哈雷设法使他冷静下来。这时的牛顿，有一部完整的著述、一个出版商和一个最忠诚的朋友，现在什么也阻止不了他了。哈雷继续推进工作，每天花数小时研究手稿中的大量图解，此外，还要对文字进行校对。终于，1687 年 7 月 5 日，哈雷告诉牛顿书已印完，并给他寄去了 20 本样书。牛顿走在剑桥校园的一条小路上，听到一个学生说：“那边走着的那个人，写了一本书，他自己和别人都看不懂。”

然而，评论家是能读懂的。哈雷在给《哲学学报》的书评中写道：“这位举世无双的作者，……在这部专著中给出了人类思维力量限度的最显著的例证；书中阐明了自然哲学的原理，鉴于这些结论的深度和广度，似乎已穷尽作者的毕生之力，留给后人可做的工作已寥寥无几。”1688 年年初，一篇对《自然哲学的数学原理》一书不乏赞誉之词的长篇摘要刊登在《学术纪事》上,《学者期刊》(*Journal des Scavans*)则称之为“人类能想象出的最完美的力学”,但极力反驳物体相隔一定距离相互间也会产生作用力这一基本概念。

此时，剑桥大学同国王詹姆士二世的关系出现危机，艾萨克·牛顿也深深卷入其中。1687 年，国王下令剑桥大学授予一个本笃会（Benedictine）* 的修道士文学硕士学位，而这位教士显然打算干涉大学事务。这种举动遭到大学的抵制，时至 3 月，牛顿差不多已经完成了《自然哲学的数学原理》的撰写工作，便站出来担任抵制活动的领导人之一。4 月，大学方面派出的 8 名代表向令人敬畏的教会法院提交了一份抗辩词，申诉大学反对授予本笃会教士文学硕士的理由。这份抗辩词主要由牛顿起草。但庭审时，这份辩词并没有派上用场。对牛顿在1688年的生活，我们几乎找不到多少记载。似乎这一年，他起诉了他的佃户未能照料好他继承来的农场。这个农场，正是他幼时不断给它制造麻烦的那个地方。1688 年 1 月，他就自己前一年三四月在农场短暂逗留时看到的景象，写了一封详细的信。总的来说，他当时情绪不高，靠读评论消磨时间，希望政治风暴快点儿平息。

1689 年，剑桥大学派出两名代表参加协商议会，牛顿是代表之一。在这里，他遇到了洛克等许多重要人物。1690 年，他被任命为皇家造币厂督管。他认真履行职责，并帮助把几个造假币者送上绞刑架。他很久之前就已完成的光学著作最终得以出版。后来，牛顿

* 是天主教的一个隐修会，又译为本尼狄克派，他们遵循由努西亚的圣本笃在 6 世纪时所制订的规章。该规章逐渐在意大利和高卢等地传播开来，到了 9 世纪时本笃规章已为西欧和北欧普遍采用，本笃会修道院成为知识、文学和财富的宝库。

当选皇家学会主席，并重新修订完善《自然哲学的数学原理》。此外，他还和莱布尼茨在谁最先发明微积分的问题上争得不可开交。

* * *

1688年，约翰·洛克在荷兰待了一整年，大部分时间住在他好朋友本杰明·弗利（Benjamin Furly）位于鹿特丹造船港的家中。弗利是一个富裕的贵格会教徒。自1660年王政复辟后，英格兰便不再适合贵格会教徒生活，很多时候他们的安全甚至都没有保障。在这样的形势下，弗利移居荷兰。1688年，弗利代表一位再洗礼派（Anabaptist）牧师向威廉三世请愿。这位牧师被加尔文宗的牧师排挤出自己的故乡，而现在又面临从哈勒姆附近的一个小镇被驱逐出去的威胁。在1683年逃离英国的洛克眼中，弗利的家是一个避难所，他可以与这里的人分享对自由的热爱、对书籍的痴迷和对世界的好奇。最重要的是，这个日渐老去的单身汉学者发现弗利一家人越来越像他的家人。洛克离开后，写给弗利的信都像在叙家常，每次都会问候弗利夫人和他们的小儿子阿伦特（Arent）。这个孩子生于1685年，有意思的是，这个男孩的名字是荷兰名字，尽管洛克几乎从没用荷兰文写过东西，却在问候这个小男孩时用上几句荷兰文：“转告托伊杰（Toetje，Arent的荷兰文形式），如果他再这样淘气，下次我去时，就什么都不给他带了，而且我会和贾恩（阿伦特的哥哥）好，不和他好了。”

洛克保留了每一封收到的信。现代出版的洛克通信集中，1688年的就有105封，这些信件中，有的是洛克写给别人的，有的是他收到的，还有一些是他给密友写的信，他在上面做了评注。这些书信中，很多都是称赞洛克的《人类理解论》(*Essay concerning Human Understanding*)的。有的赞美流传在几个赞助者和特别要好的朋友间的手稿本，有的则赞美刚刚用法文印刷出版的这本书的概要。洛克和他的朋友都清楚这本洋洋洒洒、精雕细琢之作会使洛克扬名立万。但他们恐怕没想到，它会塑造此后数百年西方思想的走向。在笛卡尔对人类思想的本质和可靠性提出的质疑，以及霍布斯对人类知识因果关系研究的先作的基础上，洛克对我们经验的来源做了统一的解释，奠定了经验论的基础。虽然现在我们知道如何驳斥这些观点，但仍会觉得其评述具有合理性。洛克主张知觉和内省才是知识的来源，并就此进行探究，批评任何认为人生下来就具有内在思想（天赋观念）的理论。他对人类如何获得思想非常感兴趣，并且敏锐地注意到我们的推理容易被语言引入歧途。这种兴趣促使他观察婴儿和儿童的行为，思考感觉的生理功能。他不赞成将类似“物质”这种无法用经验主义术语解释清楚的概念具体化。在这个方面，《人类理解论》正如人们的理解，对早期宗教正统观念的基础，以及上帝存在的一些证据造成了巨大的冲击。此后几年，尽管洛克本人深信宗教信仰在维护道德方面是十分必要的，也有可能证明上帝的存在，但他还是卷入了同宗教正统观点的守护者的激烈辩论中。

1688年，在荷兰流亡期间，洛克的思绪经常转向另一部尚未发表的著作。他不打算让人们在作品问世前读到它。在写给一位值得信任、为他保管手稿的亲属的书信中，洛克用“法国病”(De Morbo Gallico)来指代这本书。这还真是个不错的笑话。之所以是笑话，是因为法国病是时人对梅毒的委婉说法，洛克作为研究过医学的人也许曾读过与之相关的书。只不过，洛克和很多其他人眼中的法国病是绝对主义。手稿将于1689年出版，这就是著名的《政府论》(*Two Treatises on Government*)。在这部轰动性的作品中，洛克表明了他的态度：民众反抗和推翻暴政是合理的。洛克早在1680年就已写完了书稿的大部分内容，为了反映1689年的政治形势，出版时又做了一些补充。在这本书中，洛克先是攻击了各种盛行的君主绝对主义理论，继而提出著名的“自然平等论”(自然状态下所有人都是平等而独立的)和“自我理论”，以及人类如何“依照自己的意愿，……选择成为某个政治社会的成员”。当一个人攻击另一个人或试图让后者处于他的绝对权力之下时，自然状态或社会形态都可能被打破，继而演变成战争。“自然状态中的任何一个人在剥夺同处自然状态中的另一个人的自由时，一定会同时打算剥夺此人的一切，因为自由是其他一切的基础；同理，在社会状态中打算剥夺这个社会或国家中人们自由的人，也一定打算剥夺他们的一切，因此这时的社会状态也可视为战争状态。”社会状态中私有财产的存在是合理的，因为个体对土地或其他生产资料施加了劳动，因此，他们有权享受自己的劳动果实。对私有财产的保护是公民社会的一个主要目标。那些违犯宪法和其他法律的人才是真正的反叛者，也应该被当作反叛者对待。洛克《政府论》中的思想是为了论证反对查理二世绝对主义政策的合理性而提出的，并在对詹姆士二世的反抗中得到验证和发展，尽管洛克用词谨慎、语气温和，但它隐含的意思要激进得多。这本书成了美国革命思想和许多现代民主思想的基石。《政府论》在1689年匿名出版，尽管人们很快就弄清了作者的身份，但洛克本人最后在遗嘱中才承认了这一点。

洛克在其他方面的思想，从他与一个叫爱德华·克拉克（Edward Clarke）的英国乡绅的通信中可见一斑。爱德华的妻子玛丽是洛克的亲戚。虽然洛克是个单身汉，没有土地，流亡海外，但在和克拉克一家的交往中，面对令人沮丧的事实，他却流露出他想在故土拥有一片土地的强烈愿望。他送给他们一些树苗栽种，有些树木甚至活到1900年之后。1688年年初，洛克还送给克拉克一些弗里西亚（荷兰种）绵羊的优良品种，改善他的羊群质量。从1686年起，洛克就一直给克拉克写长信，谈论克拉克儿子的教育问题。这些饱含思考的书信，后来被编成《教育漫话》（*Some Thoughts concerning Education*）出版。这些思想使洛克成为教育心理学以及现代经验主义和自由主义的奠基者之一。

1688年2月6日，洛克在给克拉克的信中写道："关于那件事儿，我想对你说的是，我想让你的儿子学一门技术，一门手艺。你现在可能会不以为然，以为我忘记了他是你的长子和继承人。而且你会说在我们之前的通信中，每每论及他的教育，我都倾向于把他培养成一名绅士，而现在却又说让他学手艺，这和绅士身份可是相去甚远。我承认，二者确实有别。但我既没忘记他的长子身份，也没忘记他的继承权。我更没忘记把他培养成什么样的人合适，……那他应该学画画吗？不，不是。如果没有绘画的天赋，他就不会从中得到什么好处。'拙劣的画作是世界上最糟的事情之一。'相比之下，园艺和木工就要好些，特别是对一个乡村绅士，无论是自己动手还是监督仆人，都能立即派上用场。这门手艺应该在休息时用得上，这样在工作劳累时，起到放松调节的作用，除了带来眼下的轻松愉悦，还能造出一些将来有利可图的东西。”信的最后，洛克认为对这个男孩最合适的谋生方式是学当珠宝商。这样的话，通过在荷兰或其他国家向珠宝商学习一到两年，男孩会学到精湛的手艺，既能保证他将来生活衣食无忧，又能凭此“同有品质的人交往”，同时还有了在国外生活的经历，却避免了富家子弟花父母钱游历的轻浮做法。洛克认为，无论学哪种技能，关键是，在所有年轻人的教育及生活中，都要给予孩子丰富多彩的活动。因为“孩子生性好动，讨厌闲着。因此，在养育孩子时，务必确保孩子的天性能被一直运用到对他们有用处的事情上”。

与另一位通信对象的书信更深刻地展现出洛克的孤独。1688 年 4 月 7 日，达默里斯·卡德沃斯（Damaris Cudworth），或叫玛沙姆女士（Lady Masham）从她位于埃塞克斯郡（Essex）的欧茨（Oates）乡下住所写信给洛克，信中对《人类理解论》的法文版概要做了评论。她尤其不认同洛克反对所有“天赋观念”的理论。她认为洛克夸大了他自己的观点和他所攻击的观点之间的差异，因为“天赋观念”的支持者并没有声称人的思想“就像日历上的天文学符号那样清晰可见；她只是灵魂中一种活跃的智慧，当受到某种暗示时，她能够造出更清晰、更宏观的概念；她的状态好似一位睡着的音乐家，并不会做多少有关音乐的梦，在她身上也看不出具有音乐的特质，直到她被叫醒有了唱歌的念头后，别人给她起个头，她就能唱出整首歌”。

无论是用音乐做比喻，还是用“她”指代灵魂，抑或对“天赋观念”的定义，都反映出此人受过柏拉图哲学传统教育。达默里斯·卡德沃斯是剑桥大学柏拉图派学者拉尔夫·卡德沃斯（Ralph

Cudworth）的女儿，显而易见，她受到的教育大部分来自父亲。1682年，她和洛克相遇时只有24岁，而洛克已经50岁。她爱上了洛克，但从一开始后者能给她的只有友谊。到洛克一直小心翼翼的情感被温暖而有所动时，她却已大感失望和受伤，难以做出什么回应了。到1683年夏，洛克逃离英国时，他们可能仍然没有完全理清他们的感情。他们仍然保持通信，信中既有深沉和谨慎的感情，也有广泛的知识讨论。但在一个女性早早就结婚生子的年代，她不可能永远等下去。1685年，她嫁给了弗朗西斯·玛沙姆（Francis Masham）爵士，一个有9个孩子的鳏夫。此后的信件，很多都讲到她乡村生活的忙碌和无聊。1688年4月，她在信的开头处写道："你绝对有理由相信我不会融入这里的生活，而且厨房和牛奶场不会耗费掉我所有的时间。"

1689年1月，洛克回到英格兰，作为光荣革命的思想教父，在国内既有很高的名气，又有相当的影响力。伦敦的烟雾对他的肺很不利，洛克很快搬进了达默里斯和她的丈夫在埃塞克斯郡的乡下住所。从1691年开始，他大部分时间都住在这里。1704年，洛克离开人世时，达默里斯陪伴在他身旁。

* * *

戈特弗里德·威廉·莱布尼茨是一位哲学家、数学家、法学家、历史学家、基督教各派重新联合的热心支持者，同时也是采矿、货币和税收方面的专家，以及不伦瑞克－吕讷堡（Brunswick-Luneburg）公爵的法律顾问。1688年一整年，莱布尼茨并没待在他效力的不伦瑞克－吕讷堡公国的首府汉诺威（Hannover）。坐在自己的马车里，后面是他自己的行李马车（我们相信，大部分装的是书籍），莱布尼茨外出搜集不伦瑞克－吕讷堡家族的家谱信息。1692 年，搜集到的资料帮助这个家族晋升为神圣罗马帝国选帝侯。一路走来，莱布尼茨一面在教堂、修道院、王室图书馆和私人收藏中找寻旧档案，一面借机满足了自己的兴趣：品鉴自然奇珍的标本；与专家讨论矿业和货币；为了尽心竭力地挽救欧洲的教派分裂，继续保持他与自己立场相同的天主教徒、路德宗和加尔文宗知识分子的谈话和通信。在巴伐利亚（Bavaria）的乡村，人们在圣周（Holy Week，复活节前的一周）游行中鞭笞一个背了十字架的男人，这样的异乡风俗使莱布尼茨这位路德宗学者深受吸引。

1688 年 5 月，到达维也纳后，莱布尼茨很快被批准使用皇家图书馆，并找到一些更重要的文件资料。他重拾与维也纳－诺伊施塔特（Vienna-Neustadt）的天主教主教克里斯托瓦尔·德·罗哈斯·伊·斯皮诺拉（Cristobal de Rojas y Spinola）的热忱友谊，后者和莱布尼茨一样热心于教派联合。莱布尼茨还给不伦瑞克－吕讷堡公国派驻皇廷的特使提了一些建议，并写了一些政策方面的提案，请使节呈交给皇帝。他打算在奥地利宫廷中谋求一个职位，如宫廷顾问、皇室历史和档案管理员，或者是皇室历史研究会会长，对于最后一个职位，莱布尼茨和他的学者朋友们早有详细的工作计划。10 月末，莱布尼茨终于受到神圣罗马帝国皇帝利奥波德一世（Leopold I）的召见："今天，我终于等到了人生盼望多年的时刻，等到了我可以对陛下卑微效劳的时刻。"

莱布尼茨给宫廷的建议中，最不寻常的一条确实给都城带来了光明。之前，莱布尼茨的朋友约翰·丹尼尔·克拉夫特（Johann Daniel Crafft）已经从宫廷取得了为维也纳街头油灯照明提供燃料的特许权，但尚不清楚是否能在花钱不多又不会造成其他地方用油短缺的情况下找到足够的油。而就在此时，匈牙利有一些新近夺来的土地可供皇帝支配。如果把其中的一部分土地分配给克拉夫特和他的同事们，就可以在那里栽种油菜籽来炼油，专供维也纳路灯企业使用。除了供油，还可以尝试种植一些鲜为人知的蔬菜和有价值的作物。

莱布尼茨最著名的成就莫过于在哲学领域开创性地提出自己的形而上学理论——精神实体是和谐的——以及在数学领域发明了微积分。在17世纪80年代中期，他在上述两个领域取得了突破，发表了论文阐释微积分原理，还于1686年撰写了《论形而上学》（*Discourse on Metaphysics*），这是他成熟的哲学思想的第一个重要陈述。莱布尼茨在这部著作中主张，哲学是用来解释人类意义的，而人类的意义不止于继承数学、物理学和天文学的遗产，人还要同样认真严谨地对待宗教、道德、政治遗产和信仰。莱布尼茨有关自治与和谐的形而上学方法论，反映了他和博学之士之间的不断交流，折射出他的政治责任感，展现了他改善经济的计划，最重要的是，体现了他重新统一基督教世界的宏伟目标。他认为，任何实体既是精神的，也是物质的，具有自由意志。每种实体都能有限地反映出实体的自我意志（当然自我意志是有限的）和上帝的意志力，人类的不朽灵魂拥有的这种力量最多，无生命的物体包含的最少。在1686年的一封信中，他对自己在这个时期思想的概括总结比《论形而上学》中的任何一处都好："我相信，每一个单独的实体在其自身中蕴含了整个宇宙，随着它的变化和发展，每一个后续状态都是前一个状态的结果（尽管这个结果带有随意性），就像世上只有它和上帝一样；但因为所有的实体都是至高无上的存在不断选择的产物，都表现同样的宇宙，反映同样的现象，所以，彼此完全适应。又因为一个实体比另一个更明显地表现出变化的结果或诱因，所以我们可以说，一个作用于另一个。这就像我们把运动归因于船只而不是整个大海。”莱布尼茨虽然还没能解开理性主义形而上学和基督教神学的谜团，但他强调每个实体的自主性，强调实体会随时间变化而连续不断地变化，最重要的是，每一个实体都是另一个实体的反映和表达，这是莱布尼茨开创的一个独特视角。莱布尼茨包含哲学思想的信件及他为重新统一基督世界而做出的努力，清楚地表明他承认人类的多样性，但同时认为所有个体的人都是彼此和唯一真理的镜像，这和他本人之前的相关观点一脉相承，联系密切。

莱布尼茨后来又提出所有人都能彼此理解，这是他最后一个惊人的认识飞跃。1688 年，他已做好提出这个观点的最后一步准备。自 17 世纪 70 年代初以来，传教士撰写的介绍中国的书籍不断在欧洲传播，莱布尼茨被这些知识深深吸引。有意思的是，他对中国的早期认识大部分是从没到过中国的德意志学者那里获得的。这些学者之所以研究中国，既是出于对中国当时社会现实的好奇，也是为他们解开全人类语言或逻辑谜题的研究服务，年轻的莱布尼茨对此同样充满热情。1687 年 12 月，莱布尼茨在法兰克福（Frankfurt）的祖纳尔（Zunner）书店看到一本《孔夫子的中国哲学》。这是同年刚刚出版的一本新书。无从得知他是否买下了这本书，也许后来旅行时，它就躺在他的载货马车里。他指出，中国古代编年史记载的世界的最早时期和《圣经》中的洪水泛滥时期惊人地相似，他还评论了孔子教诲中的道德和文学意义："他经常使用比喻。例如，他会说，只有到冬天，人们才会知道哪些树还是绿的，同样的道理，平静幸福时，所有的人看起来都一样，只有遇到危险或困难时，人们才能看清楚谁有美德和价值。"他拜访从中国传道回来的耶稣会教士，与还在中国的传教士保持通信，梦想着有朝一日能和中国人来一场伟大的"点亮智慧之光的交流"。

在这位伟人的眼中，天主教、新教、怀疑论、宗教教规，现在又加上儒家学说，无一不是理性的一个侧面，无一不是上帝的映像。正确理解这些思想，它们将和货币改革、路灯、不会给穷人造成负担的税收，甚至历史，一起为开明的统治者献上和谐与繁荣。1687年他第一次阅读儒家思想的译本时所了解到的基本价值观，正是他在1675年的《哲学自白》（*Philosophical Confession*）中提出的本人的核心价值观："对过去满意，对未来尽心尽力的人必是热爱上帝之人，沿着这个方向前进之人，必将获得禁欲论哲学家追求的精神宁静，也必将做到神学家追求的对上帝的顺服。"

1688年，莱布尼茨出门旅行、寻求君主的助力、计划为普罗大众谋福、与好友倾心交谈、研究历史、对宗教保持敬意又保持距离。现在想来，如果有人当年告诉莱布尼茨，他这一年的生活和孔子很像，他一定会很高兴吧。我想，如果他得知自己在这本书中占了一个什么样的位置，他也会同样高兴吧。莱布尼茨在这本书中，就像他自己定义的一个实体，映射出我们现在探索的1688年世界的方方面面：清帝国和奥斯曼帝国，科学进步和很大程度还没有摆脱传统的技术，它根植于过去同时又热切盼望和解与世俗层面的进步，

1688 年最优秀的思想家的依附地位和不安全感，欧洲王朝政治悠久的连续性与突发的动荡，个体的思想特点和生命特质。即使在 300 年后的今天，莱布尼茨这个实体所映射出的这一切，依然使我们追根溯源时，有迹可循，有据可依。

第六篇

伊斯兰世界及其他

Part Ⅵ

Islam and Its Others

“快来礼拜吧！快来礼拜吧！快来走获救之路吧！安拉至大！安拉至大！除安拉外，别无他主！”黎明的第一抹光照下来时，清真寺的宣礼塔传出钟声，召唤穆斯林开始每天5次的祷告。祷告声先是在香料群岛和棉兰老岛响起，然后随着阳光向西移到爪哇岛、苏门答腊岛和马来半岛，直到印度次大陆。在遥远的北方，从北京开始，扩至西安、吐鲁番，穿过丝绸之路上的绿洲，从南方汇入波斯，终于变成全世界穆斯林的同声祷告。在巴格达、大马士革（Damascus）、开罗和伊斯坦布尔，天刚破晓，便会有祈祷声从四面八方的清真寺传来，这稀薄大气中奇异的人类之声组成了伊斯兰世界独特的声音，如同基督世界的钟声一样有魔力。但到地中海以北的多瑙河畔时，这个声音突然消失了，因为这条河的一边是奥斯曼地界，对岸就是基督徒的世界；而在地中海南部，这个声音会传到摩洛哥，继续渗入撒哈拉以南至廷巴克图（位于沙漠中心一个叫作“尼日尔河之岸”的地方）的大清真寺和学校，以及塞内加尔河沿岸直达大西洋的贸易中心。

无论身处何地，忠实的穆斯林祷告时都会面朝麦加的方向。无论走到哪里，他们只承认一个先知、一部经典。无论在哪里生活，他们都希望一生能有一次前去麦加朝觐的机会。伊斯兰教的起源深植于一个在特定地点发生的事件，以及一个人所得的启示。他们坚信这些启示对全人类都适用。尽管伊斯兰教最初的扩张无法摆脱与战争的联系，但后来扩展到中国、东南亚和撒哈拉以南，却要归功于商人而非勇士。商人群体在这些地方定居，通过身体力行和讲解经文向当地人传播他们的信仰。1688 年的伊斯兰世界在政治上由几个非常强大的“火药帝国”支配：以安纳托利亚为中心，西至阿尔及利亚，北到波斯尼亚，南到也门的奥斯曼帝国；波斯的萨非帝国；印度的莫卧儿帝国。此时的奥斯曼帝国战事不断，一方面，它长期陷在与基督教欧洲的冲突中，现在已失去优势；另一方面与波斯的斗争也陷入僵局。莫卧儿帝国向印度南部的进军快要完成，正面临着统治占人口绝大多数的印度教徒导致的众多文化和政治难题。印度教徒还不是唯一引起莫卧儿帝国担心的非穆斯林，欧洲人在印度洋的出现也增添了莫卧儿人的烦恼。

以上三个帝国的统治者彼此之间相互交往，商人和朝觐者来来往往，众多人口汇集在伊斯坦布尔，朝觐时更多的人聚集在麦加，所有这些使得穆斯林组成了一个遍布旧世界的庞大的网络，不管是在 1688 年还是 2000 年，这种联系都是世界最重要的纽带之一。

第二十一章

苏丹治下的国家

“全能的真主啊！你创造了天地！你主宰一切！你的判决却令人费解！你的仆人还没能品味够他年轻的生命，你为什么就要判决他这样突然死在这里？求求你至少不要拿走你施与我的恩典和怜悯，求求你赦免我的罪，并允许我在结束我的生命时，还怀有真正的信仰。”1688 年夏日的一天，一艘海盗船停在多瑙河岸边，船边的陆地上跪着 17 岁的奥斯曼·阿迦（Osman Agha）。他的双手被绑在身后，眼前是匈牙利海盗拔出的剑，口中念念有词地低声祈祷。突然，他大声喊道：“我发誓，世上除安拉之外，别无他主！安拉是唯一的、不可比拟的神！穆罕默德是他的使者、我们的先知！”

奥斯曼·阿迦所著的《无信仰者之囚徒》(*Gavurlarin Esiri*，英文为 *Prisoner of the Unbelievers*) 是为数不多的从奥斯曼帝国时期流传至今的自传之一。作者记录他年轻时的冒险经历时，已人到中年。但在他的笔下，这段经历，包括人们说过的话，他走过的街道的模样，他住过的建筑，犹如电影一般在我们面前一幕幕播放。我们无法考证他故事的细节，但大体轮廓符合已知的历史事件。那就让我们和他一起走进炎热的匈牙利平原和克罗地亚森林，在当时他周围无法无天的暴力中，回顾17世纪晚期与任何一次权力更迭意义同样重大的事件。

奥斯曼·阿迦生于1671年，父亲是驻防要塞之地特梅斯瓦尔（Temesvár）的司令官。这里现在叫蒂米什瓦拉（Timișoara），在罗马尼亚西部。当时的奥斯曼帝国控制着黑海海岸的所有地区，统治安纳托利亚和希腊全境、全部新月沃土（Fertile Crescent）*，东南方到达也门；势力延伸至埃塞俄比亚高原的边缘、阿尔及利亚，还有1669年刚刚从威尼斯人手中抢来的克里特岛（Crete）。特梅斯瓦尔临近奥斯曼帝国的北部边境。一个多世纪前，奥斯曼帝国处于军事力量和政治统治的黄金时期，虽然时过境迁，但它仍然是1688年的世界强国之一。在过去的一个世纪里，哈布斯堡王朝的神圣罗马帝国逐渐崛起，它比东南部欧洲此前的基督教国家更有组织性，管理更有效，并且借鉴了欧洲在战争艺术方面取得的稳步的技术和战术的进步，土耳其政治家担心它会对奥斯曼帝国造成新的威胁。在奥斯曼·阿迦的童年时期，奥斯曼帝国还能稳固自身，守卫边界，保持领土完整。信仰基督教的农民默默地耕耘，向土耳其统治者上缴赋税，奥斯曼·阿迦的世界似乎是安全的。1683年，奥斯曼帝国的统治者在匈牙利人反抗哈布斯堡王朝的斗争中发现了基督教世界的缺口，便发动了大规模战役，差点儿占领了维也纳，但最后还是被波兰国王扬三世·索别斯基东拼西凑的联军赶了出去。奥斯曼打了败仗，将士们仓皇逃命。穷追不舍的基督徒敌人横扫多瑙河，两岸边境地区陷入混乱。接着在1685年，基督徒杀出一条血路，占领了

* 古代农业地区，从尼罗河向东北延伸到底格里斯河，向东南伸展至波斯湾。

布达（现在的布达佩斯）；1688 年占领贝尔格莱德，一路烧杀抢掠、血腥屠杀。贼匪盗寇此前偶尔会被奥斯曼帝国征召来充实他们的正规骑兵部队，现在他们发现为战争双方效力的机会大增，而且自己也有更多的机会在权力真空时期去掠夺。在这样的“乱世”，当时十四五岁的奥斯曼·阿迦买了匹马，跟着大人在家乡附近搞了几次袭击，上了几次战场，然后在他父亲一位朋友的推荐下，设法得到了一张初级骑兵军官的委任状。

1688 年 6 月，奥斯曼·阿迦和他的一支小分队接到命令，到邻镇利波瓦（Lipova）为驻军送军饷。他们顺利完成了任务。看到利波瓦镇市场上有新鲜的樱桃，他们决定在利波瓦多待一天。当他们在利波瓦逗留之际，哈布斯堡王朝的军队包围了这里，用大炮和迫击炮狂轰滥炸，小镇变成了火海。经过四天的激烈抵抗，土耳其方面损失惨重，哈布斯堡王朝的军队占领了这里。当了战俘的奥斯曼·阿迦被带到一个中尉面前，后者向他要钱。奥斯曼·阿迦说他身无分文，中尉不买账，剥光了他的衣服检查全身，连他的生殖器都没放过。结果还是一无所获，中尉同意以 60 达克特的价钱交换他的性命。奥斯曼·阿迦回到特梅斯瓦尔去取交换他自己和他一个手下的赎命钱，而这个手下在奥地利人这里当人质。

奥斯曼·阿迦信守诺言，只在家里待了四天，便和其他四个同样做了类似交易的战俘结伴上路，去找他们的奥地利主人交付赎金。到达多瑙河畔时，他们看到岸边停着一艘船，于是派奥斯曼·阿迦上船买些食物。他们没想到的是，船上的人是海盗。这些海盗得知奥斯曼·阿迦是一个俘虏，身上揣着救命钱之后，决定杀了他。他们又不想把血弄得满船都是，于是把奥斯曼·阿迦带上岸。这就出现了本章开头的一幕，奥斯曼·阿迦不停地祈祷。海盗们上岸后没有立即杀死他，而是带着奥斯曼·阿迦去抓他的同伴。奥斯曼·阿迦趁机挣脱，跳进河里，追来的海盗以为他被淹死了，只好回去了。在一片荒无人烟之地，奥斯曼·阿迦赤身裸体、肚子空空、找不到东南西北，绝望之下他再次祈祷，这次真主听到了他的声音，他找到了同伴和那些奥地利人，发现了泊在岸边的海盗船，并告诉了奥地利人。在他的帮助下，奥地利人抓住了几个海盗。奥斯曼·阿迦拿回了他的买命钱。

一向诚实甚至轻信别人的奥斯曼·阿迦交了赎金之后，奥地利人说服他同他们一同往南去往克罗地亚。到克罗地亚后答应给他一个渡过萨瓦河到奥斯曼帝国领土的安全通行证。但真到克罗地亚之后，奥斯曼军队就在河对面，这些奥地利人又劝说奥斯曼·阿迦不要离开。现在他发现自己真的变成俘虏了，奥地利人去打仗时，就把他锁在仓库里。悲愤交加之余，他竟发现他的主人把他卖给了一个威尼斯的奴隶买主。在一位怀有同情心的教士帮助下，他才逃脱被送往威尼斯当划船苦工的命运，但仍然没有被释放。冬天时，他随奥地利部队行军时，很同情生病的士兵。一些士兵得了痢疾，不得不从马车上跳下来方便，然后再匆忙回去想办法赶上队伍。冬天到了，奥斯曼·阿迦发现军队烤炉供应的面包极其短缺。作为一个唯一知道怎样用火灰烤制不发酵的面包的人，他的地位很快就提高了，为其他俘虏和守卫做起了面包。当他发高烧昏迷不省人事时，他的守卫断定他命不久矣，把他扔在天寒地冻的野外。但身旁的粪肥堆的热量使他活了下来，退烧后，他身体有所恢复。他强撑着爬到附近的一座房子，几家克罗地亚农民同情他的遭遇，让他连续三天躺在他们的共用厨房里，女人们一勺一勺地喂他喝浓豆汤，这是他们维持生命的主要食物。终于，他的体力一点点恢复了，但他仍然无法回到奥斯曼帝国的领土。在接下来的八九年间，他先在格拉茨（Graz）的一座城堡，接着在维也纳做雇工。在他的回忆录中，奥斯曼·阿迦描述了他经过的城市：酒馆里的打闹；维也纳豪宅里仆人的生活；与主人的巴伐利亚和意大利之旅；以及他如何拒绝一些人的诱惑，这些人大概听说过有关土耳其人的奇怪习性，包括几个波斯尼亚农家姑娘、一个打扫客房的女仆和一个年轻的铁匠。他服务过的一位伯爵夫人曾答应他如果他皈依基督教，就给他极其丰厚的待遇，但他坚决拒绝了。直到 1699 年签订《卡尔洛夫奇条约》（Peace of Carlowitz）*，奥斯曼·阿迦才得以重返故土。他回到家乡特梅斯瓦尔，回到了骑兵队。后来，同奥地利人在一起生活多年的经历，加上通晓德语，以及相当敏锐的洞察力和充满智慧的头脑，使他成为敏感的边界谈判中的外交翻译。之后，奥斯曼·阿迦又到了伊斯坦布尔，在那里他为哈布斯堡王朝的大使效力。他在军队服役和当俘虏的那些年里，奥斯曼军队虽不是在所有的战事中连战连败，但还是一步步丧失了领土。1683 年以后，数不清的突袭和反突袭、多瑙河两岸的无政府混乱状态和破败不堪，以及他自己在 1688 年夏天死里逃生的经历，使奥斯曼·阿迦早就看到了奥斯曼帝国的衰颓之势。

* 1699 年，奥斯曼土耳其帝国在位于今天塞尔维亚境内的小城卡尔洛夫奇与欧洲各国之间签订的一份和平条约。此条约的签订是奥斯曼帝国第一次向欧洲各国割让土地。同时奥地利帝国借此条约摆脱了三十年战争后的长期低迷，再次开始扩张自己的势力范围。

* * *

想象一下，一个基督徒在1688年的春天从海上旅行抵达伊斯坦布尔，这里的景象与他听到的传闻如此矛盾，可能会使他一时回不过神来。无论他来自地中海周围的哪个地方，他肯定已经听说过土耳其人和摩尔人的残忍和狂热，而且，他乘船时，船员们时刻睁大眼睛提防着穆斯林海盗。他可能还听过基督徒鼓吹再搞一次“十字军东征”，把圣地从穆斯林手中解放出来。现在他正在接近大土耳其的首都，基督教最可怕和最强大的敌人。

伊斯坦布尔的美简直超乎想象。当他坐的船慢慢驶入这里的深水庇护湾——金角湾（Golden Horn）时，之前到过这里的旅行者指给他看海角南岸掩映在树林中的金碧辉煌的托普卡帕宫（Topkapi Palace）。环绕在恢宏壮丽的托普卡帕宫周围的是数量众多的大清真寺：苏莱曼（Suleyman）清真寺、征服者穆罕默德清真寺，离皇宫最近的是索菲亚清真寺，其前身是拜占庭圣索菲亚大教堂。大教堂里的马赛克镶嵌画早就被灰浆盖住，取而代之的是《古兰经》的经文。伊斯坦布尔的房屋是木质的，或泥土墙加上木质框架，涂成粉红色、黄色及浅蓝色等明快的颜色。城市里几乎没有宽阔的林荫道，但也不是十分拥挤。城里有许多树木、花园，是愉快地散步或骑马的好地方。伊斯坦布尔还是当时欧洲最大的城市，人口大约有70万。

我们的游客在金角湾北边的加拉太（Galata）下了船，这里和伊斯坦布尔相对而立。刚下船，我们的游客就有宾至如归的感觉：这里是拉丁基督徒的主要居住区，有几座天主教堂和许多酒馆。其中一座教堂是1686年火灾后在法国大使的干预下重建的。这位游客可能偶尔会碰见几个土耳其人，他们要么是来做生意，要么是出官差，要么就是到贫民窟逛一逛的。他们会留意到喝多了的醉汉躺在阴沟里，这和穆斯林戒律森严的道德规范格格不入。在这座大城市中，无论加拉太还是随便一个地方，在我们这位欧洲游客的视野中，都会出现很多不同肤色和面孔的人，而他看到的人种之多、听到的口音之杂更甚于在集市上经历的。这里有金发碧眼的人，其中有些是来自高加索（Caucasus）和俄罗斯边境的奴隶，有些人是年纪很小就被带进奥斯曼帝国当奴隶的男孩的后代。但后一种做法 17 世纪初就基本废止了。在这里，我们的游客还会听人们谈论起宫廷中的非洲宦官，这些人很有势力。假如我们的这位游客是法国人，并且和法国国王对政治秩序的看法相同的话，他会发现很难理解为何伊斯坦布尔民族众多、宗教各异，却能秩序井然，各群体和平共处。这里有拉丁基督徒、希腊人、亚美尼亚人、犹太人，还有占人口大多数的穆斯林。这么多的民族和不同宗教的信徒汇聚在一起，无论思想观念还是风俗习惯，看起来都与整齐划一相去甚远。但伊斯坦布尔的的确确做到了，根本的原因一方面在于伊斯兰教本身，另一方面在于伊斯坦布尔历来是亚洲海洋和陆上贸易的中心。从宗教方面看，占人口大多数的穆斯林由官方法官执行的伊斯兰法律管辖，同时各个群体可以有自己的宗教信仰，并且基本上由各自的首领根据自己的法律和习俗管理。伊斯坦布尔的犹太人、希腊人、亚美尼亚人和拉丁基督徒都有自己的理事会和聚居区，虽然官方并没有严格要求实行居住隔离。拉丁基督徒和东正教基督徒有自己的主教或牧首，犹太人有自己的大拉比（Grand Rabbi）。伊斯兰教承认犹太先知，也接受耶稣为先知，只是坚持认为穆罕默德是神最后的先知，《古兰经》是对世人最后的教诲，同时特别尊重犹太人和基督徒，认为他们都是“有经人”（People of the Book）。

伊斯坦布尔有1.5万划船工。现在我们的这位游客坐上其中一位船夫的小船，渡过金角湾到市中心去。游客会发现大清真寺周围到处都是公共建筑：可供学生住宿的学校、医院，以及为旅客提供食宿的旅馆。这里没有一家掌握巨大财富的“教会”组织，这里的许多慈善活动和城市引水渠、喷泉都得益于虔诚的穆斯林源源不断的个人捐赠，他们认为这是作为穆斯林最基本的义务之一。如果我们的游客从当地人口中得知这样的事实，他一定会感到非常惊讶吧。这里的多数人都步行，也有家境富裕的土耳其人骑在马背上，他们只有在送家中的妇女去洗浴时，才乘坐马车。除加拉太之外，在任何地方都没有营业的酒馆，公共场所也不会出现醉酒者，倒是有很多咖啡馆供男人社交。这样的穆斯林城市生活风貌已有两百多年的历史，而伦敦、巴黎和阿姆斯特丹的市民开始喝咖啡只是近几十年的事。这里还有另一个让拉丁基督徒陌生的独特文明特征——城市的每个居民区都有公共浴室。我们的游客需要有点儿勇气，或者和当地人很熟才敢露出自己未行过割礼的身体，体验一下公共浴室吧。

商店和小贩随处可见。规模巨大的中央集市，商品数量种类繁多，市场根据商品的种类被精心划分成不同的区域。集市秩序良好，每种商品都有官方标价和统一的行业标准。例如，那些卖煮羊头的商贩必须保障羊头新鲜、烹制得当，羊头上的毛全部剃干净。奴隶的卖家不能扒掉奴隶的衣服，也不能一卖出奴隶就把他们的衣服据为己有。集市上有人巡逻，凭借人们身上的服饰和头巾，就能区别出各个行会的成员、士兵和其他各色人等。如果我们的游客打算天黑后出门，他一定要带上一盏灯笼，如果不带，可能会被夜间巡逻的人抓起来。对晚上没有带灯的出行者的惩罚是：夜晚不许睡觉，一直工作到黎明祈祷时。具体任务是为公共澡堂背柴火。如此一来，这个遭受处罚的人离开时就会变得衣衫不整、蓬头垢面，成为众人的嘲笑对象。每个街区都特别配备夜间防火的巡逻人员和其他防卫人员。对一个以木质建筑为主的城市来说，火是很大的隐患。每家每户都要备梯子和一桶水。实际上，在 1685 和 1687 年，这里的确发生过几次重大火灾，而在 1687 年年末和 1688 年年初时局动荡时，更是出现了几次人为纵火事件。

苏丹的宫廷设在托普卡帕宫。王宫里有许多道门和守卫，给人以戒备森严、不可接近的感觉。但实际上帝国的政治结构相当简单、清晰明了。帝国的首席行政官大维齐尔（奥斯曼帝国的宰相）每星期三去集市视察，确保每种商品的定价公平合理。然后他和其他高级官员会举行每周一次的例会。周五是穆斯林主麻日，苏丹和他的王公贵族及高级官员声势浩大地去王宫附近的一个大清真寺祈祷。伊斯兰政治文化中备受重视的一点是，每周各个行会、社区首领，以及执行伊斯兰律法、习惯法的法官和高级官员都会出现在公共场合，如果普通人真有冤屈或对判决不满，都可以向上层官员甚至苏丹申诉。当然，在祈祷、阅读《古兰经》和接受基本教义等方面，所有的穆斯林都是平等的。而且，在这座伟大的城市里，他们能够也应该找出他们自己对道德、教义和法律的理解。伊斯兰教各教团的苦行僧将终身奉献给祈祷和学习教义，朴素的棕色斗篷和高高的帽子使得他们在人群中很显眼。在伊斯兰教的众多派别中，梅夫拉维（Mevlevi）教团以跳旋转舞激发宗教热情而著名，这一教团在城中有 4 个大型和许多小型研究室。其他对宗教做出创新和带有神秘主义解释的派别也有他们的追随者，尤其是在士兵和商人中很受欢迎。但也有那些坚决捍卫传统教义和宗教仪式的人。

伊斯坦布尔城外，特别是博斯普鲁斯（Bosporus）海峡沿岸，奥斯曼帝国的精英在他们精美的房子和花园中优雅地享受着休闲时光。博斯普鲁斯海峡将于斯屈达尔（Uskudar）与伊斯坦布尔隔开，所有来自安纳托利亚和远东的贸易路线都经过这里。于斯屈达尔建有许多清真寺、学校、驿站、为旅行者提供住宿的旅店和存储货物的仓库。每天提供给伊斯坦布尔这座巨大城市的谷物和牛、羊的数量多得令人难以置信。大部分食物是从希腊、埃及和黑海周边地区海运过来的。希腊人、犹太人和亚美尼亚人在这些大规模贸易中起了重要作用。17 世纪后期，亚美尼亚人很有可能正是因为这种作用而获得了影响力。

* * *

13 世纪时，奥斯曼土耳其人离开中亚来到安纳托利亚地区，并且逐渐吸纳因为蒙古征服而逃离出来的游牧民族和商人，有时也把他们的军队交到拜占庭皇帝手中任其差遣。到 14 世纪时，土耳其人在巴尔干半岛已经十分强大。尽管塞尔维亚人永远不会忘记 1389 年他们在科索沃（Kosovo）遭遇的失败，但他们和保加利亚人有时发现在承认奥斯曼帝国宗主权的同时，也可能保留自身的社会。土耳其人逐渐缩小对君士坦丁堡（这里一度是奥斯曼帝国宗主国的都城）的包围圈，并在 1453 年一举拿下了这座城市。之后，土耳其人有时会沿用“君士坦丁堡”这个名字，但更多的时候使用“伊斯坦布尔”这个短一些的名字。奥斯曼帝国在伊斯坦布尔确立了强大的秩序。从官僚制度到洗浴，都是从拜占庭帝国，更准确地说是从罗马的先例中得到的启发，同时保留了中亚文化的许多特征，以及伊斯兰教的纪律和道德的严肃性。高级官员既可以由土耳其人，也可以由其他民族的后代担任。同许多中亚征服者一样，奥斯曼帝国统治者也把治下的其他民族的人口当奴隶使用。这些奴隶不仅从事艰苦的体力劳动，而且提供了宝贵的技能，并在为主人的服务中获得很大权力。17 世纪后期的很长时间里，出任大维齐尔一职的科普鲁律（Köprülü）家族，就是一个阿尔巴尼亚奴隶男孩的后代。但这种现象并不多见，科普鲁律家族的例子是这种做法的最后产物。不难理解，土生土长的土耳其人必然不满之前是外族血统、奴隶出身的人晋升至行政管理者之列，因此会千方百计使本族有能力的人得到提升，且在得到升迁后这些人也会尽心竭力，努力工作。

17 世纪后期，奥斯曼帝国的政治作家们在谴责当时的暴力和混乱时，难免追忆起 1520 年到 1566 年苏莱曼大帝统治下的黄金时代。那时，奥斯曼帝国征服了所有地中海南面地区，直逼红海，深入欧洲东南部，面对强大的波斯，帝国军队也毫不畏惧地抵挡住。那时的苏丹每年夏天都会从首都出发来一场声势浩大、组织良好的军事远征。那时，整个帝国到处都在修建清真寺和学校。那时，一切都井井有条，每个人都清楚自己的使命，忠于职守。但现在回想起来，我们可能会有一些疑问：如果帝国真的曾经历过这样的黄金时代，或者真的经历过但很快就衰落的话，如果在 17 世纪果真出现了动荡混乱（这一点似乎不用怀疑了），那么一个完全依靠征服和军事组织建立起来的国家，在不得不满足于稳定和繁荣时，这种暴力混乱局面是不可避免的吗？

对近代早期的奥斯曼和其他大帝国来说，它们获得的统一与和平的成就都会产生矛盾的后果。贸易繁荣，人口增长，人们搬到城市，商品价格上涨。这样本来靠受赏的土地维持生活的地方官员，如奥斯曼·阿迦的父亲这样的人，现在却发现他们的收入不够养家糊口了。中央政府需要职业化的、领酬劳的“新型士兵”，即欧洲人所谓的土耳其禁卫军，去保护和控制伊斯坦布尔和其他不断发展的城市。要想让禁卫军听话守本分，就要让他们持续服役，一旦他们退伍或在首都的派系斗争中被打败，他们可能会煽动地方暴乱。地方的王公贵族在经济增长中发现了新的收入来源，并拒绝把这些收入上缴中央。农民不堪人口增长的重压，不满名目繁多的新增税种，以及从税收中抽取固定金额交给国家，再把其余收入据为己有的“税农”的压榨，于绝望之中起来反抗，发起暴动。如果禁卫军没有在地方造成麻烦，他们可能会在首都安定下来，开设商店，继续加深他们对政府的威胁，花时间去听有新思想或持不同政见的穆斯林教师讲道。据 1687 年的统计资料，当时在伊斯坦布尔有 38 131 名禁卫军成员。

从 1656 到 1661 年，担任大维齐尔的穆罕默德·科普鲁律（Mehmet Köprülü）* 努力恢复纪律，增加收入。随着军队秩序的重建和效力的恢复，奥斯曼帝国在 1669 年从威尼斯手中抢回了克里特岛。之后，穆罕默德·科普鲁律的一个儿子和一个女婿相继执政。

---

* 奥斯曼帝国苏丹穆罕默德四世在位期间的首相（1656—1661）。曾经平息叛乱、镇压敌对分子、重新整编军队、击败威尼斯舰队（1657），重建奥斯曼帝国中央政府的权力。

他的女婿卡拉·穆斯塔法（Kara Mustafa），被与反哈布斯堡王朝统治的匈牙利人合作的前景诱惑，于1683年发起了大规模远征，围攻维也纳，但最终被赶了出来。正如从奥斯曼·阿迦的冒险经历中所看到的，多瑙河平原无人区陷入无政府状态，帝国当局不得不竭尽全力控制态势。但领酬劳的士兵即使在点名时都不出现，当编写新的花名册时，他们又拒绝被单独列出来，说这样“像奴隶”。从首都富裕的穆斯林身上征收更多税收的努力也没有什么效果。

形势进一步恶化。一个维齐尔被罢免，但是当继任者出现在匈牙利境内的驻军营地时，却遭遇了相当多的敌意，只好逃到贝尔格莱德。士兵们选出一个首领申诉他们的不满和怨恨，而此时的苏丹需要他们调头对付贝尔格莱德附近基督徒的进攻，于是马上让步了。看到有机可乘，士兵们涌向首都。压力之下，苏丹继续让步，先后处决了大维齐尔及其副手。现在叛乱的领导者，把矛头指向苏丹本人，控诉苏丹没有把执政放在心上，却把心思用在狩猎等玩乐上，并沉湎于后宫美色。1687年11月8日，在索菲亚清真寺召开了由高级官员和宗教领袖组成的会议。会议宣布苏丹穆罕默德不再履行职责，予以废黜，然后把他关在皇宫中一个偏僻的地方。会议还选举苏莱曼四世为新苏丹，认为他会相对更加好战，但他没有什么名望，完全没有执政经验。叛军士兵分到很多礼物，他们的领导者被任命为高官。伊斯坦布尔陷入一场抢劫和掠夺的噩梦中，越来越多的平民加入其中。到1688年2月，伊斯坦布尔几乎完全进入无政府状态。这里的禁卫军，在职业使命和商业利益的驱使下虽曾试图平息混乱，但当禁卫军的首领刺伤叛军的领袖时，他自己反过来被当场碎尸万段。妇女们被从自己家里抓走。科普鲁律家族的几个女人被弄残，手和鼻子被割掉，被迫裸体游街示众。

1688 年 3 月 1 日，苏莱曼苏丹召集高级官员和宗教领袖在一个大清真寺举行会议，号召他们和他一道为恢复秩序而努力，并一起向多瑙河边境进军抵抗基督徒。精英和禁卫军支持苏丹，重整旗鼓，最终恢复了秩序。但直到 3 月 15 日法国大使的信使为送急件到凡尔赛宫而离开伊斯坦布尔时，仍有新的叛乱之火出现。1689 年，另一个科普鲁律家族的人被任命为大维齐尔，和之前的家族成员一样继续整编军队，把那些不尽职的军人从名册中清除，控制了财政和行政管理权。有些人认为，奥斯曼帝国从这时起到大约 1730 年，又享受了几十年的繁荣和稳定。如果这种说法正确，部分原因很可能是 1688 年头几个星期的无政府状态让很多人意识到，还有比无所作为的苏丹和贪婪成性的官员更可怕的东西。

* * *

1688 年，奥斯曼帝国边防任务之艰巨，没有一个国家可以与之相比。一个世纪之前，帝国与东部什叶派波斯之间的冲突是奥斯曼最危急的边界纷争之一。宗教上的分歧给两大中央集权帝国之间的冲突又添了把火。1688 年的波斯虽然是一个资源丰富、政治成熟的国家，且仍然是为世界市场供应丝绸的主要生产国，似乎也不愿意与西方邻居起争端。16 世纪，奥斯曼帝国努力将自己的势力范围扩展到红海南口，并偶尔派遣一支舰队到印度，以此来打压葡萄牙人企图进入印度洋的野心。作为这一努力的副产品，奥斯曼在几十年内控制了也门的大部分城市和贸易路线。但在也门，村庄坐落在海拔很高，外人几乎无法进入的山里。山里人强悍勇猛，把每一个潜在的征服者拒之门外，从罗马帝国到纳赛尔统治下的埃及都是如此，奥斯曼帝国自然也不例外。到 1688 年，奥斯曼在这里只控制着零星几个前哨了。此外，在波兰沿黑海北岸延伸至匈牙利的平原，奥斯曼帝国面临着难以驾驭的基督徒和同帝国芥蒂很深的波兰与俄罗斯统治者。不过，让奥斯曼帝国统治者稍感宽慰的是，波兰和俄罗斯彼此之间也充满敌意，而且程度一点儿都不比他们对土耳其人的憎恨低。多瑙河的南部和西部山区，杂居着很多民族，虽然他们几乎使用同一种语言。这里既有循规蹈矩的穆斯林，也有不满土耳其的塞尔维亚人和克罗地亚人。

土耳其人继承了中亚骑兵作战的传统，知道或者至少自认为他们知道如何用军事力量保护这些边界。每年夏季，苏丹本人都会亲自指挥一场旨在维护政治秩序的战斗。由国家提供财政补贴的麦加朝觐商队声势浩大、规模壮观，看起来就像一场军事远征。征服君士坦丁堡和地中海东部海岸确立了奥斯曼海上强国的地位。此前他们已经取得了引人瞩目的海上成就。他们组建起由杰出的海军将领统率的船队和舰队，海陆协同作战，征服了埃及、地中海南岸，直到阿尔及利亚和希腊。1571 年，奥斯曼帝国在著名的勒班陀（Lepanto）* 战役中遭到西班牙哈布斯堡王朝军队的重创，但他们重整旗鼓，在 1669 年重新征服克里特岛。17 世纪后期，他们强大的海上力量到达克里特岛以西的次数不多，但他们的穆斯林军事据点西至阿尔及利亚，从而形成了一条对抗基督徒的血腥的、持久的战

---

* 地名，希腊纳夫帕克托斯市在中世纪时的旧称。

线。无论基督徒还是穆斯林，航行于地中海时，都不得不睁大眼睛，提防对方战船从地平线突然出现。被穆斯林抓住的基督徒沦为奴隶，阿尔及利亚尤其因此臭名昭著。被基督徒抓走的穆斯林有可能被送往距离威尼斯总督府不远的奴隶码头。那些有家境富裕的亲戚，或自身有政治影响力，或运气比较好的奴隶，可以交赎金赎回自由身；其余的人，如果是男性，就只能被送到大船上当划船工了。20世纪研究地中海历史的伟大历史学家费尔南德·布罗代尔（Fernand Braudel）写道，这是一场“无休无止的争吵”。

1688年，这场争斗在伯罗奔尼撒（Peloponnese）升级为一场全面战争。基督徒在维也纳获得胜利后，威尼斯试图通过海路将战争推进到土耳其。但它没找到几个盟友，而且在靠近亚得里亚海（Adriatic）海岸发动的突袭和在沿岸多地的登陆均没取得什么效果。1687年，弗朗西斯科·莫罗西尼被任命为统帅，指挥规模庞大的舰队开展了一场大型远征。此人之前虽然在防守克里特岛对抗土耳其人的战斗中失败，但也获得了一些名望。威尼斯雇用了一支德意志军队，并获得法国和德意志出身贵族的冒险家的支持，将一些有能力的指挥官招至麾下。威尼斯在军事指挥上富有成效，加上威尼斯兵工厂大规模生产的武器和战船为其提供后勤保障，数百年来，在地中海东部一直是一股令人生畏的力量。但现在，随着大西洋沿岸国家力量的增长，阿姆斯特丹和伦敦取代威尼斯成为亚洲货物在欧洲的销售中心，威尼斯似乎已变得越来越无足轻重了。

1687年9月21日，威尼斯远征军抵达雅典的港口比雷埃夫斯（Piraeus）。奥斯曼帝国驻军准备自卫，在阿克罗波利斯（Acropolis）挖起战壕，但没能阻止威尼斯人向这里推进。威尼斯人得知土耳其人的火枪和弹药存放在帕特农神庙（Parthenon），还将一些妇女和儿童安置在那里，希望神庙厚实的墙壁和坚固的屋顶能给他们提供庇护。9 月 26 日，威尼斯发射的几枚炮弹击中了帕特农神庙，引起大规模爆炸，震动了整个城市，造成至少 200 人死亡。大火一连烧了几天，奥斯曼守军被迫投降。但威尼斯人该怎么处置这座离港口几千米的大城市呢？一部分土耳其增援部队在交火时逃走了，但随后赶来的可能会更训练有素。此外，从比雷埃夫斯通向阿克罗波利斯的路上已经发生过好几起令人担忧的突袭事件，伯罗奔尼撒又发现了瘟疫。但威尼斯人还是留在雅典过了一个严冬。1688 年春，他们制订了撤退计划，准备带走全部雅典人。这样即使土耳其人卷土重来，等待他们的也是一座废弃之城。威尼斯人单为找船就花了几个月的时间。这个计划到底实施到什么程度，早已无据可考了。

1687 年威尼斯舰队出现在通往雅典的路上时，奥斯曼帝国在伯罗奔尼撒上的要塞孤立无援，大部分守军迅速投降。但古代斯巴达附近的米斯特拉（Mistra）附近的守卫却没有马上投降，等到他们终于开始谈投降的条件时，威尼斯人却说他们等了太久，除非对方可以支付一笔数额巨大的赎金，否则所有人都会被发配去划船。但这时开始的雅典会战转移了威尼斯人的精力。直到 1688 年 1 月，威尼斯人才坚定地要求解决掉米斯特拉的问题。威尼斯人发现处于他们监视下的城堡里的人并没有交出全部武器，统帅莫罗西尼认为有资本提出更严苛的投降条件：所有的儿童、妇女和 50 岁以上的男人都要被带到雅典交换土耳其人手中的基督徒。但还未等交换战俘，威尼斯人就撤退了。土耳其人的孩子被分给各条船只，妇女和老人被抛弃在几乎罕无人迹的比雷埃夫斯海边。

1688年年初，选举产生的威尼斯总督马克·安东尼奥·朱斯蒂尼亚诺（Marc Antonio Giustiniano）亲王去世后，莫罗西尼被推选继任。他戴上头冠，穿上长袍，坐在指挥舰上一个特设房间里接受军官的敬意。但实际上，威尼斯人从莫罗西尼指挥的远征中一无所获。时至今日，我们只知道他摧毁了帕特农神庙，向守卫米斯特拉的土耳其人展示了人性残忍的一面，而这种残忍甚至令许多威尼斯人毛骨悚然。

* * *

奥斯曼帝国能把势力扩展到阿尔及利亚，靠的是16世纪初的穆斯林海盗船，当时帝国将全部力量投放在东部和北部的领土边界上。奥斯曼帝国在阿尔及利亚建立起了帝国首府，帝国政府任命了总督，还派驻了大量主要从黎凡特（Levant）招募来的禁卫军。这支禁卫军的主要任务是在地中海南岸和贯穿撒哈拉沙漠的商路上做贸易。禁卫军也会对基督徒的航运船发起突袭，获得战利品，还可以把奴隶卖去做家仆或送到大船上划桨，也用来换取赎金。有些欧洲强国会与阿尔及利亚签订条约，支付金钱换取自己国家的船只在阿尔及利亚免受攻击。这项业务掌握在独立的大企业家手中，他们总是同奥斯曼帝国的总督和禁卫军保持一定距离。1671年，禁卫军内讧，暴乱频发，阿尔及利亚陷入长期的动荡之中。这些企业家趁机造反，选出一个地位很高、之前当过海盗的人做总督，称为“大君”，即“大英雄”，奥斯曼帝国的总督成了有名无实的傀儡。

17世纪80年代，众多基督教国家试图削弱阿尔及利亚政权对其航运造成的威胁，法国在其中起了带头作用。法国与阿尔及利亚签订了协议，但很多规定法国自身都没有遵守，特别是拒绝返还或交换身强力壮的穆斯林俘虏，只把一些老弱病残送了回来。带着这些年来典型的傲慢和不自量力，法国人发动了一场战争。1682 年和 1683 年，法国战船轰炸阿尔及利亚，造成数百人死亡，数百座房屋被毁。一种能够发射爆炸性射弹的大型迫击炮特别有效。当地一个落入法国人手中当人质的领袖，被欧洲人称为“梅佐·莫托”（Mezzo Morto），在意大利语中意思是“半死之人”。法国人送此人上岸谈一桩交易，结果他推翻了上了年纪的大君，并杀了后者执掌大权的女婿，他自己当上了大君。然后他告诉法国，阿尔及利亚也在使用大炮：如果轰炸仍在继续，法国领事、试图安排囚犯交换的教士和其他法国居民将被一个接一个用大炮发射出去。军队力量和物资供应都不足以发动登陆战，法国只好离开，之后几年内没有对付阿尔及利亚。但谈判仍然毫无进展，1687 年，法国再次对阿尔及利亚宣战。

1688 年 6 月 13—16 日，规模壮观的法国舰队出现在阿尔及利亚海域。法国人明确声明，他们不是来谈判的，一周后开始轰炸。阿尔及利亚也言出必行，法国领事和其他 4 个法国人被装入大炮后发射出去。接着，法国也杀害了 3 名人质，把尸体放在木筏上漂到岸边。25 日，另外 5 个法国人被大炮发射出去，第二天，3 名穆斯林的尸体浮到岸边。8 月初，欧洲政治局势加剧，法国舰队被调回国内。即使凡尔赛的廷臣们也不得不说，阿尔及利亚人“一如既往地固执”。那些希望在非洲北部港口开展和平贸易，理智处理争端的英国人和其他国家的人认为，他们的努力因为这场战争倒退了至少 20 年。

第二十二章

印度教徒和穆斯林

时间来到了 12 世纪

统治者是奥朗则布

我们看到末日审判就要来临

一本正经的领导人辩解奥朗则布的统治有多公正

事实却是

人们表面上顺从但心有怨恨

奥朗则布的法令由他和官员们亲手制定

就像

只给了我们信封，信件却被他们自己保留

坏蛋和放债者成了朝臣

贵族家里只剩头脑简单的士兵

奥朗则布的统治下贿赂横行

心眼坏的人成了总督，伊斯兰的大法官却被当作贼匪

圣徒的儿子失去了社会地位和应得的尊重

淫荡的女人摇身变成了皇后

这些人犯下万般罪恶

先前的高贵者却要服侍他们

卡雅斯塔（Kayastha）、卡特里（Khatri）和婆罗门 * 的军队不断向前推进

穿着粗布衣服的人们拿起铁质武器

北印度的皮革工、贱民、洗衣工、油贩和园丁已成为统治者

愿上天惩罚暴君！

现世他是异教徒；来世，他必下地狱。

这首诗的作者是一位奉行禁欲神秘主义的苏菲派（Sufi）† 教徒，一个过着苦行生活的圣人，住在印度西部内陆地区的比贾布尔（Bijapur）。伊斯兰历的 1100 年开始于公历的 1688 年 12 月 25 日，由此大致可以推算出这首诗的完成时间。‡ 印度教和伊斯兰教在印度北部的冲突已有上千年的历史。初看起来，两种宗教似乎没有任何和解的基础：伊斯兰教坚信世上别无他神，只有安拉；印度教则是典型的多神论宗教。伊斯兰教拒绝任何偶像；印度教充斥着色彩鲜明的偶像崇拜，会给人造成强烈的视觉冲击。只有从宗教的基本原理入手才能寻求二者的共存之道，但在普通民众的宗教组织和实践活动中也可见和解的迹象。

* 卡雅斯塔、卡特里和婆罗门皆为印度种姓。——编者注

† 苏菲派亦称苏菲主义。“苏菲”（Sufi）一词系阿拉伯语音译，其词源有多种说法。一说源自阿拉伯语“赛法”（Safa），意为“心灵洁静和行为纯正”；一说源自阿拉伯语“赛夫”（Saff），意为“在真主面前居于高品位和前列”；一说其品质类似先知穆罕默德时代称为“苏法”（Suffah）部落的人，苦行禁欲，虔诚礼拜，与世隔绝。

‡ 伊斯兰历即希吉来历，以穆罕默德从麦加前往麦地那的公元 622 年为元年。伊斯兰历以月亮圆缺 12 周为一年，历时 354 日 8 小时 48 分 33.6 秒。希吉来历以 30 年为一周期，其中 11 年为闰年，另外 19 年为平年，平年 354 天，闰年 355 天。因此伊斯兰历经过 1100 年，公历却只经过 1066 年。——编者注

近一千年来，印度教最突出的发展是虔诚派的出现。这个教派出现前，印度教故弄玄虚的精神神秘主义理论和宗教实践活动让婆罗门得以成为宗教崇拜唯一的积极参与者。虔诚派号召普通信徒将热忱奉献给伟大的毗湿奴（印度教主神之一，守护之神）或湿婆（Shiva，印度教三大神之一，毁灭之神）。信徒用舞蹈和圣歌声情并茂地表达他们的信仰，只不过用的不是梵文，而是在特定区域使用的方言。宗教虔诚派在比贾布尔和大河谷地以南的印度中部和西部一些地方的区域文化中变得尤为重要。宗教虔诚派信徒对信奉神灵的一心一意与穆斯林对真主的顺从并无二致，尽管在具体内容上有差别。

从穆斯林的角度看，伊斯兰教和印度教的和解应归功于伊斯兰教神秘主义派别苏菲派。苏菲派坚称自己才是正统的教派，尽管按照它的教义必然会导致对真主的崇信和世界之道的分裂。它特别重视《古兰经》中的某些章节，尤其是关于穆罕默德升天的神秘之旅部分，以及经书中其他部分深奥难懂的意义。苏菲派专注于追寻与神合一的体验，对其他穆斯林在日常祈祷和遵守伊斯兰教规上拘泥于形式上的做法有些不屑一顾。从 14 世纪起开始，一些穆斯林居民和士兵开始从河谷北部迁到比贾布尔定居，并在这里建立权力中心，苏菲派教义随之传到印度西部。此后，随着伊斯兰教的大师级人物到阿拉伯世界或波斯学习之后回归故土，以及苏菲派教徒在穆斯林统治者那里得到恩宠，苏菲教义又有了新的传播路径。苏菲派教士用当地方言撰写的布道词、歌曲和诗歌来引导信徒一步步走向真主。他们的这种活动与印度的虔诚派运动非常相似，而且也的确开始吸引了许多印度教信徒。这些印度教信徒在逐渐吸收他们的教义后，最后真的改信了伊斯兰教。苏菲派信徒宣称自己距离真主最近，介于真主和门徒之间，而且其中最虔诚的门徒多为女性，由此苏菲派逐渐接近甚至跨越了伊斯兰正统教义的边界。这些信徒死后，他们的坟墓成为后世信徒朝拜的中心；他们的精神力量、信仰和从统治者手中获赠的土地则传给了自己的子孙后代。

今日的比贾布尔仍然流行祭拜苏菲派教徒的坟墓，但在17世纪苏菲派教徒却面临越来越多的困难，一度陷入灾难中。比贾布尔的统治者摇摆不定，最后回归伊斯兰正统教义，从而十分敌视印度教信徒，同时对离经叛道的穆斯林也造成威胁。面对莫卧儿王朝政权越发严重的对伊斯兰教的偏向，新崛起的马拉塔人（Marathas）也带来越来越多的挑衅性行为。从17世纪70年代起，比贾布尔就处于混乱状态，当地居民只要有可能，都会夺取政权。1686年，比贾布尔王国的都城落入莫卧儿王朝皇帝好战的奥朗则布手中，他是一个正统派穆斯林。紧接着在1688年，饥荒和鼠疫侵袭了整个印度西部。经历了这一年的种种变故，以及1688年（伊斯兰历1100年）这个伊斯兰历整数年本身，我们的这位佚名苏菲派诗人必然和很多人一样，极易想到末日审判即将来临。

* * *

无论从宗教还是文化乃至民族的角度看，印度都是一个多元的世界。历史上曾出现几次，在政治统治强大有序又不失灵活性的前提下，多个民族和平共处于一个国家之中。莫卧儿帝国是这种统治秩序最突出的代表。莫卧儿帝国是16世纪早期由来自西北（现在的阿富汗）的穆斯林建立的。他们的伊斯兰教信仰、雅致的波斯宫廷文化，甚至高大的身材和相对偏白的肤色，都把他们与大多数臣民区分开来。一些印度教徒或穆斯林可能会因为愿意效忠莫卧儿王朝皇帝而被任命为高级军事将领或文官。但到 17 世纪晚期，支撑这种统治秩序，同时也是对这种多元化局面持相对宽容的态度，甚至包含调和意味的宫廷文化正在瓦解。1658 年，国王沙・贾汉死后，奥朗则布在与他的 3 个兄弟的残忍夺权之战中获胜，当上了新皇帝。奥朗则布信奉的伊斯兰教教义远比其他家庭成员更加偏向正统。他的一个兄弟曾宣扬伊斯兰教和印度教在本质上是相同的。奥朗则布将自己打扮成正统伊斯兰教的捍卫者，并不惜发动战争对付手足同胞。大权牢牢掌握手中后，奥朗则布立即着手净化宫廷文化，剔除非伊斯兰元素，禁酒、禁鸦片，甚至不允许庆祝波斯历法中的新年。从 1669 年起，他下令摧毁了一些大型印度教寺庙，收回已经授给担任官员的印度教徒的土地，开始对非穆斯林征收吉兹亚（人头税）和其他歧视性赋税。奥朗则布的做法并非一个顽固暴君的反复无常和一时兴起，在上一任国王统治时期就已经出现这种明显的回归伊斯兰教正统教义的趋势。奥朗则布手下的穆斯林士兵经常配合他骚扰非穆斯林，亵渎他们的寺庙。

从奥朗则布继位开始，来自非穆斯林的反抗就与日俱增。他笨拙地妄图迫使锡克教徒或拉其普特人*把自己的子女培养成穆斯林，由此引发的起义和暴乱虽然没有传播开来，但也没有被彻底镇压下去。在他去德里做周五祈祷的路上，印度教徒挤在他身边，抗议新

* 指印度北方一部分专操军职的人，自称是古印度武士种姓刹帝利。

税赋。早在1658—1659年，马拉塔人的领袖西瓦吉（Shivaji）就在印度南部山区建立了一个印度人的自治权力机构。西瓦吉的父亲此前曾在偏远的山区组建起温和的地方势力。这与印度贵族为早期的穆斯林统治者管理地方没有实质性的差别。1659年，西瓦吉暗杀了一个据说玷污了印度教圣地的穆斯林将军。西瓦吉出身低种姓，也不属于能挤进印度统治阶层的专操军职的种姓。但在1674年，一个多才巧智的婆罗门种姓的人对外宣称西瓦吉的先祖是印度武士。然后在这个婆罗门人的精心策划之下，举行了复杂的仪式，西瓦吉在身上抹了多种圣水，宣布自己是真正的印度君王，接着，他带着弓箭登上帝释天*的战车。

西瓦吉和他的继任者们继续苦心从情感上吸引印度教徒，号召他们保护好牛（印度教徒视牛为圣物）和土地，反抗穆斯林人的压迫。他们还研究出一种和莫卧儿王朝截然不同的作战模式，令后者无法最终打败他们。1687—1688年，奥朗则布亲征海得拉巴。同这次一样，莫卧儿王朝每次征战，都会组织起一支声势浩大、行进缓慢、威风八面的队伍，包括人数众多的补给部队和兵器精良、训练有素的骑兵，携带先进火炮及围攻堡垒时所需的全部设备，有时候还要带上皇室徽旗和皇帝宿营用的白色帐篷。如此大张旗鼓地征战，只有在征服新的地区时，才不至于入不敷出，因为可以从新征服的地方获得一笔收入，还可以把新占领的土地分给文官武将。另一方面，马拉塔人摇身一变成为掠夺者，他们从山上的堡垒派出一支轻骑兵，闪电般地从吓得魂不守舍的当地官员那里抢劫或榨取钱财后，

---

* 全名释提桓因陀罗，简称因陀罗，古印度神话中印度教的主神，主管雷雨。

便一阵风似的跑了。18 世纪，他们即将建立起一个对抗行将就木的莫卧儿帝国的政治组织，但他们还是一直保留着勇猛、大胆、出其不意的行事方式，对所经之处造成的破坏几乎是毁灭性的。西瓦吉于 1680 年去世，虽然他的儿子桑布吉的领导才能比不上他，但马拉塔人的实力仍然继续增长。莫卧儿帝国虽然在多次对阵中战胜了他们，但不久就发现他们又从别的地方跑出来。

* * *

奥朗则布在戈尔康达（Golconda）* 王国的都城海得拉巴附近度过了 1688 年年初的几天。接着在 1 月 25 日，帝国的宫廷和军队组成的庞大队伍向西进发。海得拉巴是一座四四方方的穆斯林城市，城内建筑恢宏、秩序井然，有大量精美的清真寺、学校和慈善机构。这里大多数地位高贵、有权有势的居民自然是穆斯林，但也并非全部如此，很多人是随穆斯林势力和文化向印度南部的渗透，陆续从遥远的波斯和阿富汗来到这里成家立业的。但城区周围的乡村则是一个人员结构复杂的印度教徒的世界。这些人使用的语言是非印欧语系的泰卢固语（Telugu），既有勇猛善战的士兵又有辛勤耕种的农民。几个世纪以来，这些人坚韧不拔地在这片贫瘠的土地上耕耘，既要应对雨水时多时少的年景，又要在遍布岩石的地方开荒。

奥朗则布在海得拉巴的停留，标志着穆斯林对印度社会漫长的日益加强的掌控进程，此时达到了顶峰。1687 年 10 月 2 日，海得

* 最早是在 11 世纪由印度教的国王建立的居城。

拉巴城外的巨大堡垒落入奥朗则布的军队手中。此前，它已被穆斯林军队驻守了三百多年。但是，只有对其统治下的印度人做出重大让步，穆斯林统治者才有可能改变对其摇摇欲坠的统治状态，建立政治和社会秩序稳定的世界。对统治者而言，印度北部平原让他们感觉更自在，不仅因为这里使用印欧语系的语言，还因为这里的印度教徒和穆斯林有几个世纪交往的历史；相比之下，戈尔康达印度教徒的肤色、脸形以及他们讲的泰卢固语，无一不使征服者感到怪异和难以驯服，恰如这里的地貌，河谷狭窄，低矮的山头上布满花岗岩，一副破烂景象。群山为戈尔康达城堡外的堡垒和结构紧凑的筑有围墙的村庄提供了天然防守屏障。花岗岩还为这里建造的众多寺庙和雕刻的各种神像提供了绝佳材料，尤其是湿婆神，其第三只眼能发出消灭宇宙间所有东西的神火，舞动宇宙创造与毁灭的力量。印度教徒和穆斯林几乎从没到对方供奉神灵的地方一探究竟。穆斯林统治者只承认真主是唯一的、没有形象的神，认为所有以人和动物形象显现的神灵都是对造物主权力的篡夺，印度教徒所崇拜的、经过大胆想象而创造出的、长着多条手臂或动物脑袋的诸多男神女神足以让穆斯林不寒而栗。此外，在许多湿婆神庙里，最神圣的地方往往有一个巨大的石质男性生殖器，也就是湿婆勃起的阳物，象征着变化和生殖能力。印度教徒用水或融化的黄油涂抹它，敬拜它。这样的宗教信仰和活动是信奉唯一真主、节制性事的穆斯林人万万不能接受的。

穆斯林统治者没有印度武士的合作，就无法统治戈尔康达。这意味着必须做出重大让步，任命一位印度首领，可能意味着本应交给统治者的大部分收入现在进了这位首领个人的腰包。除此以外，还不得对非穆斯林征收人头税，统治者还要拿出土地来建设印度教寺庙，维持它们的运转。反过来，泰卢固勇士也要为穆斯林统治者献上他们骨子里的忠诚和勇敢。当然，这整个体系的压力都会加在低种姓的农民身上。他们的双脚从泥泞的田间蹚过，头顶上是热带毒辣的阳光。即便是在农闲时节，他们也不得不采石、修缮水库和灌溉渠。

1688 年之前的几十年，所有这些局部的让步和调整都未能给戈尔康达带来总体的政治稳定。1635 年，莫卧儿王朝军队曾有一小段时间征服过这里，然后又撤走了，只留下一名常驻官员确保每年大笔贡金能被送到王朝位于北方的朝廷。1656 年，莫卧儿王朝再次洗劫海得拉巴，并且确认了彼此间的朝贡关系。到 17 世纪 70 年代，一个势力非常强大且富有的婆罗门家族逐渐操控起戈尔康达王国朝廷，波斯的外来统治者失去了影响力。在婆罗门家族的影响下，戈尔康达同马拉塔人结盟并给后者以经济资助。1686 年，莫卧儿王朝军队包围了比贾布尔的都城，截获了一封信，内容透露出戈尔康达同马拉塔人之间的联系。盛怒之下的奥朗则布立即出兵攻打海得拉巴。戈尔康达的统治者和穆斯林朝臣为了平息莫卧儿王朝的怒火，杀死了两位担任要职的印度教徒，并砍下他们的头送给奥朗则布以示忠诚。此后，大多数信奉印度教的财政官员被免职，还有不少人性命不保，戈尔康达王国随之发生动乱。即便这样，莫卧儿王朝的军队还是不断涌来，因为奥朗则布决不会原谅戈尔康达人支持马拉塔人的行为。1687 年 1 月，莫卧儿王朝的军队占领了海得拉巴，戈尔康达的统治者和一些忠实的朝臣撤到附近一处大型要塞，这里的城墙又高又结实，仓库里装满了必需品。此时正值雨季，围攻的莫卧儿军队吃了不少苦头。整个地区正在遭受饥荒，瘟疫流行，莫卧儿王朝军队也未能逃脱。更糟的是，当他们在城墙的一个关键位置安放炸药时，引信失效，炸死了不少自己人。最后，1687 年 9 月，一个叛徒出卖了戈尔康达，引莫卧儿军队攻下了要塞。

现在莫卧儿王朝统治者在这里安营扎寨，一边维持军需供应、准备攻城大战，一边展示另一个专长：重新审视这个本就由穆斯林按照大致类似莫卧儿帝国自身的组织机构和管理模式施行统治，但现在才被征服的省份，建立一个比之前更加公平、更穆斯林化、有更多生财之道的新政权。之前在戈尔康达做官的大多数穆斯林在莫卧儿帝国被安排了新的职务。新的统治者依赖与他们有相同的宗教信仰、政治文化和语言的当地穆斯林，这些当地穆斯林一旦被彻底同化并通过了莫卧儿王朝管理者的考核，就会被派往帝国的其他地区为帝国效力。谢赫·尼扎姆（Shaikh Nizam），那个导致海得拉巴城外要塞被攻陷的人，到 1688 年已经是一支部队的指挥官了。其他在 1686 年年底的大屠杀中幸存下来的信奉印度教的官员几乎全被解职，帝国政府甚至派了一名穆斯林去管理著名的印度教朝圣中心坎契浦兰（Kancheepuram）。莫卧儿王朝统治者重新统计这里的人口和土地，评估、分配纳税义务，提高了税额，但征收时很少能切实执行。很明显，尽管莫卧儿王朝非常希望将这里彻底纳入帝国体系，但不得不向当地有权势的人做出一些妥协。莫卧儿帝国从这里取得的收入虽然只大致相当于戈尔康达的统治者在好年景时收取的，但经过多年的战争和饥荒，这已经算是一个令人刮目相看的成就了。也就是说，就算这个新征服的省份无法像印度平原北部那些重要省份一样被彻底纳入莫卧儿王朝的统治，奥朗则布仍然从这里得到了他最想要的，那就是源源不断的可供他继续对付马拉塔人的稳定收入。

1688年1月，莫卧儿王朝的3支大军从海得拉巴出发向西挺进。一路上，他们虽然经历了食物短缺和疾病的暴发，但仍继续前进，尽可能多地占领沿途城镇和村庄，若遇到管理者拒绝投降，他们就把那里夷为平地。但在4月，马拉塔人以和往常一样的迅雷不及掩耳之势突袭了海得拉巴。然而，莫卧儿王朝并没受其影响，隆隆地继续向西开进了马拉塔人的要地。1689年1月，前戈尔康达将领谢赫·尼扎姆得知西瓦吉的儿子即继承人桑布吉就藏在不远处，立即精心挑选了一队人马突袭，在桑布吉毫无防备的情况下活捉了他。桑布吉被弄瞎了双眼带到奥朗则布的营地，绑在骆驼背上在营地走了一圈，任众人取笑戏弄，之后才被慢慢折磨死，他的四肢被砍下来扔给狗吃。但桑布吉19岁的儿子拉贾拉姆（Rajaram）及其母继承了桑布吉的事业，把斗争继续下去。从1691年到1698年，母子俩在莫卧儿王朝围攻马德拉斯南部金吉（Jinji）要塞的几年中，带领马拉塔人顽强抵抗。

1707年奥朗则布去世之后，皇位的继承问题又引发了一场血雨腥风的争夺。但无论获胜者，还是帝国的组织结构，都无法重现奥朗则布执政半个世纪中的权力和风光。从18世纪20年代起，以海得拉巴为核心建立了一个新的穆斯林自治政权，它吸收了包括马拉塔人在内的地方势力，共同分食日薄西山的莫卧儿王朝。很快，法国人和英国人也学会了在印度的权力游戏中拉帮结伙，尤其是在孟加拉的英国人，慢慢成为莫卧儿帝国的一个强大对手。

* * *

讲述莫卧儿王朝在1688年面临的压力时，不应该完全从大规模的军事征服和斗争角度来叙述。莫卧儿帝国的维系更多地取决于细节，取决于王朝统治者把新征服土地的权力把持者吸纳到莫卧儿帝国的宫廷文化和政治文化中的能力。莫卧儿人的先祖在16世纪时就成功做到了，但奥朗则布及其后继者遇到了很多困难。例如，比贾布尔的穆斯林政权在1686年瓦解后，南面贝达人（Bedar）的小王国就完全暴露在莫卧儿王朝面前。贝达人皮肤黝黑，使用非印欧语系语言，在印度社会中属于被剥夺种姓的贱民。他们靠狩猎为生，骁勇善战，部落组织具有相当强的凝聚力，一直是比贾布尔王国的忠诚支持者。1687年后期，当莫卧儿王朝的军队出现在他们的都城时，贝达王国的统治者帕姆·纳亚克（Pam Nayak）不战而降。莫卧儿人立即在镇上建了一座清真寺，意图再明显不过了：用这种方式宣告这是一场穆斯林的征服。帕姆·纳亚克被带到奥朗则布的豪华营帐后，马上被安排了一个收入可观的高级指挥职务。那些过惯了养尊处优的宫廷生活的高官，无论印度教徒还是穆斯林，都十分嫉妒。他们把帕姆·纳亚克当作怪物，“像锅底一样黑”，奇丑无比，是食腐族的一员。他们讥讽他说：“黑夜因为被当成他的象征而哀痛，……熊和猪如果得知与他作比，也会深感羞辱，……甚至为死者擦洗身体的人一看到他都会感到厌恶。”

帕姆·纳亚克一出现在朝廷就会遭到这些人的讥讽和戏弄。“在出朝五六天后，他突然去了地狱”，从资料上看，他大概死于1688

年 1 月。可能的死因包括：被奥朗则布下令处死，受到羞辱自尽，也可能是感染了在印度西部肆虐的瘟疫。

帕姆·纳亚克的儿子们都被莫卧儿王朝安排做了官，而且也对朝廷保持忠诚。但他的一个侄子从莫卧儿人的掌控中逃到一个山区筑起要塞，并在周围几千米的范围内多次组织队伍发动袭击。这种状况一直持续到 1703 年或更晚的时间。帕姆·纳亚克的侄子制造麻烦、破坏贸易，他的幸存本身就在证明莫卧儿王朝自我标榜的牢不可破的统治远不是那么完美无缺。

第二十三章

英国人、印度人和其他世界的人

1688 年全年，英国东印度公司与莫卧儿帝国之间都在经历正式宣战的战争状态。人们不禁以发狂的猫鼬紧紧咬住一头战象的腿来做比喻。当然英国人并未让莫卧儿帝国皇帝及其朝廷、军队分心，他们继续专注于追捕桑布吉、加强在戈尔康达的统治。但一些印度地方官员却被极大地激怒了。英国人曾袭击从莫卧儿帝国出发到麦加朝觐的船只。在莫卧儿军队服役的穆斯林以牙还牙，也在孟买海域攻打过英国人。在 1688 年年初，在孟加拉洪水肆虐的三角洲，几百名身患热病的英国人从阵地撤退到内陆，命悬一线间，祈祷政治风暴能迅速平息。

17 世纪 80 年代之前，伦敦的董事们对在亚洲建堡垒，提升东印度公司在亚洲的军事和政治存在感的建议置若罔闻。但在 1681—1682 年间，公司处于以约西亚·蔡尔德（Josiah Child）爵士为领导的势力控制下，而此人笃信“利益和权力必须齐头并进”。于是，伦敦的董事们准备等机会再次出现时，就采取强硬路线。但无论哪个曾到印度洋的人都不会使用东印度公司在 1686 提出的开战借口，也不会采纳他们的计划。孟加拉作为欧洲进口布料的输出国，重要性日益凸显。英国人在这里只有一个未派兵驻守的贸易站，而对他们之前被授予的贸易特权的理解，英国人与莫卧儿王朝的孟加拉地方长官之间存在诸多争议。但任何一个“亚洲通”都知道这类问题往往是个人间的恩怨，其中会有曲折起伏，更清楚应当明智地使用武力，并且只有在当地有忠实盟友时才考虑采取最后的手段。而当伦敦的董事们在1686年1月派出6个步兵连搭乘10艘船只直接开往孟加拉时，以上的先决条件一个都不具备。按照董事们的计划，舰队到达孟加拉后先占领一个港口，之后与阿拉干（Arakan，现在的缅甸）国王结盟，再向莫卧儿帝国宣战，然后直接进军地方首府。他们这个计划的前提是，他们假设莫卧儿王朝的官员面对凶猛的攻势会溜之大吉，接下来就会向他们求和，继而同意恢复之前给予东印度公司的全部特权。

但当舰队到达孟加拉时，当地针对贸易条款产生的没完没了的纷争已经达到非常激烈的程度，东印度公司的商人被迫从大城市撤了出来。这些商人的首领乔布·查诺克（Job Charnock）是自英国势力出现在印度之后第一个真正的“印度通”，此人在印度居住达三十多年之久。他娶了一个印度女子为妻，据说这个女子是他从她前夫的殉葬柴堆里救出来的。1687年，乔布·查诺克带领几百名患病的难民在恒河河口附近稍做停留，然后设法在上游一个叫卡利卡塔（Kalikata）的地方找到落脚点。他们在这里熬过了1688年炎热的季节和季风雨。这一年的11月，一艘东印度公司的船路过这里，船长说服他们上了船，加入盘算失误的远征队伍中，继续向东行进。双方闹剧般的敌对行动在不同的舞台上上演，英国人先是对前往麦加的朝觐者船只造成了威胁，接着因为东印度公司愿意支付一笔高额赔偿金，东印度公司和莫卧儿帝国在1690年又实现了和平。查诺克在态度好转的当局的许可下回到卡利卡塔，开始在这里创设贸易中心。他非常清楚卡利卡塔的优势：堤岸高、河面宽，不太靠近莫卧儿王朝在孟加拉的权力中心。英国人把卡利卡塔的名字拼写成加尔各答（Calcutta）。1683年，执着坚毅的查诺克去世，被安葬在加尔各答的墓地。作为这座伟大的殖民地城市的创始人，乔布·查诺克将永远被世人铭记。

* * *

孟加拉的这场闹剧并没波及英国人在印度的最古老的定居点——东南海岸科罗曼德（Coromandel）马德拉斯的圣乔治堡（Fort St. George）。1688年2月3日，一艘从中国南部海岸厦门驶来的英国船只“莫斯福德号”（*Moulsford*）到达圣乔治堡。这艘船上有3名中国乘客，是被厦门的官员派来“与我们协商贸易的”。这些中国人和英国人之间有关贸易的几轮商谈并没取得什么成果。之后中国人表示希望能去内陆“贡杰佛隆（Conjeveron），……看看他们的祖先在此建造的一座宝塔”，回去后报告他们的“皇帝主子”。英国人急于同中国人建立友好关系，让中国人为他们在厦门的贸易打开方便之门，便尽他们所能去帮助这3位中国人达成愿望。这些中国人很可能乘坐1688年年末从马德拉斯出发的船回到了厦门，但是对此没有更进一步的资料。在之前的章节中，我们已经介绍过施琅，派那3位中国人到马德拉斯的，正是这位福建水师提督。施琅因为在1683年指挥清朝军队光复台湾的战斗中立下赫赫战功，在1688

年 8 月跪在康熙帝御前，接受封赏。

那些想去贡杰佛隆看“他们的祖先建造的宝塔”的 3 位中国特使，是想按照中国历史上最著名的朝圣者佛教僧人玄奘和尚的文字记录，到那里一探究竟。在 629—645 年，玄奘完成了一次从中国到印度的史诗般的“西天取经”，并从印度带回了许多重要的佛经。玄奘在记录中提到他印度之行最南端的一个叫建志补罗的城市。要弄清楚这到底是哪个城市虽然很难，但我们知道任何一个在 17 世纪到达马德拉斯的人，如果想到一个发音听起来有点像“建志补罗”的地方朝拜，当地人都会指引他们前往内陆的贡杰佛隆，那里有众多的门楼和熙攘喧闹的寺庙。这里就是今天的坎契浦兰，距离马德拉斯大约 80 千米，仍是一个重要的印度教朝圣中心。这 3 个特使以玄奘在 7 世纪的记录为向导并不是很奇怪。玄奘的《大唐西域记》在中国久负盛名，特别受一些乘船航行者的欢迎。在厦门有一个重要的佛教寺院，那里的僧侣或俗家佛教徒可能指点过那几位特使。

1688 年，来自世界各地的人在圣乔治堡进行令人难以置信的会面，其中的当事人还包括圣乔治堡总督伊莱休 · 耶鲁。他在 17 世纪 80 年代极力促成英国与中国开展贸易。耶鲁总督及其兄弟托马斯靠私人贸易积累起财富，这些贸易既有东印度公司允许的，也有禁止的。但不论哪种贸易都促进了马德拉斯作为商业中心的崛起。伊莱休 · 耶鲁出生在康涅狄格（Connecticut），两岁时被带到英格兰。耶鲁一直同新英格兰的亲人保持联系，深深眷恋着故乡。1699 年，伊莱休 · 耶鲁从印度回到英格兰。和他一样在印度发家的第一批回国的英国人使“富豪”（nabob）这个词进入英语词汇。从 1713 年开始，他陆续向康涅狄格一所新建的学院捐了几笔钱，捐款总额达

1162英镑（按照2000年的市值计算，约合10万美元）。这个数额同约翰·哈佛（John Harvard）捐给马萨诸塞州另一所学院的钱大抵相当，但从耶鲁个人的巨额财富来看，只是九牛之一毛。为了感谢伊莱休·耶鲁对学院的慷慨捐赠，学院以他的名字命名。耶鲁大学以和中国历史悠久的联系为骄傲，为它在有关中国的学术研究方面做出的突出贡献而自豪，但并不是很多耶鲁人都知道这种联系可以一直追溯到伊莱休·耶鲁本人。

* * *

在这种动荡中，孟加拉和科罗曼德海岸在17世纪80年代成为欧洲人在亚洲经营贸易的机会最多、财富积累最快的前沿阵地。巴黎人、伦敦人和阿姆斯特丹人以及他们的一些农村亲戚，很快有了一套全新的词汇，穿衣打扮的品位也与以往大不相同了。英国人无论男女，甚至是水手和普通工人都穿上了印花棉布做的内衣。在尼德兰，印花棉布特别受家境富裕的女人钟爱。商人希望每年都能引入花色图案不同于以往的丝绸面料，“卖给英格兰的淑女。她们说法国女人和其他欧洲国家的女人都愿意付双倍的价钱购买之前从未在欧洲出现的新款式服装面料，即使这种面料质量差一些，她们也不愿意花钱买丝质较好的几年前的样式”。“印花棉布”“白棉布”“平纹细布”等各种各样令人眼花缭乱的词语，连同以之命名的大量商品一起从印度传入英国。但其中很多名称在现代已经废弃了。纺织品在英国东印度公司和荷兰东印度公司在亚洲的商品投资中占的比重越来越大。1688年印度发生了瘟疫和饥荒，英国同莫卧儿帝国又正在交战，孟加拉的贸易活动暂时停止。两家公司从印度出口的布匹数量大幅下降，英格兰人在 1688 年的出口量不及 1687 年的 1/4，而这个数字更不到 1684 年最高出口记录的 1/10。直到 17 世纪 90 年代末，英国和荷兰两家东印度公司在印度的纺织品贸易才完全恢复，接着在整个 18 世纪早期一直保持强劲态势。

两大公司派驻印度要塞和贸易站的代理商发现，他们对纺织品的需求量巨大，在当地很受欢迎，但对于印度在很久以前就形成的复杂的生产和贸易体系，他们的需求也并非不可或缺。印度西部的织布工在中亚地区，诸如波斯、布哈拉（Bokhara）、撒马尔罕，以及红海周围的国家非常受欢迎。科罗曼德海岸的纺织品大量出口到东南亚，荷兰公司在其中占据了一席之地，这对于他们在生产香料的地区展开贸易至关重要。生产的分工复杂精细：不同种姓的人，严格按照分工，分别从事栽种棉花、纺纱、织布和染色等环节的工作。各环节之间的衔接会有商人参与其中，例如把货物从前一个环节运到下一个环节的生产地，并且经常在生产者开展各种工序之前预付报酬。在印度南部，织布工都在户外的树下工作，周围的环境似乎有些原始——但产品的质量却远远超过了欧洲工匠的水平，如当时一种被欧洲人叫作“流水”的著名的透明薄纱。某些种类商品的异常详细的生产程序只在特定的地方由特定的家族世代相传。包含一系列复杂的化学程序的植物印染技术可以说是民间技术的成功。印度南部的织布人家坐在树荫下的织机旁织布，染色人家在水质极佳的河中漂洗布匹，将他们手工生产的产品注入巨大的贸易网络中，并把技能传给自己的孩子们。他们在1688年的世界拼图中相当重要，给人留下了深刻的印象。

* * *

绕过好望角来做生意的欧洲人绝不是印度次大陆上唯一的外乡人。从 16 世纪到我们现在所处的时代，欧洲人发现在亚洲的陆地和海洋贸易路线上都有亚美尼亚人的身影。其中有一个叫霍夫汉内斯·茹格哈耶茨（Hovhannes Joughayetsi）或者朱利法的约翰（John of Julfa）的亚美尼亚人，在西藏最大的城市拉萨度过了 1688 年的一整年。当时，远离故乡的亚美尼亚人主要聚居在波斯伊斯法罕城外的新朱利法。1682 年，这个人带着亚美尼亚人中最有钱的商人之一格雷科（Guerak）家族提供的物资从新朱利法出发前往印度。格雷科家族的一个分支一直住在威尼斯。家族的徽章图案画着一群蜜蜂正朝蜂巢聚拢，这或许象征着分布广泛的代理商为家族财富的积累立下了汗马功劳。按照霍夫汉内斯与格雷科家族达成的协议，霍夫汉内斯在印度出售他的资助人的商品后，要把 3/4 的交易利润汇给主人。霍夫汉内斯曾在新朱利法专门培养商人的学校里接受过商业教育，他有义务为他的资助人记录下他的活动情况和每一笔交易。当我们从这些记录中得知他的赞助者并没有反对他另外为自己从事交易活动，也不反对他和别人合作。当我们得知在印度的每个大商业中心，他都能找到一个亚美尼亚人的小聚居地，都有一个亚美尼亚人的教堂，那他自愿踏上这样一个漫长而危险的旅程就不难理解了。

霍夫汉内斯往返于苏拉特（Surat）和阿格拉，同其他亚美尼亚商人一起合作买卖纺织品和靛蓝染料。亚美尼亚人比荷兰人和英国人更了解印度，更清楚印度的贸易，他们能够避开一些印度中间商，购买纺织品的价格要比英国东印度公司的价格低 30%。1686 年，霍夫汉内斯前往孟加拉购买布料，准备到西藏销售。他艰苦跋涉穿过尼泊尔，经过海拔 4500 多米高的道路来到拉萨。拉萨的海拔也超过 3600 米，在这里，他一住就是差不多 5 年。这里也有一些亚美尼亚人聚居，有些已经定居下来并娶妻生子。他直接与西藏人或与其他亚美尼亚人交易。这些西藏人和亚美尼亚人中的一部分定期出门经商，旅程往往十分艰险，他们要步行 1400 多千米，穿过大部分荒无人烟的山地，到达中国西北青海盆地的西宁，这些山地的海拔高度几乎全都在 2100 千米以上。霍夫汉内斯委托他的这些同胞将琥珀销售给中国人，并让同胞用白银兑换中国人的黄金，因为中国以白银购买黄金的价格要比印度的低很多。拉萨的亚美尼亚居民若发生争端，一般通过召开内部会议解决，并不需要西藏当局的干预。有同胞去世时，霍夫汉内斯会为他们哀悼，在喜庆的节日，他会给同胞派送小礼物。1688 年 2 月 10 日，格雷科家族的另一个代理人去世，他不得不接管死者的商品和销售网络。1693 年，在南下尼泊尔的路上，他在记录中写道："整条道路都被洪水淹没了，桥细得像发丝，这是条通向地狱的路。"

西藏文化受藏传佛教即喇嘛教的影响很深。藏传佛教高度崇信转世之说，相信冥想可以提升精神力量。这些基本的佛教信条在藏传佛教中格外突出。各大寺庙的大喇嘛被认为是他们前任的转世，直到今天，有关预测未来、灵魂出窍展现等精神力量的说法从未停止。17 世纪 80 年代，拉萨的历代达赖喇嘛累积起来的威望到第五世达赖喇嘛时达到顶峰。五世达赖既得到蒙古和硕特部的军事力量支持，又获得远在北京的清朝皇帝的承认。第五世达赖于 1682 年去世后，真正的权力落入名义上听命于和硕特部的第巴桑结嘉措手中。桑结嘉措封锁五世达赖圆寂的消息，对外宣称五世达赖在布达拉宫严格闭关修行，闭关期间不接见任何人，不能被打扰。直到1696年，事情真相才大白于天下，桑结嘉措迎请六世达赖坐床。雄伟壮观的布达拉宫几近建完，红白石灰墙配以金箔片，在稀薄的空气中闪闪发光。这座宫殿默默矗立，注视着来来往往的商队，看到霍夫汉内斯来到这里，和他的同胞做生意，有时也免不了发生争执。

第七篇

放逐、希望和家庭

Part Ⅶ

Exile, Hope, And Family

在现代早期，“希望”并不是指根据抽象标准要求境遇的改善。希望经常与特定的人或地方联系在一起，而这个特定的地方在某种意义上指家园。对那些发现自己没有故乡可回的人，或者如果回到家乡，就要被外族人统治的人来说，这种联系会特别强烈。这些人包括亚美尼亚人、被卖到新世界的非洲奴隶，以及身处东南亚的明朝遗民。对于穆斯林、基督徒和犹太人这些“有经人”而言，耶路撒冷是他们的希望，是朝圣之地。对犹太人而言，耶路撒冷是梦中的期盼之地，他们也清楚地意识到，如果回去，只能将自己置于外族人的统治之下。这对矛盾紧紧环绕着他们自我认知的核心——他们是流放中的上帝选民。而对 17 世纪的基督徒来说，除了少数仍然梦想发动“十字军东征”的天主教徒，耶路撒冷与其说是一个具体地方，不如说是特殊命运和希望的象征。但不管是流亡的犹太人，还是面临令人胆战心惊的不确定性因素的英国人，都会面朝故土的方向，在庆祝节日时唱着同样的赞美诗，度过不眠之夜后也会发出怅然若失或充满期冀的声音。

第二十四章

明年，我们在耶路撒冷

1688 年和以往任何一年一样，有两个时刻，犹太人彼此会说上一句“愿明年我们可以在耶路撒冷”。一次是在公共场所，在赎罪日（Yom Kippur）深刻自省结束时；一次是在每家每户的餐桌旁，逾越节（Passover Seder）晚餐结束时，家长向孩子提问，告诉孩子们不要忘记耶路撒冷。

无论在耶路撒冷还是在他们称为“应许之地以色列”的其他故土，都有犹太人居住，但对大多数人来说，他们所表达的这种深深的渴望是根本不可能实现的梦想。事实上，耶路撒冷的犹太人这种没有故乡可依的情感、愿望无法实现的感觉更强烈。在耶路撒冷，在庄严的犹太历埃波月的第 9 天（1688 年 8 月 5 日），犹太人禁食，并聚集在所罗门圣殿（Temple of Solomon）* 哭墙前，纪念公元前 586 年圣殿被摧毁和第二圣殿（Second Temple）在公元 70 年被罗马人烧毁。犹太人认为这两次事件都发生在犹太历埃波月第 9

* 所罗门国王建造，又称第一圣殿，是《圣经》记载的一个建筑物。建成于公元前 957 年，它在公元前 587 年新巴比伦国王尼布甲尼撒灭亡犹太王国时被彻底摧毁。其遗址至今也没能挖掘出来，科学家们不能确定所罗门圣殿是否真实存在。

天。1688 年的耶路撒冷并没有严格按照种族或宗教信仰的标准划分不同的聚居区，但城中犹太人最主要的聚居区在哭墙以西，如果犹太人想到哭墙去，不得不穿过一片与他们为邻的挤满了北非穆斯林的居住区。这片穆斯林居住区还有不少穆斯林的学校和虔诚信徒的各种组织，但到 1688 年时，其中不少建筑被用来居住了。对犹太人来说更糟的是，哭墙上方的圣殿遗址现在被两座壮观的清真寺所占据，分别是阿克萨清真寺（al-Aqsa Mousque）和圆顶清真寺（Dome of the Rock）。犹太人在这里哪怕是想从门缝往里看两眼，都会被赶走。因此，尽管犹太人身在耶路撒冷，他们哀悼所罗门圣殿被毁掉，完全像在赎罪日那样严格斋戒，也是完全可以理解的。每年也只有在这一天的早礼拜时，男人可以不用披肩裹住身体，不用带护符匣（装着希伯来《圣经》经文的小盒子），到哭墙后，每个人都十分哀伤地痛哭起来。

* * *

诚如拉比犹太教教义所指出的，流亡中的人们不敢奢望有生之年能看到情况会有所改观，不敢奢求心灵的创伤能被治愈，不敢梦想有一天能回到耶路撒冷。因此，对于犹太人而言，与其他不管出于什么原因离开故乡的人一样，认真坚持传统习俗就成为保留对故乡的记忆和对出身根源忠实的一种途径。每年众多的宗教节日和对法律的自觉遵守，对犹太人在居无定所的情况下维持自身生存和文化传承起到了根本性的作用。此外，犹太人的家庭观念和对犹太律法的奉行，几乎就是犹太人身为犹太人的基础。

1688年的夏天，格里克尔·巴斯·犹大·莱布——很多著作中使用的是德意志人对她的称呼哈默尔恩的格吕克（Gluckel of Hameln）——深情地看着她的儿子莫迪凯（Mordecai）和摩西·本·纳坦（Moses ben Nathan）的女儿站在婚礼花冠下，脸上漾着幸福的笑意。新娘家是居住在汉堡的犹太人中的名门望族。莫迪凯是年轻人中的榜样，年纪虽轻，却已是父亲哈伊姆·莱布（Haim Leib）在生意上的左膀右臂。最近，他刚刚同他父亲去了莱比锡，父亲途中病倒，多亏了他悉心照料。哈伊姆给了新娘1000泰勒（德意志银币）的聘礼，摩西·本·纳坦用丹麦货币给女儿的嫁妆相当于3000泰勒。两家共同分担了超过300泰勒的婚礼费用。新郎的父母同意婚后两年内给这对新婚夫妇提供食宿。这种做法在当地也常见，尤其是许多犹太人结婚时年龄还很小。举例来说，新郎的母亲格里克尔14岁就出嫁，为自己的第一个孩子操办婚礼时也不过二十六七岁。莫迪凯结婚时是19或20岁，是家里第4个结婚的孩子。家里还有8个孩子等着格里克尔操办婚礼。

格里克尔的父亲是犹大·约瑟夫（Judah Joseph），或者叫犹大·莱布（Judah Leib），是住在汉堡的一个富商，母亲贝拉（Beila）是阿尔托那（Altona）的纳坦·梅里其（Nathan Melrich）的女儿。格里克尔的父亲给予他孀居的岳母“以世界上最高的礼遇”，这令格里克尔终生难忘，也是她人生核心价值观的重要一课。汉堡当时已是一个主要港口和商业中心，优良的地理位置对于一个勤奋和聪明的商人来说是发财致富的好去处，但它对犹太人并不太热情。路德宗教会的神职人员对犹太人充满敌意，水手和学徒们在街上公然嘲笑侮辱他们，总是找借口攻击他们，洗劫他们的家。相比之下，附近的阿尔托纳当时被丹麦占领，虽然地位不如汉堡那么重要，但对犹太人要宽容一些。格里克尔一家和很多犹太人家一样来回搬了几次家。哈伊姆从事黄金、白银、珍珠和玉石贸易，经常外出参加在莱比锡和法兰克福举办的交易会，还任用可靠的犹太人处理其他地方的贸易事务。生意上需要做决定时，他每次都会问问格里克尔的意见和建议。

在这个充满战争的世界上没有属于自己的安全的地方，也无处施展治国的才能，犹太人要想维持好的商业信誉，就必须有好名声才行。犹太人的麻烦不只是与基督教统治者和商人之间的矛盾，他们彼此追讨债务时也是无情的，尤其是当他们担心欠债者品行不端或信用不佳时。因此，不难理解格里克尔对财富和荣誉（原文用了两个希伯来词 *oysher un koved*）特别看重。源于德意志的意第绪语是她从小学会的第一语言，这种语言使用希伯来字母并借用大量希伯来语词语。这里出现的两个源于希伯来语的词能够说明她对这二者的重视。年纪较小时就找一户好人家结婚也是财富和荣誉的重要保障。在讲德语的地界上，大多数犹太社区规模都不大，想寻得一个性格和血统都理想的女婿或媳妇，需要探访很多地方。能和其他商业中心的商人结成姻亲关系网络，肯定对彼此的生意有帮助。

哈伊姆和格里克尔起家时没有多少钱，但凭着聪明和勤奋，他们的财富稳步增长，同时积累了良好的信誉。格里克尔生养了 14 个孩子，其中 12 个长大成人，在当时，这个比例远超过大多数贵族或王室家庭。但 1689 年 1 月，哈伊姆在出门谈生意时病倒了，这一病加剧了老毛病腹部疝气，医生已无能为力。格里克尔在月经期，还不能去洗浴洁净身体，但她还是要过来拥抱丈夫。她的丈夫回应说：

“这是上帝禁止的，我的宝贝；用不了多长时间，你就可以洗个澡了。”但他没能等到她的再次拥抱，就去世了。医生靠近哈伊姆的嘴唇，听到他低声呢喃：“以色列啊，你要听，耶和华，我们的神是独一的耶和华。”

哈伊姆离开了人世，没有为妻儿指定遗产继承人或遗嘱执行人和监护人。他说：“我的妻子什么都知道，我死后她会和以往一样做她该做的事。”家里还有 8 个孩子有待成家，格里克尔接管了丈夫的生意，偶尔自己亲力亲为，但更多的时候把生意委托给他信任的代理人管理。丈夫去世，前途未卜，让她忧心忡忡，夜不能寐。为了将来能对孩子有所助益，她开始用笔记录她的生活。她使用意第绪文写作，但仔细阅读她的回忆录，能从中发现她会读一些德文和希伯来文，虽然她学到的希伯来语看起来更多地来自犹太教会堂的其他女性教徒，而不是她自己学来的。17 世纪的犹太人，无论男女，为他们的孩子记录下道德示训和生活经历的并不少见。但格里克尔讲故事的本领着实高超，换作是现在，她完全可以写侦探小说。我猜想，格里克尔第一次展露写作才华是在那些无法安眠的夜里用笔揭露了一桩1687年的谋杀案。两个犹太人被杀死，钱财被洗劫一空。而夜里失眠的格里克尔碰巧在半夜透过她的窗口，看到两个基督徒鬼鬼祟祟地拖着一个笨重的大箱子溜走。她在记录这件事时，首先引用了《圣经》中的一句经文：“保护以色列的，必不打盹，也不睡觉。”是否一语双关呢?

格里克尔在描述她的婚姻生活时，难免会流露出因丈夫遽然离世而感受到的痛苦：“当我的孩子们像橄榄枝一样环绕在我的桌旁时，我是多么幸福啊！但是我这个愚蠢的人却根本没意识到。”如果上帝在看护他的子民时从未睡觉，那她失去丈夫就只能解释为她犯下的罪过，就同犹太民族会因为他们的罪过被迫流亡一样。然而，格里克尔自认为是贤妻和慈母，重视财富和名誉，这样的解释实在让她难以接受。她曾一度怀疑上帝“很久以前就已经决定了我的厄运和痛苦，以惩罚我依赖别人的罪过”。她指的是自己在丈夫死后遭遇的困境：一个心爱的女儿嫁到了柏林，却发现这是一桩不合适的婚姻，过了不久，这个女儿就去世了；还有一个儿子在经商后才表现出无能，她不得不为他偿还债务，并让这个儿子做自己的员工挣生活费。

孀居期间，多次有人上门提亲，而且对方条件都非常好，但她都拒绝了，后来，她有些后悔。孩子们一个接一个地结了婚，汉堡对待犹太人的态度却还是没有好转。1699 年，她终于接受了富人希尔施·莱维（Hirsch Levy）的求婚，这个人住在梅茨（Metz），那里富裕的犹太社区有时能够利用贸易联系将生意发展到法国和神圣罗马帝国的边界。1700 年，她带着最后一个还没结婚的女儿离开汉堡来到梅茨。希尔施·莱维奢华的宅邸令她印象深刻，但还没过上两年，莱维就破产了。这对夫妇不得不求助于双方已婚的孩子才还清了债务。1712 年，希尔施死后，格里克尔一直和一个已婚的女儿生活在一起，直到 1724 年离开人世。

* * *

1688 年 4 月 2 日周五，在意大利北部帕尔马（Parma）附近的小城科洛尔诺（Colorno），约瑟夫·丰塔内拉（Yosef Fontanella）

的儿子萨穆埃尔·海伊姆（Samuel Hayyim）和撒迦利雅·丰塔内拉（Zechariah Fontanella）的女儿史黛拉（Stella）缔结了一份婚约。在现代早期，对欧洲南部的犹太人而言，婚书并不是婚姻发生法律效力的必要前提，而是婚姻中彼此奉献的重要承诺。双方饱含深情地备好的这张装帧精美的婚书里，既有对《圣经》的崇敬之情，也有对家庭和社区圣洁的赞美。在约60厘米见方的羊皮纸新人婚书的中央部分，是用亚拉姆文（Aramaic）写下的誓词，四周是美丽精致的装饰：最上面是一顶王冠，王冠下是一只衔着橄榄枝的鸽子。羊皮纸边缘是两段围成边框的文字，一段来自《耶利米书》，“耶和华曾称你的名字为壮丽、多结美果的青橄榄树”，另一段来自《雅歌》，“唯独我的鸽子，我的完全人，是独一的；是她母亲独一的宝贝，是生养她者的宠儿”。纸的边缘及其中间的部分，还有中央誓词，都衬以绿色的藤蔓、叶子、花和果实，缀以大量的金粉。王冠两侧到婚约正文之上是大号字体的意大利文“愿他们多子多福，充满生机。愿他们看见自己儿女的儿女”。葡萄藤之间是《诗篇》第128篇中的话：“你的妻子好像你家墙上多结果子的葡萄藤，你的儿女环绕着你的桌子，好像橄榄树的枝条。愿耶和华从锡安赐福予你，愿你一生一世得见耶路撒冷的繁荣。愿你得见你儿女的儿女，愿平安归于以色列。”最令人称奇的是，羊皮纸上所有的叶子和葡萄藤都是用微缩的希伯来文《圣经》中的文字描出的轮廓，跟《以斯帖记》和《雅歌》一字不差，而每个字母大约只有1毫米高。

现代的早期，生活在意大利的犹太人并没有完全割断自己与周围基督教社会的联系。他们的很多婚书都反映出基督教社会的元素，或古希腊和罗马的共同遗产——地中海文明。但塞缪尔·海伊姆和史黛拉·丰塔内拉的婚书中这种非犹太文化的痕迹并不多。用微缩的《圣经》文字勾勒出的美丽的茎、叶、花，这项工作的艰巨不言而喻，而这是一种独特的犹太人的艺术形式。微小的字母拼出一个坚定的妻子忠贞不渝的故事和充满激情的爱情诗篇。神圣的文字创造出一个结满硕果的世界。

那么，这对缔结婚约的姓氏相同的年轻人到底是谁呢？当时，在科洛尔诺有很多人都姓丰塔内拉。大概这对新婚夫妇的血缘关系已隔几代人，不会触犯摩西律法的禁忌了吧。我们得以知道这对新人，只是因为他们的子孙和收藏家保存了他们精美的婚书。这份婚书现在就在美国纽约的犹太神学院。这对夫妇中只有新郎一个人在这份具有历史价值的婚书上留下了笔迹，因为按照当时的习俗，新郎和婚姻见证人需要在婚书上签名，新娘不需要。除了这份婚书，科洛尔诺还给我们留下了另一份来自 18 世纪 20 年代的婚书，新娘是格拉齐亚（Grazia），也是萨穆埃尔·海伊姆·丰塔内拉的女儿。

第二十五章

赐福予你

敬畏耶和华的人是有福的。
你必吃你亲手劳碌得来的；
你的妻子好像你家墙上多结果子的葡萄藤，
你的儿女环绕着你的桌子，好像橄榄树的枝条。
愿耶和华从锡安赐福予你，
愿你一生一世得见耶路撒冷的繁荣。
愿你得见你儿女的儿女，
愿平安归于以色列。

亨利·普赛尔，威斯敏斯特大教堂和皇家礼拜堂的管风琴师，国王的常任作曲家，国王私人乐队的大键琴师，还负责保管国王的管乐器。他从《旧约·诗篇》第128篇中取材创作了上面这支新赞歌，供皇家礼拜堂在1688年1月15日举行感恩节仪式时演唱。此时，王后已怀孕，因此赞美诗中有关丰收和家庭欢乐的文字用在这里以示庆祝再恰当不过了。而在场参加庆祝仪式的人中有人担心王后的怀孕造成的后果，他们担心如果威尔士亲王降生后受洗成为天主教徒，“以色列”（英格兰）的和平将受到威胁。很少有人能预料到，就在这年年底，国王、王后和出生不久的王子便将迫不得已踏上逃亡之路，有生之年再也未能回到伦敦。在他们的生命中，伦敦就成了遥不可及的耶路撒冷。

这首赞美诗一开始用乐器演奏烘托出欢乐的气氛，接着演唱诗篇中的诗句。这种用赞美诗连接家庭事件和公共欢庆的做法源于地中海，但北欧的基督徒似乎也完全接受这一做法。男低音独唱的“你的妻子好像你家墙上多结果子的葡萄藤”格外动听。普赛尔的教堂唱诗班中有一个叫约翰·戈斯特林（John Gostling）的优秀低音演唱者，经常代普赛尔写歌，甚至写得更好。这首不到十分钟的赞美诗充满了小调和声，并且给人以不祥的预感，尤其是男低音和男高音之间的两句女高音齐唱“赐福予你”，用的是小调三度和弦：

男低音：你的妻子好像你家墙上多结果子的葡萄藤

女高音：赐福予你

男高音：你的儿女环绕着你的桌子，好像橄榄树的枝条

女高音：赐福予你

1688年年初，还不到29岁的亨利·普赛尔每天都忙忙碌碌，而且（我猜）还很焦虑。他的妻子此前给他生过3个儿子，但一个都没活到一周岁，现在，他的妻子又怀孕了。他的职位虽然不低，但这时的詹姆士二世已把注意力转向国王自己的罗马天主教小教堂和那里的乐师，而普赛尔作为风琴演奏师的薪酬已拖欠了一年。此外，普赛尔的乐器“因此缺少维护，清洁、调音及维修就需要花

费 40 英镑，之后的维护每年至少需 20 英镑”。这段话是普赛尔在 1687 年 5 月或 6 月提交给宫廷的一份情况说明的一部分。1688 年 3 月，他终于拿到了拖欠已久的酬劳。

普赛尔的大量作品展现出惊人的创造力、专业技巧和艺术表现力。他的创作领域十分广泛，他为戏剧谱了很多曲，也能创作进行曲、挽歌、水手舞曲或英雄凯旋曲。这个“因主常得喜乐”的人既能写出“上帝所赐的平安超乎想象”之类通俗易懂的歌词，也能为“吻我的屁股”这类下里巴人的歌词谱写欢乐的小圆舞曲。他的戏剧音乐涉及他那个时代的所有主题，有歌剧《狄多与埃涅阿斯》（*Dido and Aeneas*）*；有配乐和歌曲，包括《恐婚者良缘》（*The Marriage Hater Matched*）和《奥朗则布》（*Aureng Zebe*，作者是英国诗人屈莱顿）；阿芙拉·贝恩的《摩尔人的报复》（*Moor's Revenge*），以及萨瑟恩改编的贝恩的《奥鲁诺克》。

苦尽甘来，1688 年 5 月，普赛尔夫人生下一个女儿，这个女儿长大成人结了婚，生了一个自己的孩子。普赛尔夫人后来又生了两个孩子，其中一个也有了自己的孩子。普赛尔继续饱含激情地创作，特别是创作戏剧音乐，但偶尔也同当年为詹姆士二世创作一样，为新君主写写曲子。他于 1695 年去世，年仅 36 岁。

普赛尔，像他同时代的任何一个音乐家一样，被当作一个工匠，大量的作品都是为迎合特定场合的需要而作。天才总能找到展现自己才华的地方，即使没有得到我们大多数人认为他应该得到的那种优待。但是很长一段时间里我仍然惊讶和困惑，为何在“敬畏

---

* 剧情取自维吉尔的《埃涅伊特》，讲述迦太基女王狄朵与武士埃涅阿斯的爱情悲剧。

耶和华，遵行他的道的人，是有福的”这种温暖时刻，他的作品却流露出无法掩饰的忧伤。后来我想起普赛尔那3个还没满周岁就夭折的孩子，以及1688年1月还有一个孩子在他妻子腹中等待降临人世，这时我又听了一遍女高音齐唱的“赐福予你”，我想我找到了答案。

参考文献

以下是我在各章参考的主要原始材料和现代研究著作。读者可以将这张清单作为延伸阅读的向导，进一步了解你感兴趣的主题。

综合介绍 1688 年世界的著作众多，对我特别有帮助的是 Fernand Braudel, *Civilization and Capitalism: 15th-18th Century*, trans. Siân Reynolds, 3 vols. (New York, 1981)，这是一本新颖、内容广博的巨著。关于这一时期的欧洲史的综合性著作还有 John B. Wolf, *The Emergence of the Great Powers, 1685–1715* (New York, 1951)；John Stoye, *Europe Unfolding, 1648–1688* (London and New York, 1969)。Jack A. Goldstone, *Revolution and Rebellion in the Early Modern World* (Berkeley, Los Angeles, and Oxford, 1991)，该书发展了新的理论方法。它们对我的研究都十分有益。

第一篇　木船时代

关于科罗内利和他的地球仪，参考现代学术编校版本 Vincenzo Coronelli, *Libro dei globi* (Amsterdam, 1969)，Helen Wallis 为该书撰写了导言。

第一章

对海上贸易和白银流通体系的基本论述主要参考了 C. H. Haring, *Trade and Navigation between Spain and the Indies in the Time of the Hapsburgs* (Cambridge, Mass., 1918)。近来非常重要的研究著作是 Michel Morineau, *Incroyables Gazettes et Fabuleux Métaux: Les Retours des Trésors Américains d'après les Gazettes Hollandaises (XVIe-XVIIIe siècles)* (Cambridge, U.K., and Paris, 1985)。该书全面、细致地研究了新世界白银的流通及其影响。波托西的唐娜·特蕾莎的故事见于 Bartolomé Arzáns de Orsúa y Vela, *História de la Villa Imperial de Potosí*, ed. Lewis Hanke and Gunnar Mendoza, 3 vols. (Providence, R.I., 1965) 及 Orsúa y Vela, *Tales of Potosí*, trans. Frances M. López-Morillas, ed. and intro. R. C. Padden (Providence, R.I., 1975)。关于波托西的社会运行机制，参考 Jeffrey A. Cole, *The Potosí Mita, 1573–1700: Compulsory Indian Labor in the Andes* (Stanford, 1985)。关于胡安娜修女的诗歌文本及其生平和作品的详细论述，参考 Octavio Paz, *Sor Juana* (Cambridge, U.K., 1988)。关于基诺神父，参考 Herbert Eugene Bolton, *Rim of Christendom: A Biography of Eusebio Francisco Kino, Pacific Coast Pioneer*, 2d ed. (Tucson, 1984)，以及 Eusebio Francisco Kino, ed. and trans. Herbert Eugene Bolton, *Kino's Historical Memoir of Pimería Alta*, 2 vols. (Cleveland, 1919)。有关皮玛人和索诺拉沙漠，参考 Donald Bahr, Juan Smith, William Smith Allison, and Julian Hayden, *The Short Swift Time of Gods on Earth: The Hohokam Chronicles* (Berkeley, Los Angeles, and London, 1994)；Buford Pickens, Arthur Woodward, et al., *The Missions of Northern Sonora: A 1935 Field Documentation* (Tucson and London, 1993)；Charles W. Polzer et al., eds., *The Jesuit Missions of Northern Sonora* (New York and London, 1991)。关于 1688 年的马尼拉，参考 John E. Wills, Jr., "China's Farther Shores: Continuities and Changes in the Destination Ports of China's Foreign Trade, 1680–1690", in *Emporia, Commodities and Entrepreneurs in Asian Maritime Trade, c. 1400–1750*, ed. Roderick Ptak and Dietmar Rothermund (Stuttgart, 1992), pp. 53–77。

第二章

有关非洲西部的基本情况，参考 B. A. Ogot, ed., *UNESCO History of Africa*, vol. 5 (Berkeley, Oxford, and Paris, 1992)；Richard Gray, ed., *Cambridge History of Africa*, vol. 4 (Cambridge, U.K., 1975)；John Thornton, *Africa and Africans in the Making of the Atlantic World* (Cambridge, U.K., and New York, 1992)。西语

世界中关于葡萄牙与刚果王国关系的文献惊人地丰富，其中最好的综合性著作是 John Thornton, *The Kingdom of Kongo: Civil War and Transition, 1641–1718* (Madison, Wis., 1983)。对非洲文化的理解，参考 Wyatt MacGaffey, *Religion and Society in Central Africa: The BaKongo of Lower Zaire* (Chicago, 1986)。1688 年相关文件和细节参考 Levy Maria Jordão, Visconde de Paiva Manso, *História do Congo (Documentos)* (Lisbon, 1877)。关于达荷美王国，参考 Robin Law, *The Slave Coast of West Africa* (Oxford and New York, 1991)；P. Roussier, ed., *L'Établissement d'Issiny, 1687–1702* (Paris, 1935)。关于塞内冈比亚，参考 Philip D. Curtin 的杰作 *Economic Change in Precolonial Africa: Senegambia in the Era of the Slave Trade* (Madison, Wis., and London, 1975)。有关 17 世纪 80 年代的见证者，参考 Chambonneau, "Relation du Sr. Chambonneau", *Bulletin de Géographie Historique et Descriptive*, vol. 2 (1898), pp. 308–21；Thora G. Stone, "The Journey of Cornelius Hodges in Senegambia", *English Historical Review*, vol. 39 (1924), pp. 89–95。

第三章

奴隶贸易的统计数据主要来自 Philip D. Curtin, *The Atlantic Slave Trade: A Census* (Madison, Wis., and London, 1969)。Curtin 计算出来的总数及其对这些数据的理解引起了学术界的争论，但这并不影响该书基本观点的正确性。基础数据的收集，参考 Elizabeth Donnan, *Documents Illustrative of the History of the Slave Trade to America*, 4 vols. (Washington, D.C., 1930–35)。关于皇家非洲公司，参考 Kenneth G. Davies, *The Royal African Company* (London, 1957)。科伊曼斯的特许权纠纷，参考 I. A. Wright, "The Coymans Asiento (1685–1689)", *Bijdragen voor Vaderlandsche Geschiedenis en Oudheidkunde*, vol. 6, part 1 (1924), pp. 23–62。有关巴西殖民地的情况，我参考了 C. R. Boxer, *The Golden Age of Brazil, 1695–1750* (Berkeley, Los Angeles, and London, 1962)；Bailey W. Diffie, with editorial assistance of Edwin J. Perkins, *A History of Colonial Brazil, 1500–1792* (Malabar, Fla., 1987)。关于帕尔马雷斯，参考 R. K. Kent, "Palmares:

An African State in Brazil”, *Journal of African History*, vol. 6, no. 2 (1965), pp. 161–75 ; Edison Carneiro, *O Quilombo dos Palmares* (Rio de Janeiro, 1966)。关于维埃拉神父，参考 Thomas M. Cohen, *The Fire of Tongues: Antonio Vieira and the Missionary Church in Brazil and Portugal* (Stanford, 1998) ; Antonio Vieira, *Sermões*, ed. Gonçalo Alves, 15 vols. (Porto, 1945–48)。

关于西印度群岛的基本情况，参考 J. H. Parry and P. M. Sherlock, *A Short History of the West Indies*, 2d ed. (London and New York, 1968)。关于沃希庄园及其文献，参见 Michael Craton and James Walvin, *A Jamaican Plantation: The History of Worthy Park, 1670–1970* (Toronto, 1970) ; Carey Robinson, *The Fighting Maroons of Jamaica* (Kingston, Jamaica, 1969)。探险者在得克萨斯的经历，参考 Robert S. Weddle, *Wilderness Manhunt: The Spanish Search for La Salle* (Austin and London, 1973) ; Adolph F. A. Bandelier and Fanny R. Bandelier, comps., *Historical Documents Relating to New Mexico, Nueva Vizcaya, and Approaches Thereto, to 1773*, ed. Charles Wilson Hackett, 2 vols. (Washington, D.C., 1926)。关于卡多人，参考 John R. Swanton, *Source Material on the History and Ethnology of the Caddo Indians* (Washington, D.C., 1942) ; F.Todd Smith, *The Caddo Indians: Tribes at the Convergence of Empires, 1542–1854* (College Station, Texas, 1995)。

第四章

本章基础资料为 William Dampier, *A New Voyage around the World*, intro. Sir Albert Gray and Percy G. Adams (New York, 1968)。对丹皮尔登陆地点的详尽研究，参见 Leslie R. Marchant, *An Island unto Itself: William Dampier and New Holland* (Carlisle, Western Australia, 1988)。关于巴迪人，参见 Roland M. Berndt，Michael V. Robinson 和 C. D. Metcalfe 的文章，收录于 *Aborigines of the West: Their Past and Their Present*, ed. Ronald M. Berndt and Catherine H. Berndt (Perth, Australia, 1980)。

第二篇　大公司的世界

第五章

关于荷兰人与科伊科伊人，参考 Richard Elphick, *Kraal and Castle: Khoikhoi and the Founding of White South Africa* (New Haven and London, 1977)。有关南非的基本情况和胡格诺派教徒的到来，参考 Richard Elphick and Hermann Giliomee, eds., *The Shaping of South African Society, 1652–1820* (Cape Town, 1979)；Colin Graham Botha, *The French Refugees at the Cape* (Cape Town, 1919)。决议和公告引自 Suid-Afrikaanse Argiefstukke, ed., *Resolusies van de Politieke Road, 6 vols*. (Cape Town and Johannesburg, 1957–68), vol. III。

第六章

本章研究的基础资料是巴达维亚总督和理事会于 1687 年 12 月至 1688 年 12 月间写给尼德兰的“十七绅士”的手书，这些材料共 160 页，附有注释，刊于 W. Ph. Coolhaas, ed., *Generale Missiven van Gouverneurs-Generaal en Raden aan Heren XVII der Verenigde Oost-Indische Compagnie*, vol. 5 (The Hague, 1975)。伦菲乌斯的部分参考 G. E. Rumpf, *The Poison Tree: Selected Writings of Rumphius on the Natural History of the Indies*, ed. and trans. E. M. Beekman (Amherst, 1981)；Rumpf, *The Ambonese Curiosity Cabinet*, ed. and trans. E. M. Beekman (New Haven and London, 1999)，Beekman 补充了极好的伦菲乌斯小传。科内利亚的故事参考 Leonard Blussé, *Strange Company: Chinese Settlers, Mestizo Women and the Dutch in VOC Batavia* (Leiden, 1988), chap. 8；Blussé, *Bitters Bruid: Een Koloniaal Huwelijksdrama in de Gouden Eeuw* (Amsterdam, 1997)。其他方面的文本和细节参考 M. C. Ricklefs, *A History of Modern Indonesia since c. 1300*, 2d ed. (Stanford, 1993)；Leonard Y. Andaya, *The World of Maluku: Eastern Indonesia in the Early Modern Period* (Honolulu, 1993)；Barbara Watson Andaya, *To Live as Brothers: Southeast Sumatra in the Seventeenth and Eighteenth Centuries* (Honolulu, 1993)。

第七章

E. W. Hutchinson, *Adventurers in Siam in the Seventeenth Century* (London, 1940), and Hutchinson, ed. and trans., *1688: Revolution in Siam: The Memoirs of Father de Bèze, S.J.* (Hong Kong, 1968). 其他细节参考大城府和马六甲的荷兰人留下的报告手稿，来自海牙国家档案馆，荷兰东印度公司档案，VOC 1453, fol. 225v-232, 428-436v。

第三篇 三个独立的世界：俄罗斯、中国、日本

第八章

莫斯科和彼得一世的基本情况参考 Evgenii V. Anisimov, *The Reforms of Peter the Great: Progress through Coercion in Russia*, trans. and intro. John T. Alexander (Armonk, N.Y., and London, 1993)；Robert K. Massie, *Peter the Great: His Life and World* (New York, 1981)。俄国与清帝国的关系参考 Mark Mancall, *Russia and China: Their Diplomatic Relations to 1728* (Cambridge, Mass., 1971)；Morris Rossabi, *China and Inner Asia: From 1368 to the Present Day* (London and New York, 1975)。戈登将军的基本情况参考 Patrick Gordon, *Tagebuch des Generals Patrick Gordon*, ed. and trans. Prince M. A. Obolenski and M. C. Posselt (Moscow, 1849–51)；Gordon, *Passages from the Diary of General Patrick Gordon of Auchleuchries, A.D. 1635–1*699 (Aberdeen, 1859)。关于旧礼仪派参考 Robert O. Crummey, *The Old Believers and the World of Antichrist: The Vyg Community and the Russian State, 1694–1855* (Madison, Wis., and London, 1970)；Ivan Stouchkine, *Le Suicide Collectif dans le Raskol Russe* (Paris, 1903)。

第九章

对研究王夫之特别有帮助的是 Ian McMorran, “Wang Fu-chih and the Neo-Confucian Tradition”, in William Theodore de Bary et al., *The Unfolding of Neo-Confucianism* (New York, 1975)；Ian McMorran, “The Patriot and the Partisan: Wang

Fu-chih's Involvement in the Politics of the Yung-li Court", in *From Ming to Ch'ing: Conquest, Region, and Continuity in Seventeenth-Century China*, ed. Jonathan D. Spence and John E. Wills, Jr. (New Haven, 1979)。王夫之作品的段落引自 Wing-tsit Chan, ed. and trans., *A Source Book in Chinese Philosophy* (Princeton, 1963)；William Theodore de Bary, Wing-tsit Chan, and Burton Watson, eds., *Sources of Chinese Tradition* (New York, 1960)。王夫之作于 1688 年的《偶作戊辰》一诗，翻译自王船山:《王船山诗文集》，北京：中华书局 1962 年版，第 357 页。感谢 Mr. Sun Shaoyi 协助翻译。王夫之生平和著作的年表，参考湖南省哲学社会科学学会联合会，湖北省哲学社会科学院合编:《王船山学术讨论集》，北京：中华书局 1965 年。关于石涛，参考 *The Painting of Tao-chi, 1641–ca. 1720* (Ann Arbor, Mich., 1967)，该书是一部优秀的研究论文合集，Jonathan Spence 的导论提供了相关历史背景，Richard Edwards 对其画作进行了研究。Ju-hsi Chou, *The Hua-yü-lu and Tao-chi's Theory of Painting* (Tempe, Ariz., 1977).

第十章

本章基础资料为中国第一历史档案馆:《康熙起居注》，北京：中华书局 1985 年版。关于康熙生平及其朝廷政治的重要观点参考 Jonathan D. Spence, *Emperor of China: Self-Portrait of Kangxi* (New York, 1974)；Silas H. L. Wu, *Passage to Power: K'ang-hsi and His Heir Apparent, 1661–1722* (Cambridge, Mass., and London, 1979)。相关人物的生平传记参考 Arthur W. Hummel, ed., *Eminent Chinese of the Ch'ing Period* (Washington, D.C., 1944)。有关治水问题的讨论，参考 Richard E. Strassberg, *The World of K'ung Shang-jen: A Man of Letters in Early Ch'ing China* (New York, 1983), pp. 117–21, 208–15。

第十一章

对南怀仁葬礼和张诚蒙古之行的描写参考了当时人的记录，载于 J. B. du Halde, S.J., *Déscription Géographique, Historique, Chronologique, et Physique de l'Empire de la Chine et de la Tartarie Chinoise*, 4 vols. (The Hague, 1736)。某些细

节参考 John E. Wills, Jr., "Some Dutch Sources on the Jesuit China Mission, 1662–1687", *Archivum Historicum Societatis Iesu*, vol. 54 (1985), pp. 267–93。关于南怀仁，参考 John W. Witek, S.J., ed., *Ferdinand Verbiest, S.J. (1623–1688): Jesuit Missionary, Scientist, Engineer and Diplomat* (Nettetal, Germany, 1994)。关于《孔夫子的中国哲学》参考 David E. Mungello, *Curious Land: Jesuit Accommodation and the Origins of Sinology* (Stuttgart, 1985), chap. 8。关于吴历，参考 Jonathan Chaves, *Singing at the Source: Nature and God in the Poetry of the Chinese Painter Wu Li* (Honolulu, 1993)。

第十二章

对德川时代日本的基本介绍，参见 John W. Hall, ed., James McClain, assist. ed., *The Cambridge History of Japan*, vol. 4, *Early Modern Japan* (Cambridge, U.K., and New York, 1991)；Conrad Totman, *Early Modern Japan* (Berkeley, Los Angeles, and London, 1993)。关于金泽，参考 James L. McClain, *Kanazawa: A Seventeenth-Century Japanese Castle Town* (New Haven and London, 1982)。关于江户，参考 James McClain, John M. Merriman, and Ugawa Kaoru, eds., *Edo and Paris: Urban Life and the State in Early Modern Times* (Ithaca and London, 1994)。关于春宫图，参考 Richard Lane, *Images from the Floating World: The Japanese Print* (New York, 1978)。有关木偶净琉璃的细节，参考 Donald Keene, *The Battles of Coxinga: Chikamatsu's Puppet Play, Its Background and Importance* (London, 1951)。关于近松门左卫门，参考 Donald H. Shively, "Tokugawa Tsunayoshi, the Genroku Shogun", in *Personality in Japanese History*, ed. Albert M. Craig and Donald H. Shively (Berkeley, Los Angeles, and London, 1970)；Harold Bolitho, "The Dog Shogun", in *Self and Biography: Essays on the Individual and Society in Asia*, ed. Wang Gungwu (Sydney, 1976)；Beatrice Bodart Bailey, "The Laws of Compassion", *Monumenta Nipponica*, vol. 40, no. 2 (Summer 1985), pp. 163–89。关于 1688 年的幕府，参考 Kuroita Katsumi, ed., *Tokugawa jikki*, in *Shintei Zôho Kokushi Taikei* (Tokyo, 1919–35)。关于长崎，参考 Wills, "China's

Farther Shores”（见延伸阅读第一章）。

第十三章

对德川时代文学的介绍，参考 Donald Keene, *World within Walls: Japanese Literature of the Pre-Modern Era, 1600–1867* (New York, 1976)，其中第五章介绍松尾芭蕉，第八章讨论井原西鹤。井原西鹤《日本永代藏》的译文来自 *The Japanese Family Storehouse*, trans. G. W. Sargent (Cambridge, U.K., 1959)，该译本的导言和对《日本永代藏》的解读也同样精彩。关于松尾芭蕉的论述及译文，参考 Bashô, *The Narrow Road to the Deep North and Other Travel Sketches*, intro. and trans. Nobuyuki Yuasa (Baltimore, 1966)。关于松尾芭蕉，还可参考 William R. LaFleur, *The Karma of Words: Buddhism and the Literary Arts in Medieval Japan* (Berkeley, Los Angeles, and London, 1983)。

第四篇　凡尔赛、伦敦和阿姆斯特丹

第十四章

在描绘以凡尔赛为中心的法国时，我最重要的向导是 Pierre Goubert, *Louis XIV and Twenty Million Frenchmen,* trans. Anne Carter (New York, 1970) 与 John B. Wolf, *Louis XIV* (New York, 1968)。同样让我受益匪浅的是 W. H. Lewis, *The Splendid Century: Life in the France of Louis XIV* (Garden City, N.Y., 1957) 与 Robert Mandrou, *Louis XIV et Son Temps: 1661–1715* (Paris, 1973)。奇闻轶事和精美插图参考 Nancy Mitford, *The Sun King: Louis XIV at Versailles* (New York, 1966)。当若侯爵的日记也已出版：Philippe de Courcillon, marquis de Dangeau, *Journal du Marquis de Dangeau,* ed. M. Feuillet de Conches, 19 vols. (Paris, 1854–60)。相关内容还可参考 Charlotte Haldane, *Madame de Maintenon: Uncrowned Queen of France* (Indianapolis and New York, 1970)；Théophile Lavallée, *Madame de Maintenon et la Maison Royale de St.-Cyr (1686–1793)* (Paris, 1862)；Jeanne de Guyon, *La Vie de Madame Guyon Écrite par Ellemême*, ed. Benjamin Sahler (Paris,

1983)；Marie-Louise Gondal, *Madame Guyon (1648–1717): Un Nouveau Visage* (Paris, 1989)；Marie-Louise Gondal, ed., *Madame Guyon: La Passion de Croire* (Paris, 1990)。

第十五章

笔者希望通过阅读充足的文献记录和学术论战作品，自然展开本章的内容。Geoffrey Holmes, *The Making of a Great Power: Late Stuart and Early Georgian England, 1660–1722* (London and New York, 1993)，该书提供了特别实用、具有启发性的综述，并引述了近来学界对这一问题的大量论辩。同样具有参考意义的是 Mark Kikshlansky, *A Monarchy Transformed: Britain 1603–1714* (London and New York, 1996)；Maurice Ashley, *James II* (London, Toronto, and Melbourne, 1977)。1688 年的概况，参见 John Carswell, *The Descent on England: A Study of the English Revolution of 1688 and Its European Background* (New York, 1969)。1988 年前后，研究者精心汇编了许多资料，其中对达成我的研究目的特别重要的是 Jonathan I. Israel, ed., *The Anglo-Dutch Moment: Essays on the Glorious Revolution and Its World Impact* (Cambridge, U.K., and New York, 1991)。关于威廉三世的登陆及其在英格兰南部的行军，参考 Henri and Barbara van der Zee, *1688: Revolution in the Family: A Royal Feud* (London, 1988)。在 1994 年参观威尔顿别墅时，我从那里的旅游文学中获得了关于别墅和凡 · 戴克画作的资料。伦敦的危机，主要参考 Robert Beddard, ed., *A Kingdom without a King: The Journal of the Provisional Government in the Revolution of 1688* (Oxford, 1988), and John Evelyn, *Diary*, ed. E. S. de Beer, 6 vols. (Oxford, 1955)。

第十六章

关于阿尔比马尔公爵，参考 Estelle Frances Ward, *Christopher Monck, Duke of Albemarle* (London, 1915)；Hans Sloane, M.D., *A Voyage to the Islands Madera, Barbados, Nieves, S. Christopher, and Jamaica*, 2 vols. (London, 1707)。关于英克里斯 · 马瑟，参考 Robert Middlekauff, *The Mathers: Three

Generations of Puritan Intellectuals, 1596–1728 (New York, 1971)。各种关于威廉·佩恩的传记让我获益颇丰，如 Hans Fantel, *William Penn: Apostle of Dissent* (New York, 1974)。当前，这一领域最高学术成就的代表有 Mary Maples Dunn, *William Penn: Politics and Conscience* (Philadelphia, 1967)；Richard S. Dunn and Mary Maples Dunn, eds., *The World of William Penn* (Philadelphia, 1986)。佩恩在美洲的细节，参考 Richard S. Dunn, Mary Maples Dunn, and Jean R. Soderlund, eds., *William Penn and the Founding of Pennsylvania, 1680–1684: A Documentary History* (Philadelphia, 1983)。佩恩与詹姆士二世的关系及其他主题，参考 Vincent Buranelli, *The King and the Quaker: A Study of William Penn and James II* (Philadelphia, 1962)；Joseph E. Illick, *William Penn the Politician: His Relations with the English Government* (Ithaca, 1965)；Richard S. Dunn and Mary Maples Dunn, chief eds., *The Papers of William Penn* (Philadelphia, 1986), vol. 3。

第十七章

英语世界荷兰史研究的新权威著作是 Jonathan Israel, *The Dutch Republic: Its Rise, Greatness, and Fall, 1477–1806* (Oxford, 1995)。有趣的信息和关于荷兰文化的洞见，参考 Simon Schama, *The Embarrassment of Riches: An Interpretation of Dutch Culture in the Golden Age* (Berkeley, Los Angeles, and London, 1988)。约瑟夫·彭索·德·拉·维加关于股票市场的书，参考 M. F. J. Smith, ed., and G. J. Geers, trans., *Confusion de Confusiones de Josseph de la Vega* (The Hague, 1939)；Harm Den Boer 与 Jonathan I. Israel 的论文，收录于 *The Anglo-Dutch Moment*, ed. Israel。关于 1688 年荷兰的政治情况，我重点参考了 Jonathan Israel, "The Dutch Role in the Glorious Revolution", in *The Anglo-Dutch Moment*, loc. cit.。关于尼古拉斯·维特森，参考 J. F. Gebhard, Jr., *Het Leven van Mr. Nicolaos Cornelisz. Witsen (1641–1717)*, 2 vols. (Utrecht, 1881)。

第五篇　文明世界：欧洲的文风和思想

第十八章

关于文人共和国的观念，参考 Dena Goodman, *The Republic of Letters: A Cultural History of the French Enlightenment* (Ithaca and London, 1994)。研究皮埃尔·培尔的巨著是 Elisabeth Labrousse, *Pierre Bayle* (The Hague, 1963–64)。关于《文人共和国新闻》，重点参考 Louis-Paul Betz, *Pierre Bayle und die "Nouvelles de la République des Lettres" (Erste Populärwissenschaftliche Zeitschrift) (1684–1687)* (Zurich, 1896, repr. Geneva, 1970)；Hubert Bost, *Pierre Bayle et la Question Religieuse dans le "Nouvelles de la République des Lettres" 1684–1687* (Montpellier, 1991)。关于克劳德·佩罗，参见 Antoine Picon, *Claude Perrault, 1613–1688, ou, La Curiosité d'un Classique* (Paris, 1989)。夏尔·佩罗《古人同今人之比较》的文本，我参考了 Perrault, *Parallèles des Anciens et des Modernes*, ed. H. R. Jauss and M. Imdahl (Munich, 1964)。关于瓦尔瓦索，参考 P. von Radics, *Johann Weikhard Freiherr von Valvasor* (Laibach [Ljubljana], 1910)；Johann Weichard Valvasor, *Die Ehre des Herzogtums Krain* (Laibach [Ljubljana] and Nürnberg, 1689)，以及 Branko Reisp 编辑的该书的影印版 (Munich, 1971)；Branko Reisp, *Kranjski Polihistor Janez Vajkard Valvasor* (Ljubljana, 1983)，特别是 385—417 页的英文摘要；Branko Reisp, ed., *Korespondenca Janeza Vajkarda Valvasorja Z Royal Society: The Correspondence of Janez Vajkard Valvasor with the Royal Society* (Ljubljana, 1987)。

第十九章

Angeline Goreau, *Reconstructing Aphra: A Social Biography of Aphra Behn* (New York, 1980); Aphra Behn, *Oroonoko, The Rover, and Other Works*, ed. Janet Todd (London and New York, 1992).

第二十章

关于牛顿，参考巨著 Richard S. Westfall, *Never at Rest: A Biography of Isaac Newton* (Cambridge, U.K., and New York, 1980)；Isaac Newton, *Sir Isaac Newton's Mathematical Principles of Natural Philosophy and His System of the World*, trans. Andrew Motte, trans. and annotated Florian Cajori (Berkeley, Los Angeles, and London, 1962)；H. W. Turnbull, ed., *The Correspondence of Isaac Newton*, 7 vols. (Cambridge, 1959–)。

洛克的研究者非常幸运，他们有多种版本的洛克书信、作品集可以使用。我主要使用的是 E. S. De Beer, ed., *The Correspondence of John Locke* (Oxford, 1978), vol. 3；John Locke, *An Essay Concerning Human Understanding*, ed. Peter H. Nidditch (Oxford, 1975)；Locke, *Two Treatises of Government*, ed. Peter Laslett (Cambridge, U.K., 1960)。目前为止，最出色的洛克传记是 Maurice Cranston, *John Locke: A Biography* (New York, 1957)。我对洛克的理解受益于 John Dunn, *Locke* (Oxford and New York, 1984)；Laslett's introduction to the *Treatises*。部分观点来自 John W. Yolton, *Locke: An Introduction* (Oxford and New York, 1985).

至于莱布尼茨，研究他本身就比研究牛顿或洛克更困难。从我的经验来看，现代研究提供的莱布尼茨的文献资料或令人满意的指导都少得多。在研究中，对我较有帮助的作品包括：R. W. Meyer, *Leibnitz and the Seventeenth-Century Revolution*, trans. J. P. Stern (Cambridge, U.K., 1952); Stuart Brown, *Leibniz* (Minneapolis, 1984)；Centre International de Synthèse, ed., *Leibniz, 1646–1716: Aspects de l'Homme et l'Oeuvre* (Paris, 1968)，其中包含了莱布尼茨研究的各种论文。关于莱布尼茨对中国的兴趣，参考 David E. Mungello, *Leibniz and Confucianism: The Search for Accord* (Honolulu, 1977)；Leibniz, *Discourse on the Natural Theology of the Chinese*, trans. Henry Rosemont and Daniel J. Cook (Honolulu, 1977)。1688 年莱布尼茨的经历、与他人交流的详情，参考 Leibniz, *Allgemeines Politischer und Historischer Briefwechsel*, ed. Kurt Müller and Erik Anburger, vol. 5 (Berlin, 1954)。

第六篇　伊斯兰世界

第二十一章

C. A. Bayly, *Imperial Meridian: The British Empire and the World, 1780–1830* (London and New York, 1989), chaps. 1 and 2. 该书修正了我们对 17 世纪奥斯曼帝国的看法，令人振奋。类似的研究视角的改变也体现在以下著作中：Goldstone, *Revolution and Rebellion*；Rifa'at Ali Abou-El-Haj, *Formation of the Modern State: The Ottoman Empire, Sixteenth to Eighteenth Centuries* (Albany, N.Y., 1991)。关于奥斯曼帝国，英语世界的奠基性著作为 Stanford Shaw, *History of the Ottoman Empire and Modern Turkey*, vol. 1, *Empire of the Gazis: The Rise and Decline of the Ottoman Empire, 1280–1808* (Cambridge, U.K., and New York, 1976)。关于奥斯曼 · 阿迦，参见 Osman Aga, *Der Gefangene der Giauren*, ed. and trans. Richard F. Kreutel and Otto Spies (Graz and Vienna, 1962)。Temesvari Osman Aga, *Gâvurlarin Esiri* (Istanbul, 1971)，Ayse Rorlich 协助我检视了该书中的某些观点。关于伊斯坦布尔，参见 Robert Mantran, *Istanbul dans la Seconde Moitié du XVIIe Siècle:Essai d'Histoire Institutionelle, Économique, et Sociale* (Paris, 1962)。关于 1687—1688 年的危机，我主要参考了 Joseph von Hammer, *Geschichte des Osmanischen Reiches*, 10 vols. (Pest, 1827–35), 以及 Ayse Rorlich of Mehmed Aga Silahdar, *Silahdar Tarihi* (Istanbul, 1928)，后者提供的梗概十分实用。威尼斯人在雅典和伯罗奔尼撒的行动，参考 James Morton Paton, ed., *The Venetians in Athens, 1687–1688, from the Istoria of Cristoforo Ivanovich* (Cambridge, Mass., 1940)。阿尔及利亚的情况，参见 John B. Wolf, *The Barbary Coast: Algiers under the Turks, 1500 to 1830* (New York and London, 1979)。

第二十二章

The New Cambridge History of India (Cambridge, U.K., and New York, 1993)，该书当中的两卷，即 John F. Richards, *The Mughal Empire* 与 Stewart Gordon, *The Marathas, 1600–1800*，精彩地总结了印度的政治结构和政治变革。比贾布

尔苏菲派教徒的诗及相关文本，参见 Richard M. Eaton, *Sufis of Bijapur, 1300–1700: Social Roles of Sufis in Medieval India* (Princeton, 1978)。关于莫卧儿帝国征服戈尔康达，参见 J. F. Richards, *Mughal Administration in Golconda* (Oxford, 1975)。细节描写，参考 Jadunath Sarkar, *History of Aurangzib*, 2d ed., 5 vols. (Calcutta, 1930)；Niccolo Manucci, *Storia do Mogor, or Mogul India, 1653–1708*, trans. William Irvine, 4 vols. (New Delhi, 1981)。帕姆·纳亚克的经历及相关文献，参见 J. F. Richards, "The Imperial Crisis in the Deccan", *Journal of Asian Studies*, vol. 35, no. 2 (February 1976), pp. 237–56。该文章引用的文献同样具有参考价值。

第二十三章

对英国东印度公司最好的概述见于 Holden Furber, *Rival Empires of Trade in the Orient, 1600–1800* (Minneapolis, 1976)；K. N. Chaudhuri, *The Trading World of Asia and the English East India Company, 1660–1760* (Cambridge, U.K., and New York, 1978)。英国人与莫卧儿人的冲突，参考 William W. Hunter, *A History of British India* (reprint, New York, 1966)。关于马德拉斯研究的基本文献来自 *Records of Fort St. George: Diary and Consultation Book*, 86 vols. (Madras, 1894)。关于伊莱休·耶鲁，参见 Hiram Bingham, *Elihu Yale* (New York, 1939)。纺织业的生产与贸易情况，参见 K. N. Chaudhuri, and John E. Wills, Jr., "European Consumption and Asian Production in the Seventeenth and Eighteenth Centuries", in *Consumption and the World of Goods*, ed. John Brewer and Roy Porter (London and New York, 1993), pp. 133–47。霍夫汉内斯·茹格哈耶茨和亚洲的亚美尼亚人的情况，参考 Philip D. Curtin, *Cross-Cultural Trade in World History* (Cambridge, U.K., and New York, 1984), chap. 9；Michel Aghassian and Kéram Kévonian, "Armenian Trade in the Indian Ocean in the Seventeenth and Eighteenth Centuries", in *Asian Merchants and Businessmen in the Indian Ocean and the China Sea*, ed. Denys Lombard and Jean Aubin (New Delhi, 2000)；Lvon Khachikian, "The Ledger of the Merchant Hovhannes Joughayetsi", *Journal of the Asiatic Society* (Calcutta), vol. 8, no. 3 (1966)；Lvon Khachikian, "Le Registre d'un Marchand Arménien en Perse, en Inde, et au Tibet (1682–1693)"，*Annales: Économies, Sociétés, Civilisations*, vol. 22, part 1 (January-June 1967)。茹格哈耶茨的记录已经整理出版，见 L. S. Khachikian and H. D. Papazian, eds., *Hovhannes Ter-Davtian Jughaietsu Hashvetumare* (Erevan, Armenia, 1984)。Richard Hovanissian 告诉我，翻译并给这一艰深的文本做注解将是一个耗时长久的学术工程。

第七篇　放逐、希望和家庭

第二十四章

关于耶路撒冷，参考 F. E. Peters, *Jerusalem: The Holy City in the Eyes of Chroniclers, Visitors, Pilgrims, and Prophets from the Days of Abraham to the Beginnings of Modern Times* (Princeton, 1985)。关于格里克尔·巴斯·犹大·莱布，参考 Natalie Zemon Davis, *Women on the Margins: Three Seventeenth-Century Lives* (Cambridge, Mass., and London, 1995)。格里克尔自传最好的译本是 Beth-Zion Abrahams, *The Life of Glückel of Hameln, 1646–1724, Written by Herself* (London, 1962, and New York, 1963)。有关科洛尔诺城婚书这一主题，我要感谢耶路撒冷希伯来大学 Shalom Sabar 教授，他是这一研究领域的权威人物，参考 Shalom Sabar, *Ketubbah: Jewish Marriage Contracts in the Hebrew Union College Skirball Museum and Klau Library* (Philadelphia, 1990)。特别感谢纽约的犹太教神学院图书馆允许我欣赏并复制这一珍藏。

第二十五章

关于普赛尔，参考 J. A. Westrup, *Purcell* (London and New York, 1965)；Westrup 关于普赛尔的文章，刊登于 *The New Grove Dictionary of Music and Musicians*, 20 vols. (Washington, D.C., 1980)；Franklin B. Zimmerman, *Henry Purcell: An Analytical Catalogue of His Music* (London and New York, 1963)。非

常感谢 Joseph Styles，他帮我找到了“敬畏耶和华的人是有福的”这首赞美诗的唱片，该版本气势宏伟，由剑桥大学国王学院唱诗班、菲利普·琼斯铜管乐队、圣马丁室内乐团共同演绎，Philip Ledger 指挥，天使唱片发行，编号 S-37282。

致　谢

我在用传统方法研究欧洲与中国的关系的过程中，偶然发现了本书中的一些故事。开始收集资料时，为了回避光荣革命的复杂性，我曾想跳过 1688 年，只收集 1687 年或 1689 年的资料。但暹罗的康斯坦丁·华尔康和施琅派往马德拉斯的使节却让 1688 年成了不可跳过的一年。在准备材料的过程中，总有不期而遇的发现。我从未听说过科罗内利地球仪，直到在布鲁塞尔的一家博物馆偶然看到一个。1995 年 7 月，我追随一座纪念碑的指引来到斯洛文尼亚，找到亚内兹·瓦尔瓦索的乡间故居。此前，我从未听说过这个人。1997 年，我探访了丹皮尔在澳大利亚海岸的登陆地点和安汶城堡旧址。在安汶，热带动植物的生命气息曾让伦菲乌斯深深迷醉。1999 年 2 月，我在华富里追寻华尔康最后几天的足迹。偶然的发现、惊喜，让一件事把你引向另一件事，这些都与职业历史学家条理清晰的治学态度不符。没有多少历史学家会像我这样随心而就，随性发挥，但许多人会承认，这恰恰给艰苦的工作增添了乐趣吧。这本书就令我享受了很多乐趣。能够与威廉·佩恩、松尾芭蕉和威廉·丹皮尔共度时光是多么荣幸的事啊！

意料之外的发现应归功于许多人的帮助。我在南加州大学历史系的许多同事都曾应我的请求对这本书给出指导，或提供参考文献。这里，最要感谢的是艾斯和哈里·罗里奇，他们在我寻找有关俄国和中东地区的资料时，提供了必不可少的帮助。南加州大学的其他同事，包括玛乔丽·贝克尔、杰拉尔德·本德、玛格丽特·比斯蒂斯、迈克尔·A.伯恩斯汀、托马斯·考克斯、夏洛特·弗思、保罗·诺尔、菲莉帕·莱文、埃德温·麦卡恩、彼得·诺斯科、埃德温·珀金斯、卡罗尔·沙马斯、丽莎·西尔弗曼、约瑟夫·斯泰尔斯和孙绍宜都给予了我不少支持。康妮·威尔斯、黛安娜·威尔斯和杰夫·威尔斯在最后的编辑过程中做的工作最多。以下同行不论近在咫尺，还是远在天涯都让我获益良多。他们是金·阿克曼，E.M.比克曼、伦纳德·布拉斯、戴维·艾伦森、洛里·弗里德费尔蒂希、奥布里·格雷特雷克斯、理查德·霍瓦尼西安、艾伦·艾萨克曼、戴维·诺斯罗普、德米·奥霍伊卢林、德西里瓦特和巴栖拉蓬·纳奔碧栖拉、布兰科·赖斯普和沙洛姆·萨巴尔。南加州大学图书馆及其馆际互借系统的工作人员为我提供了基本文献资源。我还从位于洛杉矶的加州大学图书馆和亨廷顿图书馆的丰富藏书中找到很多资料。各种基金会为我的研究提供了经济资助，让我得以在北京和海牙进行研究，走访欧洲多地和亚洲的一些港口城市，所到之地的有关部门和档案馆为我提供了便利。在我的各本专著中，我将分别向这些基金会致谢。在这里，我要特别感谢诺顿出版社的史蒂文·福曼，他看出了我这本怪书的价值。由于我的事务安排，本书的写作进度时快时慢，但他一直对我保持耐心，并与我广泛深入地讨论本书涉及的知识，这是我在“学术”出版的过程中难以得见的。初稿写就后，杰弗里·帕克的赞赏和富有建设性的批评令我受益匪浅。

与大多数家庭一样，当我忙于无休止的艰难工作时，我的妻子和其他家人也经历了好奇、耐心、焦躁的情绪变换。我们的女儿露辛达和她的丈夫穆罕默德·穆瓦达就伊斯兰教问题给了我一些建议，还送了我一件T恤，上面写着“1688年——我一生中最美好的一年”。在本书完成之前，这件T恤已被穿破了。和卡洛琳·康奈尔·威尔斯结婚40多年的一个附带好处是，我多了一个叔叔，他就是罗伯特·H. 伊尔曼，多年在威斯康星州的贝洛伊特学院任教的历史学教授。他主要研究17世纪80年代的英国史，善于说故事，是一位受人尊敬的老师。他给了我很多具有启发性的建议，随时能提供1688年的新故事。本书也献给他，以表达我的热爱和感激之情。让我特别欣慰的是，在他生命的最后几年里，他不仅知晓这项工作的进展，还看到了完整的稿件。